형사법 ── 기록강의

── 장승혁 지음

박영사

| 머 리 말 |

　15년을 법관으로 재판하다가 법학전문대학원 교수로 와서 어느덧 3년이 지났습니다. 법학전문대학원에서 실무강의를 해보니 사법연수원 교수로 강의할 때와는 달리 무엇으로 어떻게 강의를 해야 할지 막막하였습니다. 사법연수원의 형사실무수습기록을 활용하기도 어려웠고 학생들이 이를 소화하기도 어려웠습니다. 그래서 변호사시험의 기록형 문제를 들여다보기도 하고 직접 모의기록 문제를 만들어보기도 하였습니다. 그러던 것이 쌓여 어느덧 한 권의 책으로 펴낼 분량이 되었습니다. 애초부터 출간을 계획했던 것은 아니었으나 공부하는 데 도움이 될 것이라는 학생들의 권유에 출간을 결심하게 되었습니다.

　이 책은 형사기록을 이해하는 방식과 형사법문서의 자성방법(제1부), 모의기록과 형사법문서(제2부), 변호사시험의 형사법문서(제3부)로 구성되어 있습니다. 이 책의 주요 특징은 다음과 같습니다.

　첫째, 형사기록의 주요 서류를 중심으로 기재되는 내용과 주요 검토사항을 설명하고, 변론요지서 등의 체계와 작성방식을 기재례와 함께 설명함으로써 학생들이 형사기록과 형사법문서를 쉽게 이해할 수 있도록 하였습니다. 다만, 이를 더 쉽게 이해하기 위해서는 형법과 형사소송법에 관한 주요 이론과 판례를 학습하는 것이 선행되어야 합니다.

　둘째, 형사기록의 검토방식과 형사법문서의 작성방법이 실제로 어떻게 적용되는 것인지를 구체적으로 보여주기 위하여 모의기록과 변호사시험의 변론요지서 등을 다수 소개하였습니다. 학생들이 스스로 답안을 작성한 다음에 위 변론요지서 등을 학습한다면 더 큰 효과가 있을 것입니다.

　셋째, 2022년 1월 1일부터는 검찰 피의자신문조서의 증거능력 인정요건이 경찰 피의자신문조서의 그것과 같아집니다. 실무에 큰 혁신을 가져올 것으로 예상되는 이 변화를 해당 부분에서 반영하여 서술하였습니다.

법학 실무교육이 위기입니다. 강의를 하면서 학생들이 형사법에 관한 이론과 판례를 형사기록과 연결시키지 못하는 모습을 자주 볼 수 있었습니다. 형사법에 관한 이론과 판례가 형사기록에 어떻게 녹아들어가 있는지 알지 못하기 때문입니다. 교수들도 어렵기는 마찬가지입니다. 겸직을 할 수 없기 때문에 실무가 출신의 교수라 해도 일단 교수가 되면 실제 사건을 접하기 어렵습니다. 법원을 통하여 풍부한 사건기록을 활용할 수 있는 사법연수원과는 달리 법학전문대학원은 교육에 활용할 사건기록을 자체적으로 구비할 어떠한 수단도 갖고 있지 아니합니다. 변호사시험과 형사실무와의 괴리도 큽니다. 법리가 아닌 사실관계를 다투는 사건이 대부분을 차지하는 형사실무와는 달리 변호사시험의 기록형 문제는 판례 법리를 물어보는 쟁점이 대부분을 차지합니다. 변호사시험에서 기록형 출제가 갖는 의미가 갈수록 희미해져 가는 이유입니다. 이러한 문제점을 알면서도 모의기록 문제에 사실인정 쟁점을 대폭적으로 반영하지 못하고 변호사시험 기록형 문제의 틀을 벗어나지 못한 것은 사실인정 쟁점을 모의기록에 집어넣는 것이 무척 어렵기도 하거니와 학생들의 변호사시험 대비를 현실적으로 무시할 수 없었기 때문입니다. 법학 실무교육의 위기를 느끼면서도 변호사시험의 출제방식에 순응하는 것은 이 책이 가진 한계이기도 합니다. 이러한 한계에도 불구하고 이 책을 통하여 독자들이 형사기록을 쉽게 이해하고 논리적이고 체계적인 형사법문서를 작성할 수 있다면 더 바랄 나위가 없을 것입니다.

이 책이 출간되도록 힘쓴 박영사 관계자 여러분과 교정을 맡아준 한양대학교 법학전문대학원 10기 김단아, 문숙현, 박건태, 배중혁, 심지원, 이상진, 황창연 학생 및 아름다운 표지 그림을 선정하는 데 도움을 준 사랑하는 딸 장다연과 아들 장지형에게 깊은 고마움을 전합니다.

2021년 3월

봄날의 언덕 연구실에서

장 승 혁

| 목 차 |

제1부

형사기록과 형사법문서

제 1 장
형사기록의 검토

I 형사기록의 의의

　　형사기록은 형사사건에서 범죄구성요건 등에 관한 사실관계와 그에 대한 법적 적용을 담은 문서의 총합이다. 형사기록은 작성주체와 작성단계에 따라 공판기록과 수사기록으로 나누어 볼 수 있다. 공판기록에는 법원이 피고사건을 심리·재판하고 소송당사자가 변론하는 절차에 관한 사항이 기재되어 있고, 수사기록에는 수사기관이 범죄를 인지한 이래 범죄의 혐의를 밝히기 위하여 진행한 수사절차에 관한 사항이 기재되어 있다. 공판기록을 들여다보면 피고인이 공소사실에 대하여 어떠한 입장을 보이고 있는지, 검사가 제출한 증거들에 의하여 공소사실이 합리적인 의심이 없을 정도로 증명되었는지에 관하여 판단할 수 있다. 수사기록을 살펴보면 수사는 어떻게 개시되어 어떠한 방향으로 진행되었고 그 과정에서 어떠한 증거들이 수집되었는지를 파악할 수 있다.

　　다른 관점에서 보면, 형사기록은 소송당사자의 주장을 담은 서면과 사실인정의 근거가 되는 자료인 증거로 구성되어 있다. 공소장은 검사의 피고사건에 관한 사실상, 법률상 주장을 담은 서면이고, 변론요지서는 변호인이 검사의 주장을 인정하거나 부인하는 내용을 담은 서면이다. 그렇기 때문에 공소장이나 변론요지서를 사실인정의 근거로 삼을 수는 없다. 수사절차와 공판절차에서 제출·수집된 인적 증거와 물적 증거가 사실인정의 자료가 되어야 한다. 하지만 검사가 제출한 모든 증거가 사실인정의 자료가 될 수는 없다. 증거능력 있고 적법한 증거조사를 거친 증거에 의하여만 범죄사실을 인정할 수 있기 때문이다(엄격한 증명의 법리).

　　형사기록을 이해하지 못한다면 형사사건의 실체에 접근할 수 없다. 따라서 형사사건을 담당하는 실무가라면 형사기록에 편철된 서류의 의미, 성격과 각종 증거의 증거능력 판단기준 등에 관한 지식을 반드시 갖추고 있어야 한다.

　　형사기록을 보는 순서로 무엇이 가장 효과적인지에 관하여 확립된 방식이 있는 것은 아니다. 하지만 일반적으로 판단의 대상이 되는 공소장, 공소사실에 관한 피고인의 입장을 알 수 있는 제1회 공판조서를 먼저 검토할 수 있으므로 공판기록을 먼저 보는 것이 효과적이다. 공소장과 제1회 공판조서를 검토한 후 수사기록, 나머지 공판기록을 살펴보는 것도 가능한 방식이다.[1]

　　이하에서는 공판기록과 수사기록을 구성하는 주요서류를 중심으로 형사기록의 주요 내용과 그에 따른 검토사항을 살펴보기로 한다.

Ⅱ 공판기록

1. 증거목록

가. 의 의

　　증거목록이란 형사공판조서의 내용 중 증거조사부분을 분리하여 증거를 일정한 순서로 정리한 것을 말한다. 증거목록을 보면 증거조사의 내용을 일목요연하게 파악할 수 있다. 특히 피고인과 변호인의 증거의견에 관한 진술과 원진술자의 증인 출석 등 증거조사 경과를 확인함으로써 일정한 증거의 증거능력을 판단할 수 있다.

　　증거목록은 형사소송기록 중 구속에 관한 서류의 목록 다음에 편철되고, 검사 증거서류 등 목록(이하 '증거서류 등 목록'이라 한다), 검사 증인 등 목록(이하 '증인 등 목록'이라 한다), 피고인 증거서류 등 목록, 피고인 증인 등 목록, 직권 증거서류 등 목록, 직권 증인 등 목록, 피해자(또는 배상신청인) 증거서류 등 목록, 피해자(또는 배상신청인) 증인 등 목록 순으로 편철된다.[2] 실무상 법원이 직권으로 증거를 조사하는 경우는 매우 드물고 검사가 공소사실에 관한 거증책임을 지기 때문에 검사의 증거목록을 주로 검토하여야 한다.

---

1) 차정인, 형사소송실무(제3판), 신조사, 2015, 12, 13면.
2) 형사공판조서 중 증거조사부분의 목록화에 관한 예규(재형 2003-2, 이하 '형사증거목록예규' 라 한다) 제2조 제2항.

나. 증거서류 등 목록

1) 기재되는 증거

'증거서류 등'이란 증거채택 결정이 이루어진 증거서류와 탄핵증거 또는 양형자료로 제출하는 기타의 서류를 의미하고, '증거서류 등 목록'에는 증거서류와 증거물인 서면을 기재한다. 수사기관 작성의 피의자신문조서, 진술조서, 검증조서, 감정서, 진술서 등 서류의 내용이 증거가 되는 서증을 모두 증거서류라고 한다.[3] 컴퓨터 디스크 등 정보저장매체에 기억된 문자정보 등을 문서로 출력하여 독립된 증거로 제출한 경우에는 증거서류에 해당한다.[4] 이와 달리 위조문서, 허위고소장, 협박편지, 명예훼손의 수단인 인쇄물, 음란문서 등 서류의 내용과 동시에 그 존재 또는 상태가 증거로 되는 것을 증거물인 서면이라 한다(내용기준설).[5] 증거물인 서면은 피고인이 부동의하더라도 증거물로서 제시되고(형사소송법 제292조의2 제1항) 증거서류로서 낭독 등이 이루어진 경우에는 증거능력이 인정된다.

2) 증거의견의 기재

변호인은 수사서류에 대한 인부(認否)[6]를 하면서 당해 피고인의 진술을 기재한 서류나 당해 피고인이 작성한 서류에 대하여는 적법한 절차와 방식으로 작성되었는지 여부, 진정성립(실질적 진정성립을 의미한다)과 임의성에 관한 의견(제312조, 제313조 및 제317조)을 진술해야 하고, 나아가 그것이 검사 이외의 수사기관이 작성하거나 그 수사과정에서 작성된 것인 경우에는 추가로 내용인정 여부에 관하여도 의견(제312조 제3항)을 진술하여야 하며, 그 외에는 동의 또는 부동의 중 하나로 의견(제318조 제1항)을 진술하여야 한다.[7]

'증거의견 내용'란에는 피고인 또는 변호인이 당해 증거서류의 적법성·실질성립·임의성·내용을 모두 인정하는 경우에는 'ㅇ', 적법성·실질성립·임의

---

3) 사실조회나 문서송부요구에 따라 법원에 도착한 서류를 증거서류로 조사하는 경우에는 그 증거서류를 증거서류 등 목록에 추가 기재한다(형사증거목록예규 제3조 제4항 제1호 단서).

4) 법원행정처, 법원실무제요 형사[II](이하 '법원실무제요[II]'으로 인용한다), 2014, 175면.

5) 법원실무제요[II], 178, 179면{증거서류와 증거물인 서면의 구별기준에 관하여 당해 사건에 대한 소송절차인지를 기준으로 판단하는 절차기준설과 법관의 면전에서 작성되었는지를 기준으로 판단하는 작성자기준설이 있으나, 확립된 실무와 판례(대법원 2015. 4. 23. 선고 2015도2275 판결 참조)는 내용기준설을 따르고 있다}.

6) 증거능력에 관한 의견진술을 실무상 '인부(認否)'라고 부른다.

7) 사법연수원, 형사증거법 및 사실인정론(이하 '형사증거법'으로 인용한다), 사법연수원 출판부, 2019, 135, 136면.

성·내용을 모두 부인하는 경우에는 '×'로 표시된다. 피고인 또는 변호인이 적법성·실질성립·임의성·내용 중 일부를 부인하는 경우에는 다음의 표와 같이 적법성·실질성립·임의성·내용의 순으로 연속하여 'O' 또는 '×'로 표시된다.[8] 피고인 또는 변호인이 증거서류에 기재된 진술이 특히 신빙할 수 있는 상태하에서 행하여졌음을 부인하는 경우에는 비고란에 '특신성 부인'이라고 기재된다(형사증거목록예규 제3조 제2항 제7호).[9] 피고인이 아닌 자의 진술을 기재한 조서를 비롯한 기타 증거서류에 대하여 피고인 또는 변호인이 동의하는 경우에는 'O', 부동의하는 경우에는 '×'로 표시된다.

증거서류	증거의견	표시방법
검사 피의자신문조서 (피고인이 검찰에서 작성한 진술서 포함)	적법성 인정, 실질성립 인정, 임의성 인정	O
	적법성 인정, 실질성립 인정, 임의성 부인	O O ×
	적법성 인정, 실질성립 부인, 임의성 부인	O × ×
	적법성 부인, 실질성립 부인, 임의성 부인	×
경찰 피의자신문조서 (피고인이 경찰에서 작성한 진술서 포함)	적법성 인정, 실질성립 인정, 임의성 인정, 내용 인정	O
	적법성 인정, 실질성립 인정, 임의성 인정, 내용 부인	O O O ×
	적법성 인정, 실질성립 인정, 임의성 부인, 내용 부인	O O × ×
	적법성 부인, 실질성립 부인, 임의성 부인, 내용 부인	×

3) 증거능력의 검토

피고인이 여러 명인 경우에는 당해 피고인의 공소사실을 기준으로 공동피고인이 공범관계에 있는지 그렇지 아니한지에 따라 공동피고인에 대한 검찰 피의자신문조서와 경찰 피의자신문조서의 증거능력을 결정하여야 한다. 판례는 여기서 말하는 공범에 공동정범, 합동범, 필요적 공범(수뢰자와 증뢰자, 마약의 매도범과 매수범 등)이 포함되는 것으로 보고 있고, 실무는 그 밖에 교사범과 종범도 여기에 포함되는 것으로 보고 있다. 그러나 본범과 장물범의 경우, 서로 싸움을 한 경우 등은 여기에서 말하는 공범에 포함되지 않는 것으로 보고 있다.[10]

---

8) 형사증거목록예규 제3조 제2항 제7호.
9) 2020. 2. 4. 검사 작성의 피의자신문조서에 관한 증거능력 조항이 "검사가 작성한 피의자신문조서는 적법한 절차와 방식에 따라 작성된 것으로서 공판준비, 공판기일에 그 피의자였던 피고인 또는 변호인이 그 내용을 인정할 때에 한하여 증거로 할 수 있다(제312조 제1항)."고 개정되었고 2022. 1. 1.부터 시행되므로, 2022년부터 피고인과 변호인은 검사 작성의 피의자신문조서에 대하여 경찰 작성의 피의자신문조서와 마찬가지로 적법성·실질성립·임의성·내용 인정 여부에 관한 증거의견을 진술하여야 한다.
10) 형사증거법, 119면.

　　공범인 공동피고인에 대한 피의자신문조서의 증거능력은 공동피고인 중 한 명은 자백하나, 다른 한 명은 부인하는 경우에 주로 문제된다. 이때 부인하는 피고인의 공소사실을 증명하기 위하여 자백하는 공범인 공동피고인에 대한 피의자신문조서를 증거로 사용하려 하기 때문이다. 예컨대, 김갑동과 이을남이 특수절도로 공소제기되었는데, 수사기관에서 조사받은 이래 법정에 이르기까지 김갑동은 자백하나 이을남은 범행 가담사실을 부인한다고 가정하자. 범행을 자백하는 내용의 김갑동에 대한 경찰 피의자신문조서를 이을남의 특수절도에 대한 증거로 사용하기 위하여는 이을남이 김갑동에 대한 경찰 피의자신문조서의 내용을 인정하여야 한다. 검사 이외의 수사기관이 작성한 피의자신문조서에 대하여 적용되는 형사소송법 제312조 제3항은 당해 피고인과 공범관계에 있는 다른 피고인에 대한 피의자신문조서를 당해 피고인에 대한 유죄의 증거로 채택할 경우에도 적용되기 때문이다.11) 범행을 자백하는 내용의 김갑동에 대한 검찰 피의자신문조서를 이을남의 특수절도에 대한 증거로 사용하는 것은 상대적으로 용이하다. 형사소송법 제312조 제4항이 적용되어 공범인 공동피고인인 김갑동이 증거의견의 진술과정에서 자신에 대한 검찰 피의자신문조서의 진정성립과 임의성을 인정한다면 당해 피고인인 이을남이 증거로 함에 동의하지 않는다 하더라도 그 증거능력이 인정되기 때문이다.12)

　　이와 달리 공범 아닌 공동피고인은 당해 피고인에 대하여 순수한 제3자의 지위에 있으므로 당해 피고인에 대하여 공범 아닌 공동피고인에 대한 검찰 피의자신문조서와 경찰 피의자신문조서를 증거로 사용하기 위해서는 당해 피고인이 증거로 함에 동의하지 않는 한 공동피고인이 증인신문절차에서13) 실질적 진정성립을 인정하여야 한다.14)

---

11) 대법원 2010. 2. 25. 선고 2009도14409 판결 참조.
12) 판례(대법원 1995. 5. 12. 선고 95도484 판결 등)의 이러한 입장은 당해 피고인이 피고인신문에서 공범인 공동피고인에 대하여 반대신문을 할 수 있다는 점에서 형사소송법 제312조 제4항에서 규정한 '반대신문의 기회 보장'이라는 요건을 충족한다고 보는 데 근거하나, 피고인신문은 증거조사에 해당하지 아니하고 위증의 벌을 경고하는 선서가 수반되지도 아니하며 당해 피고인이 공범인 공동피고인을 상대로 신문할 수 있는 권리가 형사소송법에 규정되어 있지 않다는 점에서 타당하지 아니하다. 따라서 공범인 공동피고인에 대한 변론을 분리한 후 당해 피고인에게 공범인 공동피고인을 증인으로 반대신문할 수 있는 기회를 부여하여야만 공범인 공동피고인에 대한 검찰 피의자신문조서를 당해 피고인에 대한 관계에서 증거로 쓸 수 있다고 보아야 한다{拙稿, 공범인 공동피고인의 진술과 반대신문권의 실질적 보장, 인권과정의(통권 제485호), 2019. 11, 88-97면}.
13) 이때 실무에서는 변론을 분리하는 것이 통상적이다.
14) 대법원 2006. 1. 12. 선고 2005도7601 판결 참조.

다. 증인 등 목록

1) 기재되는 증거

증인 등 목록에는 증인, 사실조회, 문서송부요구, 검증, 감정, 법정외 피고인신문 · 증인신문, 증거물을 비롯하여 증거서류 등 목록에 기재되지 아니하는 증거방법을 기재한다.[15] 현장사진 등과 같이 독립된 증거로서 증거물의 성격을 가지는 경우 증인 등 목록에 기재하고, 녹음테이프 · 비디오테이프 · 컴퓨터용 디스크 그 밖에 정보를 담기 위하여 만들어진 정보저장매체나 진정성립의 증명을 위한 영상녹화물 등도 증인 등 목록에 기재한다.[16]

증인 등 목록의 '증거조사기일'란에는 증거조사를 하기로 지정된 연 · 월 · 일 · 시를 기재하고, 증거조사를 실시한 경우에는 그 연 · 월 · 일 · 시에 이어 '(실시)'라고 기재한다. 지정된 신문기일에 증인의 불출석 기타 사유로 신문을 하지 않은 때에는 증인신문을 하기로 지정된 새로운 연 · 월 · 일 · 시를 기재한다. 증인 채택결정이 취소된 경우는 '증거조사기일'란에 취소 결정을 한 공판기일의 횟수와 '취소' 또는 증거를 신청한 당사자가 철회하는 경우에는 '철회 · 취소'라고 기재한다.[17]

2) 증거능력의 검토

변론이 분리되지 아니한 상태에서 공범인 공동피고인이 증언하는 등 증인적격이 없는 자가 증언하거나[18] 증언거부권을 고지하지 아니한 채 이루어진 증언이 아니라면 증언 자체는 증거능력이 있다. 증거물도 위법수집증거가 아니라면 증거능력이 문제될 여지는 별로 없다.

이와 같이 증인 등 목록에서는 주로 이에 기재된 증거 자체의 증거능력보다는 진술조서, 진술서를 비롯한 전문증거의 증거능력 인정요건이 충족되었는지가 문제된다. 즉 원진술자가 증인으로 출석하여 수사기관에서 작성한 진술조서, 수사과정에서 작성된 진술서의 진정성립을 인정하였는지, 원진술자가 증인으로 출석하지 아니하였다면 형사소송법 제314조에서 정한 사망 · 질병 · 외국거주 · 소재불명 그 밖에 이에 준하는 사유로 인하여 진술할 수 없는 사유가 있는지에 유

15) 형사증거목록예규 제3조 제4항 제1호 본문.
16) 법원실무제요[II], 181면.
17) 법원실무제요[II], 185, 186면.
18) 대법원 2008. 6. 26. 선고 2008도3300 판결 참조.

의하여야 한다. 실무에서 많이 등장하는 진술불능 사유는 외국거주와 소재불명이다. '외국거주'란 진술을 요하는 자가 외국에 있다는 것만으로는 부족하고 검사가 외국에 있는 원진술자를 공판정에 출석시켜 진술하게 할 모든 수단을 강구하는 등 가능하고 상당한 수단을 다하더라도 원진술자를 법정에 출석하게 할 수 없는 사정이 있어야 예외적으로 인정된다.[19] '소재불명'도 증인에게 소환장이 송달되지 아니한 경우에 검사가 증인의 주소를 보정하고 보정된 주소에 대한 송달결과(주소불명, 수취인불명 등)에 따라 경찰에 소재탐지촉탁을 의뢰하여 소재탐지불능 보고서를 받는 등으로 증인의 법정 출석을 위한 가능하고도 충분한 노력을 다하였음에도 불구하고 부득이 증인의 법정 출석이 불가능하게 되었다는 사정이 입증되어야 한다.[20] 따라서 기록상 검사가 위와 같은 노력을 다하였는지를 소재탐지에 관한 결과보고, 구인장의 집행결과에 관한 서류 등을 통하여 확인하여야 한다.

그 밖에 증인이 정당하게 증언거부권을 행사한 경우,[21] 증인이 정당한 이유 없이 증언을 거부한 경우[22] 및 피고인이 증거서류의 진정성립을 묻는 검사의 질문에 대하여 진술거부권을 행사한 경우[23]는 형사소송법의 '그 밖에 이에 준하는 사유로 인하여 진술할 수 없는 때'에 해당하지 아니함에 유의하여야 한다.

2. 공소장

가. 죄명, 공소사실 및 적용법조의 검토

공소장에는 죄명, 공소사실 및 적용법조를 기재하여야 한다(형사소송법 제254조 제3항). 공소장의 죄명을 보면서는 친고죄, 반의사불벌죄의 해당 여부에 유의하여야 한다. 친고죄에서 고소가 존재하지 않는다면 형사소송법 제327조 제2호의 공소기각 사유, 고소의 취소가 있다면 같은 법 제327조 제5호의 공소기각 사유가 있게 된다. 반의사불벌죄에서는 공소제기 전에 처벌불원의 의사표시가 있다면 형사소송법 제327조 제2호의 공소기각 사유, 공소제기 후에 처벌불원의 의사표시가 있거나 처벌희망의 의사표시가 철회된다면 같은 법 제327조 제6호의 공소기각

---

19) 대법원 2016. 2. 18. 선고 2015도17115 판결.
20) 대법원 2013. 4. 11. 선고 2013도1435 판결.
21) 대법원 2012. 5. 17. 선고 2009도6788 전원합의체 판결.
22) 대법원 2019. 11. 21. 선고 2018도13945 전원합의체 판결.
23) 대법원 2013. 6. 13. 선고 2012도16001 판결.

사유가 있게 된다. 공소장의 공소사실은 법원의 심판범위이자 피고인의 방어대상
이다. 변호인으로서는 범죄행위일로부터 상당한 기간이 경과한 공소사실에 관하
여는 공소시효가 도과하지는 않았는지(형사소송법 제326조 제3호의 면소사유), 공소
사실 자체가 범죄구성요건을 충족하는지(형사소송법 제325조 전단의 무죄사유) 등을
검토하여야 한다. 공소사실이 낯설게 여겨진다면 공소장의 적용법조를 확인함으
로써 구성요건이 무엇인지 정확하게 파악하여야 한다. 공소사실 자체가 구성요건
의 문언상 의미에 포섭된다고 보기 어려운 경우가 있기 때문이다. 이와 아울러
적용법조에서는 검사가 파악한 죄수관계를 확인할 수 있다. 검사가 적용한 죄수
관계가 잘못 되어 피고인한테 불리하다면[24] 변호인으로서는 법원에 대하여 올바
른 죄수관계의 적용을 촉구할 수 있다.

나. 공소장변경의 경우

법원은 공소사실의 동일성을 해하지 아니하는 한도에서 검사의 공소장변경
허가신청을 허가하여야 한다(형사소송법 제298조 제1항). 검사의 공소장변경허가신
청이 있는 경우에 당초의 공소사실과 변경하려는 공소사실 사이에 동일성이 인정
되는지 검토하여야 한다. 공소사실을 택일적 또는 예비적으로 추가하는 경우에도
마찬가지이다.[25] 이때 공소사실의 동일성은 그 사실의 기초가 되는 사회적 사실
관계가 기본적인 점에서 동일하면 그대로 유지되는 것이나, 이러한 기본적 사실
관계의 동일성을 판단하면서는 그 사실의 동일성이 갖는 기능을 염두에 두고 피
고인의 행위와 그 사회적 사실관계를 기본으로 하되 규범적 요소도 아울러 고려
하여야 한다.[26] 실체법상 포괄일죄의 관계에 있는 일련의 범행 중간에 동종의 죄
에 관한 확정판결이 있는 경우에는 확정판결로 전후 범죄사실이 나뉘어져 원래
하나의 범죄로 포괄될 수 있었던 일련의 범행은 확정판결의 전후(엄밀하게는 사실
심 판결선고의 전후)로 분리되어[27] 공소사실의 동일성을 상실하게 된다는 점에도
유의하여야 한다.

---

24) 피고인이 여러 차례 뇌물을 수수하였으나 단일하고 계속된 범의에 의한 것이 아님에도 검사
   가 뇌물수수의 포괄일죄로 보아 특정범죄 가중처벌 등에 관한 법률을 적용하였다면 변호인은
   각 뇌물수수의 실체적 경합을 주장할 수 있다.
25) 대법원 2012. 4. 13. 선고 2010도16659 판결.
26) 대법원 1994. 3. 22. 선고 93도2080 전원합의체판결.
27) 대법원 2017. 5. 17. 선고 2017도3373 판결.

3. 공판조서

가. 제1회 공판조서

1) 기재되는 내용

제1회 공판조서에는 제1회 공판기일의 진행상황이 피고인에 대한 진술거부권의 고지(형사소송법 제283조의2), 인정신문(같은 법 제284조), 검사의 공소사실, 죄명 및 적용법조에 관한 진술(같은 법 제285조), 피고인의 공소사실 인정 여부에 관한 진술(같은 법 제286조 제1항), 재판장의 쟁점 정리(같은 법 제287조 제1항), 검사의 서류나 물건의 제출 등 증거신청(같은 법 제294조 제1항)과 이에 대한 피고인 또는 변호인의 의견진술 및 법원의 증거채택 여부에 관한 결정(같은 법 제295조)의 순서로 기재된다.

2) 주요 검토사항

제1회 공판조서 중에서 변호인의 향후 변론방향과 직결되는 부분은 피고인의 공소사실 인정 여부에 관한 진술이다. 즉 피고인이 공소사실을 인정하는지, 공소사실을 인정하지 아니하는 경우에는 사실관계를 부인하는지, 정당방위 등 범죄의 성립을 부정하는 주장을 하는지에 따라 변호인으로서 검토해야 할 내용이 달라진다. 피고인이 공소사실을 인정하는 경우에 변호인은 적극적 소송조건(친고죄의 고소)과 소극적 소송조건(반의사불벌죄에서 처벌불원 의사표시의 부존재, 확정판결의 부존재 등)을 비롯한 법원이 직권으로 조사하여야 할 사항을 살펴보아 적극적으로 피고인에게 유리한 변론을 하여야 한다.[28] 피고인이 사실관계를 부인하는 경우에는 공소사실에 부합하는 증거(검사가 제출한 모든 증거)의 증거능력과 증명력을 검토하여야 한다. 피고인이 범죄의 성립을 부정하는 법리적인 주장을 하는 경우에는 그 주장이 판례와 인정되는 사실관계에 따라 받아들여질 수 있는지 검토하여야 한다.

나. 제2회 공판조서

1) 기재되는 내용

---

28) 실무에서는 변호인이 유리한 정상에 관한 변론에 초점을 맞추는 것이 일반적이다.

제2회 공판기일에서는 법원이 증인신문을 중심으로 증거조사를 마친 후 피고인신문이 이루어지고(형사소송법 제296조의2 제1항 본문) 검사와 변호인의 의견진술과 피고인의 최후진술로 변론이 종결되는 것이 일반적이다. 피고인신문은 임의적 절차이므로 생략할 수 있으나,[29] 검사나 변호인의 신청이 있는 경우 외에 재판장은 필요하다고 인정할 경우(주로 공소사실과 정상에 대한 피고인의 입장을 정리할 필요가 있을 경우가 될 것이다) 직권으로 피고인을 신문할 수 있다(같은 조 제2항).[30] 변호인은 증인신문과 피고인신문의 내용을 중심으로 검토하여야 한다.

2) 증인신문에 관한 검토

변호인은 증인이 증인신문절차에서 수사기관에서 작성한 진술조서, 진술서 등의 진정성립을 인정하였는지[31]를 먼저 확인하여야 한다. 증인의 진술에 피고인이나 피고인 아닌 자로부터 전해들은 내용이 포함되어 있는지도 살펴보아야 한다. 증인이 피고인이 말한 내용을 진술하는 부분은 형사소송법 제316조 제1항의 전문진술이므로 그 진술이 특히 신빙할 수 있는 상태하에서 행하여졌는지, 증인이 피고인 아닌 자가 말한 내용을 진술하는 부분은 같은 법 제316조 제2항의 전문진술이므로 위 요건에 더하여 피고인 아닌 자(원진술자)가 사망, 질병, 외국거주, 소재불명 그 밖에 이에 준하는 사유로 인하여 진술할 수 없는 것인지 각각 검토하여 그 증거능력을 판단하여야 한다.

진술의 신빙성 판단은 유죄와 무죄를 가르는 핵심적인 쟁점이다. 공소사실에 부합하는 진술을 하는 핵심적인 증인이라면 그 진술이 수사기관에서의 진술과 일관되고 있는지, 그 진술이 전후 모순되지는 않는지, 그 진술이 경험칙에 부합하는지와 같은 진술 내적인 요소, 그 진술이 객관적 근거에 기초한 것인지 막연한 추측에 불과한지, 그 진술은 객관적, 중립적 지위에 있는 제3자의 진술에 부합하는지, 증인이 피고인과 대립되는 이해관계나 원한관계로 인하여 불리한 진술을 할 여지는 없는지와 같은 진술 외적인 요소를 종합하여 그 진술의 신빙성을 철저히 검토하여야 한다. 증인이 간접사실(정황사실)에 관하여 진술하고 있다면 그러한

---

29) 피고인이 자백하는 경우에 실무에서는 생략하는 경향이 있다.

30) 법원실무제요[II], 294면.

31) 검사가 증인에 대한 경찰, 검찰 진술조서 등을 제시·열람하게 한 후, 증인에게 "증인은 당시 사실대로 진술한 후 읽어보고 서명, 날인한 사실이 있고, 그때 사법경찰리(검사)에게 진술한 내용과 동일하게 기재되어 있나요."라는 묻고, 이에 대하여 증인이 긍정하는 답변을 하는 경우에 인정된다.

간접사실이 다른 간접사실과 논리적으로 연결되어 공소사실을 추인하기에 충분한지, 공소사실과 반대되는 간접사실을 진술하고 있지는 않는지에 유의하여야 한다. 한편 증인의 진술 내용을 사실이라고 하더라도 그것만으로 공소사실을 인정하기 어려운 경우에는 부족증거로 분류한다.

3) 피고인신문에 관한 검토

피고인신문은 증거조사 과정에서 밝혀진 사실들과 피고인의 기존 주장과의 차이, 증거조사 과정에서 나타나지 아니한 피고인의 행적, 증거조사결과에 대한 피고인의 견해 등을 물어 피고인의 주장을 명확히 하는 데 주된 취지가 있으나,[32] 피고인이 부인하는 사건에서는 공소사실에 관하여 피고인을 추궁하는 형식의 신문이 이루어지기도 한다.

피고인신문에서 변호인으로서는 공동피고인의 법정진술의 증거능력과 증명력에 유의하여야 한다.[33] 판례에 의하면 공범인 공동피고인의 법정진술은 그 증거능력이 당연히 인정되므로[34] 공소사실을 부인하는 피고인의 변호인은 공소사실을 인정하는 공범인 공동피고인의 법정진술의 신빙성을 집중적으로 공격하여야 한다. 피고인신문은 기본적으로 증거조사절차의 일환이 아니고 선서와 위증죄의 부담 없이 이루어진다는 점에서 그 과정에서 이루어진 진술의 증명력이 높다고 보기 어렵다. 공범관계에 있는 피고인들이 서로 범행의 책임을 전가하려는 성향이 있음을 고려하면 더욱 그러하다. 이러한 문제점을 인식한 것인지 공범인 공동피고인 중 한 사람은 자백하고 다른 한 사람은 부인하는 사건에서 자백하는 공범인 공동피고인에 대한 변론을 분리하여 증인으로 신문하는 절차가 점차 일반화되고 있다. 당해 피고인의 공범인 공동피고인에 대한 반대신문권을 실질적, 효과적으로 보장할 수 있고 공범인 공동피고인이 증인으로서 위증죄의 부담 하에 진술하여 그 증언의 신빙성을 높일 수 있다는 점에서 바람직한 재판진행이다. 이 경우에 공범인 공동피고인이 증인의 지위를 얻기 위해서는 반드시 변론이 분리되어야 하고,[35] 변론이 분리되지 아니한 상태에서 공범인 공동피고인을 증인으로

---

32) 법원실무제요[II], 295면.
33) 공범인 공동피고인의 법정진술은 공범인 공동피고인이 피고인의 지위에서 하는 진술을 의미하므로 공범인 공동피고인이 증인의 지위에서 하는 진술인 공범인 공동피고인의 증언과 구별하여야 한다.
34) 공범인 공동피고인의 진술은 피고인의 반대신문권이 보장되어 있어 독립한 증거능력이 있다(대법원 1992. 7. 28. 선고 92도917 판결).

신문하더라도 그 증언은 증거능력이 없다.

공범이 아닌 공동피고인은 당해 피고인에 대하여 증인의 지위에 있으므로 변론을 분리하여 증인으로 신문하지 아니한 채 피고인신문에서 한 진술은 증거능력이 없다.[36)]

Ⅲ 수사기록

1. 진술조서

가. 기재되는 내용

진술조서에는 조사대상자가 누구인지에 따라 다양한 내용이 기재된다. 수사기관은 일반적으로 참고인에 대하여 ① 피의자와의 관계, 피해자와의 관계, ② 범죄사실과 관련되어 경험하였거나 알고 있는 내용, ③ 경험하였거나 알게 된 경위, ④ 직접 경험한 것인지 다른 사람으로부터 전문한 것인지 여부, ⑤ 기타 진술동기 등을 조사한다. 특히 피해자의 경우에는 피해를 입은 경위, 피해 정도 이외에 피해회복 여부, 처벌희망의사의 유무 등을 조사한다.[37)]

나. 진술조서에 관한 검토

진술조서의 내용 중 ④는 주로 증거능력과, ①, ②, ③, ⑤는 주로 증명력과 관련이 있다. 진술조서 중 다른 사람으로부터 전문한 내용(④)은 다른 사람이 피고인인 경우에는 형사소송법 제316조 제1항, 피고인 아닌 자인 경우에는 같은 법 제316조 제2항의 요건을 충족하여야 할 뿐만 아니라 형사소송법 제312조 제4항에 의한 증거능력 인정요건을 갖추어야 증거능력이 있다.

피의자와의 관계, 피해자의 관계(①)는 진술자의 진술의 신빙성을 전반적으로 가늠하게 하는 역할을 한다. 진술자가 중립적, 객관적 위치에 있는지, 아니면 피고인이나 피해자(고소인일 경우가 많다) 중 어느 한쪽과 이해관계를 같이 하는지

---

35) 대법원 2012. 12. 13. 선고 2010도10028 판결 참조.
36) 대법원 1982. 9. 14. 선고 82도1000 판결 참조.
37) 사법연수원, 수사절차론, 사법연수원 출판부, 2017, 104면.

는 진술의 신빙성에 큰 영향을 미친다. 판례는 진술자가 피고인과 이해관계가 상반되는 자라는 점을 근거로 그 진술의 신빙성을 부정하고 있다.[38] 이와 달리 중립적, 객관적 위치에 있는 진술자(예컨대, 범행을 우연히 목격한 사람)는 허위로 진술할 이유가 없으므로 합리적인 근거 없이는 그 진술의 신빙성을 배척할 수 없을 것이다.[39]

진술자가 경험하였거나 알고 있는 내용(②)과 경험하였거나 알게 된 경위(③)와 관련해서는 3가지 관점에서 그 진술의 신빙성을 검토할 수 있다. 먼저 진술이 객관적 근거를 가진 것인지(예컨대, 계약서 등 처분문서에 근거한 진술), 아니면 단순한 추측에 불과한 것인지 문제된다. 여기에서는 그 진술이 객관적으로 인정되는 사실관계에 부합하는지 확인할 필요가 있다. 두 번째로 진술의 일관성은 그 진술의 신빙성을 좌우하는 핵심적인 판단기준이다. 진술이 번복된 경우에 번복된 내용이 공소사실의 인정 여부를 결정하는 핵심적인 부분이라면 진술의 신빙성이 크게 떨어지겠지만, 지엽적이거나 사소한 부분이라면 진술의 전체적인 신빙성에는 영향이 없다고 보아야 한다. 하지만 공소사실의 핵심적인 부분에 관한 진술이 번복된 경우라고 하여 무조건 진술의 신빙성이 없다고 볼 것은 아니다. 진술이 번복된 경우라도 그 번복을 수긍할 수 있는 사유가 있다면 진술의 신빙성을 인정할 수 있다. 예컨대, 범죄 피해를 입었으나 보복이나 후환을 두려워하여 피해사실을 숨기는 등으로 소극적으로 진술하다가 그와 같은 우려에서 벗어나서 피해사실을 적극적으로 진술할 수 있는 것이다. 시간이 갈수록 명료해지는 진술[40]도 진술 번복의 한 태양으로 분류할 수 있고 신빙성을 인정하기 어렵다. 세 번째로 진술자가 경험하였거나 알고 있는 내용이 논리와 경험칙에 부합하는지를 살펴보아야 한다. 사회통념상 수긍할 수 없거나 자연스럽지 못한 진술을 하는 경우에는 진술인이 무엇인가를 숨기거나 꾸미고 있는 가능성이 높다.

진술동기(⑤)를 파악하면서는 진술자가 범죄사실에 관한 진술을 하면서 사실

---

38) 대법원 2003. 12. 26. 선고 2003도5255 판결, 대법원 1984. 5. 29. 선고 84도480 판결 등.
39) 대법원 1986. 3. 25. 선고 85도1572 판결 등.
40) 사람이 목격하거나 경험한 사실에 대한 기억은 시일의 경과에 따라 흐려질 수는 있을지언정 오히려 처음보다 명료해 진다는 것은 이례에 속하는 일이므로 피해자의 진술이 범행 다음날의 조사시에는 칼을 들이댄 범인이 피고인 甲인지의 여부를 알 수 없다고 하였다가 그후 검찰과 법정에서는 피고인 甲임이 틀림없다고 하고 다른 피고인들에 대해서도 검찰조사시까지는 범행가담 여부를 정확히 기억하지 못한다고 하다가 법정에 이르러서 동인들의 범행가담이 틀림없다고 한 내용이라면 그같은 피해자의 진술은 신빙성이 없다(대법원 1983. 3. 8. 선고 82도3217 판결).

관계(실체적 진실)의 규명 이외에 또 다른 목적이 있는 것은 아닌지도 생각해 보아야 한다. 특히 고소를 한 피해자의 진술에서는 고소를 한 경위에 금전 갈취, 민사재판을 유리하게 이끌기 위한 의도 등 의혹이 있는지도 들여다 볼 필요가 있다.

2. 피의자신문조서

가. 기재되는 내용

피의자신문조서에는 전과관계 등 피의자에 관한 사항, 진술거부권과 변호인의 조력을 받을 권리의 고지 등 적법절차의 준수에 관한 사항, 공범관계, 범행의 일시·장소, 객체, 수단과 방법, 동기, 결과, 범행 후의 정황 등 구성요건사실에 관한 사항, 재산범의 친족상도례, 친고죄의 고소·고발, 반의사불벌죄의 처벌불원 여부 등 소송조건에 관한 사항이 기재된다.[41]

나. 피의자신문조서에 관한 검토

전과관계에 관한 사항에서 상습성의 인정 여부, 소극적 소송조건인 확정판결의 부존재 등을 알 수 있으나, 범죄경력조회 등을 통하여 객관적으로 확인하는 것이 바람직하다. 적법절차의 준수에 관한 사항에서는 수사기관이 형사소송법 제244조의3에서 규정하는 방식에 따라 진술거부권을 적법하게 고지하였는지 살펴볼 필요가 있다.

구성요건에 관한 사항은 중심적인 검토대상이다. 먼저 피의자가 공소사실을 인정하는지, 부인하는지를 확인하여야 한다. 피의자가 공소사실을 인정한다면 그 자백 진술이 구체적인지, 자백의 진술내용 자체가 객관적으로 합리성을 띠고 있는지, 자백의 동기나 이유는 무엇인지,[42] 공범이 있는지, 공범과의 역할 분담은 어떠한지 등을 살펴보아야 한다. 피의자의 자백 내용 중에 진범이 아니면 알 수 없는, 예컨대 흉기의 구입과 소재, 장물의 은닉과 처분 등에 관한 진술이 포함되어 있는 경우에 그 자백은 소위 '비밀의 폭로'가 있는 자백으로서 신빙성이 매우 높다.[43] 피의자가 공소사실을 부인하는 경우에 그 진술내용이 일관되지 아니하고

---

41) 수사절차론, 80−87면.
42) 대법원 2001. 10. 26. 선고 2001도4112 판결 참조.
43) 수사절차론, 75면.

상호 모순되거나 저촉되는 점이 있다고 하더라도 그러한 점만으로 유죄로 단정하여서는 아니 된다는 점에 유의하여야 한다.[44] 다만, 피의자의 부인 진술이 위와 같이 객관적으로 합리성이 없고 경험칙상 도저히 받아들일 수 없다는 점은 공소사실에 부합하는 피해자 등 참고인의 진술의 신빙성을 뒷받침하게 된다. 이러한 의미에서 '피고인의 주장의 객관적인 비합리성'은 공소사실을 유죄를 판단하는 데 간접적인 근거가 될 수 있다.

소송조건에 관한 사항에서는 피고인과 피해자 사이의 친족관계 유무, 친고죄에서의 고소 · 고발 유무, 합의에 의한 처벌희망 의사표시의 철회 여부를 확인할 수 있다.

공범인 피의자에 대한 검찰과 경찰의 피의자신문조서는 피고인의 증거의견 진술에 따라 증거능력이 인정된 것에 한하여 검토하는 것이 원칙이다. 하지만 예외적으로 공범의 진술의 신빙성을 탄핵하기 위하여 증거능력이 없는 공범에 대한 경찰 피의자신문조서의 내용을 원용하는 것(예컨대, 공범의 경찰 진술이 법정 진술과 달라서 일관성이 없다고 지적하는 경우)은 공소사실의 입증과 반대되는 방향으로 피고인에게 유리하게 작용하므로 허용된다고 보아야 한다.

---

44) 대법원 1984. 5. 15. 선고 84도417 판결.

제 2 장

형사법문서의 작성방법

I 변론요지서의 작성방법

변론요지서는 형사변호인이 피고사건의 사실관계에 관한 주장과 법리적 주장을 최종적으로 정리하여 법원에 제출하는 서면이다. 변론요지서는 정해진 양식이 없다. 동일한 죄명이라도 내용은 사건에 따라 천차만별인 까닭에 변론의 형식과 내용이 모두 다를 수밖에 없고, 동일한 사건에서도 변호인에 따라 내용과 방식이 달라진다.[1] 여기에서는 변론요지서의 형식과 내용으로 나누어 변론요지서의 예시적인 작성방법을 소개하고자 한다.

1. 변론요지서의 형식

공소기각, 면소 및 무죄 주장을 하는 경우에는 공소사실의 요지, 피고인의 변명(또는 사건의 쟁점), 사실관계와 법리에 관한 주장, 결론의 순서로 구성한다. 그러나 피고인이 자백하고 법리적으로도 다툴 여지가 없다면 정상관계에 관한 주장만을 하고 유죄로 인정되는 근거나 이유를 기재하지 아니한다. 여러 개의 공소사실로 기소된 경우에는 피고인이 공소사실을 모두 자백하는 경우가 아닌 한 반드시 공소사실 별로[2] 변론의 내용을 기재하여야 한다. 실무에서는 사건의 경위를 먼저 기재하고 주요 증거를 검토하거나 검사가 제출한 증거들을 차례로 검토한 후 피고인이 주장하는 사실관계를 제시하는 등 다양한 형식의 변론요지서를 볼 수 있다.

---

1) 사법연수원, 형사변호사실무, 사법연수원 출판부, 2017, 150면.
2) 공소사실이 교환적으로 변경된 경우에는 변경된 공소사실을, 택일적, 예비적으로 변경된 경우에는 모든 공소사실을 변론하여야 한다.

변론요지서에는 항목별로 그 내용을 드러내는 적절한 소제목을 부여하는 것이 바람직하다. 소제목을 달게 되면 변론요지서의 여러 항목의 내용을 자세히 들여다보지 않고 일별하더라도 변론요지서의 핵심적인 주장이 무엇인지 한눈에 파악할 수 있기 때문이다. 소제목을 변호인의 주장을 핵심적으로 나타내는 문장으로 구성하는 경우도 있다(예컨대, 피고인의 행위는 형법 제20조에 규정된 정당방위로 보아야 합니다).

2. 변론요지서의 내용

가. 공소사실의 요지와 피고인의 주장

실무에서 작성하는 변론요지서에서는 '공소사실의 요지'를 기재하는 것이 일반적이다.3) 공소기각 판결 또는 면소 판결을 하여야 할 사유가 있거나(【기재례 1-1】 참조) 피고인이 사실관계를 인정하지만 변호인의 입장에서 볼 때 법리적으로 죄가 성립하지 아니하는 경우(【기재례 1-2】 참조)에는 '사건의 쟁점'이라는 소제목 하에 그 사유를 간략하게 기재한다. 피고인이 사실관계를 부인하거나(【기재례 2-1】 참조) 법리적으로 죄가 성립되지 아니한다는 주장을 하는 경우라면(【기재례 2-2】 참조) '피고인의 주장'이라는 소제목 하에 그 주장을 요약하여 기재한다. 특히 피고인이 사실관계의 일부를 부인하는 경우에는 그 다투는 사실관계가 무엇인지 명확하게 특정하여 기재하여야 한다. 그래야만 법원이 다투는 사실관계에 집중하여 심리하고 판단할 것이기 때문이다.

【기재례 1-1】 피고인이 사실관계를 인정하나 면소 사유가 있는 경우
명예훼손의 공소사실과 상상적 경합관계에 있는 업무방해죄에 관하여 확정된 약식명령의 기판력이 위 공소사실에 미치는지 문제됩니다.

【기재례 1-2】 피고인이 사실관계를 인정하나 법리적으로 무죄 사유가 있는 경우
피고인이 계약명의신탁에 따라 서울 성동구 (이하 지번 생략) 대 957㎡(이하 '이 사건 대지'라 한다)에 관한 소유권이전등기를 마친 상태에서 제3자인 박병서에게 이 사건 대지를 매도한 경우에 명의신탁자인 이을남에 대한 횡령죄가 성립하는지 문제됩니다.

---

3) 변호사시험에서 작성하는 변론요지서에서는 공소사실의 요지를 기재하지 아니한다.

【기재례 2-1】 피고인이 사실관계를 부인하는 경우

피고인은 김갑동으로부터 1억 원의 뇌물을 받은 적이 전혀 없습니다.

【기재례 2-2】 피고인이 법리적인 주장을 하는 경우

피고인은 증거확보의 목적으로 진료기록부 등을 잠시 반출하였으므로 불법영득의사가 없었습니다(피고인이 병원에서 민사소송의 증거자료로 사용할 목적으로 그곳에 보관되어 있던 진료기록부 등을 차량에 싣고 가 절취하였다고 기소된 사건에서 피고인이 불법영득의사가 없다고 주장하는 경우).

나. 공소기각 사유 또는 면소 사유에 관한 변론

공소기각 사유 또는 면소 사유를 주장하는 경우에는 3단 논법에 따라 주장을 전개한다. 3단 논법이란 대전제(법률의 규정), 소전제(사실관계) 그리고 결론의 추론(법률이 사실관계에 적용되는 과정)으로 구성된 논증방식을 말한다.[4] 공소기각 사유 또는 면소 사유라는 법정의 요건을 충족하였는지는 3단 논법의 논증과정을 통하여 잘 나타날 수 있다. 대전제로 공소기각 사유 또는 면소 사유에 관한 근거 조항 또는 관련 판례를 적시하고 소전제로 근거 조항 또는 관련 판례의 적용 요건에 들어맞는 사실관계를 제시한 후[5] 근거 조항 또는 관련 판례가 사실관계에 적용되는 과정을 거쳐서 법적인 효과를 도출한다(【기재례 3-1】과 【기재례 3-2】 참조).

【기재례 3-1】 공소기각 사유의 주장

협박죄는 형법 제283조 제1항에 해당하는 죄로서 같은 조 제3항에 의하여 피해자의 명시한 의사에 반하여 공소를 제기할 수 없습니다(대전제). 그런데 ○○○가 작성한 진술서의 기재에 의하면 피해자는 이 사건 공소제기 후인 2021. 1. 7. 이미 피고인에 대한 처벌을 바라지 않는다는 의사를 명시적으로 표시하였습니다(소전제). 그렇다면 이 사건 공소사실은 피해자의 명시한 의사에 반하여 죄를 논할 수 없는 사건에 대하여 처벌을 희망하지 아니하는 의사표시가 있는 때에 해당합니다(결론의 추론).

【기재례 3-2】 면소 사유의 주장

상상적 경합 관계의 경우에는 그 중 1죄에 대한 확정판결의 기판력은 다른 죄에 대하여도

---

4) Neal Ramee, Logic and Legal Reasoning, p. 1(권오걸, 사실인정과 형사증거법, 경북대학교 출판부, 2014, 107, 108면에서 재인용).
5) 대전제와 소전제의 기재순서는 바꾸어도 무방하다.

미칩니다(대전제). 조회회보서, 약식명령 등본의 각 기재에 의하면, 피고인이 ……도로교통
법위반죄로 약식명령을 발령받아 2020. 3. 20. 그 약식명령이 확정되었는데 그 범죄사실은
피고인이 ……를 손괴하였다는 것입니다(소전제). 약식명령이 확정된 위 도로교통법위반죄
와 이 사건 공소사실은 모두 피고인의 동일한 업무상 과실로 발생한 수개의 결과로서 형법
제40조에 정해진 상상적 경합 관계에 있으므로, 이미 확정된 위 약식명령의 효력은 이 사
건 공소사실에도 미칩니다(결론의 추론).

다. 무죄 사유에 관한 변론

변론요지서의 핵심에 해당하는 무죄 사유에 관한 주장에서는 피고인의 주장
에 따라 그 내용을 달리 구성한다. 피고인이 사실관계를 부인하는 경우에는 검사
가 제출한 증거에 의하여 공소사실이 합리적 의심의 여지 없이 증명되지 아니하
였다고 주장한다. 드물지만 피고인이 범죄의 성립을 부정하는 경우에는 관련 판
례에 기초하여 그 주장을 상세히 전개한다. 사실관계에 관한 주장과 법리에 관한
주장을 구분할 수 있는 경우에는 가급적 양자를 별항으로 서술하는 것이 좋지만,
사실인정과 규범적 법률문제를 구별하기 쉽지 않을 때가 있다.[6] 사실과 규범 모
두에 판단자의 주관적 가치판단이 내재하기 때문이다.[7]

1) 형사소송법 제325조 후단의 무죄 주장

피고인이 공소사실의 사실관계를 부인하여 무죄(형사소송법 제325조 후단)를
주장하는 경우에는 공소사실에 부합하는 증거[8]의 증거능력과 증명력을 판단하여
야 한다. 먼저 증거능력이 없는 증거들이 어떠한 이유로 증거능력이 없는지를 차
례로 지적한다. 여기서 "임의성 없는 자백이다.", "위법수집증거에 해당한다.",
"전문증거로서 형사소송법 제311조 내지 제316조의 증거능력 인정요건을 충족하
지 못하였다."는 주장을 전개하여야 한다. 다음으로 진술의 신빙성을 판단하는 여
러 기준(앞서 살펴 본 진술의 근거 여부, 진술의 일관성 유무, 사회통념 또는 경험칙에 부
합하는지 여부, 진술자의 위치 등)에 따라 진술을 믿을 수 없는 이유와 근거를 제시
하면서 공소사실에 부합하는 진술증거들의 신빙성을 차례로 탄핵한다. 이후 공소
사실을 인정하기에 부족한 증거를 지적하고 달리 공소사실을 인정할 증거가 없음

---

6) 형사변호사실무, 151면 참조.
7) 권오걸, 앞의 책, 129면.
8) 판결문에서는 검사가 제출한 증거라는 항목으로 공소사실에 부합하는 증거를 하나하나 모두
  열거하므로, 변론요지서에서도 이와 같은 기재방식을 사용할 수 있다.

을 주장한다(【기재례 4-1】 참조). 검사가 공소사실에 대한 거증책임을 지기 때문이다. 실무에서는 피고인이 주장하는 사실관계도 증거9)에 입각하여 주장하는 것이 일반적이다. 이 경우 단순히 기록에 있는 증거명칭만을 인용하는 수준에 그칠 것이 아니라 사실관계를 구체적으로 서술하면서 관련된 증거를 사실관계마다 부기하는 것이 바람직하다.10)

【기재례 4-1】 피고인이 김갑동과 합동하여 피해자로부터 물건을 절취한 적이 없다고 주장하는 사안

1. 피고인의 주장(생략)

2. 증거능력이 없는 증거

  가. 각 경찰 피의자신문조서

    피고인에 대한 경찰 피의자신문조서는 피고인이 내용을 부인하므로, 김갑동에 대한 제1회 경찰 피의자신문조서는 피고인이 내용을 부인하는 취지로 증거로 함에 부동의하므로 각 증거능력이 없습니다.

  나. 증인 A의 진술을 내용으로 하는 증거

    증인 A의 법정진술, A에 대한 경찰 진술조서 중 A가 김갑동으로부터 피고인과 합동하여 위 범행을 하였다는 이야기를 들었다는 부분은 피고인 아닌 자가 피고인 아닌 타인의 진술을 내용으로 하여 진술한 전문진술 또는 그 전문진술이 기재된 조서에 해당합니다. 그런데 피고인이 이를 증거로 함에 동의한 바 없을 뿐만 아니라 김갑동이 이 법정에서 피고인과 함께 재판을 받고 있으므로 원진술자가 형사소송법 제316조 제2항에 정한 공판기일에 진술할 수 없는 때에 해당하지도 아니함이 분명하여 역시 각 증거능력이 없습니다.

  다. 신빙성 없는 증거

    증인 B의 법정진술은 … 점에서 진술의 일관성이 없고,11) C에 대한 경찰 진술조서에서 C는 " … "라고 진술하고 있으나 C는 피고인과 이해관계가 크게 대립될 뿐만 아니

---

9) 증거는 증인 A의 법정진술, 피고인에 대한 검찰 피의자신문조서, B에 대한 제○회 진술조서와 같이 진술주체, 조사주체, 명칭을 정확히 인용하고, 여러 번의 신문, 조사 및 압수가 이루어진 경우에는 그 중 어느 피의자신문조서나 진술조서, 압수조서를 인용하는 것인지 특정하여야 한다(예컨대, 제2회 피의자신문조서, 2021. 2. 10.자 압수조서).

10) 법원은 많은 사건을 취급하고 있어서 개개 사건의 기록을 모두 세밀하게 기억하지 못함을 염두에 두어야 한다(형사변호사실무, 151면). 따라서 실무에서 작성되는 변론요지서에서는 관련된 증거의 기록상 면수를 기재하는 것이 일반적이다.

11) B가 법정에서 한 진술과 B가 경찰 또는 검찰에서 한 진술을 대비하여 그 진술의 전후 모순과 비일관성을 드러내기 위하여 진술이 엇갈리는 부분에 관한 법정진술과 경찰진술 또는 검찰진술의 내용을 그대로 인용하는 것이 좋다.

라 그 진술이 객관적, 중립적인 지위에 있는 증인 D의 진술 내용과 불일치하며, … 점에서 사회통념(경험칙)에 부합하지 아니하므로 각 믿을 수 없습니다.

라. 부족증거 등

나머지 증거들만으로는 피고인의 범행가담 사실을 인정하기에 부족하고, 달리 이를 인정할 증거가 없습니다.

피고인이 고의, 공모 등을 부인하는 경우에는 간접증거(정황증거)를 검토하여 야 한다. 고의, 공모와 같은 내심의 의사는 직접증거에 의한 증명이 곤란하기 때 문이다. 피고인의 범행을 직접적으로 목격한 사람이 없는 등 직접증거가 없는 경 우에도 마찬가지이다. 공소사실에 부합하는 간접사실이 있기는 하나 공소사실에 반대되는 간접사실에 비추어보면 공소사실에 부합하는 간접사실만으로는 고의, 공모 등을 단정할 수 없다는 취지로 주장하는 것이 일반적이다.[12)]

【기재례 4-2】 피고인이 술과 음식을 주문하여 마신 후 술에 많이 취하여
그냥 집에 갔을 뿐 편취 범의를 부인하는 사안

1. 피고인의 주장(생략)

2. 편취 범의의 존부

가. 판단기준

무전취식에 의한 사기죄의 성립 여부는 술과 음식을 주문할 당시를 기준으로 변제할 의사와 능력이 있었는지에 따라 판단하여야 하고, 이 때 사기죄의 주관적 구성요건인 편취 의 범의의 존부는 피고인이 자백하지 아니하는 한 범행 전후의 피고인의 재력, 환경, 범행 의 내용, 거래의 이행과정, 피해자와의 관계 등과 같은 객관적인 사정을 종합하여 판단하여 야 합니다.

나. 이 사건의 경우

피고인에게 비록 5차례 사기죄로 처벌받은 전력이 있기는 하지만, 다음과 같은 사정 을 종합하면, 술과 음식을 주문할 당시 피고인에게는 술값을 변제할 의사와 능력이 없었다 고 단정하기 어렵습니다.

① 당시 피고인이 운영하던 대박피씨방의 영업으로 월수입이 750만 원 내지 800만 원에

---

12) 검토의견서에서는 공소사실에 부합하는 간접사실과 공소사실에 반대되는 간접사실을 종합적
으로 평가하여 공소사실에 부합하는 간접사실로부터 공소사실을 추인(추리)할 수 있어 유죄라
는 결론을 내릴 수 있다.

이르고 있었습니다(공판조서사본의 기재).

② 피고인이 지급하지 아니한 술값이 5만 원에 불과합니다.

③ 피고인은 당시 술에 많이 취하여 있었고, 피해자의 증언과 경찰 진술도 이에 부합합니다.

2) 형사소송법 제325조 전단의 무죄 주장

범죄가 성립하지 않아 무죄(형사소송법 제325조 전단)를 주장하는 경우에는 범죄가 되지 않는 법리적인 이유를 제시한다. 공소사실에 관한 법적인 평가는 법원의 몫이기는 하나 법원에 대하여 피고인에게 유리한 법리의 적용을 촉구하는 의미에서 법리적인 주장을 할 필요가 있다. 공소사실의 사실관계를 인정하여 공소사실에 부합하는 증거에 대하여 증거로 함에 동의한 경우에는 증거관계를 별도로 검토하지 않은 채 공소사실의 사실관계가 인정된다고 하더라도 범죄가 성립할 수 없다는 취지로 주장한다(【기재례 4-3】참조). 판례를 원용하여야 할 것이나 판례가 존재하지 않는 사안이라면 학설에 기초하여 변론을 전개하거나 새로운 법적 해석론을 제시하여야 한다.

【기재례 4-3】 변호인이 야간주거침입절도죄가 성립하지 않는다고 주장하는 사안

1. 피고인의 주장(생략)

2. 야간주거침입절도죄의 성립 여부

형법은 제329조에서 절도죄를 규정하고 곧바로 제330조에서 야간주거침입절도죄를 규정하고 있을 뿐, 야간절도죄에 관하여는 처벌규정을 별도로 두고 있지 아니합니다. 이러한 형법 제330조의 규정형식과 그 구성요건의 문언에 비추어 보면, 형법은 야간에 이루어지는 주거침입행위의 위험성에 주목하여 그러한 행위를 수반한 절도를 야간주거침입절도죄로 중하게 처벌하고 있는 것으로 보아야 하고, 따라서 주거침입이 주간에 이루어진 경우에는 야간주거침입절도죄가 성립하지 않는다고 해석하여야 합니다.[13]

따라서 공소사실과 같이 주간에(17:00경) 사람이 관리하는 건조물인 ○○○ 모텔에 침입하여 야간에(21:00경) 피해자의 가계수표 1장을 절취한 행위는 형법 제330조의 야간건조물침입절도죄를 구성하지 않는 것으로 봄이 타당합니다.

---

13) 대법원 2011. 4. 14. 선고 2011도300, 2011감도5 판결.

위법성 조각사유를 주장하는 경우에도 3단논법에 의한 논증방식을 사용하는 것이 논리적이다. 즉 정당방위, 정당행위 등 위법성조각사유의 성립요건을 적시하고(대전제) 그러한 요건에 해당하는 사실관계를 증거에 의하여 밝힌 후에(소전제) 위법성조각사유의 성립요건을 충족한다고 주장한다(결론의 추론)(【기재례 4-4】 참조).

【기재례 4-4】 변호인이 형법 제20조에 규정된 정당행위를 주장하는 사안

1. 피고인의 주장(생략)

2. 정당행위의 성립 여부

어떠한 행위가 위법성 조각사유로서의 정당행위가 되는지의 여부는 구체적인 경우에 따라 합목적적, 합리적으로 가려져야 할 것인바, 정당행위를 인정하려면 첫째 그 행위의 동기나 목적의 정당성, 둘째 행위의 수단이나 방법의 상당성, 셋째 보호법익과 침해법익의 균형성, 넷째 긴급성, 다섯째 그 행위 이외의 다른 수단이나 방법이 없다는 보충성의 요건을 모두 갖추어야 할 것입니다.[14]

이 사건에서 피고인은 당시 열쇠로 피고인의 차를 긁고 있던 피해자가 도망가려고 하자 피해자를 붙들기 위해서 멱살을 잡고 몇 번 흔든 것에 불과하고 피해자가 약 14일간의 치료를 요하는 흉부찰과상을 입기는 하였으나 피해자가 도망가려고 몸부림을 치는 과정에서 입었을 가능성이 농후하고 그 상처도 경미하며 피고인이 피해자의 도망을 막기 위한 다른 조치를 강구하기도 어려웠습니다. 따라서 피고인의 행위는 형법 제20조에서 규정한 정당행위에 해당하여 위법성이 조각됩니다.

라. 정상관계의 주장

피고인이 자백하는 경우에는 정상관계의 주장이 변론요지서의 주된 내용을 이룬다. 변호인은 피고인의 범행 동기, 경위, 피해자와의 관계, 범행 후의 피해 회복, 합의 등에서 피고인에게 유리한 양형요소를 밝혀서 정상을 참작하여 달라고 주장하여야 한다(【기재례 5】 참조). 실무에서는 집행유예, 벌금, 선고유예 등 최대한의 관대한 처분을 하여 달라고 탄원하는 것이 일반적이다. 변호인이 무죄를 주장하는 경우에도 법원이 그 판단을 달리 하는 때에 대비하여 예비적으로 정상관계에 관한 주장을 하는 경우가 많으나, 예비적 주장은 주위적 주장의 선명성을 흐리고 주위적 주장이 받아들여질 가능성에 대한 의문을 불러일으킬 수 있으므로

---

14) 대법원 1999. 1. 26. 선고 98도3029 판결.

변론 전략상 신중을 기해야 한다.

【기재례 5】 변호인의 정상관계에 관한 주장

피고인은 전과가 전혀 없는 점, 생활고로 인하여 우발적으로 친구인 피해자와의 동업자금을 사용한 점, 이후 임의로 사용한 동업자금을 피해자에게 모두 변제하여 피해자도 피고인의 처벌을 원하지 않고 있는 점, 그 잘못을 깊이 뉘우치는 점 등을 감안하여 피고인에게 법이 허용하는 가장 관대한 처분을 하여 주시기 바랍니다.

3. 결 론

해당 공소사실에 대한 변론의 내용을 요약하고 변호인이 법원에 구하는 재판을 밝히면서 변론요지서를 마무리한다(【기재례 6】 참조). 이때 법원에 구하는 재판의 종류와 그 법적 근거를 구체적으로 밝혀야 한다. 형사소송법 제325조 전단 무죄인지, 형사소송법 제325조 후단 무죄인지가 불분명한 경우에는 형사소송법 제325조 후단 무죄의 선고를 구하는 것이 보통이다.

【기재례 6】 변론요지서의 결론

이 사건 공소사실은 공소제기의 절차가 법률의 규정에 위반되어 무효이므로 형사소송법 제327조 제2호에 의한 공소기각 판결을 선고하여 주시기 바랍니다(공소기각을 주장하는 변론요지서).

이 사건 공소사실은 확정판결이 있는 때에 해당하여 형사소송법 제326조 제1호에 의한 면소 판결을 선고하여 주시기 바랍니다(면소를 주장하는 변론요지서).

이 사건 공소사실은 범죄의 증명이 없는 경우(또는 범죄가 되지 않는 경우)에 해당하므로 형사소송법 제325조 후단(또는 제325조 전단)에 의한 무죄 판결을 선고하여 주시기 바랍니다(무죄를 주장하는 변론요지서).

Ⅱ 검토의견서의 작성방법

검토의견서란 변호사가 형사기록의 내용을 검토하여 공소사실에 관한 의견을 밝히는 내용의 서면이다. 여기서 의견을 밝히는 상대방은 법무법인의 대표변호사(이하 '대표변호사'라 한다), 형사사건의 검토를 의뢰한 자문회사 등이 될 수 있다. 검토를 의뢰하는 의뢰인이 다양하고 그 목적도 다르기 때문에 검토의견서의 형식도 다양할 수밖에 없고 하나로 정형화되어 있지 아니하다. 검토의견서는 변호인이 형사사건을 검토한 결과를 기재한 법문서라는 점에서는 변론요지서와 같지만, 변호인이 객관적인 입장에서[15] 법원이 내릴 선고 결과를 예상하여 검토하고 공소사실이 유죄로 인정되는 경우에는 그 근거까지 기재한다는 점이 변론요지서와 다르다. 하지만 자문 목적으로 작성되는 경우[16]를 제외한다면 형사변호사실무(특히 송무)에서 검토의견서를 작성하는 예는 많지 않을 것으로 보인다. 변호인이 형사기록을 검토한 후 법원에 제출할 변론요지서나 의견서의 초고를 작성하여 대표변호사(또는 해당 사건을 주관하는 변호사)의 결재를 받는 것이 일반적인 업무처리 방식이고, 대표변호사가 요구하지 않는 이상 변호인이 굳이 대표변호사에게 보고하는 형식의 검토의견서를 작성한 후 다른 형식의 문서인 변론요지서나 의견서를 작성할 이유가 없기 때문이다.[17]

이하에서는 법무법인의 대표변호사에게 보고하는 검토의견서에서 유죄로 검토하는 부분만을 예시적으로 제시하고자 한다. 검토의견서 중 유죄로 검토하는 부분 이외에는 변론요지서의 작성방법이 준용될 수 있고, 유죄로 검토하는 부분에서는 변론요지서에서 살펴본 바와 같이 정상관계에 관한 의견을 제시하여야 한다.

1. 피고인이 사실관계를 다투나 유죄로 인정되는 경우

피고인이 공소사실의 사실관계를 부인하나 기록을 검토한 결과 공소사실에 부합하는 증거들을 종합하면 피고인의 주장과는 달리 공소사실의 사실관계를 인

---

15) 객관적인 입장에서 형사기록을 검토한 결과라는 점에서 검토의견서는 재판연구원이 작성하여 담당판사에게 보고하는 '검토보고서'와 그 성격, 체계가 유사하다.

16) 그 서면의 명칭은 '검토의견서' 이외에도 '회신서', '검토회신', '의견서' 등 다양하다.

17) 그렇기 때문에 현행 변호사시험의 기록형 문제에서 '검토의견서'라는 서면의 작성을 요구하는 것은 바람직하지 않다고 생각한다.

정할 수 있어 유죄로 판단되는 경우이다. 공소사실에 부합하는 증거들 중 일부는 증거능력이나 증명력이 없어서 배척할 수 있지만 공소사실에 부합하는 신빙성 있는 증거들을 배척하기 어렵고 피고인의 주장도 납득할 수 없어 이를 받아들일 수 없다고 검토할 수 있다(【기재례 7】 참조). 형사사건에서 사실의 인정은 증거에 의하여야 하고(형사소송법 제307조 제1항) 유죄로 판단하기 위해서는 합리적인 의심이 없는 정도의 증명이 있어야 하므로(같은 조 제2항) 담당변호사는 어떠한 증거에 의하여 유죄라는 결론을 도출하였는지를 조목조목 밝혀야 한다. 대표변호사는 사건에 대한 이해가 부족할 수 있으므로 공소사실에 부합하는 증거가 무엇인지 구체적으로 나타내야 한다.

【기재례 7】 피고인이 공소사실의 사실관계를 부인하나 유죄로 검토하는 경우

1. 피고인의 주장(생략)

2. 증거능력이 없는 증거(생략)

3. 신빙성 있는 증거

　증인 B의 법정진술은 … 점에서 진술이 일관되고 C에 대한 경찰 진술조서의 진술기재[18]와 (객관적인 증거인) … 의 기재에도 부합할 뿐만 아니라 B는 피고인, 피해자와는 아무런 이해관계가 없고 달리 허위 진술을 할 만한 동기가 없으므로 B의 법정진술은 신빙성이 있습니다.

4. 결 론

　그렇다면 B의 법정진술, C에 대한 경찰 진술조서의 진술기재 등을 종합하면, 이 사건 공소사실에 대하여는 유죄 판결이 예상됩니다.

2. 피고인이 공소사실을 법리적으로 다투나 받아들일 수 없는 경우

　　피고인이 범죄가 성립하지 않는다는 취지로 주장하는 때에 변호인으로서 그 주장을 검토한 결과 받아들일 수 없는 때도 있다.[19] 피고인이 순수하게 법리적인

---

18) 'C의 경찰진술'이라고 약칭하기도 한다.
19) 변호사시험에서 피고인이 공소사실을 인정하고 법리적으로도 유죄로 인정할 수 있는 경우에 법리적인 쟁점(예컨대, 사망자 명의의 문서를 위조한 경우에 문서위조죄가 성립하는지 여부)을 검토하도록 하고 있는데, 응시생의 입장에서는 위 쟁점을 검토하여야 하는지 불분명하고 실무상 이러한 경우에는 양형에 관한 변론에 집중하므로 피고인이 공소사실을 다투는 것으로 출제하여 법리적인 쟁점이 검토대상에 해당함을 명확히 하여야 한다.

주장을 하는 경우는 실무상 드물고 피고인이 자신한테 유리한 정황을 주장하면서 범죄가 되지 않는다고 주장하는 것이 통상적이다. 이때에는 간접사실에 기초하여 유죄로 추인(추리)할 수 있을지를 검토하여야 하므로 관련 법리를 제시함과 아울러 증거에 의하여 사실관계를 밝혀야 한다(【기재례 8】참조).

【기재례 8】 피고인이 공소사실에 반대되는 정황을 주장하면서 범죄가 되지 않는다고 주장하나 유죄로 검토하는 경우

1. 피고인의 주장

피고인은 교통사고 직후에 피해자를 병원에 데리고 갔으므로 도주한 것이 아니라고 주장합니다.

2. 특정범죄가중처벌등에관한법률위반(도주치상)죄의 도주의 의미

특정범죄가중처벌 등에 관한 법률(이하 '특가법'이라 합니다) 제5조의3 제1항에 정하여진 '피해자를 구호하는 등 도로교통법 제54조 제1항의 규정에 의한 조치를 취하지 아니하고 도주한 때'라고 함은 사고운전자가 사고로 인하여 피해자가 사상을 당한 사실을 인식하였음에도 불구하고 도로교통법 제54조 제1항의 규정에 의한 조치를 취하지 아니하고 사고 장소를 이탈하여 사고를 낸 사람이 누구인지 확정될 수 없는 상태를 초래하는 경우를 말하고, 도로교통법 제54조 제1항의 규정에 의한 조치에는 피해자나 경찰관 등 교통사고와 관계있는 사람에게 사고운전자의 신원을 밝히는 것도 포함됩니다.[20]

3. 이 사건의 경우

(증인 B의 법정 진술 …을 종합하면) 피고인은 피해자를 병원으로 데리고 가기는 하였으나, 피해자나 그 밖의 누구에게도 피고인이 교통사고를 낸 사람이라는 것을 밝히지 아니하고 목격자로 행세하다가 참고인 조사를 받으면서 경찰관에게 자기의 신분을 밝힌 후 귀가하였습니다. 그렇다면 피고인은 교통사고를 낸 사람이 누구인지 확정할 수 없는 상태를 초래하였고, 따라서 이러한 피고인의 행위는 특가법 제5조의3 제1항에 정하여진 '피해자를 구호하는 등 조치를 취하지 아니하고 도주한 때'에 해당합니다.

4. 결 론

그렇다면 B의 법정 진술, C에 대한 경찰 진술조서의 진술기재 등을 종합하면, 이 사건 공소사실에 대하여는 유죄 판결이 예상됩니다.

---

20) 대법원 2003. 3. 25. 선고 2002도5748 판결 참조.

◉ 참고문헌

권오걸, 사실인정과 형사증거법, 경북대학교 출판부, 2014.

법원행정처, 법원실무제요 형사[II], 2014.

사법연수원, 형사증거법 및 사실인정론, 사법연수원 출판부, 2019.

사법연수원, 수사절차론, 사법연수원 출판부, 2017.

사법연수원, 형사변호사실무, 사법연수원 출판부, 2017.

장승혁, 공범인 공동피고인의 진술과 반대신문권의 실질적 보장, 인권과정의(통권 제
485호), 2019. 11.

차정인, 형사소송실무(제3판), 신조사, 2015.

제2부

모의기록과 형사법문서

I 모의기록 1

【문제】

피고인 김갑동에 대하여는 법무법인 율선 담당변호사 김힘찬이, 피고인 이을남에 대하여는 법무법인 형평 담당변호사 이사랑이, 객관적인 입장에서 각 대표변호사에게 보고할 검토의견서를 작성하되, 다음 쪽 검토의견서 양식 중 **본문 I, II 부분**만 작성하시오.

【작성요령】

1. 학설·판례 등의 견해가 대립되는 경우, 한 견해를 취하여 변론할 것. 다만, 대법원 판례와 다른 견해를 취하여 변론을 하고자 하는 경우에는 자신의 입장에 따른 변론을 하되, 대법원 판례의 취지를 적시할 것.

2. 증거능력이 없는 증거는 실제 소송에서는 증거로 채택되지 않아 증거조사가 진행되지 않지만, 이 문제에서는 시험의 편의상 증거로 채택되어 증거조사가 진행된 것을 전제하였음. 따라서 필요한 경우 증거능력에 대하여도 논할 것.

3. 법률명과 죄명에서 '형사소송법'은 '형소법'으로, '특정경제범죄가중처벌등에관한법률위반'은 '특경법'으로, '정보통신망이용촉진및정보보호등에관한법률'은 '정보통신망법'으로 각 줄여서 쓸 수 있음.

【주의사항】

1. 쪽 번호는 편의상 연속되는 번호를 붙였음.

2. 조서, 기타 서류에는 필요한 서명, 날인, 무인, 간인, 정정인이 있는 것으로 볼 것.

3. 증거목록, 공판기록 또는 증거기록 중 '(생략)'이라고 표시된 부분에는 법에 따른 절차가 진행되어 그에 따라 적절한 기재가 있는 것으로 볼 것.

4. 공판기록과 증거기록에 첨부하여야 할 일부 서류 중 '(생략)' 표시가 있는 것, '증인선서서'와 수사기관의 조서(진술서 포함)에 첨부하여야 할 '수사과정확인서'는 적법하게 존재하는 것으로 볼 것.

5. 송달이나 접수, 통지, 결재가 필요한 서류는 모두 적법한 절차를 거친 것으로 볼 것.

【검토의견서 양식】

검토의견서(60점)

사　건　2020고합2312 특정경제범죄가중처벌등에관한법률위반(횡령) 등
피고인　김갑동

Ⅰ. 피고인 김갑동에 대하여
　1. 사기방조의 점
　2. 횡령의 점
　3. 정보통신망이용촉진및정보보호등에관한법률위반(음란물유포등)의 점
　4. 뇌물공여의 점
※ 평가제외사항 – 공소사실의 요지, 상습성 유무, 정상관계(답안지에 기재하
　　　　　　　　지 말 것)

2020.　10.　24.

피고인 김갑동의 변호인 법무법인 율선 담당변호사 김힘찬 ㊞

【검토의견서 양식】

검토의견서(40점)

사　건　2020고합2312 특정경제범죄가중처벌등에관한법률위반(횡령) 등
피고인　이을남

Ⅱ. 피고인 이을남에 대하여
　1. 특정경제범죄가중처벌등에관한법률위반(횡령)의 점
　2. 위증의 점
　3. 뇌물수수의 점
※ 평가제외사항 – 공소사실의 요지, 정상관계(답안지에 기재하지 말 것)

2020.　10.　24.

피고인 이을남의 변호인 법무법인 형평 담당변호사 이사랑 ㊞

기록내용 시작

					미결구금
	구속만료				
	최종만료				
	대행 갱신 만 료				

서울중앙지방법원

구공판 형사제1심소송기록

기일 1회기일	사건번호	2020고합2312		담임	제2단독	주심	
9/4 A10							
10/2 P3							
10/30 P3							
	사 건 명	가. 특정경제범죄가중처벌등에관한법률위반(횡령) 나. 정보통신망이용촉진및정보보호등에관한법률위반 (음란물유포등) 다. 횡령 라. 사기방조 마. 위증 바. 뇌물수수 사. 뇌물공여					
	검 사	정이감		2020형제66777호			
	공소제기일	2020. 8. 27.					
	피 고 인	1. 나.다.라.사. 김갑동 2. 가.마.바. 이을남					
	변 호 인	법무법인 율선 담당변호사 김힘찬(피고인 김갑동) 법무법인 형평 담당변호사 이사랑(피고인 이을남)					

확 정			완결 공람	담 임	과 장	국 장	주심 판사	재판장	원장
보존종기									
종결구분									
보 존									

접 수 공 람	과 장	국 장	원 장
	㊞	㊞	㊞

공 판 준 비 절 차

회 부 수명법관 지정 일자	수명법관 이름	재 판 장	비 고

법 정 외 에 서 지 정 하 는 기 일

기일의 종류	일 시				재 판 장	비 고
1회 공판기일	2020.	9.	4.	10:00	㊞	

서울중앙지방법원

목	록	
문 서 명 칭	장 수	비 고
증거목록	7	검사
공소장	10	
변호인선임신고서	(생략)	피고인 김갑동
변호인선임신고서	(생략)	피고인 이을남
영수증(공소장부본 등)	(생략)	피고인 김갑동
영수증(공소장부본 등)	(생략)	피고인 이을남
영수증(공판기일통지서)	(생략)	변호사 김힘찬
영수증(공판기일통지서)	(생략)	변호사 이사랑
의견서	(생략)	피고인 김갑동
의견서	(생략)	피고인 이을남
공판조서(제1회)	14	
공판조서(제2회)	19	
증인신문조서	22	김노인
증인신문조서	24	전순옥

증 거 목 록 (증거서류 등)

2020고합2312

2020형제66777호

① 김갑동
② 이을남
신청인: 검사

순번	증거방법 작성	증거방법 쪽수(수)	증거방법 쪽수(증)	증거명칭	성명	참조사항등	신청기일	증거의견 기일	증거의견 내용	증거결정 기일	증거결정 내용	증거조사기일	비고
1	검사	49		피의자신문조서	김갑동		1	1	① ○ ② ○				
2	〃	(생략)		CCTV 사진			1	1	① ○				
3	〃	51		피의자신문조서	이을남		1	1	② ○ ① ○				
4	〃	(생략)		통신사실확인자료			1	1	①② ○				
5	사경	(생략)		고소장	김노인		1	1	② ×				
6	〃	28		진술조서	김노인		1	1	① ×				
7	〃	(생략)		금융거래정보 제출명령회신서			1	1	① ○				
8	〃	30		피의자신문조서	김갑동		1	1	① ○				
9	〃	33		고소장	이신탁		1	1	② ○				
10	〃	34		등기사항 전부증명서			1	1	② ○				
11	〃	35		등기사항 전부증명서			1	1	② ○				
12	〃	36		진술조서	이신탁		1	1	② ○	(생략)			
13	〃	(생략)		고발장	전순옥		1	1	① × ② ×				
14	〃	38		진술조서	전순옥		1	1	① × ② ×				
15	〃	(생략)		신한은행 계좌내역서	김갑동		1	1	① ○ ② ○				
16	〃	(생략)		수사보고 (관련사건 병합수사)			1	1	② ○				
17	〃	40		공판조서사본 (2019고정4567), 증인신문조서사본			1	1	② ○				
18	〃	42		피의자신문조서	이을남		1	1	② ○○○○× ② ○ ① ×				공소사실2의다항부분 나머지부분 공소사실1의라항부분

※ 증거의견 표시 - 피의자신문조서: 인정 ○, 부인 ×
　　　　　　　　　　(여러 개의 부호가 있는 경우, 성립/임의성/내용의 순서임)
　　　　　　　 - 기타 증거서류: 동의 ○, 부동의 ×
※ 증거결정 표시: 채 ○, 부 ×
※ 증거조사 내용은 제시, 내용고지

증 거 목 록 (증거서류 등)
2020고합2312

① 김갑동
② 이을남

2020형제66777호

신청인: 검사

순번	증 거 방 법					참조사항등	신청기일	증거의견		증거결정		증거조사기일	비고
	작성	쪽수(수)	쪽수(증)	증거명칭	성명			기일	내용	기일	내용		
19	사경	(생략)		수사보고 (관련사건 병합수사)			1	1	① ○				
20	〃	(생략)		압수조서 및 압수목록(컴퓨터 등)			1	1	① ○				
21	〃	46		피의자신문조서 (제2회)	김갑동		1	1	① ○ ② ○	(생략)		(생략)	
22	〃	(생략)		조회회보서	김갑동		1	1	① ○				
23	〃	(생략)		조회회보서	이을남		1	1	② ○				
24	〃	(생략)		수사보고(관련 판결문 첨부)			1	1	① ○				
25	〃	48		판결문 사본	김갑동		1	1	① ○				

※ 증거의견 표시 - 피의자신문조서: 인정 ○, 부인 ×
　　　　　　　　　(여러 개의 부호가 있는 경우, 성립/임의성/내용의 순서임)
　　　　　　　　- 기타 증거서류: 동의 ○, 부동의 ×
※ 증거결정 표시: 채 ○, 부 ×
※ 증거조사 내용은 제시, 내용고지

증 거 목 록 (증인 등)
2020고합2312

① 김갑동
② 이을남

2020형제66777호

신청인: 검사

증 거 방 법	쪽수 (공)	입증취지 등	신청 기일	증거결정		증거조사기일	비고
				기일	내용		
증인 김노인		공소사실 1의 가, 나항 관련	1	1	○	2020. 10. 2. 15:00 (식시)	
증인 전순옥		공소사실 1의 라항과 공소사실 2의 다항 관련	1	1	○	2020. 10. 2. 15:00 (식시)	

※ 증거결정 표시: 채 ○, 부 ×

서울중앙지방검찰청

사건번호 2020년 형제66777호

수 신 자 서울중앙지방법원   2312

제 목 **공소장**

검사 정이감은 아래와 같이 공소를 제기합니다.

Ⅰ. 피고인 관련사항

1. 피 고 인 김갑동 (58****-1******), 60세

  직업 게임장업, 010-****-****

  주거 서울 성동구 행당로 25 행당아파트 112동 207호

  등록기준지 (생략)

  죄   명 정보통신망이용촉진및정보보호등에관한법률위반(음란물유포등),
        사기방조, 횡령, 뇌물공여

  적용법조 정보통신망 이용촉진 및 정보보호 등에 관한 법률 제74조 제1항
        제2호, 제44조의7 제1항 제1호, 형법 제347조 제1항, 제32조 제1항,
        제355조 제1항, 제133조 제1항, 제129조 제1항, 형법 제37조, 제38
        조

  구속여부 불구속

  변 호 인 법무법인 율선 담당변호사 김힘찬

2. 피 고 인 이을남 (68****-1******), 50세

  직업 경찰공무원, 010-****-****

  주거 서울 서초구 남부순환로 2789 남부빌라 1동 108호

  등록기준지 (생략)

  죄   명 특정경제범죄가중처벌등에관한법률위반(횡령), 위증, 뇌물수수

  적용법조 특정경제범죄가중처벌등에관한법률 제3조 제1항 제2호, 형법 제
        355조 제1항, 형법 제152조 제1항, 제129조 제1항, 제37조, 제38조

  구속여부 불구속

  변 호 인 법무법인 형평 담당변호사 이사랑

Ⅱ. 공소사실

1. 피고인 김갑동

 피고인은 2017. 5. 6. 서울중앙지방법원에서 사기죄로 징역 10월을 선고받고, 2018. 10. 15. 같은 법원에서 상습사기죄로 벌금 300만 원의 약식명령을 받은 외에 3차례 사기죄로 처벌받은 전력이 있다.

 가. 사기방조

 피고인은 성명을 알 수 없는 보이스피싱 조직원과 통장, 체크카드 양도시 300만 원이라는 대가를 받기로 약속하였으므로 피고인이 양도한 접근매체가 범죄 행위에 이용될 것이라는 사실을 잘 알면서도 2019. 2. 6. 15:00경 피고인의 새마을 금고 통장(계좌번호 생략), 위 계좌와 연결된 체크카드 1개, OTP카드 1개를 성명 을 알 수 없는 퀵서비스 기사를 통해 위 보이스피싱 조직원에게 양도하였다.

 그런 다음 성명을 알 수 없는 보이스피싱 조직원은 2019. 2. 14. 11:00경 불상의 장소에서 피해자 김노인에게 전화하여 검찰수사관을 사칭하면서 "당신 명의로 은 행 계좌가 개설되어 범죄에 이용되었다, 명의가 도용된 것 같으니 추가 피해 예방 을 위해 은행에 예치되어 있는 돈을 안전하게 보관하라."고 거짓말을 하여 이에 속은 피해자로부터 같은 날 14:00경 피고인 명의의 위 새마을금고 계좌로 600만 원을 송금받았다.

 이로써 피고인은 위 보이스피싱 조직원의 위와 같은 사기 범행을 돕기 위하여 접근매체를 양도하는 등으로 그 범행을 용이하게 하여 이를 방조하였다.

 나. 횡령

 피고인은 2019. 2. 6. 15:00경 위와 같이 피고인 명의의 새마을금고 통장 등 을 보이스피싱 조직원에게 양도한 후 2019. 2. 14. 14:00경 '피해자 김노인으로부터 600만 원이 입금되었다'는 내용의 알림메시지를 받았다.

 그런 다음 피고인은 2019. 2. 14. 14:50경 서울 송파구에 있는 새마을금고 삼전 지점 현금인출기에서 소지하고 있던 피고인의 현금카드를 이용하여 6회에 걸쳐 피고인 명의의 새마을금고 계좌에 있는 돈 중 600만 원을 마음대로 인출하였다.

 이로써 피고인은 피해자 위 보이스피싱 조직원을 위하여 보관하던 재물을 횡령 하였다.

 다. 정보통신망이용촉진및정보보호등에관한법률위반(음란물유포등)

피고인은 2019. 6. 25.경부터 2019. 10. 7.경까지 사이에 서울 성동구 왕십리로 801 소재 '왕대박피씨(PC)방'에서, 음란물이 저장된 서버 컴퓨터 2대 등 컴퓨터 18대, 위 컴퓨터를 서로 연결하여 놓은 통신망 등을 설치한 다음, 위 서버 컴퓨터에 인터넷 음란사이트로부터 내려 받은 남녀 간의 성관계가 노골적으로 표현된 속칭 '포르노물'인 음란한 동영상파일 32,739개를 저장하여 놓고, 손님들에게 시간당 6,000원을 받고 컴퓨터의 바탕화면에 있는 '즐겨찾기'라는 아이콘을 통하여 음란한 동영상을 볼 수 있도록 함으로써 정보통신망을 통하여 음란한 영상을 공연히 전시하였다.

라. 뇌물공여

피고인은 2019. 10. 18. 15:00경 서울 성동구 자동차시장길 278에 있는 '왔다횟집'에서 이을남을 만나 며칠 전 단속당한 음란동영상 전시 영업행위에 대해서 잘 봐달라고 부탁하면서 이을남에게 현금 700만 원을 제공하여 뇌물을 공여하였다.

2. 피고인 이을남

가. 특정경제범죄가중처벌등에관한법률위반(횡령)

피고인은 피해자 전주 이씨 오성군파 종중(이하 '피해자 종중')의 총무로 재직하던 중 피해자 종중의 회장인 이신탁으로부터 2007. 10. 20. 피해자 종중 소유인 파주시 적성면 율포리 200 답 3,000㎡를, 피해자 이신탁으로부터 같은 달 25. 피해자 이신탁 소유인 같은 리 201 답 2,000㎡를 각 명의신탁 받아 피해자들을 위하여 보관하고 있었다.

피고인은 위 각 부동산을 처분하여 이익을 취할 것을 마음먹고, 2019. 5. 29. 파주시 적성면 율포리 333에 있는 천금부동산 사무실에서 파주시 적성면 율포리 200 답 3,000㎡를 전매수에게 4억 원에 매도하고 같은 해 6. 8. 소유권이전등기를 경료해 주었고, 2019. 8. 28. 같은 부동산 사무실에서 같은 리 201 답 2,000㎡를 전매수에게 2억 원에 매도하고 같은 해 9. 7. 소유권이전등기를 경료해 주었다.

이로써 피고인은 피해자 종중, 이신탁 소유의 위 각 부동산 시가 합계 6억 원 상당을 횡령하였다.

나. 위증

　　피고인은 2018. 4. 30.부터 2019. 6. 7.까지 서울 성동구 자동차시장길 588에서 김갑동과 함께 '대박피씨(PC)방'을 운영하면서 속칭 '포르노물'인 음란한 동영상파일 약 25,000개를 서버 컴퓨터에 저장하여 놓고, 손님들에게 시간당 6,000원을 받고 보여주는 영업을 한 사실을 잘 알고 있었다.

　　피고인은 2019. 9. 28. 14:00경 서울 서초구 서초중앙로157에 있는 서울중앙지방법원 309호 법정에서, 위 법원 2019고정4567 정보통신망이용촉진및정보보호등에관한법률위반(음란물유포등) 사건의 증인으로 출석하여 선서한 다음 위 사건을 심리 중인 위 법원 제8형사단독 판사 고정석에게 "김갑동과 함께 운영하던 대박피씨방에서 음란물을 틀거나 볼 수 있도록 한 사실이 전혀 없다."라고 증언하였다.

　　이로써 피고인은 자신의 기억에 반하는 허위의 진술을 하여 위증하였다.

　　다. 뇌물수수

　　피고인은 2019. 10. 18. 15:00경 서울 성동구 자동차시장길 278에 있는 '왔다횟집'에서 김갑동으로부터 제1의 라.항 기재와 같은 취지로 제공되는 금품이라는 것을 알면서 위 현금 700만 원을 교부받아 그 직무에 관하여 뇌물을 수수하였다.

Ⅲ. 첨부서류

　　1. 변호인선임서 2통 (생략)

서 울 중 앙 지 방 법 원

공 판 조 서

제 1 회

사   건   2020고합2312 특정경제범죄가중처벌등에관한법률위반(횡령) 등

재판장 판사   최서희   기   일: 2020. 9. 4. 10:00

　　　판사   이상의   장   소: 제425호 법정

　　　판사   정성환   공개 여부: 공개

법 원 사 무 관   성진수   고 지 된
                                          다음기일: 2020. 10. 2. 15:00

피 고 인   1. 김갑동   2. 이을남   각각 출석

검   사   한준석   출석

변 호 인   변호사 김힘찬 (피고인 1을 위하여)   출석

　　　　 변호사 이사랑 (피고인 2를 위하여)   출석

───

재판장
　　　피고인들은 진술을 하지 아니하거나 각개의 물음에 대하여 진술을 거부할
　　　수 있고, 이익 되는 사실을 진술할 수 있음을 고지

재판장의 인정신문
　　　성   명: 1. 김갑동   2. 이을남
　　　주민등록번호: 각각 공소장 기재와 같음
　　　직   업: 〃
　　　주   거: 〃
　　　등 록 기 준 지: 〃

재판장
　　　피고인들에 대하여
　　　주소가 변경될 경우에는 이를 법원에 보고할 것을 명하고, 소재가 확인되지
　　　않을 때에는 피고인들의 진술 없이 재판할 경우가 있음을 경고
검   사
　　　공소장에 의하여 공소사실, 죄명, 적용법조 낭독
피고인 김갑동

양도한 체크카드 등이 보이스피싱 범행에 사용될 줄은 전혀 몰랐고, 저의 새마을금고 계좌에 들어온 돈을 인출하기는 하였으나 제 통장에 들어온 돈을 인출하였을 뿐인데 횡령으로 처벌받는 것은 억울하며, 피고인 이을남에게 뇌물을 주지 아니하였고, 나머지 공소사실은 인정한다고 진술

피고인 이을남

율포리 200, 201 토지를 전매수에게 매도한 것은 맞으나 위 각 토지에 이미 근저당권을 설정한 적이 있었고 이신탁은 율포리 200 토지를 명의신탁하면서 종중총회 결의를 거치지 않았다고 하므로 특정경제범죄가중처벌등에관한법률위반(횡령)으로 가중처벌되는 것은 가혹하고, 피고인 김갑동한테서 뇌물을 받은 적이 없으며, 나머지 공소사실은 인정한다고 진술

피고인 김갑동의 변호인 변호사 김힘찬

피고인 김갑동을 위하여 유리한 변론을 함. 변론기재는 (생략).

피고인 이을남의 변호인 변호사 이사랑

피고인 이을남을 위하여 유리한 변론을 함. 변론기재는 (생략).

재판장

증거조사를 하겠다고 고지

증거관계 별지와 같음(검사, 변호인)

새판장

각각의 증거조사 결과에 대하여 의견을 묻고 권리를 보호하는 데에 필요한 증거조사를 신청할 수 있음을 고지

소송관계인

별 의견 없다고 각각 진술

재판장

검사에게, 피고인 김갑동 본인의 계좌에 들어있는 돈도 횡령의 대상이 되는지 검토할 것을 명

재판장

변론 속행

2020. 9. 4.

법 원 사 무 관　　성진수 ㊞

재판장　판 사　　최서희 ㊞

서울중앙지방검찰청

(530-3114)   2020. 9. 17.

수   신 : 서울중앙지방법원(제21형사부)   발   신 : 서울중앙지방검찰청

검   사 : 한 준 석 ㊞
                                                          한 준 석

제   목 : 공소장변경허가신청

    귀원 2020고합2312호 피고인 김갑동에 대한 횡령 피고사건의 공소장을

            ☑ 추가
다음과 같이 ☐ 철회 하고자 합니다.
            ☐ 변경

다   음

    예비적 공소사실로 "피고인은 2019. 2. 6. 15:00경 위와 같이 피고인 명의의 새마을금고 통장 등을 보이스피싱 조직원에게 양도한 후 2019. 2. 14. 14:00경 '피해자 김노인으로부터 600만 원이 입금되었다'는 내용의 알림메시지를 받았다.

    그런 다음 피고인은 2019. 2. 14. 14:50경 서울 송파구에 있는 새마을금고 삼전지점 현금인출기에서 미리 소지하고 있던 피고인의 현금카드를 이용하여 6회에 걸쳐 피고인 명의의 새마을금고 계좌에 있는 돈 중 600만 원을 마음대로 인출하였다.

    이로써 피고인은 피해자 김노인이 보이스피싱 범죄에 속아 착오로 송금한 돈을 보관하고 있던 중 이를 임의로 소비하여 횡령하였다."를 추가합니다. 끝.

증거서류제출서

사 건 번 호 **2020고합2312** 특정경제범죄가중처벌등에관한법률위반(횡령) 등

피고인 이을남

　위 사건에 관하여 피고인 이을남의 변호인은 피고인의 이익을 위하여 다음 증거서류를 제출합니다.

다　　음

1. 합의서 1통

2020. 9. 20.

피고인 이을남의 변호인
변호사　이사랑 ㉑

서울중앙지방법원　제21형사부 귀중

합의서

확인인 : 이신탁

1. 저는 전주 이씨 오성군파 종중의 회장으로 활동하고 있습니다.

2. 위 종중 소유인 파주시 적성면 율포리 200 답 3,000㎡와 제 개인 소유인 같은 리 201 답 2,000㎡는 피고인 이을남에게 각 명의신탁된 토지인데, 위 피고인이 이를 모두 제3자에게 매각하여 제가 횡령죄로 고소한 적이 있습니다.

3. 위 고소 이후 피고인 이을남이 죄를 뉘우치고, 피해를 모두 변상하였으므로, 율포리 200 토지에 대해서는 종중 총회의 결의를 거쳐 종중 회장의 자격으로, 같은 리 201 토지에 대해서는 소유자 개인의 자격으로 위 고소를 모두 취소합니다.

4. 위 사실은 모두 틀림 없음을 확인합니다.

첨부: 인감증명 1통

　　　종중 총회 결의서 1부(각 첨부 생략)

2020. 9. 19.

확인인 종중회장 이신탁 ㉔

서 울 중 앙 지 방 법 원
공 판 조 서

제 2 회

사 건	2020고합2312 특정경제범죄가중처벌등에관한법률위반(횡령) 등

재판장 판사	최서희	기 일:	2020. 10. 2. 15:00
판사	이상의	장 소:	제425호 법정
판사	정성환	공개 여부:	공개
법원사무관	성진수	고 지 된	
		다음기일:	2020. 10. 30. 15:00
피 고 인	1. 김갑동 2. 이을남		각각 출석
검 사	한준석		출석
변 호 인	변호사 김힘찬 (피고인 1을 위하여)		출석
	변호사 이사랑 (피고인 2를 위하여)		출석
증 인	김노인, 전순옥		각 출석

재판장

　　전회 공판심리에 관한 주요사항의 요지를 공판조서에 의하여 고지

소송관계인

　　변경할 점이나 이의할 점이 없다고 진술

재판장

　　2020. 9. 17.자 공소장변경허가신청을 허가한다는 결정 고지

검 사

　　위 서면에 의하여 변경된 공소사실 낭독

피고인 김갑동

　　주위적 공소사실에 대한 답변과 같다고 진술

출석한 증인 김노인, 전순옥을 별지와 같이 각각 신문하다

증거관계 별지와 같음(검사, 변호인)

재판장

증거조사 결과에 대하여 의견을 묻고 권리를 보호하는 데에 필요한 증거조사
를 신청할 수 있음을 고지

소송관계인

별 의견 없으며, 달리 신청할 증거도 없다고 각각 진술

재판장

증거조사를 마치고 피고인신문을 하겠다고 고지

검 사

피고인 김갑동에게

문 피고인은 이 사건 이외에도 사기 전과가 5건이나 있지요.

답 예.

문 피고인은 2019. 2.경 피고인 명의의 새마을금고 체크카드 1매 등을 보이스피
싱 조직원인 성명불상자에게 양도한 사실이 있지요.

답 새마을금고 체크카드 1매 등을 성명불상자한테 양도한 사실이 있지만, 그 성
명불상자가 보이스피싱 조직원인 줄은 알지 못하였고 인터넷도박에 관한 환
전에 사용한다길래 그런 줄 알았습니다.

문 위 체크카드 1매 등을 양도한 대가로 위 성명불상자로부터 300만 원을 받기로
하였지요.

답 예, 위 성명불상자가 그렇게 약속하기는 하였지만, 체크카드 1매 등을 받은
후에 돈을 주질 않았습니다.

문 피고인은 양도한 새마을금고 계좌로 송금된 600만 원을 인출한 사실이 있지
요.

답 있습니다. 위 성명불상자한테 속았다는 생각이 들어서 괘씸한 마음에 위 계
좌로 송금된 600만 원을 인출하였습니다.

문 통장과 체크카드 등을 양도하였는데 어떻게 돈을 인출할 수 있었나요.

답 새마을금고에서 계좌를 개설하면서 체크카드 1개 이외에 현금카드 1개도 만
들었는데, 체크카드만 양도하고 현금카드를 건네는 것을 깜박 잊었습니다.

문 피고인은 피씨방에서 음란 동영상을 보여주다가 단속되자 이를 무마할 목적
으로 이을남에게 700만 원을 교부한 것이지요.

답 아닙니다. 제 계좌에서 700만 원을 인출하여 사채왕에 대한 채무를 갚은 것
일 뿐입니다.

피고인 김갑동의 변호인 변호사 김힘찬

(피고인 김갑동에게 유리한 사항 신문, 신문사항 생략)

검 사

    피고인 이을남에게

문 김갑동이 피씨방에서 음란 동영상을 보여주는 영업을 하다가 단속되자 김갑

    동으로부터 선처해달라는 부탁을 받고 **700**만 원을 받은 것이지요.

답 그런 사실 없습니다.

피고인 이을남의 변호인 변호사 이사랑

    (피고인 이을남에게 유리한 사항 신문, 신문사항 생략)

재판장

    피고인신문을 마쳤음을 고지

재판장

    변론 속행 (변론 준비를 위한 변호인들의 요청으로)

2020. 10. 2.

법 원 사 무 관   성진수 ㉑

재판장 판 사   최서희 ㉑

서 울 중 앙 지 방 법 원

증 인 신 문 조 서 (제2회 공판조서의 일부)

사　　건　　2020고합2312　특정경제범죄가중처벌등에관한법률위반(횡령) 등
증　　인　이　름　　김노인
　　　　　생년월일 및 주거는 (생략)

___

재판장

　　증인에게 형사소송법 제148조 또는 제149조에 해당하는가의 여부를 물어 이에 해당하지 아니함을 인정하고, 위증의 벌을 경고한 후 별지 선서서와 같이 선서를 하게 하였다. 다음에 증언할 증인은 재정하지 아니하였다.

검사

　　증인에게 수사기록 중 고소장과 사법경찰리가 작성한 증인에 대한 진술조서를 보여주고 열람하게 한 후,

문　증인은 고소장을 직접 작성하여 경찰에 제출하였고, 경찰에서 사실대로 진술하고 그 조서를 읽어보고 서명, 무인한 사실이 있으며, 그 진술조서는 그때 경찰관에게 진술한 내용과 동일하게 기재되어 있는가요.

답　예, 그렇습니다.

문　진술인은 피고인 김갑동과 성명불상자한테서 보이스피싱을 당하여 600만 원의 피해를 입었지요.

답　예, 그렇습니다.

문　피고인 김갑동이 성명불상자와 공모하여 범행한 것이 맞는가요.

답　예, 맞습니다. CCTV 사진을 보면 김갑동이 모자를 눌러쓰고 주위를 두리번거리면서 현금을 인출하는 장면이 나옵니다. 그리고 김갑동이 자신의 계좌에 입금된 돈 600만 원을 위 돈이 입금된 지 불과 50분만에 인출한 것을 봐도 확실합니다.

피고인 김갑동의 변호인 변호사 김힘찬

문　피고인 김갑동은 성명불상자가 인터넷 도박게임에 관한 환전에 쓴다고 해서 체크카드 등을 교부하였다는데 증인은 김갑동의 공모사실을 어떻게 단정할 수 있나요.

답　그것은 김갑동이 둘러대는 말에 불과합니다. 그리고 민사소송을 하면서 사실조회를 신청하여 김갑동의 주소 등을 알게 되어 김갑동이 운영하는 피씨방까지 찾아갔는데, 그때 피씨방 종업원인 이비사에게 들은 말이 있습니다. 제가

그 종업원에게 올해 **2월경** 사장님(김갑동)의 행동에 특이한 점은 없었는지 물어보았더니 그 종업원이 저한테 "사장님이 **2월** 중순경 공돈이 생겼다고 무척 좋아해서 무슨 돈이냐고 물으니 보이스피싱 범죄자들이 배신을 해서 응징을 했다는 말을 들었다."고 했습니다.

2020. 10. 2.

법 원 사 무 관 　　성진수 ㉑

재판장 판 사 　　최서희 ㉑

서울중앙지방법원

증인신문조서 (제2회 공판조서의 일부)

사　건　　2020고합2312　특정경제범죄가중처벌등에관한법률위반(횡령) 등
증　인　이　름　　전순옥
　　　　생년월일 및 주거는 (생략)

___

재판장

　　증인에게 형사소송법 제148조 또는 제149조에 해당하는가의 여부를 물어
전에 해당함을 인정하고 증언을 거부할 수 있음을 설명하였으나, 그 거부권
을 행사하지 아니하므로, 위증의 벌을 경고한 후 별지 선서서와 같이 선서
를 하게 하였다.

검사

　　증인에게 수사기록 중 고발장과 사법경찰리가 작성한 증인에 대한 진술조서
를 보여주고 열람하게 한 후,

문　증인은 고발장을 직접 작성하여 경찰에 제출하였고, 경찰에서 사실대로 진술
하고 그 조서를 읽어보고 서명, 무인한 사실이 있으며, 그 진술조서는 그때 경찰
관에게 진술한 내용과 동일하게 기재되어 있는가요.

답　예, 그렇습니다.

문　증인은 피고인 김갑동의 처이지요.

답　예.

문　증인은 2019. 11. 하순경 남편인 피고인 김갑동에게 위 피고인의 계좌에서 인
출된 700만 원을 어디에 사용하였는지 물어본 적이 있나요.

답　예, 제가 그때 급하게 돈을 쓸 일이 있어서 위 피고인과 함께 사용하는 위 계
좌에서 돈을 인출하려고 하였는데 잔액이 거의 없어서 위 피고인에게 돈의 사
용처를 물어봤습니다. 그랬더니 위 피고인은 "피씨방에서 음란물을 보여주다가
또 단속을 당했는데 이번에는 구속될 수도 있을 것 같아 친하게 지내는 경찰관
인 이을남한테 700만 원을 줬다."고 저에게 말하였습니다.

피고인 김갑동의 변호인 변호사 김힘찬

문　피고인 김갑동은 700만 원을 인출하여 사채왕에 대한 채무를 변제하였다고
하는데 그것이 사실 아닌가요.

답　처음 듣는 이야기입니다.

피고인 이을남의 변호인 변호사 이사랑

문　혹시 피고인 김갑동과 부부관계가 좋지 않아 허위 진술하는 것은 아닌가요.

답   아닙니다. 피고인 김갑동이 피씨방을 하면서 돈을 잘 벌어다 주곤 해서 근래
     에 사이가 원만해졌습니다. 하지만 피고인 김갑동이 여기저기 함부로 돈을
     쓸 때가 많아서 가끔씩 추궁을 할 때가 있는데, 단속 무마 목적으로 돈을 썼
     다고 해서 확실히 기억하고 있습니다.

2020. 10. 2.

법 원 사 무 관   성진수 ㉑

재판장 판 사   최서희 ㉑

	제	1	책
	제	1	권

서울중앙지방법원
증거서류등(검사)

사 건 번 호	2020고합2312	담임	제21형사부	주심	다

사 건 명	가. 특정경제범죄가중처벌등에관한법률위반(횡령) 나. 정보통신망이용촉진및정보보호등에관한법률위반 　　(음란물유포등) 다. 횡령 라. 사기방조 마. 위증 바. 뇌물수수 사. 뇌물공여

검　　사	정이감	2020년 형제66777호

피 고 인	1. 나.다.라.사. 2. 가.마.바.	**김갑동** **이을남**

공소제기일	2020. 8. 27.		
1심 선고	20 ． ． ．	항소	20 ． ． ．
2심 선고	20 ． ． ．	상고	20 ． ． ．
확　정	20 ． ． ．	보존	

		제 1 책
		제 1 권

구공판	서울중앙지방검찰청 증거기록				

검 찰	사건번호	2020년 형제66777호	법원	사건번호	2020년 고합2312호
	검 사	정이감		판 사	

피 고 인	1. 나.다.라.사.　　**김갑동** 2. 가.마.바.　　**이을남**
죄 명	가. 특정경제범죄가중처벌등에관한법률위반(횡령) 나. 정보통신망이용촉진및정보보호등에관한법률위반 　　(음란물유포등) 다. 횡령 라. 사기방조 마. 위증 바. 뇌물수수 사. 뇌물공여
공소제기일	2020. 8. 27.
구　　속	각각 불구속　　　　　　　　석　방
변 호 인	
증 거 물	
비　　고	

진술조서

성   명: 김노인

주민등록번호, 직업, 주거, 등록기준지, 직장주소, 연락처 (각 생략)

위의 사람은 피의자 김갑동에 대한 사기방조 등 피의사건에 관하여 2019. 2. 20. 서울성동경찰서 형사1팀 사무실에 임의 출석하여 다음과 같이 진술하다.

[피의자와의 관계, 피의사실과의 관계 등(생략)]

문 진술인이 김갑동과 성명불상자를 상대로 고소한 취지는 무엇인가요

답 제가 김갑동과 성명불상자한테서 보이스피싱을 당하여 600만 원의 피해를 보았습니다.

문 피해사실과 고소 경위를 구체적으로 진술하시오.

답 예, 2019. 2. 14. 11:00경 전화를 받았는데 서울중앙지방검찰청 수사관 정직해라고 자신을 소개하면서 "당신 명의로 은행 계좌가 개설되어 범죄에 이용되었다. 명의가 도용된 것 같으니 추가 피해 예방을 위해 자신이 말하는 검찰청 계좌로 은행에 예치되어 있는 돈을 안전하게 이체하라. 촌각을 다투는 일이니 빨리 조치를 취해야 한다."고 하였습니다. 그래서 다급한 마음에 인근 은행으로 가서 제 계좌에 있던 600만 원을 그 사람(성명불상자)이 알려주는 새마을금고 계좌로 송금하였습니다. 나중에 속은 것을 알게 되어 그 계좌의 명의인인 김갑동을 상대로 서울중앙지방법원에 민사소송을 제기하였고, 법원에 금융거래정보제출명령을 신청하여 김갑동 명의의 새마을금고 계좌내역을 받아본 결과 김갑동이 저한테서 600만 원을 송금받은 이후에 위 돈을 인출한 것을 알게 되었습니다. 그래서 김갑동이 성명불상자와 짜고 저를 속여서 돈을 편취한 것으로 여겨 고소하게 되었습니다.

문 성명불상자의 말투나 억양이 어떠하였나요.

답 약간 조선족 말투와 억양이 있었습니다. 평소에 보이스피싱 범행에 주의하라는 경고를 많이 들었습니다만, 추가 피해를 막아야한다고 하니 저도 모르게 상대방이 하는 말에 귀를 기울이게 되었습니다.

문 김갑동이 성명불상자와 공모했다는 것은 어떻게 알 수 있는가요.

답 김갑동이 자신의 계좌에 입금된 돈 600만 원을 불과 50분만에 인출한 것을 봐도 확실합니다.

문 고소사실을 뒷받침할 자료가 있는가요.

답   법원에서 받은 금융거래정보제출명령회신서 1매를 제출하겠습니다.
사법경찰리는 진술인에게서 금융거래정보제출명령회신서 1매를 제출받아 조서 말미에 첨부하다(첨부 생략).
문   달리 할 말이 있는가요.
답   김갑동한테서 꼭 피해회복을 받았으면 좋겠습니다.
문   이상의 진술은 사실인가요.
답   예, 사실입니다.

위의 조서를 진술자에게 열람하게 하였던바, 진술한 대로 오기나 증감·변경할 것이 전혀 없다고 말하므로 간인한 후 서명무인하게 하다.

진술자   김 노 인 (무인)

2019. 2. 20.

서울성동경찰서

사법경찰리   경사   강 철 중   ㊞

피의자신문조서

　　피의자 김갑동에 대한 사기방조 등 피의사건에 관하여 **2019. 2. 27.** 서울성동경찰서 형사1팀 사무실에서 사법경찰관 경위 김병휘는 사법경찰리 경사 강철중을 참여하게 하고, 아래와 같이 피의자임에 틀림없음을 확인하다.

문　　피의자의 성명, 주민등록번호, 직업, 주거, 등록기준지 등을 말하십시오.
답　　성명은 김갑동(金甲東)
　　　　주민등록번호, 직업, 주거, 등록기준비, 직장주소, 연락처 (각 생략)

　　사법경찰관은 피의사건의 요지를 설명하고 사법경찰관의 신문에 대하여 「형사소송법」 제244조의3에 따라 진술을 거부할 수 있는 권리 및 변호인의 참여 등 조력을 받을 권리가 있음을 피의자에게 알려주고 이를 행사할 것인지 그 의사를 확인하다.
[진술거부권과 변호인 조력권 고지하고 변호인 참여 없이 진술하기로 함 (생략)]
이에 사법경찰관은 피의사실에 관하여 다음과 같이 피의자를 신문하다.
[피의자의 범죄전력, 경력, 학력, 가족·재산 관계 등은 각각 (생략)]

문　　피의자는 불특정 다수의 사람에게 전화를 하여 검찰수사관을 사칭하면서 계좌 명의가 도용되었으니 검찰청 명의의 계좌로 돈을 송금하라고 거짓말하여 돈을 받아낸 사실이 있지요.
답　　그런 사실이 없습니다.
문　　피해자 김노인이 고소한 내용에 의하면, 피해자가 검찰수사관을 사칭하는 사람한테서 전화를 받았는데 "당신 명의의 은행 계좌가 개설되어 범죄에 이용되었으니 추가 피해 방지를 위해 은행에 있는 돈을 검찰청 명의의 계좌로 송금하라."고 요구하여 이에 속아 피의자 명의의 새마을금고 계좌로 돈을 송금한 사실이 있다고 하는데 왜 거짓말을 하는가요.
답　　저는 김노인이라는 사람을 알지도 못하고 그 사람에게 전화를 건 사실도 없습니다.
문　　김노인이 돈을 송금한 김갑동이라는 이름의 새마을금고 계좌는 피의자의 것이 아닌가요.
답　　제 계좌는 맞습니다. 하지만 성명불상자가 위 계좌를 이용하여 보이스피싱 범행을 한 것은 저와 아무런 관련이 없습니다.

문 그러면 위 계좌를 개설하여 성명불상자에게 넘겨 준 경위를 상세히 진술
 하시오.

답 2019. 2. 초순경 '카카오톡' 어플을 통해 성명불상자한테서 "자신은 인터넷
 으로 도박게임을 운영하는 사람인데 신용불량자라서 자신의 통장으로는
 환전을 할 수 없으니 통장과 체크카드를 만들어서 건네주면 곧바로 300만
 원을 지급하겠다."는 제안을 받았습니다. 솔깃하여 제 명의로 새마을금고
 계좌와 체크카드 등을 만들어 2019. 2. 6. 15:00경 새마을금고 통장, 체크카
 드 1개, OTP카드 1개를 성명을 알 수 없는 퀵서비스 기사를 통해 성명불
 상자에게 양도하였습니다.

문 성명불상자가 피의자의 계좌를 보이스피싱에 사용할지도 모른다는 의심을
 해보지 않았나요.

답 전혀 하지 못하였습니다. 그런 목적임을 알았더라면 체크카드 등을 건네지
 않았을 것입니다.

문 성명불상자로부터 300만 원을 받았나요.

답 제가 문자로 저의 계좌번호를 알려주었는데 받지 못했습니다.

문 피의자는 통장을 건네준 새마을금고 계좌에 들어온 돈 600만 원을 인출한
 사실이 있지요.

답 네, 맞습니다.

문 돈을 인출하게 된 경위를 진술하시오.

답 성명불상자에게 체크카드 등을 양도하고도 대가를 전혀 받지 못하여 속았
 다는 생각을 하던 중 2019. 2. 14. 14:00경 저의 휴대전화로 위 새마을금고
 계좌에 600만 원이 입금되었다는 알림메시지가 왔습니다. 성명불상자가 괘
 씸하기도 하고 돈도 궁하여서 곧바로 위 새마을금고 계좌에서 600만 원을
 인출하였습니다.

문 통장과 체크카드를 양도하였는데 어떻게 돈을 인출할 수 있었나요.

답 새마을금고 계좌를 만들면서 은행원이 체크카드 이외에 현금카드도 필요
 하냐고 묻기에 별 생각 없이 만들어 달라고 한 현금카드가 마침 있어서
 현금카드를 은행 현금자동지급기에 넣고서 인출하였습니다.

문 처벌받을 것이 겁이 나 사실과 달리 진술하는 것이 아닌가요.

답 아닙니다. 사기를 치는 데 사용할 것을 알면서 은행계좌를 만들어 준 것은
 절대로 아닙니다.

문 이상의 진술내용에 대하여 이의나 의견이 있는가요.

답   없습니다.

위의 조서를 진술자에게 열람하게 하였던바, 진술한 대로 오기나 증감·변경할
것이 전혀 없다고 하므로 간인한 후 서명무인하게 하다.

진술자 김 갑 동 (무인)

2019.   2.   27.

서울성동경찰서

사법경찰관   경위 김 병 희 ㊞

사법경찰리   경사 강 철 중 ㊞

고 소 장

고 소 인 : 이 신 탁 (560824 - 1******)

　　　　　서울 강남구 선릉로 203-1

피고소인 : 이 을 남 (681112 - 1******)

　　　　　서울 서초구 남부순환로 2789 남부빌라 1동 108호

죄　　명 : 횡령

접수일자	2019. 9. 10.
접수번호	제 4455 호
사건번호	제 9350 호
압수번호	

고 소 사 실

　고소인은 전주 이씨 오성군파 종중의 회장이고, 피고소인은 위 종중의 총무입니다. 저는 종중 회장으로서 저희 종중이 보유, 관리하는 파주시 적성면 율포리 200 답 3,000㎡를 2007. 10. 20. 피고소인에게 명의신탁하였습니다. 그리고 2007. 10. 25. 제 개인 소유인 같은 리 201 답 2,000㎡도 피고소인에게 명의신탁하였습니다. 당시는 피고소인이 경찰에 근무하고 있어서 명의를 맡겼는데, 최근에 등기부를 확인해보니 2019. 5.경과 2019. 8.경 위 부동산들을 전매수라는 사람에게 팔아넘겼습니다. 고소인은 이를 알고 피고소인에게 즉시 위 부동산을 원상복구하라고 요청하였으나, 피고소인은 묵묵부답으로 일관하고 있습니다.

　이에 고소인은 피고소인의 위 각 매도행위에 대해 본 고소에 이른 것입니다.

붙임 : 등기사항전부증명서 2부

2019. 9. 10.

고소인　이 신 탁　(인)

등기사항전부증명서 (말소사항 포함) - 토지

[토지] 경기도 파주시 적성면 율포리 200　　　고유번호 1245-1996-128107

【 표 제 부 】	(토지의 표시)				
표시번호	접수	소재지번	지목	면적	등기원인 및 기타 사항
1 (전 2)	1998년4월12일	경기도 파주시 적성면 율포리 200	답	3,000㎡	1998년 3월 1일 행정구역 명칭변경으로 인하여 2003년 11월 5일 등기

【 갑 구 】	(소유권에 관한 사항)			
순위번호	등기목적	접수	등기원인	권리자 및 기타 사항
1 (전 2)	소유권이전	1997년 3월 8일 제16871호	1997년 3월 3일 매매	소유자 전주 이씨 오성군 파종중 대표자 회장 이신탁 (이하 기재 생략)
2	소유권이전	2007년 10월 20일 제73102호	2007년 10월 20일 매매	소유자 이을남 (이하 기재 생략)
3	소유권이전	2019년 6월 8일 제58251호	2019년 5월 29일 매매	소유자 전매수 (이하 기재 생략)

【 을 구 】	(소유권 이외의 권리에 관한 사항)			
순위번호	등기목적	접수	등기원인	권리자 및 기타 사항
1	근저당권 설정	2014년 5월 4일 제3467호	2014년 5월 4일 설정계약	채권최고액 3억 원 채무자 이을남 (이하 기재 생략) 근저당권자 사채민 (이하 기재 생략) 공동담보 파주시 적성면 율포리 201

--- 이하 여백 ---

수수료 : 1,200원 영수함
관할등기소 : 의정부지방법원 파주등기소 / 발행등기소 : 법원행정처 등기정보중앙관리소

이 증명서는 부동산 등기부의 내용과 틀림없음을 증명합니다.

서기 2019년 9월 9일

법원행정처 등기정보중앙관리소　　전산운영책임관　　㊞

등기사항전부증명서 (말소사항 포함) - 토지

[토지] 경기도 파주시 적성면 율포리 201　　　고유번호 1245-1996-128108

【 표　제　부 】		（ 토지의 표시 ）			
표시번호	접수	소재지번	지목	면적	등기원인 및 기타 사항
1 (전 2)	1998년4월12일	경기도 파주시 적성면 율포리 201	답	2,000㎡	1998년 3월 1일 행정구역 명칭변경으로 인하여 2003년 11월 5일 등기

【 갑　구 】		（ 소유권에 관한 사항 ）		
순위번호	등기목적	접수	등기원인	권리자 및 기타 사항
1 (전 2)	소유권이전	1997년 3월 30일 제4681호	1997년 3월 20일 매매	소유자 이신탁 (이하 기재 생략)
2	소유권이전	2007년 10월 25일 제7310호	2007년 10월 25일 매매	소유자 이을남 (이하 기재 생략)
3	소유권이전	2019년 9월 7일 제5851호	2019년 8월 28일 매매	소유자 전매수 (이하 기재 생략)

【 을　구 】		（ 소유권 이외의 권리에 관한 사항 ）		
순위번호	등기목적	접수	등기원인	권리자 및 기타 사항
1	근저당권 설정	2014년 5월 4일 제3467호	2014년 5월 4일 설정계약	채권최고액 3억 원 채무자 이을남 (이하 기재 생략) 근저당권자 사채민 (이하 기재 생략) 공동담보　파주시　적성면 율포리 200

--- 이하 여백 ---

수수료 : 1,200원 영수함
관할등기소 : 의정부지방법원 파주등기소 / 발행등기소 : 법원행정처 등기정보중앙관리소

이 증명서는 부동산 등기부의 내용과 틀림없음을 증명합니다.

서기 2019년 9월 9일

법원행정처 등기정보중앙관리소　　전산운영책임관　　㊞

진술조서

성   명: 이신탁

주민등록번호, 직업, 주거, 등록기준지, 직장주소, 연락처 (각 생략)

위의 사람은 피의자 이을남에 대한 횡령 피의사건에 관하여 **2019. 10. 27.** 서울성동경찰서 형사1팀 사무실에 임의 출석하여 다음과 같이 진술하다.

[피의자와의 관계, 피의사실과의 관계 등(생략)]

문   진술인과 피의자는 어떤 사이인가요.

답   저는 **1997**년부터 전주 이씨 오성군파 종중의 회장으로 활동하고 있고, **5**촌 조카인 피의자는 종중의 총무입니다.

문   진술인이 피의자를 고소한 취지는 무엇인가요.

답   전주 이씨 오성군파 종중은 경기도 파주시 적성면 율포리 일대의 토지를 보유, 관리하는데, **2007. 10. 20.** 종중 소유인 파주시 적성면 율포리 **200** 답 **3,000㎡**를 제가 종중 회장 자격으로 종중의 총무로 활동하는 피의자에게 명의신탁하였습니다. 그리고 제가 개인적으로 소유하고 있던 같은 리 **201** 답 **2,000㎡**도 **2007. 10. 25.** 사정상 피의자에게 명의신탁하였습니다. 그런데 최근에 등기부를 확인하다가 피의자가 **2019. 5. 29.** 율포리 **200** 토지를, **2019. 8. 28.** 율포리 **201** 토지를 전매수에게 각 매도하였다는 사실을 알게 되었습니다.

문   위 부동산들을 피의자에게 명의신탁한 이유가 있나요.

답   저희 종중도 다른 종중들처럼 대부분 토지를 종중원들에게 명의신탁해 놓고 있는데, 피의자는 당시 경찰공무원이라서 직장이 괜찮고, 또 평소 믿음직하게 보여서 큰 걱정을 안 해도 될 것 같아 명의신탁을 했었습니다.

문   진술인이 제출한 각 등기사항전부증명서를 보면, 피의자가 위 부동산들을 매도하기 전에 근저당권을 설정한 사실도 있는데, 어떤가요.

답   피의자가 **2014. 5.**경 위 부동산들에 채권최고액을 **3억** 원으로 한 공동근저당권을 설정해 놓았었습니다. 그때로부터 한참 뒤에 우연히 종중 재산을 정리하다가 알게 되었는데, 당시에 피의자가 바로 말소하겠다고 해서 믿고 기다렸는데, 이번에는 다른 곳에 팔기까지 한 것입니다.

문   피의자에게 종중의 토지를 명의신탁할 당시 종중총회 등 필요한 절차를 거쳤나요.

답   총회는 열지 못했습니다만, 제가 종중 회장의 자격으로 피의자에게 명의신탁하는 것이어서 문제가 없다고 생각했습니다.

문 달리 할 말이 있는가요.

답 피해가 회복되지 않으면 엄벌에 처해 주십시오.

문 이상의 진술은 사실인가요.

답 **예, 사실입니다.**

위의 조서를 진술자에게 열람하게 하였던바, 진술한 대로 오기나 증감·변경할 것이 전혀 없다고 말하므로 간인한 후 서명무인하게 하다.

진술자   이 신 탁 (무인)

2019.   10.   27.

서울성동경찰서

사법경찰리   경사   강 철 중 ㉔

진술조서

성   명: 전순옥
주민등록번호, 직업, 주거, 등록기준지, 직장주소, 연락처 (각 생략)
  위의 사람은 피의자 이을남에 대한 뇌물수수 피의사건에 관하여 2019. 12. 7.
서울성동경찰서 형사1팀 사무실에 임의 출석하여 다음과 같이 진술하다.
[피의자와의 관계, 피의사실과의 관계 등(생략)]

문   진술인이 피의자를 상대로 고발한 취지는 무엇인가요.

답   경찰관인 이을남이 제 남편인 김갑동으로부터 음란 피씨방 사건 선처 명목
      으로 700만 원을 받은 사실을 알고 있어 고발하게 되었습니다.

문   고발내용을 구체적으로 진술하세요.

답   이을남이 2019. 10. 18. 15:00경 서울 성동구 자동차시장길 278에 있는 '왔다
      횟집'에서 김갑동으로부터 "음란물을 보여주는 영업을 하다가 단속된 '왕대
      박피씨방' 사건을 잘 봐달라."는 취지의 부탁을 받으면서 현금 700만 원을
      받았다는 것입니다.

문   고발인이 그러한 내용을 어떻게 알고 있나요.

답   제 남편인 김갑동으로부터 상세히 전해들어서 잘 알고 있습니다. 제가 며
      칠 전에 돈이 급하게 필요하여 저와 김갑동이 공동으로 사용하는 신한은
      행 계좌(명의는 김갑동)에서 돈을 인출하려고 보니 계좌 잔고가 거의 없는
      것이었습니다. 그래서 그날 저녁에 김갑동한테 "왜 통장에 돈이 없냐."고
      물으니 김갑동이 우물쭈물하다가 "음란동영상 때문에 단속된 왕대박피씨
      방 사건을 무마할 의도로 2019. 10. 18. 15:00경에 고등학교 동창인 경찰관
      이을남을 '왔다횟집'에서 만나서 현금으로 700만 원을 주었다."고 털어놓았
      습니다.

문   어떻게 고발에 이르게 되었나요.

답   그 이야기를 처음에 들었을 때는 왜 그런 범법행위를 하는지 속에서 분통
      이 터졌지만 참고 넘어가려고 했습니다. 그런데 이후 "왕대박피씨방 사건
      은 잘 처리되었느냐."라고 김갑동에게 물으니 김갑동이 "잘 안 풀려서 구
      속될지도 모르겠다."고 하는 것이었습니다. 이대로 있으면 안 되겠다 싶어
      김갑동한테 이을남의 전화번호를 물어서 이을남한테 전화하여 "왕대박피
      씨방 사건 해결해 줄 것 아니면 700만 원을 돌려달라."고 하였습니다. 그
      랬더니 이을남은 미안하다고 하기는커녕 "무슨 이야기를 하는지 모르겠

　　　다."고 하면서 시치미를 뚝 떼는 것이 아니겠습니까. 너무 화가 나고 괘씸
　　　해서 이을남 같은 경찰관이 있으면 안 되겠다 싶어 고발하게 된 것입니다.

문　　고발사실을 뒷받침할 자료가 있는가요.

답　　저와 김갑동이 공동으로 사용하는 김갑동 명의의 신한은행 계좌내역서 1
　　　매를 제출하겠습니다.

사법경찰리는 진술인에게서 신한은행 계좌내역서 1매를 제출받아 조서 말미에
첨부하다(첨부 생략).

문　　달리 할 말이 있는가요.

답　　이을남 같은 경찰관이 더 이상 발붙일 수 없도록 철저히 수사해 주십시오.

문　　이상의 진술은 사실인가요.

답　　**예, 사실입니다.**

위의 조서를 진술자에게 열람하게 하였던바, 진술한 대로 오기나 증감·변경할
것이 전혀 없다고 말하므로 간인한 후 서명무인하게 하다.

　　　　　　　　　　　　진술자　　전 순 옥　(무인)

　　　　　　　2019.　12.　7.

　　　　　서울성동경찰서

　　　　　사법경찰리　　경사　　**강 철 중**　㊞

서 울 중 앙 지 방 법 원

공 판 조 서

사본

제 2 회
사   건   2019고정4567   정보통신망이용촉진및정보보호등에관한법률위반
                                    (음란물유포등)

재판장 판사   고정석   기 일: 2019. 9. 28. 14:00
                                    장 소: 제309호 법정
                                    공개 여부: 공개

법원사무관   국영수   고 지 된
                                    다음기일: 2019. 11. 4. 10:00

피 고 인   1. 김갑동   2. 이을남   각 출석
검   사   강선주   출석
변 호 인   변호사 김힘찬 (피고인 1을 위하여)   출석
            변호사 이사랑 (피고인 2를 위하여)   출석
증   인   이을남   출석

재판장
    전회 공판심리에 관한 주요사항의 요지를 공판조서에 의하여 고지
소송관계인
    변경할 점이나 이의할 점이 없다고 진술
이을남을 증인으로 별지와 같이 신문하다
증거관계 별지와 같음(검사, 변호인)
재판장
    각 증거조사 결과에 대하여 의견을 묻고 권리를 보호하는 데에 필요한 증거
    조사를 신청할 수 있음을 고지
소송관계인
    별 의견 없으며, 달리 신청할 증거도 없다고 각각 진술
(이하 생략)

2019. 9. 28.

법 원 사 무 관   국영수 ㊞

재판장 판 사   고정석 ㊞

사본

서울중앙지방법원

증인신문조서 (제2회 공판조서의 일부)

사　　건　　2019고정4567　정보통신망이용촉진및정보보호등에관한법률위반
　　　　　　　　　　　　(음란물유포등)

증　　인　　이　름　　이을남
　　　　　　생년월일　　****. **. **.
　　　　　　주　거　　(생략)

재판장

　　증인에게 형사소송법 제148조 또는 제149조에 해당하는가의 여부를 물어
　전자에 해당함을 인정하고 증언을 거부할 수 있음을 설명하였으나, 그 거부
　권을 행사하지 아니하므로 위증의 벌을 경고한 후 별지 선서서와 같이 선서
　를 하게 하였다.

검사

　　증인에게

문　증인은 피고인 김갑동과 동업으로 2018. 4. 30.부터 2019. 6. 7.까지 서울 성동구
　자동차시장길 588에서 '대박피씨(PC)방'을 운영한 사실이 있지요.

답　예, 그렇습니다.

문　증인은 위 대박피씨방에서 속칭 '포르노물'인 음란한 동영상파일 약 25,000개를
　서버 컴퓨터에 저장하여 놓고, 손님들에게 시간당 6,000원을 받고 보여주는 영업
　을 한 사실을 잘 알고 있지요.

답　전혀 모르는 일입니다.

문　증인은 피고인 김갑동과 위 대박피씨방을 공동으로 운영하였음에도 위와 같은 사
　실을 전혀 모른다는 것인가요.

답　대박피씨방을 피고인 김갑동과 함께 운영한 것은 맞지만 대박피씨방에서 음란물
　을 틀거나 볼 수 있도록 한 사실이 전혀 없습니다.

(이하 생략)

2019. 9. 28.

　　　　　법 원 사 무 관　　　국영수　㊞

　　　　　재 판 장 판 사　　　고정석　㊞

피의자신문조서

피의자 이을남에 대한 특정경제범죄가중처벌등에관한법률위반(횡령) 등 피의사
건에 관하여 2019. 12. 10. 서울성동경찰서 형사1팀 사무실에서 사법경찰관 경위
김병휘는 사법경찰리 경사 강철중을 참여하게 하고, 아래와 같이 피의자임에 틀림
없음을 확인한다.

문　피의자의 성명, 주민등록번호, 직업, 주거, 등록기준지 등을 말하십시오.
답　성명은 이을남(李乙男)

　　주민등록번호, 직업, 주거, 등록기준지, 직장주소, 연락처 (각 생략)

　사법경찰관은 피의사건의 요지를 설명하고 사법경찰관의 신문에 대하여 「형사
소송법」 제244조의3에 따라 진술을 거부할 수 있는 권리 및 변호인의 참여 등
조력을 받을 권리가 있음을 피의자에게 알려주고 이를 행사할 것인지 그 의사를
확인한다.

[진술거부권과 변호인 조력권 고지하고 변호인 참여 없이 진술하기로 함 (생략)]
이에 사법경찰관은 피의사실에 관하여 다음과 같이 피의자를 신문한다.
[피의자의 범죄전력, 경력, 학력, 가족·재산 관계 등은 각각 (생략)]
[특정경제범죄가중처벌등에관한법률위반(횡령)의 점]

문　피의자는 피해자 전주 이씨 오성군파 종중의 총무로 있으면서 피해자 종중
　　의 회장인 이신탁으로부터 2007. 10. 20. 피해자 종중 소유인 파주시 적성
　　면 율포리 200 답 3,000㎡를, 피해자 이신탁으로부터 같은 달 25. 위 피해
　　자 소유인 같은 리 201 답 2,000㎡를 각 명의신탁 받은 사실이 있나요.
답　예, 있습니다.
문　피의자는 2019. 5. 29. 율포리 200 토지를 전매수에게 매도하고 2019. 6. 8.
　　소유권이전등기를 경료하였고, 2019. 8. 28. 같은 리 201 토지를 역시 전매
　　수에게 매도하고 2019. 9. 7. 소유권이전등기를 경료해 준 사실이 있나요.
답　예, 그렇습니다.
문　구체적인 경위를 진술해 보시오.
답　제가 위 종중의 총무로 있으면서 일처리 하는 것을 보고 5촌 당숙이자 종
　　중 회장인 이신탁이 저를 믿음직하게 생각했습니다. 그러더니 2007. 10.경
　　연락이 와서 종중 부동산인 율포리 200 토지의 명의를 맡아달라고 해서

특별한 문제는 없는 것 같아 허락을 하고 제 명의로 등기를 했습니다. 그리고 며칠 뒤에 자신이 가지고 있던 같은 리 201 토지도 명의를 맡아달라고 해서 제 명의로 등기를 했습니다. 그러다가 2019. 5. 29. 파주시 적성면에 있는 천금부동산 사무실에게 매수인인 전매수에게 율포리 200 토지를 4억 원에 매도하고 이후 소유권이전등기를 마쳐 주었고, 2019. 8. 28. 같은 부동산 사무실에서 역시 전매수에게 율포리 201 토지를 2억 원에 매도하고 이후 소유권이전등기를 마쳐 주었습니다.

문 위 부동산들을 갑자기 매각한 이유는 무엇인가요.

답 사실은 개인적으로 주식투자를 하면서 손해를 많이 보았습니다. 그런데 주식투자를 하면서 개인적으로 빌린 돈을 2019. 10.말까지 급히 갚아야 해서 할 수 없이 제 명의로 되어 있는 위 부동산들을 처분한 것입니다.

문 피의자는 2014. 5.경에 위 부동산들에 근저당권을 설정한 사실도 있지요.

답 예, 있습니다. 당시도 주식투자하면서 급전이 필요해서 사채민이라는 사채업자로부터 2억 5,000만 원을 빌리면서 담보로 위 부동산들에 공동으로 근저당권을 설정해 주었습니다. 바로 말소할 생각이었는데, 뜻대로 되지 않아 말소하지 못하고 있었습니다.

문 피해자와 합의하였나요.

답 아직 못했습니다만, 조만간 피해를 변제하고 합의하도록 하겠습니다.

[위증의 점]

문 피의자는 법정에서 증인으로 허위 진술을 한 사실이 있지요.

답 네, 있습니다.

문 허위 진술한 경위에 관하여 진술하세요.

답 네, 2019. 9. 28. 14:00경 서울중앙지방법원 309호 법정에서, 위 법원 2019고정4567 정보통신망이용촉진및정보보호등에관한법률위반(음란물유포등) 사건에서 증인으로 선서한 다음 위 사건을 심리 중인 위 법원 제8형사단독 판사 고정석에게 "김갑동과 함께 운영하던 대박피씨방에서 음란물을 틀거나 볼 수 있도록 한 사실이 전혀 없다."고 허위 증언하였습니다.

문 증인은 김갑동과 동업으로 '대박피씨방'을 운영하였기 때문에 사실 2018. 4. 30.부터 2019. 6. 7.까지 '대박피씨방'에서 속칭 '포르노물'인 음란한 동영상파일 약 25,000개를 손님들에게 보여주는 영업을 한 사실을 누구보다 잘 알고 있었지요.

답 네, 그렇습니다.

문 왜 위증을 하였나요.

답 그렇게라도 이야기해서 처벌을 모면하거나 벌금액수를 줄여보려고 했습니다.

[뇌물수수의 점]

문 피의자는 김갑동이라는 사람을 알고 있지요.

답 네, 고등학교 동창이고, 2018. 4.경부터 2019. 6.경까지 서울 성동구에서 '대박피씨방'을 공동으로 운영했기 때문에 잘 알고 있습니다.

문 피의자는 김갑동이 2019. 6. 7. 위 피씨방에서 음란물을 보여주는 영업을 하다가 적발되어 컴퓨터 등 기계를 모두 압수당하였음에도 인근으로 자리를 옮겨 2019. 6. 25.경부터 '왕대박피씨방'을 운영하다가 2019. 10.경 음란물 단속에 또 다시 적발된 사실을 알고 있나요.

답 알고 있습니다.

문 이와 관련하여 피의자는 2019. 10. 18. 15:00경 서울 성동구 자동차시장길 278에 있는 '왔다횟집'에서 김갑동을 만나 며칠 전 단속당한 음란동영상을 이용한 영업행위에 대해서 잘 봐달라는 부탁을 받으면서 700만 원을 받은 사실이 있지요.

답 (머뭇거리며) 네, 맞습니다.

문 700만 원을 받은 경위를 구체적으로 진술하시오.

답 김갑동이 2019. 10.경 저한테 전화하여 예전에 공동으로 운영하던 피씨방을 단속으로 폐업한 이후에 자리를 옮겨 다시 영업을 하다가 경찰 단속에 적발되었는데, 선처가 될 수 없는지 혹시 구속 사안은 아닌지 물어보았습니다. 그래서 전화상으로는 얘기 못하겠고 만나서 자세한 이야기를 하라고 하여 2019. 10. 18. 위 '왔다횟집'에서 김갑동을 만났습니다. 저는 단순히 김갑동에게 법적인 조언을 해주고자 만난 것이었고 점심식사를 함께 하면서 피씨방 규모와 영업 형태 등을 듣고서 구속이 우려되니 빨리 변호사를 선임해서 대응하라는 조언 등을 해주었습니다. 그런데 점심을 마치고 자리를 파하려는 순간에 김갑동이 선처를 부탁한다며 쇼핑봉투 1개를 느닷없이 건네었습니다. 흘깃 쇼핑봉투 안을 보니 돈 뭉치가 보였고 순간 망설였지만 주식투자로 인하여 빌린 돈을 갚아야 할 상황이어서 고맙다는 말을 하고 그대로 쇼핑봉투를 들고 집에 들어가서 세어보니 700만 원이었습니다.

문 700만 원을 받고서 김갑동의 형사사건 처리에 관여하였나요.

답　담당 수사관도 아닌데 공연히 관여하였다가는 금품 수수한 것을 의심받을 것 같아서 사건 처리에 관여하지 않았습니다.

문　이상의 진술내용에 대하여 이의나 의견이 있는가요.

답　**없습니다.**

위의 조서를 진술자에게 열람하게 하였던바, 진술한 대로 오기나 증감 · 변경할 것이 전혀 없다고 하므로 간인한 후 서명무인하게 하다.

진술자　**이 을 남** (무인)

2019.　12.　10.

서울성동경찰서

사법경찰관　　경위　**김 병 휘** ㉑

사법경찰리　　경사　**강 철 중** ㉑

피의자신문조서(제2회)

피의자 김갑동에 대한 특정경제범죄가중처벌등에관한법률위반(횡령) 등 피의사건에 관하여 2019. 12. 10. 서울성동경찰서 형사1팀 사무실에서 사법경찰관 경위 김병휘는 사법경찰리 경사 강철중을 참여하게 하고, 피의자에 대하여 다시 아래의 권리들이 있음을 알려주고 이를 행사할 것인지 그 의사를 확인하다.

[진술거부권과 변호인 조력권 고지하고 변호인 참여 없이 진술하기로 함 (생략)]
이에 사법경찰관은 피의사실에 관하여 다음과 같이 피의자를 신문하다.
[정보통신망이용촉진및정보보호등에관한법률위반(음란물유포등) 관련]

문 피의자는 '왕대박피씨(PC)방'에서 손님들에게 음란한 동영상을 볼 수 있도록 하다가 적발된 사실이 있지요.

답 예, 맞습니다.

문 위 피씨방을 구체적으로 어떻게 운영하였는지 진술하세요.

답 2019. 6. 25.경부터 2019. 10. 7.경까지 사이에 서울 성동구 왕십리로 801 소재 '왕대박피씨(PC)방'에서, 음란물이 저장된 서버 컴퓨터 2대 등 컴퓨터 18대, 위 컴퓨터를 서로 연결하여 놓은 통신망 등을 설치한 다음, 위 서버 컴퓨터에 인터넷 음란사이트로부터 내려 받은 속칭 '포르노물'인 음란한 동영상파일 32,739개를 저장하여 놓고, 손님들에게 시간당 6,000원을 받고 컴퓨터의 바탕화면에 있는 '즐겨찾기'라는 아이콘을 통하여 음란한 동영상을 볼 수 있도록 했습니다.

문 피의자는 전에도 피씨방에서 음란물을 보여주다가 처벌받은 적이 있지요.

답 네, 맞습니다.

문 전에 단속이 돼서 컴퓨터 등 기기까지 모두 압수되었는데, 왜 또 범행을 하였나요.

답 컴퓨터 등 기기를 모두 압수 당하였지만 먹고 살 일이 막막해서 그랬습니다.

[뇌물공여 관련]

문 피의자는 왕대박피씨방이 단속되고 나서 유리한 형사처분을 받을 목적으로 이을남에게 700만 원을 교부한 사실이 있지요.

답 그런 사실이 전혀 없습니다.

문 피의자의 처인 전순옥이 피의자로부터 "2019. 10. 18. 15:00경 '왔다횟집'

에서 이을남을 만나 며칠 전 단속당한 왕대박피씨방 사건을 잘 봐달라고 부탁하면서 이을남에게 현금으로 700만 원을 주었다.”는 이야기를 들었다고 하는데 그러면 전순옥이 꾸며서 이야기한다는 말인가요.

답　그 여편네가 왜 그런 말을 하는지.. 아무튼 저는 집사람한테 그런 말을 한 적이 없습니다.

문　(피의자의 신한은행 계좌내역서를 제시하며) 이 계좌내역서를 보면 2019. 10. 18. 현금으로 700만 원이 인출된 것으로 기재되어 있는데 이래도 아니라고 말할 것인가요.

답　(당황해하며) 700만 원을 인출한 것은 맞은데 이을남에게 뇌물로 준 것이 아니라 지인인 사채왕한테서 빌린 돈을 갚은 것일 뿐입니다.

문　피의자의 변제 주장을 뒷받침할 만한 증거가 있나요.

답　제가 사채왕의 전화번호를 알려드릴테니 통화하여 보십시오.

이에 사법경찰관이 피의자가 알려준 사채왕의 전화번호로 통화를 시도하였으나, 없는 전화번호라는 응답을 확인하였다.

문　없는 전화번호라는데 현 상황을 모면하기 위하여 일부러 허무인의 전화번호를 알려준 것이 아닌가요.

답　그렇지 않습니다. 이상하네요. 분명히 며칠 진까지만 해도 통화가 되었습니다.

문　이상의 진술내용에 대하여 이의나 의견이 있는가요.

답　**없습니다.**

위의 조서를 진술자에게 열람하게 하였던바, 진술한 대로 오기나 증감·변경할 것이 전혀 없다고 하므로 간인한 후 서명무인하게 하다.

진술자　**김 갑 동**　(무인)

2019.　12.　10.

서울성동경찰서

사법경찰관　경위　**김 병 희**　㊞

사법경찰리　경사　**강 철 중**　㊞

보기 사본

서 울 중 앙 지 방 법 원
판   결

사   건   **2019고정4567** 정보통신망이용촉진및정보보호등에관한법률위반
                              (음란물유포등)

피 고 인   1. 김갑동 (주민등록번호 생략), 피씨방 운영
                  주거, 등록기준지 (생략)
              2. 이을남 (주민등록번호 생략), 피씨방 운영
                  주거, 등록기준지 (생략)

검   사   강선주

변 호 인   변호사 김힘찬(피고인 1을 위하여)
              변호사 이사랑(피고인 2를 위하여)

판 결 선 고   **2019. 12. 5.**

2019. 12. 13. 항소기간도과
2019. 12. 13. 확   정
서울중앙지방검찰청

주   문

피고인들을 각 벌금 **1,000**만 원에 처한다.

(이하 생략)

이   유

범죄사실

　피고인들은 서울 성동구 자동차시장길 **588**에서 '대박피씨(PC)방'을 운영하는 자
인바, 공모하여 **2018. 4. 30.**부터 **2019. 6. 7.**까지 위 '대박피씨(PC)방'에서, 음란물이
저장된 서버 컴퓨터 3대 등 컴퓨터 25대, 위 컴퓨터를 서로 연결하여 놓은 통신망
등을 설치한 다음, 위 서버 컴퓨터에 인터넷 음란사이트로부터 내려 받은 '미국백
마' 등 남녀간의 성관계가 노골적으로 표현된 속칭 '포르노물'인 음란한 동영상파
일 약 25,000개를 저장하여 놓고, 손님들에게 시간당 금 6,000원을 받고 컴퓨터의
바탕화면에 있는 '즐겨찾기'라는 아이콘을 통하여 음란한 동영상을 볼 수 있도록
함으로써, 정보통신망을 통하여 음란한 영상을 공연히 전시하였다.

증거의 요지 / 법령의 적용 (생략)

　　　　　　　판사　　　고 정 석　_____

피의자신문조서

성   명: 김갑동

주민등록번호: (생략)

   위의 사람에 대한 특정경제범죄가중처벌등에관한법률위반(횡령) 등 피의사건에 관하여 2020. 7. 16. 서울중앙지방검찰청 제511호 검사실에서 검사 정이감은 검찰주사 한조사를 참여하게 한 후, 아래와 같이 피의자가 틀림없음을 확인하다.

주민등록번호, 직업, 주거, 등록기준지, 직장주소, 연락처는 각각 (생략)

검사는 피의사실의 요지를 설명하고 검사의 신문에 대하여 「형사소송법」 제244조의3에 따라 진술을 거부할 수 있는 권리 및 변호인의 참여 등 조력을 받을 권리가 있음을 피의자에게 알려주고 이를 행사할 것인지 그 의사를 확인하다.

[진술거부권과 변호인 조력권 고지하고 변호인 참여 없이 진술하기로 함 (생략)]

이에 검사는 피의사실에 관하여 다음과 같이 피의자를 신문하다.

[피의자의 범죄전력, 경력, 학력, 가족·재산 관계 등은 각각 (생략)]

[사기방조의 점]

문   피의자는 피해자 김노인에게 전화를 하여 검찰수사관을 사칭하면서 검찰청 명의의 계좌로 돈을 송금하라고 거짓말하여 돈을 받아낸 사실이 있지요.

답   그런 사실이 없습니다.

문   김노인이 돈을 송금한 새마을금고 계좌가 피의자의 것이 맞지요.

답   제 계좌는 맞습니다. 하지만 성명불상자가 인터넷 도박과 관련해 환전에 사용하려고 하니 통장과 체크카드 등을 보내주면 300만 원을 준다고 하여 보냈을 뿐입니다.

문   피의자는 통장을 건네준 새마을금고 계좌에 들어온 돈 600만 원을 인출한 사실이 있지요.

답   네, 있습니다.

문   피의자는 보이스피싱 공범의 지시에 따라 피해자의 입금 직후 피의자의 계좌에서 돈을 인출한 것이 아닌가요.

답   아닙니다.

이때 검사는 피의자에게 CCTV 사진(첨부 생략)을 보여주다.

문   위 사진에 나온 사람이 피의자가 맞나요.

답   (잠시 살펴보더니) 맞습니다.

문   본인 계좌에 들어있는 돈을 인출하면서 왜 모자를 푹 눌러쓰고 주위를 두
      리번거렸나요.

답   성명불상자에게 체크카드 등을 양도하고도 대가를 전혀 받지 못하였는데
      2019. 2. 14. 14:00경 저의 휴대전화로 위 새마을금고 계좌에 **600**만 원이 입
      금되었다는 알림메시지가 왔습니다. 성명불상자가 괘씸하고 그로부터 **300**
      만 원을 받지 못하였으니 받아야겠다는 생각에 인출을 하였지만, 성명불상
      자가 제 인상착의를 파악하여 추적할까봐 그랬습니다.

문   처벌받을 것이 겁이 나 사실과 달리 진술하는 것이 아닌가요.

답   아닙니다.

그 밖의 범죄사실에 관하여는 경찰 진술과 동일하게 진술함(이하 생략)

문   이상의 진술내용에 대하여 이의나 의견이 있는가요.

답   **없습니다.**

위의 조서를 진술자에게 열람하게 하였던바, 진술한 대로 오기나 증감·변경할 것
이 전혀 없다고 말하므로 간인한 후 서명무인하게 하다.

진술자   **김갑동**   (무인)

2020. 7. 16.

서울중앙지방검찰청

검   사   *정이감*   ㉑

검찰주사   *한조사*   ㉑

피의자신문조서

성   명: 이을남
주민등록번호: (생략)

　위의 사람에 대한 특정경제범죄가중처벌등에관한법률위반(횡령) 등 피의사건에 관하여 2020. 7. 16. 서울중앙지방검찰청 제511호 검사실에서 검사 정이감은 검찰주사 한조사를 참여하게 한 후, 아래와 같이 피의자임에 틀림없음을 확인하다.
주민등록번호, 직업, 주거, 등록기준지, 직장주소, 연락처는 각각 (생략)

　검사는 피의사실의 요지를 설명하고 검사의 신문에 대하여 「형사소송법」 제244조의3에 따라 진술을 거부할 수 있는 권리 및 변호인의 참여 등 조력을 받을 권리가 있음을 피의자에게 알려주고 이를 행사할 것인지 그 의사를 확인하다.

[진술거부권과 변호인 조력권 고지하고 변호인 참여 없이 진술하기로 함 (생략)]
이에 검사는 피의사실에 관하여 다음과 같이 피의자를 신문하다.
[피의자의 범죄전력, 경력, 학력, 가족·재산 관계 등은 각각 (생략)]
[뇌물수수의 점]
문　피의자는 2019. 10. 18. 15:00경 서울 성동구 자동차시장길 278에 있는 '왔다횟집'에서 김갑동을 만나 며칠 전 단속당한 음란동영상을 이용한 영업행위에 대해서 잘 봐달라는 부탁을 받으면서 700만 원을 받은 사실이 있지요.
답　전혀 없습니다.
문　피의자는 경찰에서 700만 원의 수수사실을 인정해 놓고 왜 이제 와서 그러한 사실이 없다고 부인하는 것인가요.
답　조사 경찰관들이 "700만 원을 받은 것으로 인정하면 정직 6개월 후에 복직하도록 해주겠다."라고 회유하여 허위로 700만 원을 받은 것으로 자백하였으나, 이미 징계위원회에 회부되어 '해임'이라는 징계처분을 받아서 다투는 마당에 경찰에서 한 허위 자백을 유지할 이유가 없습니다.
문　김갑동의 처인 전순옥이 피의자의 700만 원 수수사실을 구체적으로 진술하였고, 그 일로 피의자와 전화통화까지 하였다는데 그런 사실이 없다고 할 수 있나요.
답　김갑동의 처가 그런 사실을 어떻게 알 수 있는지 의문이고, 저는 전순옥이라는 사람과 전화통화한 일이 없습니다.

문   피의자는 2019. 10. 18. 15:00경 서울 성동구 자동차시장길 278에 있는 '왔
     다횟집'에서 김갑동을 만난 일은 있나요.

답   그 날짜에 '왔다횟집'에 간 적도 없습니다.

문   그렇다면 피의자는 김갑동으로부터 형사사건의 처리와 관련하여 금품 등
     을 일체 받은 적이 없다는 말인가요.

답   네, 그렇습니다.

그 밖의 범죄사실에 관하여는 경찰 진술과 동일하게 진술함(이하 생략)

문   이상의 진술내용에 대하여 이의나 의견이 있는가요.

답   **없습니다.**

위의 조서를 진술자에게 열람하게 하였던바, 진술한 대로 오기나 증감·변경할 것
이 전혀 없다고 말하므로 간인한 후 서명무인하게 하다.

진술자 **이을남** (무인)

2020. 7. 16.

서울중앙지방검찰청

검   사 정이감   ㉑

검찰주사 한조사   ㉑

기타 법원에 제출되어 있는 증거들

※ 편의상 다음 증거서류의 내용을 생략하였으나, 법원에 증거로 적법하게 제출되어 있음을 유의하여 검토할 것.

○ CCTV 사진

모자를 푹 눌러쓴 김갑동이 2019. 2. 14. 14:50경 새마을금고 삼전지점 현금인출기에서 주변을 두리번거리며 6회에 걸쳐 현금 600만 원을 인출하는 사진

○ 통신사실확인자료

2019. 12. 4. 18:00경 전순옥이 이을남에게 전화하여 20분간 통화한 사실 확인 자료

○ 고소장(김노인)

김노인에 대한 경찰 진술조서의 기재와 같음

○ 금융거래정보제출명령회신서(김갑동 명의의 새마을금고 계좌내역서)

2019. 2. 14. 14:00 김노인한테서 600만 원이 계좌이체되었고, 2019. 2. 14. 14:50 서울 삼전지점에서 600만 원이 인출되었다는 내용

○ 고발장(전순옥)

전순옥에 대한 경찰 진술조서의 기재와 같음

○ 김갑동 명의의 신한은행 계좌내역서(계좌번호 생략)

2019. 10. 18. 10:30 서울 성동지점에서 700만 원이 인출되었다는 내용

○ 압수조서 및 압수목록(컴퓨터 등)

2019. 6. 7. 음란동영상을 보도록 하는 데 사용된 컴퓨터 등을 김갑동으로부터 압수하였다는 취지

○ 피고인들에 대한 각 조회회보서

- 김갑동: 범죄경력자료로 2016. 6. 8. 서울동부지방법원에서 절도죄로 징역 6월, 집행유예 2년(확정), 2017. 5. 6. 서울중앙지방법원에서 사기죄로 징역 10월(확정), 2018. 10. 15. 같은 법원에서 상습사기죄로 벌금 300만 원의 약식명령(확정), 2016년 이전에 3차례 사기로 처벌받은 전력이 있음

- 이을남: 범죄경력자료로 전과 없음

모범답안

모의기록 1 검토의견서

I. 피고인 김갑동에 대하여

1. 사기방조의 점

가. 피고인의 주장

피고인은 양도한 체크카드 등이 보이스피싱 범행에 사용될 줄은 전혀 몰랐다고 주장하면서 공소사실을 부인하고 있습니다.[1]

나. 증거능력이 없는 증거

증인 김노인은 법정에서 피고인이 운영하는 피씨방의 종업원인 이비사가 증인에게 "피고인이 2월 중순경 공돈이 생겼다고 무척 좋아해서 무슨 돈이냐고 물으니 보이스피싱 범죄자들이 배신을 해서 응징을 했다는 말을 들었다."고 증언하였습니다.

김노인의 위 진술부분은 이비사가 피고인으로부터 들었다는 돈의 취득경위를 이비사로부터 다시 전해 들어서 알게 되었다는 것을 그 내용으로 하고 있는바, 김노인의 위 진술부분은 요증사실을 체험한 자의 진술을 들은 자의 공판준비 또는 공판기일 외에서의 진술을 그 내용으로 하는 이른바 재전문진술이라고 할 것입니다. 그런데 재전문진술에 대하여는 형사소송법상 달리 그 증거능력을 인정하는 규정을 두고 있지 아니하고 있으므로,[2] 피고인이 증거로 하는 데 동의하지 아니한[3] 김노인의 위 진술부분은 형사소송법 제310조의2의 규정에 의하여 이를

---

[1] 공소사실에 부합하는 증거로는 김노인의 법정진술, 김노인에 대한 경찰 진술조서, 김노인이 작성한 고소장, 금융거래정보제출명령회신서, CCTV 사진이 있다.

[2] 대법원 2000. 3. 10. 선고 2000도159 판결.

[3] 피고인은 사기방조의 공소사실을 부인하면서 김노인에 대한 경찰 진술조서를 증거로 함에 동의하지 않고 있으므로 김노인의 법정진술 중 위 진술부분에 대하여도 동의하지 않는 것으로

증거로 할 수 없습니다.

다. 증명력이 없는 증거

그 밖에 김노인의 진술의 주된 내용은 "피고인이 자신의 계좌에 입금된 600만 원을 입금 후 불과 50분만에 인출하였고, 피고인이 모자를 눌러쓰고 주위를 두리번거리면서 현금을 인출하였던 점 등에 비추어 사기범행을 공모한 것이 분명하다."는 것입니다.

그러나 피고인이 인출한 권한이 없는 돈을 인출하면서 자신의 신분이 탄로 날 것을 우려한 행동을 하였다고 하여 사기범행의 방조범이라고 단정하기 어렵고, 피고인이 체크카드 1매 등을 성명불상자에게 양도하였음에도 300만 원을 받지 못하여 체크카드 1매 등의 양도대가를 받는 한편 성명불상자에 대한 일종의 보복심리에서 600만 원을 인출하였을 가능성을 배제할 수 없으므로, 김노인의 진술은 쉽게 믿을 수 없습니다.

라. 부족증거 등

금융거래정보제출명령회신서, CCTV 사진만으로는 사기의 방조사실을 인정하기 부족하고, 달리 이를 인정할 증거가 없습니다.

마. 결 론

그렇다면 사기방조의 점은 범죄의 증명이 없는 경우에 해당하므로 형사소송법 제325조 후단의 무죄 판결이 예상됩니다.

2. 횡령의 점

가. 피고인의 주장

피고인은 본인의 새마을금고 계좌에 들어온 600만 원을 인출하기는 하였으나 본인의 계좌에 들어온 돈에 대하여 횡령죄로 처벌받는 것은 부당하다고 주장하고 있습니다.

보아야 할 것이다.

나. 주위적 공소사실에 관한 검토

계좌명의인이 개설한 예금계좌가 전기통신금융사기 범행에 이용되어 그 계좌에 피해자가 사기피해금을 송금·이체한 경우 계좌명의인의 인출행위는 전기통신금융사기의 범인에 대한 관계에서는 횡령죄가 되지 않습니다. 왜냐하면 예금계좌에 연결된 접근매체를 교부받은 전기통신금융사기의 범인은 계좌명의인의 예금반환청구권을 사실상 행사할 수 있게 된 것일 뿐 예금 자체를 취득한 것이 아니고, 계좌명의인과 전기통신금융사기의 범인 사이의 관계는 횡령죄로 보호할 만한 가치가 있는 위탁관계가 존재하지 않기 때문입니다.[4]

따라서 피고인이 사기피해금 600만 원을 인출한 행위는 피해자 성명불상자인 보이스피싱 조직원을 위하여 보관하던 재물을 횡령한 것으로 볼 수 없으므로, 주위적 공소사실은 범죄로 되지 아니하여 형사소송법 제325조 전단에 의하여 무죄 판결이 선고되어야 합니다.

다. 예비적 공소사실에 관한 검토

계좌명의인이 개설한 예금계좌가 전기통신금융사기 범행에 이용되어 그 계좌에 피해자가 사기피해금을 송금·이체한 경우 계좌명의인은 피해자와 사이에 아무런 법률관계 없이 송금·이체된 사기피해금 상당의 돈을 피해자에게 반환하여야 하므로, 피해자를 위하여 사기피해금을 보관하는 지위에 있다고 보아야 하고, 만약 계좌명의인이 그 돈을 영득할 의사로 인출하면 피해자에 대한 횡령죄가 성립합니다.[5]

따라서 피고인에게 사기방조죄가 성립하지 않는 이상 사기피해금 600만 원을 임의로 인출한 행위는 피해자 김노인에 대한 횡령죄가 성립한다고 보아야 하므로, 예비적 공소사실에 대하여는 피고인의 일부 법정진술, 김노인에 대한 경찰진술조서 등에 기하여 유죄 판결이 선고되어야 합니다.

3. 정보통신망법위반(음란물유포등)의 점

가. 포괄일죄와 실체적 경합범의 구별기준

동일 죄명에 해당하는 수개의 행위 혹은 연속된 행위를 단일하고 계속된 범

---

4) 대법원 2018. 7. 19. 선고 2017도17494 전원합의체 판결.
5) 대법원 2018. 7. 19. 선고 2017도17494 전원합의체 판결.

의하에 일정 기간 계속하여 행하고 그 피해법익도 동일한 경우에는 이들 각 행위를 통틀어 포괄일죄로 처단하여야 할 것이나, 범의의 단일성과 계속성이 인정되지 아니하거나 범행방법이 동일하지 않은 경우에는 각 범행은 실체적 경합범에 해당합니다.6)

나. 이 사건의 경우

{압수조서 및 압수목록(컴퓨터 등), 판결문 사본의 각 기재에 의하면} 피고인과 이을남은 2018. 4. 30.부터 2019. 6. 7.까지 '대박피씨방'에서 음란 동영상을 전시한 범죄사실로 2019. 12. 5. 각 벌금 1,000만 원의 판결을 선고받고 2019. 12. 13. 위 판결이 확정되었고, 피고인은 2019. 6. 7. 위 정보통신망법 위반행위로 인하여 음란 동영상이 저장되어 있던 컴퓨터 등을 압수당한 후 서버 컴퓨터 2대 등 컴퓨터 18대와 통신망 등을 갖추어 2019. 6. 25. 다른 장소에서 다른 상호로 다시 음란 동영상을 보여주는 영업을 재개하였는바, 피고인이 위 범행에 가장 필요한 컴퓨터 등을 압수당한 이후 새로운 장비와 통신망을 갖추어 다시 범행을 저지른 이상 범의의 갱신이 있었다고 봄이 상당합니다.

따라서 정보통신망법위반(음란물유포등)의 점은 확정된 위 범죄사실과 실체적 경합관계에 있다고 할 것이므로, 그 확정판결의 효력은 정보통신망법위반의 점에 대하여 미치지 아니합니다.

다. 결 론

그렇다면 피고인이 자백하고 있고, 보강증거로 압수조서 및 압수목록(컴퓨터 등)이 있으므로 유죄 판결이 예상됩니다.

4. 뇌물공여의 점

가. 피고인의 주장

피고인은 뇌물을 주었다는 장소에 간 적도 없다는 등 뇌물을 공여한 적이 없다고 공소사실을 부인하고 있습니다.

---

6) 대법원 2005. 9. 30. 선고 2005도4051 판결.

나. 증거능력이 없는 증거

공범인 공동피고인인 이을남에 대한 경찰 피의자신문조서는 피고인이 내용을 부인하는 취지로 증거에 부동의하였으므로 형사소송법 제312조 제3항에 따라 증거능력이 없습니다.

다. 전순옥의 진술을 내용으로 하는 증거의 신빙성 여부

전순옥의 진술의 주된 내용은 "피고인에게 왜 피고인과 공동으로 사용하는 계좌(명의는 피고인)에 잔고가 없냐고 물어보니 피고인이 '음란동영상 때문에 단속된 왕대박피씨방 사건을 무마할 목적으로 2017. 10. 18. 15:00경 왔다횟집에서 이을남에게 현금으로 700만 원을 주었다.'고 말하였다."는 것인데, 이 진술은 다음과 같은 이유로 신빙성이 높습니다.[7]

① 전순옥은 경찰과 법정에서 일관되게 피고인으로부터 "피고인이 왕대박피씨방 단속 무마 명목으로 이을남에게 700만 원을 주었다."라는 말을 들었다고 진술하고 있습니다.

② 전순옥은 이을남에 대한 악감정을 가지고 있다고 보이지 않고, 피고인과의 부부관계도 원만한 편이므로 남편인 피고인의 뇌물 공여사실을 꾸며서 말할 이유가 없습니다.

③ 신한은행 계좌내역서의 기재에 의하면, 피고인이 2019. 10. 18. 10:30 서울 성동지점에서 700만 원을 인출한 사실을 인정할 수 있는데, 전순옥의 진술은 위와 같은 객관적인 사실에 부합하고, 피고인도 위 일시, 장소에서 700만 원을 인출한 것을 시인하고 있으나, 지인인 사채왕에 대한 채무를 변제하였다고 하면서

---

7) 전문진술이나 전문진술을 기재한 조서는 형사소송법 제310조의2의 규정에 의하여 원칙적으로 증거능력이 없으나, 다만 피고인 아닌 자의 공판준비 또는 공판기일에서의 진술이 피고인의 진술을 그 내용으로 하는 것인 때에는 형사소송법 제316조 제1항의 규정에 따라 그 진술이 특히 신빙할 수 있는 상태하에서 행하여진 때에 한하여 이를 증거로 할 수 있고, 그 전문진술이 기재된 조서는 형사소송법 제312조 내지 314조의 규정에 의하여 그 증거능력이 인정될 수 있는 경우에 해당하여야 함은 물론 나아가 형사소송법 제316조 제1항의 규정에 따른 위와 같은 조건을 깃춘 때에 예외직으로 증거능력을 인정힐 수 있다(대법원 2000. 9. 8. 선고 99도4814 판결). 전순옥에 대한 경찰 진술조서는 진술자인 전순옥의 공판기일에서의 진술에 의하여 그 성립의 진정함이 증명되었으므로 형사소송법 제312조 제4항에 따른 요건을 갖추었다 할 것이고, 또한 피고인이 위와 같은 진술을 하게 된 경위, 전순옥이 피고인으로부터 전해들은 내용의 구체성(일시, 장소) 등에 비추어 볼 때, 피고인의 진술은 특히 신빙할 수 있는 상태에서 행하여진 것으로 볼 수 있으므로 형사소송법 제316조 제1항에 따른 요건을 갖추었다 할 것이다. 결국 전순옥의 법정 진술과 전순옥에 대한 경찰 진술조서는 증거능력이 있다.

도 사채왕과 전화통화를 하거나 차용증을 제시하는 방법으로 그 주장의 근거를 제시하지 못하고 있으므로 피고인의 주장(변명)은 설득력이 떨어집니다.

④ 통신사실확인자료의 기재에 의하면, 전순옥이 2019. 12. 4. 18:00경 이을남에게 전화하여 20분간 통화한 사실을 인정할 수 있는데, 전순옥은 이러한 객관적인 사실에도 부합하는 진술을 하고 있습니다.

라. 결 론

그렇다면 전순옥의 전문 진술, 신한은행 계좌내역서의 기재 등을 종합하면, 뇌물공여의 점에 대하여는 유죄 판결을 선고하여야 합니다.

II. 피고인 이을남에 대하여

1. 특경법위반(횡령)의 점

가. 피고인의 주장(이 사건 공소사실의 쟁점)

피고인은 파주시 적성면 율포리 200 답 3,000㎡(이하 '율포리 200 토지')와 같은 리 201 답 2,000㎡(이하 '율포리 201 토지')를 전매수한테 매도한 사실은 인정하면서도 위 각 토지에 이미 근저당권을 설정하였다고 주장하고 있으므로 위 각 토지의 매도가 횡령죄의 불가벌적 사후행위에 해당하는지, 율포리 200 토지에 관하여는 명의신탁 과정에서 종중총회 결의가 없었다고 주장하고 있으므로 피고인을 횡령죄의 보관자로 볼 수 있을지 검토하겠습니다.

나. 특경법의 적용 여부

수개의 횡령행위라 하더라도 피해법익이 단일하고, 범죄의 태양이 동일하며, 단일 범의의 발현에 기인하는 일련의 행위로 인정되는 경우는 포괄하여 1개의 범죄라고 할 것이지만, 피해자가 수인인 경우는 피해법익이 단일하다고 할 수 없으므로 포괄일죄의 성립을 인정하기 어렵고, 특경법 제3조 제1항에서 정한 이득액은 단순일죄의 이득액이나 포괄일죄의 이득액 합산액을 의미하는 것이지 경합범

으로 처벌될 수죄의 이득액을 합한 금액을 말한다고 볼 수는 없습니다.[8]

각 횡령 범행의 피해자가 전주 이씨 오성군파 종중(이하 '피해자 종중')과 이신탁으로 달라서 피해법익이 단일하다고 볼 수 없을 뿐만 아니라 각 횡령 범행 사이의 시간적 간격이 약 3개월에 이르므로 2개의 업무상 횡령행위는 실체적 경합관계에 있습니다. 따라서 위 각 횡령행위 중 어느 행위를 기준으로 하여도 취득한 이득액이 특경법 제3조 제1항 제2호에서 정한 5억 원에 미치지 못합니다.

그렇다면 특정법위반(횡령)의 점은 범죄의 증명이 없는 경우에 해당하므로 형사소송법 제325조 후단의 무죄 판결이 선고되어야 합니다.

다. 율포리 200 토지에 관한 횡령죄의 성립 여부

1) 횡령죄의 불가벌적 사후행위에 해당하는지 여부

가) 횡령죄와 불가벌적 사후행위

타인의 부동산을 보관 중인 자가 불법영득의사를 가지고 그 부동산에 근저당권설정등기를 함으로써 일단 횡령행위가 기수에 이르렀다고 하더라도 그 후 같은 부동산에 별개의 근저당권을 설정하여 새로운 법익침해의 위험을 추가함으로써 법익침해의 위험을 증가시키거나 해당 부동산을 매각함으로써 기존의 근저당권과 관계없이 법익침해의 결과를 발생시켰다면, 이는 당초의 근저당권 실행을 위한 임의경매에 의한 매각 등 그 근저당권으로 인해 당연히 예상될 수 있는 범위를 넘어 새로운 법익침해의 위험을 추가시키거나 법익침해의 결과를 발생시킨 것이므로 특별한 사정이 없는 한 불가벌적 사후행위로 볼 수 없고, 별도로 횡령죄를 구성합니다.[9]

나) 이 사건의 경우

(피고인의 법정진술, 이신탁에 대한 경찰 진술조서의 진술기재, 각 등기사항전부증명서의 각 기재에 의하면) 피고인은 율포리 200, 201 토지를 명의신탁 받은 후 위 각 토지에 2014. 5. 4. 채권최고액 3억 원, 근저당권자 사채민인 공동근저당권을 설정하였는데, 이후 피고인이 공소사실 기재와 같이 전매수에게 율포리 200 토지를 4억 원에 매도하고 전매수 앞으로 소유권이전등기를 마쳤습니다.

위 공동근저당권의 설정으로 피고인에게 횡령죄가 성립한다고 하더라도, 율

---

8) 대법원 2011. 2. 24. 선고 2010도13801 판결.
9) 대법원 2013. 2. 21. 선고 2010도10500 전원합의체 판결 참조.

포리 200 토지를 전매수에게 위와 같이 처분한 행위는 위 공동근저당권에 기한 임의경매에 의한 매각 등 위 근저당권 설정으로 당연히 예상될 수 있는 범위를 넘어 새로운 법익침해의 결과를 발생시켰다고 보아야 하므로, 피고인이 전매수에게 율포리 200 토지를 매각한 행위는 위 공동근저당권 설정으로 성립한 횡령죄의 불가벌적 사후행위로 볼 수 없습니다.

2) 피고인의 보관자 지위 인정 여부

가) 부동산에 관한 횡령죄와 타인의 재물을 보관하는 자

횡령죄에서 '재물의 보관'이라 함은 재물에 대한 사실상 또는 법률상 지배력이 있는 상태를 의미하며, 그 보관은 소유자 등과의 위탁관계에 기인하여 이루어져야 하는 것이지만, 그 위탁관계는 사실상의 관계이면 족하고 위탁자에게 유효한 처분을 할 권한이 있는지 또는 수탁자가 법률상 그 재물을 수탁할 권리가 있는지 여부를 불문하는 것이고, 한편, 부동산에 관한 횡령죄에서 타인의 재물을 보관하는 자의 지위는 동산의 경우와는 달리 부동산에 대한 점유의 여부가 아니라 법률상 부동산을 제3자에게 처분할 수 있는 지위에 있는지 여부를 기준으로 판단하여야 합니다.[10]

나) 이 사건의 경우

피해자 종중이 그 소유인 율포리 200 토지에 관하여 적법한 종중총회를 열어 명의신탁에 관한 결의를 한 바가 없다고 하더라도, 피고인이 2007. 10.경 위 토지를 피해자 종중의 회장인 이신탁으로부터 명의신탁 받아 소유권이전등기까지 마친 이상, 피고인은 위 토지에 관하여 사실상 피해자 종중의 위탁에 따라 이를 보관하는 지위에 있었다고 보아야 합니다.

3) 축소사실의 인정

특경법위반(횡령)의 공소사실에는 율포리 200 토지에 관한 횡령이 포함되어 있고, 피고인은 위 토지를 매도한 사실은 인정하고 있어 피고인의 방어권 행사에 실질적 불이익을 초래할 염려가 없으므로,[11] 공소장의 변경 없이 피고인의 법정

---

10) 대법원 2005. 6. 24. 선고 2005도2413 판결.

11) 법원은 공소사실의 동일성이 인정되는 범위 내에서 공소가 제기된 범죄사실에 포함된 보다 가벼운 범죄사실이 인정되는 경우에 심리의 경과에 비추어 피고인의 방어권 행사에 실질적 불이익을 초래할 염려가 없다고 인정되는 때에는 공소장이 변경되지 아니하였더라도 직권으로 공소장에 기재된 공소사실과 다른 공소사실을 인정할 수 있으나, 그렇지 아니한 경우에는 검사의 공소장변경 없이 공소장에 기재된 공소사실과 다른 공소사실을 인정할 수 없다(대법원 2014. 3. 27. 선고 2013도13567 판결).

진술, 이신탁에 대한 경찰 진술조서의 진술기재 등에 의하여 율포리 200 토지에 대한 횡령죄의 유죄 판결이 예상됩니다.

라. 율포리 201 토지에 관한 횡령죄의 성립 여부

특경법위반(횡령)의 공소사실에는 율포리 201 토지에 관한 횡령도 포함되어 있으나, 율포리 201 토지에 관한 횡령의 공소사실은 형법 제355조 제1항에 해당하는 죄로서 형법 제361조에 의하여 준용되는 형법 제328조 제2항에 의하면 피해자와 범인 사이에 위 조항에 정해진 친족관계가 있는 경우에는 피해자의 고소가 있어야 공소를 제기할 수 있습니다.

(피고인에 대한 경찰 피의자신문조서, 이신탁에 대한 경찰 진술조서의 각 진술기재에 의하면) 피고인과 율포리 201 토지의 소유자인 이신탁은 동거하지 않는 5촌의 친족관계에 있는데, (이신탁이 작성한 합의서의 기재에 의하면) 피해자 이신탁은 이 사건 공소제기 후인 2020. 9. 20. 고소를 취소하였으므로, 율포리 201 토지에 관한 횡령의 점은 친고죄에 대하여 고소의 취소가 있은 때에 해당하여 형사소송법 제327조 제5호에 따라 공소기각 판결이 선고되어야 합니다.

2. 위증의 점

가. 공범인 공동피고인의 증인적격

공범인 공동피고인은 당해 소송절차에서는 피고인의 지위에 있으므로 다른 공동피고인에 대한 공소사실에 관하여 증인이 될 수 없으나, 소송절차가 분리되어 피고인의 지위에서 벗어나게 되면 다른 공동피고인에 대한 공소사실에 관하여 증인이 될 수 있습니다.[12]

나. 이 사건의 경우

{공판조서사본(2019고정4567), 증인신문조서사본의 각 기재에 의하면} 피고인은 서울중앙지방법원 2019고정4567 사건에서 "피고인은 김갑동과 공모하여 서버 컴퓨터 등을 통하여 음란한 동영상을 손님들에게 보여주어 음란한 영상을 공연히 전시하였다."는 정보통신망법위반(음란물유포등)의 공소사실로 김갑동과 공동으로 기

---

12) 대법원 2008. 6. 26. 선고 2008도3300 판결.

소되어 심리가 진행되고 있어 피고인의 지위에 있음에도 불구하고, 김갑동과 피고인의 변론이 분리되지 아니한 상태에서 2019. 9. 28. 위 사건 제2회 공판기일에서 김갑동에 대한 공소사실에 관하여 증인으로 채택되어 선서하고 증언한 사실을 알 수 있는바, 피고인과 김갑동의 변론이 분리되지 아니한 이상 피고인은 공범인 김갑동에 대한 공소사실에 관하여 증인이 될 수 없습니다. 따라서 피고인이 김갑동에 대한 공소사실에 관하여 증인으로 출석하여 선서한 다음 증언하면서 기억에 반하는 허위의 진술을 하였다고 하더라도 위증죄가 성립하지 아니합니다.

다. 결 론

그렇다면 위증의 점은 범죄의 증명이 없는 경우에 해당하므로 형사소송법 제325조 후단의 무죄 판결을 선고하여야 합니다.

3. 뇌물수수의 점

가. 피고인의 주장

피고인은 김갑동으로부터 뇌물을 받은 적이 없다고 공소사실을 부인하고 있습니다.

나. 증거관계

1) 피고인에 대한 경찰 피의자신문조서

피고인에 대한 경찰 피의자신문조서는 피고인이 내용을 부인하므로 형사소송법 제312조 제3항에 따라 증거능력이 없습니다.

2) 전순옥의 진술을 내용으로 하는 증거 중 전문진술

전순옥의 법정진술과 전순옥에 대한 경찰 진술조서, 전순옥 작성의 고발장 중 "김갑동으로부터 음란동영상 때문에 단속된 왕대박피씨방 사건을 무마할 목적으로 2019. 10. 18. 15:00경 왔다횟집에서 피고인에게 현금으로 700만 원을 주었다는 말을 들었다."는 각 진술 부분은 각각 전문진술, 전문진술을 기재한 조서, 전문진술을 기재한 진술서에 해당합니다. 피고인이 위 진술조서 등을 증거로 함에 동의하지 않았으므로 전순옥의 법정진술은 형사소송법 제316조 제2항, 경찰 진술조서는 형사소송법 제312조 제4항과 제316조 제2항, 고발장은 형사소송법

제313조 제1항과 제316조 제2항의 요건을 각각 갖추어야 증거능력을 인정할 수 있습니다. 김갑동은 공범인 공동피고인으로 형사소송법 제316조 제2항의 '피고인 아닌 타인'에 해당하기는 하나,[13] 원진술자인 김갑동이 법정에 출석하여 함께 재판을 받고 있으므로 원진술자가 사망 등의 사유로 인하여 진술할 수 없는 때에 해당하지 아니하여 전순옥의 법정진술, 전순옥에 대한 경찰 진술조서, 전순옥 작성의 고발장 중 위 각 진술 부분은 증거능력이 없습니다.[14]

3) 부족증거

전순옥의 나머지 진술과 신한은행 계좌내역서, 통신사실확인자료의 각 기재만으로는 뇌물수수의 공소사실을 인정하기 부족하고 달리 이를 인정할 증거가 없습니다.

다. 결 론

그렇다면 뇌물수수의 점은 범죄의 증명이 없는 경우에 해당하므로 형사소송법 제325조 후단의 무죄 판결을 선고하여야 합니다.

---

13) 대법원 2011. 11. 24. 선고 2011도7173 판결, 대법원 2007. 2. 23. 선고 2004도8654 판결.
14) 대법원 2000. 12. 27. 선고 99도5679 판결 참조.

【문제】

피고인 김갑동에 대하여는 법무법인 청계 담당변호사 김사근이 객관적인 입장에서 대표변호사에게 보고할 검토의견서를, 피고인 이을남에 대하여는 법무법인 실천 담당변호사 이사랑의 입장에서 변론요지서를 작성하되, 다음 쪽 검토의견서와 변론요지서 양식 중 **본문 Ⅰ, Ⅱ 부분**만 작성하시오.

【작성요령】

1. 학설·판례 등의 견해가 대립되는 경우, 한 견해를 취하여 변론할 것. 다만, 대법원 판례와 다른 견해를 취하여 변론을 하고자 하는 경우에는 자신의 입장에 따른 변론을 하되, 대법원 판례의 취지를 적시할 것.

2. 증거능력이 없는 증거는 실제 소송에서는 증거로 채택되지 않아 증거조사가 진행되지 않지만, 이 문제에서는 시험의 편의상 증거로 채택되어 증거조사가 진행된 것을 전제하였음. 따라서 필요한 경우 증거능력에 대하여도 논할 것.

3. 법률명과 죄명에서 '성폭력범죄의 처벌 등에 관한 특례법'은 '성폭법'으로, '부정수표 단속법'은 '부수법'으로, '도로교통법'은 '도교법'으로 줄여서 쓸 수 있음.

【주의사항】

1. 쪽 번호는 편의상 연속되는 번호를 붙였음.

2. 조서, 기타 서류에는 필요한 서명, 날인, 무인, 간인, 정정인이 있는 것으로 볼 것.

3. 증거목록, 공판기록 또는 증거기록 중 '(생략)'이라고 표시된 부분에는 법에 따른 절차가 진행되어 그에 따라 적절한 기재가 있는 것으로 볼 것.

4. 공판기록과 증거기록에 첨부하여야 할 일부 서류 중 '(생략)' 표시가 있는 것, '증인선서서'와 수사기관의 조서(진술서, 영상녹화물 포함)에 첨부하여야 할 '수사과정확인서'는 적법하게 존재하는 것으로 볼 것.

5. 송달이나 접수, 통지, 결재가 필요한 서류는 모두 적법한 절차를 거친 것으로 볼 것.

【검토의견서 양식】

검토의견서(50점)

사 건   2020고합605 성폭력범죄의처벌등에관한특례법위반

　　　　　(13세미만미성년자강제추행) 등

피고인   김갑동

I. 피고인 김갑동에 대하여

　1. 상습특수절도의 점

　2. 성폭력범죄의처벌등에관한특례법위반

　　(13세미만미성년자강제추행)의 점

　3. 명예훼손의 점

※ 평가제외사항 – 공소사실의 요지, 정상관계(답안지에 기재하지 말 것)

2020. 6. 19.

피고인 김갑동의 변호인 법무법인 청계 담당변호사 김사근 ㉞

【변론요지서 양식】

변론요지서(50점)

사 건   2020고합605 성폭력범죄의처벌등에관한특례법위반

　　　　　(13세미만미성년자강제추행) 등

피고인   이을남

　위 사건에 관하여 피고인 이을남의 변호인 법무법인 실천 담당변호사 이사랑은 다음과 같이 변론합니다.

다　음

II. 피고인 이을남에 대하여

　1. 특수절도의 점

　2. 각 부정수표단속법위반의 점

　3. 도로교통법위반(음주운전)의 점

※ 평가제외사항 – 공소사실의 요지, 정상관계(답안지에 기재하지 말 것)

2020. 6. 19.

피고인 이을남의 변호인 법무법인 실천 담당변호사 이사랑 ㉞

기록내용 시작

기일 1회기일	사건번호	2020고합605		담임	형사32부	주심	나

구속만료 2020. 7. 2. 미결구금

최종만료 2020. 11. 2.

대행 갱신 만료

서 울 동 부 지 방 법 원

구 공 판 **형 사 제1심 소송기록**

기일		
5/17 A10		
5/31 P2		
6/14 P2		
6/28 A10		

사 건 명

가. 성폭력범죄의처벌등에관한특례법위반

(13세미만미성년자강제추행)

나. 상습특수절도

다. 특수절도

라. 명예훼손

마. 부정수표단속법위반

바. 도로교통법위반(음주운전)

검 사	정이감	2020형제55512호
공소제기일	2020. 5. 3.	

피 고 인	구속 1. 가.나.라 **김갑동** 2. 다.마.바 **이을남**

변 호 인	사선 법무법인 청계 담당변호사 김사근(피고인 김갑동) 사선 법무법인 실천 담당변호사 이사랑(피고인 이을남)

확 정	
보존종기	
종결구분	
보 존	

완결 공람	담 임	과 장	국 장	주심 판사	재판장	원장

접 수 공 람	과 　　　 장	국 　　　 장	원 　　　 장
	㉑	㉑	㉑

공 판 준 비 절 차

회 　 부 수명법관 지정 일자	수명법관 이름	재 판 장	비 　 고

법 정 외 에 서 지 정 하 는 기 일

기일의 종류	일 　　 시				재 판 장	비 고
1회 공판기일	2020.	5.	17.	10:00	㉑	

서울동부지방법원

목 록		
문 서 명 칭	장 수	비 고
증거목록	7	검사
증거목록	8	피고인
공소장	10	
변호인선임신고서	(생략)	피고인 김갑동
영수증(공소장부본 등)	(생략)	피고인 김갑동
국민참여재판 의사 확인서(불희망)	(생략)	피고인 김갑동
국민참여재판 의사 확인서(불희망)	(생략)	피고인 이을남
의견서	(생략)	피고인 김갑동
의견서	(생략)	피고인 이을남
영수증(공소장부본 등)	(생략)	피고인 이을남
변호인선임신고서	(생략)	피고인 이을남
공판조서(제1회)	13	
공판조서(제2회)	17	
증인신문조서	18	목격해
증인신문조서	19	소상해
공판조서(제3회)	22	

목 록 (구속관계)		
체포영장	(생략)	피고인 김갑동
구속영장	(생략)	피고인 김갑동
피의자수용증명	(생략)	피고인 김갑동

증 거 목 록 (증거서류 등)
2020고합605

2020형제55512호

① 김갑동
② 이을남
신청인: 검사

순번	증거방법 작성	증거방법 쪽수(수)	증거방법 쪽수(증)	증거방법 증거명칭	증거방법 성명	참조사항 등	신청기일	증거의견 기일	증거의견 내용	증거결정 기일	증거결정 내용	증거조사기일	비고
1	검사	(생략)		피의자신문조서	김갑동		1	1	① ○ ② ×				
2	〃	47		피의자신문조서	이을남		1	1	② ○ ① ○				
3	〃	(생략)		수사보고(출소일자 등 확인결과 보고)			1	1	① ○				
4	〃	49, 50		각 판결등본 (2015고단38125, 2018고단12452)			1	1	① ○				
5	〃	(생략)		통신사실확인자료	이을남		1	1	② ○				
6	〃	공(생략)		감정서	이을남	필적 감정결과	1	3	② ○				
7	사경	(생략)		고소장	소상해		1	1	① ×				
8	〃	27		진술조서	소상해		1	1	① ×				
9	〃	29		진술조서	어아동		1	1	① ×				
10	〃	(생략)		수사보고(관련사건 병합수사)			1	1	① ○	(생략)		(생략)	
11	〃	31		진술조서	목격해		1	1	① ○ ② ○				
12	〃	(생략)		압수조서 및 압수목록(CCTV 사진)			1	1	① ○				
13	〃	(생략)		CCTV 사진(10장)			1	1	① ○				
14	〃	(생략)		수사보고(관련사건 병합수사)			1	1	① ○				
15	〃	33		고소장	이을남		1	1	① ×				
16	〃	(생략)		진술조서	이을남		1	1	① ×				
17	〃	(생략)		압수조서 및 압수목록(유인물, 보이스펜)			1	1	① ○				
18	〃	(생략)		유인물			1	1	① ○				
19	〃	34		진술조서 (제2회)	목격해		1	1	① ○ ② ×				
20	〃	35		피의자신문조서	김갑동		1	1	① ○ ② ×				

※ 증거의견 표시 - 피의자신문조서: 인정 ○, 부인 ×
                (여러 개의 부호가 있는 경우, 성립/임의성/내용의 순서임)
           - 기타 증거서류: 동의 ○, 부동의 ×
※ 증거결정 표시: 채 ○, 부 ×
※ 증거조사 내용은 제시, 내용고지

증 거 목 록 (증거서류 등)

2020고합605

2020형제55512호

① 김갑동
② 이을남
신청인: 검사

순번	증 거 방 법					참조사항등	신청기일	증거의견		증거결정		증거조사기일	비고
	작성	쪽수(수)	쪽수(증)	증 거 명 칭	성 명			기일	내용	기일	내용		
21	사경	39		수사보고(자인서징구)			1	1	② ○				
22	〃	39		자인서	이을남		1	1	② ×				
23	〃	40		피의자신문조서	이을남		1	1	② × ① ○				
24	〃	42		고발장			1	1	② ○				
25	〃	(생략)		수사보고(관련사건 병합수사)			1	1	② ○	(생략)		(생략)	
26	〃	43		압수조서 및 압수목록(혈액)			1	1	② ○				
27	〃	(생략)		감정의뢰회보			1	1	② ○				
28	〃	44		주취운전자 적발보고서			1	1	② ○				
29	〃	45		피의자신문조서(제2회)	이을남		1	1	② ○				
30	〃	(생략)		각 조회회보서			1	1	①,② ○				
31	〃	(생략)		보이스펜(증 제2호)			1	1	① ×				
32	〃	42		수표 사본(증 제3호)(아가01212121)			1	1	② ○				
33	〃	42		수표 사본(증 제4호)(아가01212122)			1	1	② ×				

※ 증거결정 표시: 채 ○, 부 ×　　　　　　　　　[이하 증거목록 미기재 부분은 생략]

증 거 목 록 (증거서류 등)

2020고합605

2020형제55512호

① 김갑동
② 이을남
신청인: 피고인과 변호인

순번	증 거 방 법					참조사항등	신청기일	증거의견		증거결정		증거조사기일	비고
	작성	쪽수(수)	쪽수(공)	증 거 명 칭	성 명			기일	내용	기일	내용		
1			15	진술서	박병서		2	2	×				①신청
2			16	대의원회의록			2	2	×	(생략)			①신청
3			21	가계수표(수표번호 아가01212121)		수표회수사실	3	3	○				②신청

증 거 목 록 (증인 등)
2020고합605

① 김갑동
② 이을남

2020형제55512호

신청인: 검사

증 거 방 법	쪽수 (공)	입증취지 등	신청 기일	증거결정		증거조사기일	비고
				기일	내용		
증인 목격해	18	공소사실 1항 관련	1	1	○	2020. 5. 31. 14:00 (실시)	
증인 여아동		공소사실 2의 가항 관련	1	1	○	2020. 5. 31. 14:00, 2020. 6. 14. 14:00 (각 불출석 미실시)	
증인 소상해	19	공소사실 2의 가항 관련	1	1	○	2020. 5. 31. 14:00 (실시)	
감정 (감정인 정확해)	(생략)	필적 감정	1	1	○	2020. 6. 7. 14:00 (실시, 법정외)	
영상녹화물 (증 제1호)	(생략)	공소사실 2의 가항 관련	2	2	○	2020. 5. 31. 14:00 (실시)	
혈액 90cc (증 제5호)		공소사실 3의 나항	1	1	○	2020. 5. 17. 10:00 (실시)	

※ 증거결정 표시: 채 ○, 부 ×

서울동부지방검찰청

2020. 5. 3.

사건번호   2020년 형제55512호
수 신 자   서울동부지방법원
제   목   공소장

검사 정이감은 아래와 같이 공소를 제기합니다.

605

I. 피고인 관련사항

1. 피 고 인   김갑동 (68****-1******), 50세

     직업 상업, 010-****-****

     주거 서울 성동구 행당로 35 행당아파트 112동 207호

     등록기준지 (생략)

   죄   명   성폭력범죄의처벌등에관한특례법위반(13세미만미성년자강제
              추행), 상습특수절도, 명예훼손

   적용법조   성폭력범죄의 처벌 등에 관한 특례법 제7조 제3항, 형법 제298
              조, 형법 제332조, 제331조 제2항, 제1항, 제307조 제2항, 형법 제
              35조, 제37조, 제38조

   구속여부   2020. 4. 16. 구속(2020. 4. 15. 체포)

   변 호 인   법무법인 청계 담당변호사 김사근

2. 피 고 인   이을남 (68****-1******), 60세

     직업 상업, 010-****-****

     주거 서울 서초구 남부순환로 2789 남부빌라 1동 108호

     등록기준지 (생략)

   죄   명   특수절도, 부정수표단속법위반, 도로교통법위반(음주운전)

   적용법조   형법 제331조 제2항, 제1항, 부정수표 단속법 제2조 제2항, 제1
              항, 도로교통법 제148조의2 제2항 제2호, 제44조 제1항, 형법 제
              37조, 제38조

   구속여부   불구속

   변 호 인   법무법인 실천 담당변호사 이사랑

II. 공소사실

1. 피고인 김갑동의 상습특수절도와 피고인 이을남의 특수절도

　피고인들은 2018. 6. 23. 01:00경 서울 성동구 자동차시장길 58에 있는 피해자 목격해가 운영하는 '얼큰순대집'에 이르렀다. 피고인 이을남은 위 순대집 정문 입구에서 망을 보고, 피고인 김갑동은 부근에 있던 벽돌로 후문 유리창을 깨고 손을 집어넣어 문고리를 열고 안으로 들어가 그곳 계산대 서랍 안에 있던 피해자 목격해 소유의 현금 100만 원을 가지고 나왔다.

　이로써 피고인들은 합동하여, 피고인 김갑동은 상습으로, 피해자의 재물을 절취하였다.

2. 피고인 김갑동

가. 성폭력범죄의처벌등에관한특례법위반(13세미만미성년자강제추행)

　피고인은 2020. 3. 10. 16:00경 피고인의 집에서 피해자 여아동(6세)의 하의를 벗기고 오른손으로 피해자의 음부를 만져 강제로 추행하였다.

나. 명예훼손

　피고인은 2020. 3. 25. 14:00경 서울 성동구 행당로 25 행당상가 앞길에서, 사실은 피해자 이을남이 사적인 이익을 도모하기 위하여 행당아파트 재건축사업의 추진을 방해한 사실이 없음에도 불구하고, "아파트 전 자치회장인 이을남은 행당아파트 재건축사업의 시공사로 매형이 운영하는 부정건설이 선정되지 아니하자 악감정을 품고 재건축주택조합 대의원들이 시공사로 선정된 정직건설로부터 매월 뒷돈 100만 원을 받고 있다고 관할 구청에 반복적으로 허위 민원을 넣는 행패를 부리고 있습니다. 악의에 찬 이러한 행동은 명백히 개인적인 불만을 품고 재건축사업의 진행을 방해하는 것입니다. 주민 여러분께서는 이 점을 유념하시어 재건축사업의 진행에 관하여 동요하는 일이 없길 바랍니다."라는 내용의 유인물을 주민들 100명에게 배포함으로써 공연히 허위의 사실을 적시하여 피해자의 명예를 훼손하였다.

3. 피고인 이을남

가. 부정수표단속법위반

　피고인은 2020. 1. 1.부터 주식회사 우리은행 성동지점과 피고인 명의로 수표계약을 체결하고 수표거래를 하여왔다.

　1) 피고인은 2020. 4. 1. 서울 성동구 고산자로 851 죽방빌딩 2층에 있는 을남당 구장에서, 수표번호 '아가 01212121', '수표금액 5,000,000원', '발행일 2020. 4. 1'.로

된 피고인 명의의 가계수표 1장을 발행하여 위 수표의 소지인인 박병서가 2020. 4. 11. 위 은행의 성동지점에서 위 수표를 지급 제시하였으나 예금부족으로 지급되지 아니하게 하였다.

　　2) 피고인은 2020. 4. 2. 같은 장소에서, 수표번호 '아가 01212122', '수표금액 3,000,000원', '발행일 2020. 4. 2.'로 된 피고인 명의의 가계수표 1장을 발행하여 위 수표의 소지인인 김갑동이 2020. 4. 12. 위 은행의 성동지점에서 위 수표를 지급 제시하였으나 거래정지로 지급되지 아니하게 하였다.

　나. 도로교통법위반(음주운전)

　　피고인은 2020. 4. 23. 21:30경 혈중알콜농도 0.178%의 술에 취한 상태로 서울 성동구 자동차시장길 278에 있는 '왔다횟집' 앞길에서부터 서울 서초구 서초동에 있는 교대역 사거리 앞 도로까지 약 9km를 서울성동자5098호 혼다125 원동기장치자전거를 운전하였다.

Ⅲ. 첨부서류

　1. 체포영장 1통(생략)

　1. 구속영장 1통(생략)

　1. 변호인선임서 2통 (생략)

서 울 동 부 지 방 법 원

공 판 조 서

제 1 회

사 건	2020고합605	성폭력범죄의처벌등에관한특례법위반	
		(13세미만미성년자강제추행) 등	

재판장 판사	진실한	기 일:	2020. 5. 17. 10:00
판사	공정한	장 소:	제425호 법정
판사	신속한	공개 여부:	공개
법원사무관	성진수	고 지 된	
		다음기일:	2020. 5. 31. 14:00
피 고 인	1. 김갑동 2. 이을남		각각 출석
검 사	한준석		출석
변 호 인	법무법인 청계 담당변호사 김사근(피고인 1을 위하여)		출석
	법무법인 실천 담당변호사 이사랑(피고인 2를 위하여)		출석

재판장

　　피고인들은 진술을 하지 아니하거나 각개의 물음에 대하여 진술을 거부할
　　수 있고, 이익 되는 사실을 진술할 수 있음을 고지

재판장의 인정신문

　　성　　　　명: 1. 김갑동　　2. 이을남
　　주민등록번호: 각각 공소장 기재와 같음
　　직　　　　업:　　　 〃
　　주　　　　거:　　　 〃
　　등록기준지:　　　 〃

재판장

　　피고인들에 대하여
　　주소가 변경될 경우에는 이를 법원에 보고할 것을 명하고, 소재가 확인되지
　　않을 때에는 피고인들의 진술 없이 재판할 경우가 있음을 경고

검 사

　　공소장에 의하여 공소사실, 죄명, 적용법조 낭독

피고인 김갑동

　　공소사실 2의 가항과 관련하여 피해자를 강제추행한 적이 없고, 공소사실 2의

- 13 -

나항에서와 같이 유인물을 배포하였으나 진실한 사실로서 오로지 공공의 이
익을 위하여 한 행동이며, 나머지 공소사실은 인정한다고 진술

피고인 이을남

공소사실 1항과 관련하여 망을 보기로 하였으나 죄책감을 느끼고 김갑동에게
범행을 그만두겠다고 말한 후 범행장소로 가지 않았고, 공소사실 3의 가항 중
'수표번호 아가01212122' 수표 발행에 대하여는 위 수표를 발행한 적이 없고
액면금, 발행인, 수취인 부분의 필적이 자신의 것이 아니며, 나머지 공소사실
은 모두 인정한다고 진술

피고인 김갑동의 변호인 변호사 김사근

피고인 김갑동을 위하여 유리한 변론을 함. (변론기재는 생략).

피고인 이을남의 변호인 변호사 이사랑

피고인 이을남을 위하여 유리한 변론을 함. (변론기재는 생략).

재판장

증거조사를 하겠다고 고지

증거관계 별지와 같음(검사, 변호인)

재판장

각 증거조사 결과에 대하여 의견을 묻고 권리를 보호하는 데에 필요한 증거
조사를 신청할 수 있음을 고지

소송관계인

별 의견 없다고 각각 진술

재판장

변론 속행

2020. 5. 17.

법 원 사 무 관   성진수 ㊞

재판장   판 사   진실한 ㊞

증거서류제출서

사　　건　　2020고합605　성폭력범죄의처벌등에관한특례법위반(13세미만미성년자
　　　　　　　　　　　　　　강제추행)
피　고　인　　김 갑 동

　위 사건에 관하여 피고인 김갑동의 변호인은 위 피고인의 이익을 위하여 다음
과 같은 증거서류를 제출합니다.

다　　　음

1. 박병서 작성의 진술서
2. 대의원회의록

2020.　5.　22.

접 수
No. 53724
2020. 05. 22.
서울동부지방법원
민원실

　　　　　　　　　　　　　법무법인 정세 담당변호사　김 사 근 ㊞

서울동부지방법원 형사제32부 귀중

진 술 서

성　명　　박병서　(69****-1******)
주　소　　(생략)

1. 저는 2020. 3. 15. 서울 성동구 행당로 25 행당상가 201호에 있는 행당아파트
　재건축주택조합의 소회의실에서 열린 대의원회의에 참석한 사실이 있습니다.
1. 일부 주민의 재건축사업 방해행위에 대한 대책을 논의하기 위하여 재건축주택
　조합의 조합장이 소집한 회의이었는데, 당시 안건은 이을남이 재건축조합 대의
　원들이 시공사인 정직건설로부터 부정한 돈을 받고 있다고 반복적으로 관할 구
　청에 허위 민원을 제기하는 것에 대한 대책 마련이었습니다.

1. 대의원들이 모여서 논의한 끝에 대의원들 전원이 "이을남의 거듭된 민원 제기가 근거가 없을 뿐만 아니라 개인적인 불만에서 나온 것이라는 점을 솔직히 주민들에게 홍보해서 재건축사업에 대한 적극적인 협조를 구해야 한다."고 의결을 하였습니다.

1. 의결 후에 누가 홍보물을 작성할 것인지 조합장과 몇몇 대의원들이 의논을 더 해서 대의원 중 총무인 김갑동이 작성하는 것이 좋겠다는 데 의견이 모아졌고, 김갑동이 그 의견을 받아들여 홍보물을 작성하겠다고 해서 유인물 형태로 100부를 준비하여 주민들에게 배포한 것입니다.

1. 이상의 내용은 틀림없는 사실입니다.

2020. 5. 20.

진술자   박병서   ㊞

행당아파트 재건축주택조합 대의원회의록

○ 일시와 장소 : 2020. 3. 15. 16:00 재건축주택조합 소회의실
○ 회의안건 : 일부 주민의 재건축사업 방해행위에 대한 대책 등
○ 참석자 : 재건축조합장, 김갑동, 박병서(이하 생략) 등 대의원 12인

조합장 : 일부 주민의 재건축사업 방해행위에 대하여 어떻게 대처해야 할까요?

박병서 : 이을남이 관할 구청에 우리 재건축주택조합의 대의원들이 시공사인 정직건설로부터 매월 100만 원의 뒷돈을 받고 있다고 반복적으로 허위 민원을 제기하는 것이 가장 큰 문제입니다. 전혀 근거 없는 사실입니다.

김갑동 : 문제는 이을남이 그러한 민원을 제기함으로써 아파트 지역이 소란스럽게 되고, 관할 구청에서도 시공사 선정과 관련하여 우리 재건축주택조합과 시공사 사이에 비리가 있다고 여기게 된다는 점입니다.

박병서 : 그러니 주민들한테 이을남의 민원 제기와 관련한 진실을 솔직하게 알리는 것이 좋겠습니다.

김갑동 : 그게 좋겠습니다. 이을남은 매형이 운영하는 부정건설이 시공사로 선정되지 않은 것에 불만을 품고 이런 짓을 하는 것입니다. 개인적인 불만으로 반복적인 민원 제기를 하는 것이라는 점을 솔직히 주민들에게 홍보해서 재건축사업에 적극 협조를 구할 필요가 있겠습니다.

대의원 전원 : 동의합니다(거수로 만장일치로 의결함).   (이하 생략)

서 울 동 부 지 방 법 원
공 판 조 서

제 2 회
사　　　건　　2020고합605　성폭력범죄의처벌등에관한특례법위반
　　　　　　　　　　　　　　(13세미만미성년자강제추행) 등

재판장 판사　　진실한　　　　　　기　일:　　　　2020. 5. 31. 14:00
　　　판사　　공정한　　　　　　장　소:　　　　　제425호 법정
　　　판사　　신속한　　　　　　공개 여부:　　　　　　　공개
법원사무관　　성진수　　　　　　고 지 된
　　　　　　　　　　　　　　　　　다음기일:　　　2020. 6. 14. 14:00

피 고 인　　1. 김갑동　　2. 이을남　　　　　　　　각각 출석
검　　사　　한준석　　　　　　　　　　　　　　　　출석
변 호 인　　법무법인 청계 담당변호사 김사근(피고인 1을 위하여)　출석
　　　　　　법무법인 실천 담당변호사 이사랑(피고인 2를 위하여)　출석
증　　인　　목격해, 소상해　　　　　　　　　　　　　각 출석
　　　　　　여아동　　　　　　　　　　　　　　　　불출석
감 정 인　　정확해　　　　　　　　　　　　　　　　출석

재판장
　　전회 공판심리에 관한 주요사항의 요지를 공판조서에 의하여 고지
소송관계인
　　변경할 점이나 이의할 점이 없다고 진술
출석한 증인 목격해, 소상해, 감정인 정확해를 별지 조서(감정인 신문조서는 생략)
　　와 같이 각각 신문하고 피해자 여아동에 대한 영상녹화물의 재생을 명
증거관계 별지와 같음(검사, 변호인)
재판장
　　증거조사 결과에 대하여 의견을 묻고 권리를 보호하는 데에 필요한 증거조사
　　를 신청할 수 있음을 고지
소송관계인
　　별 의견 없으며, 달리 신청할 증거도 없다고 각각 진술
재판장
　　변론 속행 (증인 여아동에 대한 증인신문을 위하여)
　　　　　　　　　　2020. 5. 31.
　　　　　법 원 사 무 관　　　성진수 ㊞
　　　　　재 판 장 판 사　　　진실한 ㊞

서울동부지방법원
증인신문조서 (제2회 공판조서의 일부)

사　건　　2020고합605　성폭력범죄의처벌등에관한특례법위반
　　　　　　　　　　　　(13세미만미성년자강제추행) 등
증　인　이　름　　목격해
　　　　생년월일과 주거는 (생략)

재판장

　　증인에게 형사소송법 제148조 또는 제149조에 해당하는가의 여부를 물어
　　이에 해당하지 아니함을 인정하고, 위증의 벌을 경고한 후 별지 선서서와
　　같이 선서를 하게 하였다. 다음에 증언할 증인은 재정하지 아니하였다.

검사

　　증인에게 수사기록 중 사법경찰리가 작성한 증인에 대한 진술조서를 보여주
　　고 열람하게 한 후,

문　증인은 경찰에서 사실대로 진술하고 그 조서를 읽어보고 서명, 무인한 사실이 있
　　으며, 그 조서는 그때 경찰관에게 진술한 내용과 동일하게 기재되어 있는가요.

답　예, 그렇습니다.

문　증인은 2018. 6. 23. 01:00경 증인이 운영하는 얼큰순대집에서 계산대 서랍 안
　　에 넣어둔 현금 100만 원을 도난당한 사실이 있지요.

답　예.

문　증인이 범행을 목격한 경위를 진술하세요.

답　그날 23:30경에 자려고 순대집 쪽방에 누웠지만 잠이 오질 않아 뒤척이고 있
　　었는데, 밖에서 덜거덕거리는 소리가 들렸습니다. 문을 살짝 열고 보니 김갑
　　동이 계산대 서랍을 여는 소리였습니다. 그때 순대집 정문 유리창 바깥을 보
　　니 누군가가 망을 보는지 서성거리고 있었습니다. 얼마 지나지 않아 김갑동
　　은 서랍에 있는 물건을 주머니에 집어넣더니 후문을 열고 나갔습니다. 쪽방
　　문을 열고 나와서 보니 계산대 서랍에 있던 현금 100만 원이 없어졌습니다.

피고인 이을남의 변호인 변호사 이사랑

문　당시 망을 보았던 사람이 증인 가까이에 앉아 있는 피고인(이을남)이 맞나요.

답　그때 망을 보던 사람의 얼굴을 보지는 못했습니다. 하지만 키가 매우 크고,
　　오른 팔뚝에 용 문신이 있는 것을 똑똑히 보았습니다. 그리고 그 사람은 검
　　은 색 트레이닝복을 위아래로 입고 모자를 푹 눌러 쓰고 있었습니다.

2020. 5. 31.

법 원 사 무 관　　　성진수 ㊞
재판장 판 사　　　진실한 ㊞

서울동부지방법원
증인신문조서 (제2회 공판조서의 일부)

사　　건　　2020고합605　성폭력범죄의처벌등에관한특례법위반
　　　　　　　　　　　　(13세미만미성년자강제추행) 등
증　인　이　름　　　소상해
　　　　　　생년월일과 주거는 (생략)

재판장

　증인에게 형사소송법 제148조 또는 제149조에 해당하는가의 여부를 물어 이에 해당하지 아니함을 인정하고, 위증의 벌을 경고한 후 별지 선서서와 같이 선서를 하게 하였다.

검사

　증인에게 수사기록 중 고소장과 사법경찰리가 작성한 증인에 대한 진술조서를 보여주고 열람하게 한 후,

문　증인은 고소장을 직접 작성하여 경찰에 제출하였고, 증인은 경찰에서 사실대로 진술하고 그 조서를 읽어보고 서명, 무인한 사실이 있으며, 그 진술조서는 그때 경찰관에게 진술한 내용과 동일하게 기재되어 있는가요.

답　예, 그렇습니다.

문　증인은 피해자 여아동의 어머니로 피해자로부터 성추행 사실을 들은 사실이 있지요.

답　예.

문　증인이 피해자로부터 들은 피해 사실을 진술하세요.

답　2020. 3. 중순경에 피해자가 놀다가 갑자기 음부를 막 문지르는 등 이상한 행동을 하였습니다. 놀라서 피해자한테 물어보니 피해자가 "갑동이 아저씨가 쉬 닦아준다고 잠지(음부)를 손으로 막 만졌는데 그래서 더러워졌다."고 말하였습니다. 굉장히 놀랐지만 피해자가 혹시 안 좋은 꿈을 꾼 것은 아닌가 싶어서 여러 차례 다시 물어보았지만 같은 대답을 들었습니다.

문　증인은 피해자가 경찰에서 조사를 받을 때 동석한 사실이 있지요.

답　예.

문　증인은 방금 피해자가 경찰에서 조사받은 내용을 담은 영상녹화물을 시청하였지요.

답　예.

문　피해자에 대한 영상녹화물은 피해자가 조사경찰관에게 행한 진술이 그대로

녹화된 것이 맞나요.

답 맞습니다.

피고인 김갑동의 변호인 변호사 김사근

문 피고인은 피해자가 소변을 보고나서 팬티가 축축하다고 하여 물티슈로 팬티
    를 닦아주었을 뿐이라고 하는데 어떤가요.

답 가증스러운 거짓말입니다.

문 피해자는 출석하지 않고 증인만 법정에 나온 이유는 무엇인가요.

답 피해자와 함께 법정에 나오려고 하였지만 피해자가 피고인의 얼굴을 절대로
    보고 싶지 않다고 해서 할 수 없이 혼자서 나오게 된 것입니다.

2020. 5. 31.

법 원 사 무 관   성진수 ㊞

재판장 판 사   진실한 ㊞

증거서류제출서

사　건　　**2020고합605**　성폭력범죄의처벌등에관한특례법위반(13세미만미성년자

　　　　　　　　강제추행)

피 고 인　　이 을 남

　위 사건에 관하여 피고인 이을남의 변호인은 위 피고인의 이익을 위하여 다음

과 같은 증거서류를 제출합니다.

다　　음

1. 별첨 회수한 가계수표 1장 (아가01212121)

2020.　6.　7.

법무법인 실천 담당변호사　이 사 랑 ㊞

서울동부지방법원 형사제32부 귀중

가 계 수 표

지급지　　　서울시		*아가* **01212121**
주식회사　　우리은행　　　앞		**500만 원 이하**
금　　　오백만 원		**₩ 5,000,000**

이 수표의 금액을_____왕다마_____에게 지급하여 주십시오.

위 수표는 예금부족 (으)로 지급에 응할 수 없음
2020. 4. 11.
(주)우리은행 성동지점장 은행원 ㊞

발행지　　　서울특별시　　　　　　　　　　　**2020년 4월 1일**

주민등록번호　(생략)　　　　　　　발행인 이을남 (날인 생략)

서 울 동 부 지 방 법 원

공 판 조 서

제 3 회

사   건   **2020고합605**   성폭력범죄의처벌등에관한특례법위반

(13세미만미성년자강제추행) 등

재판장 판사   진실한   기 일: 2020. 6. 14. 14:00

       판사   공정한   장 소: 제425호 법정

       판사   신속한   공개 여부: 공개

법 원 사 무 관   성진수   고 지 된

                                  다음기일: 2020. 6. 28. 10:00

피 고 인   1. 김갑동   2. 이을남   각각 출석

검   사   한준석   출석

변 호 인   법무법인 청계 담당변호사 김사근(피고인 1을 위하여)   출석

            법무법인 실천 담당변호사 이사랑(피고인 2를 위하여)   출석

증   인   여아동   불출석

───

재판장

　　전회 공판심리에 관한 주요사항의 요지를 공판조서에 의하여 고지

소송관계인

　　변경할 점이나 이의할 점이 없다고 진술

재판장

　　검사에게 압수된 혈액에 대한 압수수색영장이 사후에 발부된 사실이 없음을
　　확인하다.

재판장

　　증거조사를 마치고 피고인신문을 하겠다고 고지

검 사

　　피고인 김갑동에게

문   절도 범행을 하자고 먼저 제안한 사람은 누구인가요.

답   이을남입니다. 이을남이 자신이 얼큰순대집을 많이 가봐서 잘 아는데 주인이
　　계산대에 현금을 많이 보관하고 있으니 함께 털자고 하였고 망을 봐주겠다고
　　하였습니다.

문   이을남이 망을 본 것이 맞지요.

답 맞습니다. 그날 얼큰순대집 앞에까지 함께 와서 이을남은 바깥에서 망을 보다가 인기척이 나니까 혼자만 살겠다고 도망간 것입니다.

문 피고인은 피해자 여아동의 음부를 손으로 만져 강제추행한 사실이 있지요.

답 절대로 아닙니다.

문 수표번호 아가 01212122, 액면금 3,000,000원의 가계수표 원본을 은행에 지급제시하였지요.

답 제가 2018. 4.경 박병서한테 300만 원을 빌려준 적이 있는데, 박병서가 돈을 계속 못 갚았습니다. 그러다가 박병서가 2020. 4.경 300만 원짜리 가계수표를 주면서 은행에서 300만 원을 찾으라고 하길래 우리은행 성동지점에 지급제시를 했지만 지급 거절되었습니다. 원본인지 아닌지 은행에 확인해 본 적이 없어서 모릅니다.

피고인 김갑동의 변호인 변호사 김사근

문 피해자 여아동이 소변을 보고 난 후 팬티에 쉬가 묻었다고 해서 피고인이 물티슈로 소변이 묻은 피해자의 팬티를 닦아주었을 뿐이지요.

답 예. 그 일 때문에 피해자가 오해한 것입니다.

피고인 이을남의 변호인 변호사 이사랑

　　피고인 김갑동에게

문 이을남이 절도 범행 직전에 피고인에게 전화해서 자신은 범행에서 빠지겠다고 말했지요.

답 절도 범행 직전에 이을남한테서 전화를 받은 적이 없습니다.

검 사

　　피고인 이을남에게

문 (증거목록 순번 15, 16을 제시, 열람케 하고) 피고인은 고소장을 직접 작성하였고, 수사기관에서 사실대로 진술하고 진술한 대로 기재되어 있음을 확인한 다음 서명, 날인하였는가요.

답 예, 그렇습니다.

문 (증거목록 순번 33을 제시하고) 피고인이 제출한 보이스펜이고, 피고인이 박병서와 대화 도중에 녹음한 것으로 박병서가 진술한 대로 녹음되어 있지요.

답 예, 그렇습니다.

문 피고인은 김갑동이 절도 범행을 할 당시 얼큰순대집 앞에서 망을 본 사실이 있지요.

답 그런 사실이 전혀 없습니다. 애초에 함께 범행을 하기로 했다가 얼큰순대집 할머니 얼굴이 계속 떠올라서 범행 직전에 김갑동한테 전화하여 도저히 못하겠다고 말하고 얼큰순대집에 가지 않았습니다.

문 피고인은 키가 얼마나 되나요.

답 **190cm**입니다.

문 피고인은 몸에 문신이 있나요.

답 오른 팔뚝에 용 문신이 있습니다.

문 수표번호 아가**01212122** 가계수표의 액면금, 발행인 및 수취인 부분의 필적이 피고인의 것이라는 감정결과가 나왔는데 그래도 인정하지 못하겠다는 것인가요.

답 감정결과는 그렇게 나왔지만 저는 여전히 제 필적이라고 인정할 수 없습니다.

피고인 이을남의 변호인 변호사 이사랑

문 김갑동은 피고인이 행당아파트 재건축사업의 추진을 방해하여 이를 막기 위하여 유인물을 배포했다고 주장하는데 어떤가요.

답 저는 재건축사업을 방해한 적이 없습니다. 다만, 재건축사업의 시공사로 선정된 정직건설이 재건축주택조합의 대의원들에게 돈을 주는 등 유착관계가 의심되어 몇 차례 민원을 제기했을 뿐입니다.

재판장

피고인신문을 마쳤음을 고지

재판장

변론 속행 (변론 준비를 위한 변호인들의 요청으로)

2020. 6. 14.

법 원 사 무 관   성진수 ㉑

재판장 판 사   진실한 ㉑

제	1	책
제	1	권

서울동부지방법원
증거서류등(검사)

사 건 번 호	2020고합605	담임	형사제32부	주심	나

사 건 명	가. 성폭력범죄의처벌등에관한특례법위반 (13세미만미성년자강제추행) 나. 상습특수절도 다. 특수절도 라. 명예훼손 마. 부정수표단속법위반 바. 도로교통법위반(음주운전)

검 사	정이감	2020년 형제55512호

피 고 인	구속 1. 가.나.라. 2. 다.마.바.	김갑동 이을남

공소제기일	2020. 5. 3.		
1심 선고	20 . . .	항소	20 . . .
2심 선고	20 . . .	상고	20 . . .
확 정	20 . . .	보존	

<table>
<tr><td>제</td><td>1</td><td>책</td></tr>
<tr><td>제</td><td>1</td><td>권</td></tr>
</table>

구공판	서 울 중 앙 지 방 검 찰 청 증 거 기 록				
검 찰	사건번호	2020년 형제55512호	법원	사건번호	2020년 고합605호
	검 사	정이감		판 사	
피 고 인	구속 1. 가.나.라. 2. 다.마.바.			김갑동 이을남	
죄 명	가. 성폭력범죄의처벌등에관한특례법위반 (13세미만미성년자강제추행) 나. 상습특수절도 다. 특수절도 라. 명예훼손 마. 부정수표단속법위반 바. 도로교통법위반(음주운전)				
공소제기일	2020. 5. 3.				
구 속	구속(김갑동), 불구속(이을남)			석 방	
변 호 인					
증 거 물					
비 고					

진술조서

성   명: 소상해

주민등록번호, 직업, 주거, 등록기준지, 직장주소, 연락처 (각 생략)

위의 사람은 피의자 김갑동에 대한 성폭력범죄의처벌등에관한특례법위반(13세 미만미성년자강제추행) 피의사건에 관하여 2020. 3. 14. 서울성동경찰서 형사1팀 사무실에 임의 출석하여 다음과 같이 진술하다.

[피의자와의 관계, 피의사실과의 관계 등(생략)]

문   진술인이 피의자 김갑동을 상대로 고소한 취지는 무엇인가요.

답   피의자가 제 딸인 피해자 여아동을 강제추행하여서 피해자를 대신하여 고 소하게 되었습니다.

문   고소하게 된 경위를 구체적으로 진술하시오.

답   예, 유치원생인 제 딸이 2020. 3. 12. 15:00경 평소와 다름없이 유치원에 갔 다 와서 저와 놀고 있었는데 갑자기 음부를 막 문지르더니 거기(음부)를 깨끗이 씻어야 한다면서 욕실에 들어가 혼자서 목욕을 하기 시작하였습니 다. 놀라서 피해자한테 무슨 일이 있었는지 물어보니 피해자가 "갑동이 아저씨가 쉬 묻었는지 본다면서 잠지(음부)를 손으로 막 만졌는데 그래서 더러워졌다."고 말하였습니다. 굉장히 놀랐고 순간적으로 분노를 참기 어 려웠지만 제 딸이 혹시 잘못 기억하는 것이 아닌가 싶어서 여러 차례 다시 물어보았지만 제 딸은 똑같은 대답을 하였습니다. 같은 날 17:00경 김갑동 의 집으로 찾아가서 "내 딸을 왜 건드렸냐?"고 물었더니 김갑동은 영문 을 모르겠다는 표정으로 "무슨 말을 하는 것이냐?"고 반문하는 것이 아 니겠습니까? 그래서 김갑동에게 "이틀 전에 내 딸이 당신 집에 놀러가지 않았냐? 그 때 당신이 내 딸의 음부를 손으로 만지지 않았느냐!"고 추궁 하였지만 김갑동은 끝까지 아니라고 부인하였습니다. 집으로 돌아와서 남 편과도 상의한 끝에 도저히 묵과할 수 없는 일이라고 생각하여 바로 경찰 서에 고소장을 내게 된 것입니다.

문   피해자가 2020. 3. 10. 김갑동의 집에 왜 놀러가게 되었나요.

답   김갑동은 피해자가 좋아하는 스마트폰 영상과 만화를 많이 보여주곤 하면 서 평소에 피해자와 친하게 지냈고, 피해자는 그날 이전에도 몇 번 김갑동의 집에 놀러간 적이 있었습니다. 그날도 피해자가 저와 함께 집에 있다가 15:00경 김갑동의 집에 놀러가고 싶다고 해서 제가 잠깐만 놀고 오라고 김갑동의 집에 데려다 주었습니다.

문　피해자는 경험한 사실을 제대로 인식하여 진술할 능력이 있나요.

답　피해자는 또래보다 신체적으로 성숙하기도 하고 한글도 일찍 배운 편이라 글도 잘 읽고 말도 잘하고 경험한 사실을 정확하게 표현할 수 있습니다.

문　피해자는 지금 어떠한 상태인가요.

답　음부가 더럽다고 씻는 일이 줄어들기는 했지만 거기(음부)를 문지르거나 긁고 있는 일이 많습니다. 그 일이 있은 후에는 김갑동은 말할 것도 없고 낯선 남자를 만나기만 하면 제 뒤로 숨는 등 피하고 있습니다.

문　달리 할 말이 있는가요.

답　엄벌에 처해 주십시오.

문　이상의 진술은 사실인가요.

답　**예, 사실입니다.**

위의 조서를 진술자에게 열람하게 하였던바, 진술한 대로 오기나 증감·변경할 것이 전혀 없다고 말하므로 간인한 후 서명무인하게 하다.

진술자　소 상 해 (무인)

2020.　3.　14.

서울성동경찰서
사법경찰리　경사　　**강 철 중**　㉑

진술조서

성   명: 여아동

주민등록번호(130215-4******), 직업, 주거, 등록기준지, 직장주소, 연락처(각 생략)

위의 사람은 피의자 김갑동에 대한 성폭력범죄의처벌등에관한특례법위반(13세미만미성년자강제추행) 피의사건에 관하여 **2020. 3. 17.** 서울성동경찰서 형사1팀 사무실에 임의 출석하여 어머니인 소상해가 동석한 가운데 다음과 같이 진술하다.

[피의자와의 관계, 피의사실과의 관계 등(생략)]

문   진술인은 김갑동을 아나요.

답   예, 이웃집에 사는 아저씨예요.

문   김갑동 아저씨랑 무슨 일이 있었나요.

답   아저씨(김갑동, 이하 같음)는 평소에 저한테 과자와 아이스크림을 사주시고 스마트폰을 주셔서 게임도 하게 해주셔서 제가 아저씨 집에도 자주 놀러갔어요. 그런데 그날(2020. 3. 10.)도 학교에 갔다 와서 집에 있는데 심심해서 아저씨 집에 놀러가고 싶다는 생각이 들었어요. 그래서 엄마한테 아저씨 집에 놀러가고 싶다고 졸라서 엄마가 아저씨 집에 데려다 주었어요. 아저씨 집에 갔더니 평소와 다름없이 아저씨가 반갑게 맞아주셨고 아이스크림도 주셨어요. 아이스크림을 먹고 나니 게임이 하고 싶어서 아저씨한테 스마트폰을 좀 달라고 했어요. 게임을 조금 하다 보니까 쉬가 마려워서 화장실에 갔다 왔는데 아저씨가 저한테 "변기에 오줌이 많이 묻어 있는데 쉬하다가 팬티에도 많이 묻힌 것 아니니?" 라고 묻는 거예요. 그래서 저는 그런 적이 없어서 아니라고 했어요. 그런데 아저씨가 그럴 리가 없다면서 좀 보자고 하면서 제 치마와 팬티를 내리더니 제 그곳(음부)을 유심히 살펴본 후 오른손으로 막 만졌어요. 저는 싫은 생각이 들어서 팬티를 빨리 올리고 싶었는데 아저씨는 "그럴 리가 없는데.. 그럴 리가 없는데.." 라고 중얼거리면서 제 거기(음부)를 계속 만졌어요. 제가 너무 싫어서 울먹울먹 하니까 그제야 제 팬티를 올려 주었어요. 그러더니 저한테 게임 계속하라고 했어요.

문   그 일이 일어난 날이 언제인지 정확히 기억할 수 있나요.

답 일주일 전쯤이고 시간은 오후 4시 정도 되었어요.

문 집에는 어떻게 돌아왔나요.

답 아저씨가 평소와 마찬가지로 저를 우리 집에 데려다 주었어요.

문 아저씨가 만진 데는 괜찮은가요.

답 게임할 때는 별 생각이 없었는데 집에 오니 거기(음부)가 지저분하고 간지럽다는 생각이 계속 드는 거예요. 그래서 많이 씻었어요. 며칠 전(2020. 3. 12.)에도 거기가 너무 간지럽다는 생각이 들어서 좀 문지르다가 욕실에 들어가 혼자서 목욕을 했더니 엄마가 왜 그러냐고 물어봤어요. 그래서 엄마한테 아저씨 집에서 일어났던 일을 다 얘기해 줬어요.

문 엄마한테 뭐라고 얘기해 줬나요.

답 "갑동이 아저씨가 쉬 묻었는지 본다면서 잠지(음부)를 손으로 막 만졌는데 그래서 더러워졌다."고 얘기해 줬어요.

문 더 할 말이 있나요.

답 갑동이 아저씨 혼내 주세요.

문 이상의 진술은 사실인가요.

답 **예, 사실입니다.**

위의 조서를 진술자에게 열람하게 하였던바, 진술한 대로 오기나 증감·변경할 것이 전혀 없다고 말하므로 간인한 후 서명무인하게 하다.

진술자 여 아 동 (무인)

2020. 3. 17.

서울성동경찰서

사법경찰리 경사 **강 철 중** ㉑

진술조서

성   명: 목격해

주민등록번호, 직업, 주거, 등록기준지, 직장주소, 휴대전화번호 (각 생략)

위의 사람은 피의자 성명불상자에 대한 절도 피의사건에 관하여 2018. 6. 24.
서울성동경찰서 형사1팀 사무실에 임의 출석하여 다음과 같이 진술하다.

[피의자와의 관계, 피의사실과의 관계 등(생략)]

문   진술인은 절도 피해를 입었다고 신고를 하였지요.

답   예. 2018. 6. 23. 01:00경 서울 성동구 자동차시장길 58에 있는 진술인이 운
          영하는 얼큰순대집에서 절도 피해를 입었습니다.

문   그 경위에 대하여 자세히 진술하세요.

답   예. 2018. 6. 22. 23:30경에 자려고 순대집 구석에 달린 쪽방에 누웠는데,
          밖에서 덜거덕거리는 소리가 났습니다. 무서워서 쪽방 문을 열고 나가지
          는 못하고 문을 살짝 열고 보니 누군가가 계산대 서랍을 열고 있었습니
          다. 얼마 지나지 않아 그 사람이 서랍에 있는 물건을 주머니에 집어넣더
          니 후문을 열고 나갔습니다. 서랍을 보니 현금 100만 원이 없어졌습니다.

문   범인의 인상착의 등 특징에 대하여 기억나는 대로 진술하세요.

답   얼큰순대집 바로 앞에 있는 가로등 빛이 순대집 안을 비추고 있어서 잘
          볼 수 있었습니다. 범인은 50대로 보였고 귀밑까지 오는 긴 머리에 얼굴
          은 둥근 편이고 눈이 작았습니다. 키는 작았고, 검은 색 점퍼를 입고 있었
          습니다.

문   피해사실을 뒷받침할 자료가 있는가요.

답   순대집 후문에 CCTV가 있는데 거기에 후문으로 들어오고 나가는 범인의
          모습이 찍혀 있어서 이를 출력한 CCTV 사진 10장을 제출하겠습니다.

**사법경찰리는 진술인에게서 CCTV 사진 10장을 제출받아 조서 말미에 첨부하다
(CCTV 사진 10장 첨부 생략).**

문   범인의 처벌을 원하는가요.

답   꼭 처벌해 주십시오.

문   이상의 진술은 사실인가요.

답   **예, 사실입니다.**

위의 조서를 진술자에게 열람하게 하였던바, 진술한 대로 오기나 증감·변경할

것이 전혀 없다고 말하므로 간인한 후 서명무인하게 하다.

진술자   목 격 해 (무인)

2018.   6.   24.

서울성동경찰서
사법경찰리   경사   강철중 ㉑

고 소 장

고 소 인 이을남
피고소인 김갑동

죄   명 : 명예훼손

접수일자	2020. 4. 1.
접수번호	제 3018 호
사건번호	제 3019 호
압수번호	

　피고소인 김갑동은 저와 친구 사이입니다.

　피고소인은 2020. 3. 25. 14:00경 서울 성동구 행당로 25 행당상가 앞길에서 사실은 고소인이 사적인 이익을 도모하기 위하여 행당아파트 재건축사업의 추진을 방해한 사실이 없음에도 불구하고, "아파트 전 자치회장인 이을남은 행당아파트 재건축사업의 시공사로 매형이 운영하는 부정건설이 선정되지 아니하자 악감정을 품고 재건축주택조합 대의원들이 시공사로 선정된 정직건설로부터 매월 뒷돈 100만 원을 받고 있다고 관할 구청에 반복적으로 허위 민원을 넣는 행패를 부리고 있습니다. 악의에 찬 이러한 행동은 명백히 개인적인 불만을 품고 재건축사업의 진행을 방해하는 것입니다. 주민 여러분께서는 이 점을 유념하시어 재건축사업의 진행에 관하여 동요하는 일이 없길 바랍니다." 라는 내용의 유인물을 주민들에게 배포하였습니다.

　유인물의 내용은 명백히 허위사실입니다. 저의 매형이 부정건설을 운영하기는 하지만 행당아파트 재건축사업의 시공사로 정직건설이 선정된 것은 저와 이해관계가 있는 일이 아닙니다. 그리고 행당아파트 재건축주택조합 대의원들이 정직건설로부터 매월 뒷돈을 받아오고 있다는 사실을 알게 되어 그러한 비리를 관할 구청에 꼭 알려야겠다는 차원에서 몇 차례 민원을 넣은 것입니다. 위 대의원들이 뒷돈을 받은 사실은 대의원 중 한 사람인 박병서한테서 들어서 알게 되었습니다. 제가 박병서와 대화 도중 박병서로부터 위와 같은 이야기를 듣고서 보이스펜으로 녹음을 하였습니다.

　피고소인을 조사하여 엄벌에 처해 주시기 바랍니다.

2020. 4. 1.

고소인 이을남 ㉐

서울성동경찰서장 귀중

진술조서(제2회)

성   명: 목격해

주민등록번호, 직업, 주거, 등록기준지, 직장주소, 연락처 (각 생략)

위의 사람은 피의자 김갑동에 대한 상습절도 피의사건에 관하여 2020. 4. 15. 서울성동경찰서 형사1팀 사무실에 임의 출석하여 다음과 같이 진술하다.

[피의자와의 관계, 피의사실과의 관계 등(생략)]

문   진술인은 2018. 6. 23. 01:00경 진술인 운영의 얼큰순대집에서 절도 피해를 입은 사실이 있어 2018. 6. 24. 경찰서에서 피해자로 진술한 적이 있지요.

답   예. 그렇습니다.

2018. 6. 24. 작성된 피해자에 대한 진술조서를 제시하며 읽어보게 한 다음

문   이때 사실대로 진술하였는가요.

답   예. 그렇습니다.

문   진술인은 오늘 14:00경 피의자 김갑동의 얼굴을 확인하였지요.

답   경찰관이 용의자 한 명을 한 쪽에서만 볼 수 있는 유리창 너머에 세워놓고 저에게 확인시켰습니다. 범인이 틀림없습니다. 자세히 보니 순대집에 단골로 드나들던 사람이었습니다.

문   절도범이 1명이 맞나요.

답   지난 번 진술에서 진술하지 못한 것이 있는데, 그때 누군가가 순대집 정문 앞에서 망을 보고 있었습니다. 제가 순대집 정문 유리창 바깥으로 똑똑히 보았습니다. 초초한지 계속 서성거리고 있었습니다. 키가 굉장히 컸고, 오른 팔뚝에 용 문신을 하고 있었습니다.

문   이상의 진술은 사실인가요.

답   **예, 사실입니다.**

위의 조서를 진술자에게 열람하게 하였던바, 진술한 대로 오기나 증감·변경할 것이 전혀 없다고 말하므로 간인한 후 서명무인하게 하다.

진술자   목 격 해 (무인)

2020.   4.   15.

서울성동경찰서

사법경찰리   경사   강 철 중 ㉑

피의자신문조서

피의자 김갑동에 대한 성폭력범죄의처벌등에관한특례법위반(13세미만미성년자강제추행) 등 피의사건에 관하여 2020. 4. 15. 서울성동경찰서 형사1팀 사무실에서 사법경찰관 경위 정의로는 사법경찰리 경사 강철중을 참여하게 하고, 아래와 같이 피의자임에 틀림없음을 확인하다.

문 피의자의 성명, 주민등록번호, 직업, 주거, 등록기준지 등을 말하십시오.
답 성명은 김갑동(金甲東)

  주민등록번호, 직업, 주거, 등록기준지, 직장주소, 연락처 (각 생략)

 사법경찰관은 피의사건의 요지를 설명하고 사법경찰관의 신문에 대하여 「형사소송법」 제244조의3에 따라 진술을 거부할 수 있는 권리 및 변호인의 참여 등 조력을 받을 권리가 있음을 피의자에게 알려주고 이를 행사할 것인지 그 의사를 확인하다.

[진술거부권과 변호인 조력권 고지하고 변호인 참여 없이 진술하기로 함 (생략)]
이에 사법경찰관은 피의사실에 관하여 다음과 같이 피의자를 신문하다.
[피의자의 범죄전력, 경력, 학력, 가족 · 재산 관계 등 (생략)]

[성폭력범죄의처벌등에관한특례법위반(13세미만미성년자강제추행)]
문 피의자는 경찰의 출석 요구에 왜 계속하여 불응하였나요.
답 경찰서에 나갈 일이 없다고 생각했기 때문입니다.
문 피의자의 계속된 소환 불응으로 인하여 체포영장이 발부되어 오늘 체포된 것이지요.
답 예.
문 피의자는 여아동이라는 어린이를 잘 알지요.
답 잘 압니다. 이웃집에 사는 애입니다.
문 여아동이 2020. 3. 10. 피의자의 집으로 놀러간 일이 있지요.
답 예. 맞습니다. 평소에 자주 놀러 오고 친하게 지냅니다.
문 여아동이 놀러오면 주로 무엇을 하나요.
답 제 핸드폰으로 게임을 주로 하고 제가 아이스크림도 주고 과자도 줍니다.
문 피의자는 같은 날 16:00경 여아동의 하의와 팬티를 벗기고 오른손으로 음부를 만진 사실이 있지요.

답 전혀 없습니다.

문 팬티에 쉬(오줌)가 묻었는지 본다고 하면서 여아동의 팬티를 내린 사실이 있지요.

답 제가 내린 것이 아니라 여아동이 쉬하다가 팬티에 오줌이 묻었다면서 저 한테 좀 닦아달라고 했습니다.

문 그래서 어떻게 했나요.

답 팬티에 묻은 오줌을 물티슈로 닦아주었습니다.

문 그 과정에서 여아동의 음부를 만진 것이지요.

답 전혀 아닙니다.

문 피의자가 여아동의 팬티를 내린 것이지요.

답 아니오. 여아동이 스스로 내렸습니다.

문 여아동한테 물티슈를 건네주지 않고 왜 피의자가 직접 팬티를 닦아준 것 인가요.

답 여아동이 닦아달라고 했습니다.

문 그럼 팬티에 묻은 오줌을 물티슈로 닦아준 다음에 피의자와 여아동은 무 엇을 하였나요.

답 여아동이 팬티를 올렸고 스마트폰으로 계속 게임을 했습니다. 게임을 다 하고 난 후에는 제가 여아동을 집으로 데려다 주었습니다.

문 여아동의 어머니인 소상해가 피의자를 찾아온 일이 있지요.

답 예. 맞습니다.

문 소상해가 와서 뭐라고 하던가요.

답 왜 내 딸을 건드렸냐고 하면서 따지기에 영문을 몰라서 그런 적이 없다 고 얘기해 주었습니다.

[상습특수절도]

문 피의자는 2018. 6. 23. 01:00경 서울 성동구 자동차시장길 58에 있는 얼큰 순대집에 들어가서 현금을 절취한 사실이 있지요.

답 그런 사실 없습니다.

문 피해자는 피의자의 얼굴을 확인하고 피의자가 범인이 맞다고 하는데요.

답 그 분은 절 언제 봤다고 그렇게 말하는지 모르겠네요. 절도 전과가 좀 있 다고 이런 식으로 뒤집어씌우지 마십시오.

이때 CCTV 사진 10매(첨부 생략)를 제시하며

문   얼큰순대집 후문에 설치된 CCTV에 촬영된 사진인데 사진 속 인물이 피의
     자가 맞지요.

답   (한숨을 푹 내쉬며) 다 끝난 일인 줄 알았는데.. 맞습니다.

문   그 경위를 구체적으로 진술하세요.

답   2018. 6. 23. 01:00경 얼큰순대집 앞에 이르러서 그 부근에 있는 벽돌로 후
     문 유리창을 깨뜨린 다음에 손을 집어넣어 문고리를 열고 안으로 들어가
     서 계산대 서랍 안에 있는 현금 100만 원을 가지고 나왔습니다.

문   어떻게 얼큰순대집을 범행대상으로 삼게 되었나요.

답   사실은 제가 먼저 그렇게 마음을 먹은 것이 아니고 제 친구인 이을남이
     "얼큰순대집은 내가 잘 아는 단골집인데, 순대집 할머니가 현금장사를 해
     서 계산대에 현금이 많다. 같이 한 번 털자."고 범행을 제안해서 당시에
     돈이 좀 궁하던 차에 그 제안에 넘어가 버리고 말았습니다. 제가 현금을
     가지고 나올 때 이을남은 순대집 정문 앞에서 계속 망을 보고 있었습니다.

문   현금 100만 원은 어떻게 하였나요.

답   이을남과 50만 원씩 나눠서 다 써버렸습니다.

[명예훼손]

문   피의자는 이을남에 대한 허위사실을 기재한 유인물을 행당아파트 주민들
     에게 배포한 사실이 있지요.

답   유인물을 배포한 것은 맞지만 허위사실이 아닙니다.

문   유인물을 배포한 경위를 진술하세요.

답   예. 저는 2020. 2.경부터 행당아파트 재건축주택조합의 대의원 겸 총무로
     일하고 있습니다. 그 무렵 재건축주택조합에서는 재건축사업의 시공사로
     여러 건설회사 중에서 가장 좋은 조건을 제시한 정직건설을 선정하였습니
     다. 그런데 이을남은 자신의 매형이 운영하는 부정건설이 선정되지 않았다
     는 이유로 불만을 품고 관할 구청에 재건축주택조합 대의원들이 정직건설
     로부터 정기적으로 뒷돈을 받고 있다는 허위 민원을 반복적으로 제출하였
     습니다. 이을남의 이러한 행동을 방치할 경우 그러한 민원 내용이 기정사
     실인양 주민들한테 알려져서 혼란이 일어나고 관할 구청도 재건축사업의
     추진과정에서 비리가 있는 것으로 오해할 우려가 대단히 컸습니다. 그래서
     재건축주택조합 대의원들은 2020. 3.경 대의원회의를 열어서 대책을 논의

한 끝에 이을남의 위와 같은 허위 민원 제기를 있는 그대로 주민들한테 알려서 혼란을 막고 재건축사업의 추진에 대한 협조를 얻기로 의결을 하였습니다. 제가 대의원 겸 총무로서 위와 같은 내용을 가장 잘 알고 있어서 유인물을 100부 작성하여 배포한 것입니다.

문   유인물을 배포한 일시와 장소를 진술하세요.

답   2020. 3. 25. 14:00경 서울 성동구 행당로 25 행당상가 앞길에서 주민들 100명에게 배포하였습니다.

문   이을남은 재건축주택조합 대의원들이 정직건설로부터 매월 뒷돈으로 100만 원을 받아왔고 지금도 받고 있다고 진술하는데 어떠한가요.

답   터무니없는 거짓말입니다. 그게 아니라 매형이 운영하는 부정건설이 시공사로 선정되지 않자 억지를 쓰는 것입니다. 이을남이 매형한테서 시공사로 선정될 수 있도록 힘 좀 써달라며 활동비 명목으로 용돈을 많이 받아온 것으로 알고 있습니다.

문   박병서도 재건축주택조합 대의원들이 정직건설로부터 매월 뒷돈으로 100만 원을 받았다고 진술하였다는데 박병서의 말이 사실이 아닌가요.

답   근거 없는 이야기이고, 박병서가 그렇게 말했는지 저는 모릅니다.

문   이상의 진술내용에 대하여 이의나 의견이 있는가요.

답   **없습니다.**

위의 조서를 진술자에게 열람하게 하였던바, 진술한 대로 오기나 증감·변경할 것이 전혀 없다고 하므로 간인한 후 서명무인하게 하다.

진술자 **김 갑 동** (무인)

2020.   4.   15.

서울성동경찰서

사법경찰관   경위 **정 의 로** ㉑

사법경찰리   경사 **강 철 중** ㉑

서 울 성 동 경 찰 서

2020. 4. 17.

수신 : 경찰서장

제목 : 수사보고(자인서징구)

피의자 김갑동의 진술에 따라 금일 절도 범행의 공범으로 피의자 이을남을 우리 경찰서 형사1팀 사무실에 출석하게 한 다음, 자인서를 징구하였기에 이를 보고합니다.

첨부 : 피의자 이을남 작성 자인서. 끝.

사법경찰리 강철중 ㉑

자 인 서
저는 2018. 6.경 제가 운영하던 을남당구장의 영업이 너무 안 돼서
대출금도 갚을 수 없는 형편이었습니다. 그래서 친구인 김갑동을 만나
얘기를 하다가 제가 다니던 단골집인 '얼큰순대집'을 함께 터는 게
어떻겠냐고 제안을 했습니다. 그랬더니 김갑동도 좋다고 하여 범행을
결심하고, 김갑동이 순대집 안으로 들어가서 물건을 훔쳐올 때 저는
밖에서 망을 봐주기로 하였습니다.
2018. 6. 23. 01:00경 '얼큰순대집'에 이르러서 저는 망을 봤고 김갑동
은 순대집 안으로 들어가더니 100만 원을 가지고 나왔습니다. 돈은
나눠서 다 썼습니다. 생활이 어려워서 실수를 하게 되었습니다.
깊이 반성하고 있습니다. 판사님, 검사님. 부디 선처해 주세요.
2020. 4. 17.
진술인 : 이을남 ㉑

피의자신문조서

피의자 이을남에 대한 특수절도 피의사건에 관하여 2020. 4. 17. 서울성동경찰서 형사1팀 사무실에서 사법경찰관 경위 정의로는 사법경찰리 경사 강철중을 참여하게 하고, 아래와 같이 피의자임에 틀림없음을 확인하다.

문   피의자의 성명, 주민등록번호, 직업, 주거, 등록기준지 등을 말하십시오.
답   성명은 이을남(李乙男)
       주민등록번호, 직업, 주거, 등록기준지, 직장주소, 연락처 (각 생략)

사법경찰관은 피의사건의 요지를 설명하고 사법경찰관의 신문에 대하여 「형사소송법」 제244조의3에 따라 진술을 거부할 수 있는 권리 및 변호인의 참여 등 조력을 받을 권리가 있음을 피의자에게 알려주고 이를 행사할 것인지 그 의사를 확인하다.

[진술거부권과 변호인 조력권 고지하고 변호인 참여 없이 진술하기로 함 (생략)]
이에 사법경찰관은 피의사실에 관하여 다음과 같이 피의자를 신문하다.
[피의자의 범죄전력, 경력, 학력, 가족·재산 관계 등 (생략)]

문   피의자는 남의 물건을 훔친 사실이 있나요.
문   제가 직접 훔친 것은 아니고 망만 봐주었습니다.
문   누구와 함께 범행을 하였나요.
답   김갑동과 함께 했습니다.
문   김갑동과는 어떠한 사이인가요.
답   당구장 영업을 하다가 알게 된 친구입니다.
문   절도범행을 한 일시와 장소를 진술하시오.
답   2018. 6. 23. 01:00경 서울 성동구 자동차시장길 58에 있는 얼큰순대집에서 입니다.
문   그 경위를 진술하시오.
답   2018. 6.경 제가 운영하던 을남당구장의 영업이 너무 안 돼서 은행 대출금을 갚을 수 없는 상황이 되었습니다. 그래서 당구장의 단골손님이자 친구인 김갑동을 만나서 "돈 나올 데는 없고 큰일이다." 라고 하면서 신세한탄을 하다가 김갑동이 예전에 "뭐든지 터는 데는 일가견이 있다." 라고 자랑삼아 얘기하던 게 떠올라서 김갑동한테 "얼큰순대집은 내가 잘 아는 단골집인데, 순대집 할머니가 현금장사를 해서 계산대에 현금을 많이 쌓아두고 있다. 같이 한 번 털자."라고 제의를 했습니다. 김갑동이 그 얘기를 듣더니 자신도 요새 좀 궁하던 차에 잘 됐다라고 하면서 흔쾌히 수락을 했습니다. 그래서 김갑동이 순대집 안으로 들어가서 물건을 가지고 나올 때 저는 망을 보기로 하고 김갑동과 함께 2018. 6. 23. 01:00경 얼큰순대집에 이르러서 저는 얼큰순대집 정문 입구에서 왔다 갔다 하면서 망을 보았고, 김갑동은 돌 같은 것으로 후문 유리창을 깨고 안으로 들어갔습니다. 잠시 후 김갑동이 "돈도 별로 없구만" 하면서 투덜거리면서 밖으로 나와서 함께 도망갔습니다. 나중에 보니 김갑동이 호주머니에서 꺼낸 돈은 100만 원밖에 안 되었고, 둘이 절반씩 나눠가졌습니다.

문　50만 원은 어떻게 하였나요.
답　범행 직후에 다 써버렸습니다.
문　이상의 진술내용에 대하여 이의나 의견이 있는가요.
답　**없습니다.**

위의 조서를 진술자에게 열람하게 하였던바, 진술한 대로 오기나 증감·변경할 것이 전혀 없다고 하므로 간인한 후 서명무인하게 하다.

진술자 **이 을 남** (무인)

2020.　4.　17.

서울성동경찰서
사법경찰관　경위　**정 의 로** ㉑
사법경찰리　경사　**강 철 중** ㉑

고 발 장

접수일자	2020. 4. 20.
접수번호	제3718호
접수관서	성동경찰서

주식회사 우리은행 성동지점 지점장 공수표 (인)

서울성동경찰서장 귀하

부정수표단속법 제7조에 의하여 아래와 같이 고발합니다.

1. 피고발인 - 이을남(이하 인적사항 생략)

2. 고발사유 - 예금부족 등

3. 수표의 표시

수표번호	아가01212121	아가01212122
금 액	오백만 원	삼백만 원
발행일자	2020. 4. 1.	2020. 4. 2.
지급은행	우리은행 성동지점	우리은행 성동지점
제시일자	2020. 4. 11.	2020. 4. 12.
제시방법	창구 제시	창구 제시
제 시 자	박병서	김갑동

4. 첨부 수표사본 2매

가 계 수 표

지급지   서울시   *아가* 01212121

주식회사   우리은행   앞   500만 원 이하

금   오백만 원   ₩ 5,000,000

이 수표의 금액을 _____왕다마_____ 에게 지급하여 주십시오.

> 위 수표는 **예금부족** (으)로 지급에 응할 수 없음
> 2020. 4. 11.
> **(주)우리은행 성동지점장 은행원** ㉑

발행지   서울특별시   <u>2020년 4월 1일</u>

주민등록번호 (생략)   발행인 이을남 (날인 생략)

가 계 수 표

지급지   서울시   *아가* 01212122

주식회사   우리은행   앞   300만 원 이하

금   삼백만 원   ₩ 3,000,000

이 수표의 금액을_____소지인_____ 에게 지급하여 주십시오.

> 위 수표는 **거래정지** (으)로 지급에 응할 수 없음
> 2020. 4. 12.
> **(주)우리은행 성동지점장 은행원** ㉑

발행지   서울특별시   <u>2020년 4월 2일</u>

주민등록번호 (생략)   발행인 이을남 (날인 생략)

압 수 조 서

피의자 이을남에 대한 도로교통법위반(음주운전) 피의사건에 관하여 2020년 4월 23일 22시30분경 서울 강남구 도산대로 870에 있는 신비병원 내 응급실에서 성동경찰서 형사1팀 사법경찰관 경위 정의로는 사법경찰리 경사 강철중을 참여하게 하고 별지 목록의 물건을 다음과 같이 압수하다.

압 수 경 위

피의자가 2020. 4. 23. 21:30경 서울성동자5098호 혼다125 오토바이를 운전하여 가다가 앞서가는 산타페 차량(서울 98두8930)의 뒷부분을 들이받는 교통사고를 야기한 후 의식을 잃은 채 사고장소로부터 5km 떨어진 신비병원 응급실로 후송되어 피의자의 딸인 이차순의 동의를 받아 간호사로 하여금 피의자한테서 채취하도록 한 혈액 100cc를 형사소송법 제216조 제3항에 따라 영장 없이 압수하다.

참여인	성 명	주민등록번호	주 소	서명 또는 날인
	이차순	(생략)	(생략)	(생략)

2020년 4월 23일

서 울 성 동 경 찰 서

사법경찰관 경위 **정 의 로** ㉑

사법경찰리 경사 **강 철 중** ㉑

압 수 목 록

번호	품 종	수량	피압수자 주거·성명				소 유 자 주 거·성 명	비고
			1 유류자	2 보관자	(3) 소지자	(4) 소유자		
1	혈액	100cc	(주거 생략) 이을남				(주거 생략) 이을남	

주취운전자 적발보고서 No. 2020-9-1119-00001		결재	계장	과장	서장

주취 운전 측정	일시	2020. 4. 23. 22:30	위반유형		
	장소	신비병원 응급실내	☐ 단순음주		■ 음주사고
	방법	☐ 음주측정기(기기번호 303)			■ 채혈검사
	결과	혈중알콜농도 : 영 점 일 칠 팔 (0.178%)			

최종음 주일시 장소	일시	2020. 4. 23. 21:00	음주 20분 경과 후 측정여부	경과
	장소	서울 성동구 자동차시장길 278 왔다횟집		

구강청정제사용 여부		입헹굼 여부	

주취 운전자	주소	(생략)		전화	(생략)
	성명	이을남	주민등록번호	(생략)	
	차량번호	서울성동자 5098호	면허번호	(생략)	차종	승용, 승합, 특수, 건설기계, (이륜)

참고인	주소			
	성명		전화	

단속자	소속	서울성동경찰서		
	계급	경사	성명	강철중

인수자	소속		계급		성명	

본인은 위 기재내용이 사실과 틀림없음을 확인하고 서명무인함.

운전자   성명 **이을남** (무인)

확인결재	위와 같이 주취운전자를 적발하였기에 보고합니다.
일시	2020. 4. 27.
확인자	보고자 성명 *강철중* (인)
결재	서울성동경찰서장 귀하

피의자신문조서(제2회)

　피의자 이을남에 대한 부정수표단속법위반 등 피의사건에 관하여 2020. 4. 27. 서울성동경찰서 형사1팀 사무실에서 사법경찰관 경위 정의로는 사법경찰리 경사 강철중을 참여하게 하고, 피의자에 대하여 다시 아래의 권리들이 있음을 알려주고 이를 행사할 것인지 그 의사를 확인하다.

[진술거부권과 변호인 조력권 고지하고 변호인 참여 없이 진술하기로 함 (생략)]
이에 사법경찰관은 피의사실에 관하여 다음과 같이 피의자를 신문하다.

[부정수표단속법위반 관련]

문　피의자가 발행한 수표가 부도 난 사실이 있지요.

답　예. 5백만원권 수표번호 아가01212121 수표는 제가 발행한 것이 맞지만, 3백만원권 수표번호 아가01212122 수표는 제가 발행한 것이 아닙니다. 발행인과 액면금, 수취인란의 필적이 제 것이 아닙니다.

문　그럼 3백만원권 수표는 누가 발행하였다는 것인가요.

답　저도 잘 모르겠습니다. 제가 사용하는 가계수표 용지인 것으로 봐서 제가 운영하는 을남당구장에서 종업원으로 일하는 위조일이 의심스럽습니다. 수취인란에도 제가 알지 못하는 '소지인'이라는 사람의 이름이 기재되어 있습니다.

문　5백만원권 수표의 발행 경위는 어떠한가요.

답　2020. 1. 1. 우리은행 성동지점과 가계수표 발행 약정을 체결하였고, 2020. 4. 1. 5백만원권 수표를 발행하였습니다. 위 수표는 평소 당구장 물품 거래관계에 있던 왕다마에게 물품대금채무 변제조로 발행한 것입니다.

문　부도가 난 이유는 무엇인가요.

문　몇 년 전부터 당구장 운영이 어려워서 예금부족이 발생하였습니다.

[도로교통법위반(음주운전) 관련]

문　피의자는 술을 마시고 운전하다 교통사고를 낸 사실이 있지요.

답　예, 그렇습니다.

문　언제, 어디서 그랬는가요.

답　2020. 4. 23. 저녁에 술을 마시고 제 소유의 서울성동자5098호 혼다125

오토바이를 운전하였는데 어떻게 사고가 났는지는 기억나지 않습니다.

문   당시 술을 얼마나 마셨나요.

답   2020. 4. 23. 18:00경부터 21:00경까지 서울 성동구 자동차시장길 278에 있는
'왔다횟집'에서 식사하면서 혼자서 소주 3병을 마셨습니다.

문   피의자는 서울 서초구 서초동에 있는 교대역 사거리 앞 도로를 강남역 방향
에서 서초역 방향으로 진행하다가 적색신호에 정차한 산타페 차량의 뒷부
분을 그대로 들이받아 의식불명 상태로 신비병원 응급실에 후송된 사실을
알고 있나요.

답   기억나지 않습니다.

문   신비병원 응급실에서 피의자의 딸인 이차순의 동의를 받아 피의자의 혈액을 채취
하여 국립과학수사연구소에서 감정한 결과 혈중알콜농도가 0.178%로 나왔는데 이
를 인정하는가요.

답   예, 제가 술을 마시고 운전한 것은 틀림없으니 인정하겠습니다.

이때 피의자에게 주취운전자 적발보고서를 제시하며

문   피의자는 주취운전자 적발보고서의 내용을 읽어보고 이에 직접 서명무인하였지
요.

답   예, 그렇습니다.

문   이상의 진술내용에 대하여 이의나 의견이 있는가요.

답   **없습니다.**

위의 조서를 진술자에게 열람하게 하였던바, 진술한 대로 오기나 증감·변경할
것이 전혀 없다고 하므로 간인한 후 서명무인하게 하다.

진술자   **이 을 남** (무인)

2020.   4.   27.

서울성동경찰서

사법경찰관   경위   **정 의 로** ㊞

사법경찰리   경사   **강 철 중** ㊞

피의자신문조서

성   명: 이을남
주민등록번호: (생략)

위의 사람에 대한 특수절도 등 피의사건에 관하여 2020. 4. 30. 서울동부지방검찰청 제512호 검사실에서 검사 정이감은 검찰주사 한조사를 참여하게 한 후, 아래와 같이 피의자가 틀임없음을 확인하다.
주민등록번호, 직업, 주거, 등록기준지, 직장주소, 연락처는 각각 **(생략)**

검사는 피의사실의 요지를 설명하고 검사의 신문에 대하여 「형사소송법」 제244조의3에 따라 진술을 거부할 수 있는 권리 및 변호인의 참여 등 조력을 받을 권리가 있음을 피의자에게 알려주고 이를 행사할 것인지 그 의사를 확인하다.

[진술거부권과 변호인 조력권 고지하고 변호인 참여 없이 진술하기로 함 (생략)]
이에 검사는 피의사실에 관하여 다음과 같이 피의자를 신문하다.
[피의자의 범죄전력, 경력, 학력, 가족·재산 관계 등 (생략)]

[특수절도의 점]

문   피의자는 2018. 6. 23. 01:00경 서울 성동구 자동차시장길 58에 있는 피해자 목격해 운영의 얼큰순대집에 이르러서 김갑동이 부근에 있던 벽돌로 후문 유리창을 깨고 안으로 들어가 그곳 계산대 서랍 안에 있던 현금 100만 원을 가지고 나올 때 망을 봐준 사실이 있지요.

답   그런 사실이 없습니다.

문   그럼 2020. 6. 23. 01:00경에 얼큰순대집에 간 사실은 있나요.

답   얼큰순대집에 간 적도 없습니다. 2018. 6.경 제가 운영하던 을남당구장의 영업이 너무 안 돼서 김갑동한테 돈 좀 있으면 빌려달라고 하자, 김갑동이 "나도 요즘 어려워서 빌려줄 돈은 없다. 그러니 한 건 하는 게 어떻겠냐. 얼큰순대집은 내가 단골로 다니는 집인데, 순대집 할머니가 현금장사를 해서 계산대에 현금을 많이 쌓아두고 있다. 내가 털테니 너는 밖에서 망만 봐 달라." 라고 제의를 했습니다. 김갑동이 저한테 "순대집 밖에 서 있기만 하면 된다. 아무 것도 아니다." 라고 집요하게 설득해서 제가 그만 넘어가 버리고 말았습니다. 그래서 망을 봐주기로 했다가 제가 찾아갈 때마다 잘 해주셨던 얼큰순대집 할머니 얼굴이 계속 떠올라서 범행하기로 한 날 저녁에 김갑동한테 전화하여 "도저히 못 하겠다. 나는 빠질 테니까 다시 생각해 봐라."고 말한 후 그날 밤에 얼큰순대집에 가지 않았습니다.

문 피의자는 경찰에서 망을 본 사실을 자백해 놓고 왜 이제 와서 범행사실을 부인하는 것인가요.

답 경찰에서 허위로 자백한 것입니다.

문 경찰에서 왜 허위로 자백하였나요.

답 그때 조사경찰관이 공범인 김갑동이 당신도 가담했다고 진술하고 있고, 범행하기로 모의했으면 그건 범행한 거나 마찬가지니까 지금 자백하고 용서를 구하면 가볍게 처벌받을 수 있을 것이라고 하여 어쩔 수 없이 조사경찰관이 말하는 대로 진술하였던 것입니다. 그러나 그 때 진술한 것은 사실이 아닙니다.

[부정수표단속법위반, 도로교통법위반(음주운전)의 점]

문 위조일은 소재가 파악되지 않고 있는데, 피의자가 3백만원권 수표번호 아가01212122 수표를 발행해 놓고도 위조일한테 책임을 미루는 것이 아닌가요.

답 아닙니다.

(그 밖의 사항은 경찰 진술내용과 동일함, 신문사항 생략)

문 이상의 진술내용에 대하여 이의나 의견이 있는가요.

답 **없습니다.**

위의 조서를 진술자에게 열람하게 하였던바, 진술한 대로 오기나 증감·변경할 것이 전혀 없다고 말하므로 간인한 후 서명무인하게 하다.

진술자 **이을남** (무인)

2020. 4. 30.

서울동부지방검찰청

검   사 정이감 ㉑

검찰주사 한조사 ㉑

서 울 중 앙 지 방 법 원

판 결

> 2016.1.18.항소기간도과
> 2016.1.18. 확   정
> 서울중앙지방검찰청

사   건   2015고단38125 절도, 점유이탈물횡령

피 고 인   김갑동 (생략), 상업

　　　　　　　　주거와 등록기준지 (생략)

검   사   장은혜

변 호 인   변호사 김판무(국선)

판 결 선 고   2016. 1. 10.

> 위 등본임
> 검찰주사 한조사 ㊞

주   문

피고인을 징역 8월에 처한다.

이   유

범 죄 사 실

1. 피고인은 2015. 9. 2. 15:00경 서울 서초구 서초동 358-4 대지맨션 122호에 있는 피해자 허술해의 집에 만능열쇠로 현관문을 열고 들어가 현금 20만 원, 자기앞수표 10만 원권 10장 100만 원을 절취한 것을 비롯하여 그때부터 2015. 11. 25.까지 같은 방법으로 별지 범죄일람표 기재(별지 범죄일람표 첨부 생략)와 같이 20회에 걸쳐 해당 피해자들 소유인 물건을 절취하였다. (이하 범죄사실 생략)

증거의 요지

기재 (생략)

법령의 적용

기재 (생략)

　　　　판사　　　박정리 ＿＿＿＿＿＿＿＿＿＿＿

서 울 중 앙 지 방 법 원

판 결

2018.8.18. 항소기간도과
2018.8.18. 확 정
서울중앙지방검찰청

사 건	2018고단12452 상습특수절도
피 고 인	김갑동 (생략), 상업
	주거와 등록기준지 (생략)
검 사	백승원 (기소, 공판)
변 호 인	변호사 이종해(국선)
판 결 선 고	2018. 8. 10.

> **위 등본임**
> **검찰주사 한조사 ㉑**

주 문

피고인을 징역 1년 6월에 처한다.

이 유

범 죄 사 실

피고인은 상습으로, 2017. 10. 2. 24:00경 서울 영등포구 신길동 501 21세기마트에 이르러 최승리는 출입문 입구에서 망을 보고 피고인은 부근에 있던 벽돌로 출입문 유리창을 깨고 손을 집어넣어 문고리를 열고 안으로 들어가 주인장 소유인 시가 100만 원 상당의 노트북 1대와 현금 500만 원을 절취한 것을 비롯하여 2018. 5. 21.까지 별지 범죄일람표 기재(별지 범죄일람표 첨부 생략)와 같이 7회에 걸쳐 해당 피해자들 소유인 물건을 절취하였다.

증거의 요지

기재 (생략)

법령의 적용

기재 (생략)

판사 방소단 _____

기타 법원에 제출되어 있는 증거들

※ 편의상 다음 증거서류의 내용을 생략하였으나, 법원에 증거로 적법하게 제출 되어 있음을 유의하여 검토할 것.

○ 감정인 정확해 작성의 감정서

수표번호 아가01212122, 액면금 3,000,000원의 가계수표에 기재된 발행인, 액면금 및 수취인란의 각 필적이 이을남의 필적과 동일하다는 내용임

○ 고소장(소상해)

소상해에 대한 경찰 진술조서의 기재와 같음

○ 영상녹화물(증 제1호)

피해자 여아동이 조사경찰관에게 진술한 내용이 녹화되어 있음

○ CCTV 사진(10장)

얼큰순대집 후문으로 들어왔다가 나가는 절도범의 모습이 찍힌 CCTV 사진

○ 진술조서(이을남)

김갑동을 명예훼손으로 고소한 후 작성된 피해자 진술조서(고소장 기재와 같은 내용이며 조사과정에서 유인물과 보이스펜을 제출하였음)

○ 유인물

김갑동이 작성하여 배포한 유인물 1장

○ 국립과학수사연구소 작성의 감정의뢰회보

이을남의 혈액 중 10cc를 감정한 결과 혈중알콜농도가 0.178%임

○ 보이스펜(증 제2호)

이을남이 재건축주택조합 대의원인 박병서와 대화 중 박병서가 "사실은 대의 원들이 재건축사업의 시공사가 선정되기 전부터 정직건설로부터 매월 뒷돈으로 100만 원을 받아왔고 지금도 받고 있다."라고 진술한 부분을 녹음한 내용임

○ 혈액 90cc(증 제5호)

국립과학수사연구소에서 감정하는 데 소비한 혈액 10cc를 제외하고 남은 혈액

○ 피고인들에 대한 각 조회회보서

김갑동은 2016. 1. 10. 서울중앙지방법원에서 절도죄 등으로 징역 8월(확정), 2018. 8. 10. 같은 법원에서 상습절도죄로 징역 1년 6월(확정)로 처벌받은 전력 있 고, 이을남은 전과 없음

○ 통신사실확인자료

2018. 6. 22. 20:00경 이을남이 김갑동에게 전화한 사실에 관한 확인자료

○ 검사 작성의 피의자 김갑동에 대한 피의자신문조서(2020. 4. 30.)

경찰에서 한 진술과 동일한 내용임

모의기록 2 검토의견서와 변론요지서

I. 피고인 김갑동에 대한 검토의견서

1. 상습특수절도의 점

가. 상습범과 포괄일죄

[판결등본(2018고단12452), 피고인에 대한 조회회보서의 각 기재에 의하면] 피고인은 2018. 8. 10. 서울중앙지방법원에서 "상습으로, 2017. 10. 2. 24:00경 서울 영등포구 신길동 501 21세기마트에 이르러 최승리는 출입문 입구에서 망을 보고 피고인은 부근에 있던 벽돌로 출입문 유리창을 깨고 손을 집어넣어 문고리를 열고 안으로 들어가 주인장 소유인 시가 100만 원 상당의 노트북 1대와 현금 500만 원을 절취한 것을 비롯하여 2018. 5. 21.까지 7회에 걸쳐 해당 피해자들 소유인 물건을 절취하였다."는 범죄사실로 징역 1년 6월을 선고받고 2018. 8. 18. 위 판결이 확정된 점, 그 밖에도 1회의 동종 전과가 있는 점, 확정된 판결의 범행수단과 방법이 이 사건 공소사실과 거의 동일한 점 등에 비추어 볼 때 이 사건 공소사실과 판결이 확정된 범죄사실은 모두 피고인의 절도습벽이 발현되어 저질러진 것이므로, 이 사건 공소사실과 판결이 확정된 범죄사실은 실체법상 포괄일죄의 관계에 있습니다.

나. 상습범과 기판력이 미치는 범위

상습범으로서 포괄적 일죄의 관계에 있는 여러 개의 범죄사실 중 일부에 대하여 판결이 확정된 경우에, 그 확정된 판결의 사실심판결 선고 전에 저질러진 나머지 범죄에 대하여 새로이 공소가 제기되었다면 그 새로운 공소는 확정된 판결이 있었던 사건과 동일한 사건에 대하여 다시 제기된 데 해당합니다. 다만, 이

때 확정된 판결에서 당해 피고인이 상습범으로 기소되어 처단되었을 것을 필요로 합니다.

피고인에 대한 상습절도의 판결이 확정되었고, 이 사건 공소사실은 2018. 6. 23. 발생한 것으로 확정판결의 1심 판결선고 전의 범행이므로, 피고인에 대하여 위와 같이 확정된 판결의 기판력(일사부재리 효력)이 미친다고 보아야 합니다.

다. 결 론

그렇다면 이 사건 공소사실은 확정판결이 있는 때에 해당하므로 형사소송법 제326조 제1호에 따라 면소판결을 하여야 합니다.

2. 성폭법위반(13세미만미성년자강제추행)의 점

가. 피고인의 주장

피고인은 피해자를 강제추행한 적이 없다고 공소사실을 부인하고 있습니다.

나. 증거능력이 없는 증거

1) 소상해의 증언 중 전문진술

소상해는 법정에서 "피해자가 '갑동이 아저씨가 쉬 닦아준다고 잠지(음부)를 손으로 막 만졌는데 그래서 더러워졌다.'고 말하였습니다."라고 진술하였는데, 이 진술은 피고인이 아닌 자(소상해)의 진술이 피고인 아닌 타인(피해자)의 진술을 내용으로 하는 것입니다.[1] 따라서 원진술자가 사망, 질병, 외국거주, 소재불명 그 밖에 이에 준하는 사유로 인하여 진술할 수 없고, 그 진술이 특히 신빙할 수 있는 상태하에서 행하여졌음이 증명된 때에 한하여 이를 증거로 할 수 있습니다(형사소송법 제316조 제2항). 그러나 피해자가 피고인과 대면하기 싫다고 하여 법정에 나오지 않았다는 사실만으로는 원진술자의 진술불능 사유에 해당한다고 볼 수 없으므로, 소상해의 위 진술은 증거능력이 없습니다.

2) 피해자에 대한 경찰 진술조서

피고인이 위 진술조서를 증거로 함에 동의하지 않았고 피해자가 피고인과의

---

[1] 피고인이 일관되게 강제추행을 한 적이 없다고 다툰 점, 이에 따라 소상해에 대한 경찰 진술조서, 소상해 작성의 고소장에 대하여 증거로 함에 부동의한 점 등에 비추어 볼 때 피고인이 소상해의 법정증언을 증거로 하는 데에 동의하였다고 볼 수 없다(대법원 2019. 11. 14. 선고 2019도11552 판결 참조).

대면을 거부하여 공판기일에 출석하지 아니한 이상 형사소송법 제312조 제4항에서 정하는 실질적 진정성립의 요건을 갖추지 못하였고, 같은 법 제314조의 원진술자의 진술불능 요건도 충족하지 못하여 피해자에 대한 경찰 진술조서는 증거능력이 없습니다.

3) 소상해에 대한 경찰 진술조서와 고소장 중 전문진술

소상해에 대한 경찰 진술조서와 고소장 중 소상해가 "피해자가 '갑동이 아저씨가 쉬 닦아준다고 잠지(음부)를 손으로 막 만졌는데 그래서 더러워졌다.'고 말하였습니다."라고 각 진술한 부분은 전문진술을 기재한 조서 또는 진술서에 해당하므로 피고인이 위 진술조서 등에 대하여 증거로 함에 동의하지 아니한 이상 위 각 진술부분은 형사소송법 제316조 제2항과 제312조 제4항(고소장은 제313조 제1항)의 요건을 충족하여야 증거능력이 있습니다. 그러나 소상해가 공판기일에 출석하여 위 진술조서와 고소장의 성립의 진정을 인정하기는 하였으나, 피해자가 피고인을 대면하기 싫다고 하여 법정에 출석하지 아니한 사실만으로는 원진술자인 피해자가 진술할 수 없는 때에 해당하지 아니하므로 위 각 진술부분은 증거능력이 없습니다.

다. 영상녹화물에 수록된 피해자의 진술의 증거능력과 증명력

영상녹화물에 수록된 피해자의 진술이 피해자에 대한 경찰 진술조서의 내용과 일치함을 조사과정에 동석하였던 피해자의 어머니인 소상해의 진술을 통하여 확인하였으므로 영상녹화물에 수록된 피해자의 진술은 증거능력이 있습니다(성폭법 제30조 제6항[2]).

피해자는 경찰에서 진술 당시(2020. 3. 17.)에는 만 6세 1개월 남짓 된 여자아이이었으나, 피해자가 경험한 사실은 "피고인이 피해자의 음부를 오른손으로 만졌다."는 비교적 단순한 것으로서 피해자 연령 정도의 유아라고 하더라도 별다른 사정이 없는 한 이를 알고 그 내용을 표현할 수 있는 범위 내의 것일 뿐만 아니라, 그 진술도 그 연령의 유아 수준의 표현이라고 보이며, (소상해에 대한 경찰 진술조서의 진술기재에 의하면) 피해자는 또래보다 신체적으로 성숙하고 한글도 일찍 배워서 자신이 경험하는 일들을 정확하게 표현하는 능력이 있는 등 피해자의 진술내용과 진술태도, 표현방식 등을 종합해 보면, 피해자는 경찰 진술 당시 증언능력

---

2) 아동 · 청소년의 성보호에 관한 법률 제26조 제6항도 같은 취지이다.

에 준하는 능력을 갖추었던 것으로 볼 수 있고,3) 나아가 피해사실을 구체적으로 진술하고 있을 뿐만 아니라 평소에 피고인과 친하게 지낸 이상 피고인이 하지 아니한 일을 꾸며내서 진술할 이유가 전혀 없으므로,4) 피해자 진술의 신빙성도 인정됩니다.5)

라. 결 론

영상녹화물에 수록된 피해자의 진술에 의하면 이 사건 공소사실은 유죄로 판단됩니다.

3. 명예훼손의 점

가. 피고인의 주장

피고인은 공소사실의 사실관계는 인정하지만 진실한 사실로서 오로지 공공의 이익을 위하여 유인물을 배포하였다고 주장하고 있습니다.

나. 허위사실 적시 명예훼손에 해당하는지 여부

1) 이을남의 법정진술

공범이 아닌 공동피고인은 피고인에 대한 관계에서는 증인의 지위에 있음에 불과하므로 그 공동피고인이 공판기일에서 선서 없이 피고인으로서 한 진술을 피고인에 대한 공소사실을 인정하는 증거로 쓸 수 없습니다.6) 따라서 이을남이 피고인신문에서 한 법정진술은 증거능력이 없습니다.

2) 고소장과 이을남에 대한 경찰 진술조서

공범이 아닌 공동피고인의 경찰진술은 제3자의 진술과 다를 바 없으므로, 공동피고인이 피고인의 지위에서 진정성립을 인정하더라도 당해 피고인이 증거로

---

3) 대법원 2006. 4. 14. 선고 2005도9561 판결.
4) 피해자가 2020. 3. 10. 피고인의 집을 갔다 온 이후 음부를 문지르거나 긁는 일이 많고 피고인뿐만 아니라 낯선 남자를 피하는 행동을 하는 것(소상해에 대한 경찰 진술조서)도 진술의 신빙성을 뒷받침하는 근거로 제시할 수 있다.
5) 피고인은 "여아동이 오줌을 누다가 팬티에 오줌이 묻었다며 피고인한테 닦아달라고 해서 피고인이 팬티에 묻은 오줌을 물티슈로 직접 닦아주었다."고 주장하고 있으나, 여아동이 성인남성인 피고인한테 팬티에 오줌이 묻었다고 닦아달라고 요청한다는 것은 6세인 여자아이가 일반적으로 취하는 행동으로 볼 수 없다는 점에서 이 주장은 사회통념에 반하여 받아들일 수 없다.
6) 대법원 1979. 3. 27. 선고 78도1031 판결.

함에 동의하지 않는 한 공동피고인을 증인으로 신문하여 진정성립이 증명된 경우에 한하여 증거능력이 있습니다.[7]

피고인은 고소장과 경찰 진술조서(이하 '고소장 등')에 대하여 증거로 함에 동의하지 않았는데, 이을남은 피고인의 지위에서 고소장 등의 진정성립을 인정하였을 뿐 형사소송법 제312조 제4항에 따라 증인으로 고소장 등의 진정성립을 인정한 것이 아니고 영상녹화물 기타 객관적 방법에 의한 증명도 없으므로, 고소장 등은 증거능력이 없습니다. 더욱이 고소장 등에서 이을남이 박병서한테서 "행당아파트 재건축주택조합 대의원들이 정직건설로부터 매월 뒷돈을 받아왔다."라고 들었다고 진술하는 부분은 전문진술이 기재된 조서에 해당하나, 원진술자인 박병서가 공판정에서 진술할 수 없는 사유가 있는 것이 아니므로 위 진술 부분은 이러한 점에서도 증거능력이 없습니다.

3) 보이스펜의 진술녹음

가) 위법수집증거 해당 여부

2인 간의 대화에서 그 중 한 사람이 그 대화를 녹음하는 경우에 상대방의 발언은 그 녹음자에 대한 관계에서 '타인 간의 대화'라고 할 수 없으므로, 이와 같은 녹음행위는 통신비밀보호법 제3조 제1항에 위배된다고 볼 수 없습니다.[8]

따라서 대화당사자 중 한 사람인 이을남의 녹음행위는 통신비밀보호법 3조 1항에 위배되지 아니하므로, 보이스펜에서 박병서의 진술이 녹음된 부분이 위법수집증거에 해당하지는 않습니다.

나) 전문법칙상 증거능력 인정 여부

피고인은 보이스펜을 증거로 함에 동의하지 아니하였고 보이스펜에 녹음된 피고인 아닌 자의 진술 내용은 실질적으로 형사소송법 제311조, 제312조의 규정 이외에 피고인 아닌 자의 진술을 기재한 서류와 다름없으므로, 보이스펜에 녹음된 피고인 아닌 자의 진술 내용을 증거로 사용하기 위해서는 형사소송법 제313조 제1항 본문에 따라 공판기일 등에서 원진술자의 진술에 의하여 그 성립의 진정함이 증명되어야 합니다.

박병서의 진술이 녹음된 보이스펜은 원진술자인 박병서가 법정에 출석하여 성립의 진정을 인정한 바 없으므로 보이스펜에 녹음된 박병서의 진술은 증거능력

---

7) 대법원 2006. 1. 12. 선고 2005도7601 판결.
8) 대법원 2006. 10. 12. 선고 2006도4981 판결.

이 없습니다.

4) 축소사실의 인정

달리 적시한 사실이 허위임을 인정할 증거가 없습니다.[9] 그런데 형법 307조 2항의 허위사실 적시에 의한 명예훼손의 공소사실 중에는 같은 조 1항의 사실 적시에 의한 명예훼손의 공소사실이 포함되어 있고,[10] 피고인이 유인물을 배포한 사실은 인정하고 있어 피고인의 방어권 행사에 실질적 불이익을 초래할 염려가 없으므로, 법원은 공소장변경절차 없이 직권으로 사실 적시에 의한 명예훼손죄를 인정할 수 있습니다. 이때 사실 적시에 의한 명예훼손 행위가 진실한 사실로서 오로지 공공의 이익에 관한 때에는 위법성이 조각됩니다(형법 제310조).

다. 오로지 공공의 이익을 위한 행위인지 여부

1) 오로지 공공의 이익에 관한 때의 의미와 판단기준

형법 제310조에서 '오로지 공공의 이익에 관한 때'라 함은 적시된 사실이 객관적으로 볼 때 공공의 이익에 관한 것으로서 행위자도 공공의 이익을 위하여 그 사실을 적시한 것이어야 하고, 이 경우에 적시된 사실이 공공의 이익에 관한 것인지 여부는 당해 적시 사실의 구체적인 내용, 당해 사실의 공표가 이루어진 상대방의 범위, 그 표현의 방법 등 그 표현 자체에 관한 제반 사정을 감안함과 동시에 그 표현에 의하여 훼손되거나 훼손될 수 있는 명예의 침해 정도 등을 비교·고려하여 결정하여야 합니다.[11]

2) 유인물을 제작·배포한 동기

박병서 작성의 대의원회의록, 박병서 작성의 진술서의 각 기재에 의하면,[12]

---

9) "사실 적시 명예훼손의 점에 대한 법원의 심판의무가 인정되는 것은 아니므로(대법원 1997. 2. 14. 선고 96도2234 판결) 허위사실 적시 명예훼손의 점에 대하여 형사소송법 325조 후단에 의한 무죄 판결을 하여야 한다."라고 검토하는 것도 가능하다.

10) 대법원 2008. 10. 9. 선고 2007도1220 판결.

11) 대법원 1996. 10. 25. 선고 95도1473 판결.

12) 공연히 사실을 적시하여 사람의 명예를 훼손한 행위가 형법 제310조의 규정에 따라서 위법성이 조각되어 처벌대상이 되지 않기 위하여는 그것이 진실한 사실로서 오로지 공공의 이익에 관한 때에 해당된다는 점을 행위자가 증명하여야 하는 것이나, 그 증명은 유죄의 인정에 있어 요구되는 것과 같이 법관으로 하여금 의심할 여지가 없을 정도의 확신을 가지게 하는 증명력을 가진 엄격한 증거에 의하여야 하는 것은 아니므로, 이 때에는 전문증거에 대한 증거능력의 제한을 규정한 형사소송법 제310조의2는 적용될 여지가 없다(대법원 1996. 10. 25. 선고 95도1473 판결). 따라서 검사가 박병서 작성의 대의원회의록, 박병서 작성의 진술서에 대하여 증거로 함에 부동의를 하여 위 각 증거가 전문증거로서 증거능력이 없다고 하더라도 배포된 유인물이 진실한 사실로서 오로지 공공의 이익에 관한 내용이라는 점을 증명하는 자료로 쓸 수 있다.

이을남은 행당아파트 재건축주택주합 대의원들이 재건축사업의 시공사인 정직건설로부터 매월 100만 원의 뒷돈을 받고 있다고 관할 구청에 반복적으로 허위 민원을 제기하였고, 이에 피고인을 비롯한 위 대의원들은 이을남의 반복적인 허위 민원제기로 인하여 재건축사업 추진에 차질이 생기는 것을 막고 주민들에게 이을남의 허위 민원제기를 솔직히 알려서 재건축사업에 대한 적극적인 협조를 구할 필요가 있다고 의결하였습니다. 피고인은 대의원 겸 총무로서 대의원들의 의결에 따라 유인물 100부를 주민들에게 배포하였을 뿐입니다.

따라서 피고인이 유인물을 제작·배포한 주요한 동기는 이을남의 재건축사업 방해행위를 주민들에게 알려서 주민들의 동요를 막고 재건축사업을 안정적으로 추진하기 위한 것이므로, 이는 위 조합과 주민들 모두의 이익을 위한 것으로서 '오로지 공공의 이익에 관한 때'에 해당합니다.

라. 결 론

그렇다면 피고인의 행위는 형법 제310조의 위법성조각사유에 해당하여 범죄로 되지 않으므로, 명예훼손의 점은 형사소송법 제325조 전단에 의한 무죄판결의 대상입니다.

II. 피고인 이을남에 대한 변론요지서

1. 특수절도의 점

가. 피고인의 주장

피고인은 망을 보기로 하였지만 죄책감을 느끼고 김갑동에게 범행을 그만두겠다고 말한 후 범행장소로 가지 않았다고 주장합니다.

나. 증거능력 없는 증거

1) 피고인 작성의 자인서

피의자의 진술을 기재한 서류 또는 문서가 수사기관에서의 조사 과정에서 작성된 것이라면, 그것이 '진술조서, 진술서, 자술서'라는 형식을 취하였다고 하더라도 피의자신문조서와 달리 볼 수 없고, 조사대상자의 진술 내용이 단순히 제3자의 범죄에 관한 경우가 아니라 자신과 제3자에게 공동으로 관련된 범죄에 관한 것이거나 제3자의 피의사실뿐만 아니라 자신의 피의사실에 관한 것이기도 하여 실질이 피의자신문조서의 성격을 가지는 경우에 수사기관은 진술을 듣기 전에 미리 진술거부권을 고지하여야 합니다.[13]

피고인 작성의 자인서는 피의자의 지위에서 진술거부권이 고지되지 아니한 채 작성된 것이므로 위법수집증거에 해당하여 증거능력이 없습니다.[14]

2) 피고인에 대한 경찰 피의자신문조서

피고인이 제1회 공판기일에서 내용을 부인하였으므로 형사소송법 제312조 제3항에 따라 증거능력이 없습니다.

3) 김갑동에 대한 경찰 피의자신문조서

피고인이 제1회 공판기일에서 그 내용을 부인하는 취지로 증거에 부동의하였으므로 형사소송법 제312조 제3항에 따라 증거능력이 없습니다.

다. 증명력 없는 증거

1) 김갑동의 진술을 내용으로 하는 증거

김갑동은 피고인이 범행을 먼저 제의하였으며 실제로 망을 보았다고 진술하고 있으나, 위 진술은 아래와 같은 이유로 믿을 수 없습니다.

첫째, 김갑동은 자신이 얼큰순대집에서 현금을 가지고 나온 이후의 상황에관하여 검찰에서는 피고인이 얼큰순대집 정문 앞에서 계속 망을 보고 있었다고 진술하였으나,[15] 법정에서는 피고인이 바깥에서 망을 보다가 인기척이 나니까 도망

---

13) 대법원 2015. 10. 29. 선고 2014도5939 판결.

14) "피고인이 제1회 공판기일에서 내용을 부인하였으므로 형사소송법 제312조 제5항, 제3항에 따라 증거능력이 없다."라고 검토할 수도 있다.

15) 개정 형사소송법(법률 제16924호) 중 2022. 1. 1.부터 시행되는 제312조 제1항에 의하면 검사가 작성한 피의자신문조서는 적법한 절차와 방식에 따라 작성된 것으로서 공판준비, 공판기일에 그 피의자였던 피고인 또는 변호인이 그 내용을 인정할 때에 한정하여 증거로 할 수 있고, 이와 같이 검찰 피의자신문조서의 증거능력이 경찰 피의자신문조서의 증거능력과 동일하게 규율된 이상 공범에 대한 경찰 피의자신문조서는 당해 피고인이 내용을 인정하여야만 증거능력이 있다는 법리도 동일하게 검찰 피의자신문조서에 적용될 것으로 보인다. 만일 김갑동에 대한 검찰 피의자신문조서가 2022. 1. 1. 이후에 작성되었다면, 피고인(이을남)이 김갑동에 대한 검찰 피의자신문조서를 증거로 함에 부동의한 이상 증거능력이 없다. 하지만 증거능력이 없더라도 공판기일에서의 피고인 또는 피고인 아닌 자의 진술의 증명력을 다투기 위하여 증

갔다고 진술하고 있어 그 진술의 일관성이 없습니다.

둘째, 김갑동은 절도 범행을 하기로 한 날인 2018. 6. 22. 저녁에 피고인한테서 전화를 받은 적이 없다고 진술하고 있으나, 통신사실확인자료의 기재에 의하면, 피고인은 2018. 6. 22. 20:00경 김갑동에게 전화한 사실이 인정되므로, 김갑동의 위 진술은 객관적 사실에 반합니다.

셋째, 김갑동은 2차례의 절도전력이 있지만 피고인은 초범인 점, (목격해에 대한 제2회 진술조서에 의하면) 피해자는 김갑동이 얼큰순대집의 단골이었다고 진술하는 점 등에 비추어 볼 때 김갑동이 절도 범행을 먼저 제의하고 주도하였을 가능성이 높습니다.

넷째, 김갑동은 피고인한테서 명예훼손으로 고소를 당하였기 때문에 피고인에 대한 악감정을 가지고 있었고, 피고인에게 책임을 전가하여 자신의 죄책을 가볍게 할 만한 동기도 가지고 있었습니다. 이에 따라 김갑동은 피고인이 주범이라는 허위 진술을 하였을 가능성이 높습니다.

2) 목격해의 진술을 내용으로 하는 증거

목격해는 경찰에서 최초로 진술할 때에는 망을 보던 사람의 존재에 관하여 전혀 진술하지 아니한 점, 목격해는 사건 발생일로부터 무려 1년 10월이 지난 후에 망을 보던 사람의 존재를 진술한 이래 법정에서는 망을 보던 사람이 입었던 옷의 종류까지 진술하여 시간이 갈수록 구체적이고 명료한 진술을 하는 점 등에 비추어보면 목격해의 진술은 쉽게 믿을 수 없습니다.

설령 목격해의 진술의 신빙성을 인정한다고 하더라도, 목격해는 망을 보던 사람의 얼굴을 보지 못한 상태에서 망을 보았던 사람의 특징(키가 매우 크고, 오른 팔뚝의 용 문신)에 관하여 진술하고 있고, 피고인의 키가 190cm이고 오른 팔뚝에 용 문신이 있기는 하지만 그러한 점만으로 피고인이 당시 망을 보던 사람이라고 단정하기 부족합니다.

라. 공범관계 이탈 여부

공모공동정범에서 그 공모자 중의 1인이 다른 공모자가 실행행위에 이르기 전에 그 공모관계에서 이탈한 때에는 그 이후의 다른 공모자의 행위에 관하여 공

거로 할 수 있으므로(형사소송법 제318조의2 제1항) 김갑동의 검찰 진술을 들어서 김갑동의 전체 진술에 일관성이 없다는 점을 주장할 수 있다.

동정범으로서의 책임을 지지 않습니다.[16]

(피고인의 법정진술과 통신사실확인자료의 기재에 의하면) 피고인은 김갑동과 절도를 공모하여 망을 보기로 하였으나, 김갑동이 절도범행을 하기 전인 2018. 6. 22. 20:00경에 김갑동에게 전화하여 범행을 하지 않겠다고 말하고 얼큰순대집에 가지 아니하였으므로, 김갑동의 절도범행에 대하여 공동정범으로서 책임을 지지 아니합니다.

마. 결 론

달리 피고인의 범행가담사실을 인정할 증거가 없으므로, 특수절도의 점은 범죄의 증명이 없는 때에 해당하므로 같은 법 제325조 후단에 의하여 무죄 판결을 선고하여 주시기 바랍니다.

2. 각 부수법위반의 점

가. 피고인의 주장

아가01212121 가계수표에 대하여는 자백하고 있고, 아가01212122 가계수표에 대하여는 위 가계수표를 발행한 적이 없고, 액면금, 발행인 및 수취인란 부분의 필적이 자신의 것이 아니라고 부인하고 있습니다.[17]

나. 아가01212121 가계수표

이 사건 공소사실은 부수법 2조 2항, 1항에 해당하는 죄인데, 부수법 2조 4항에 의하면 수표를 발행하거나 작성한 자가 그 수표를 회수한 경우에는 공소를 제기할 수 없다고 규정하고 있습니다.

{가계수표(수표번호 아가01212121)의 기재와 그 현존에 의하면} 수표를 발행한 피고인이 공소제기 후 판결선고 전인 2020. 6. 7. 아가01212121 가계수표를 회수하였으므로, 이 사건 공소사실에 대하여는 형사소송법 제327조 제6호에 따라 공소

---

16) 대법원 1986. 1. 21. 선고 85도2371, 85감도347 판결.
17) 아가01212122 가계수표 사본의 액면금, 발행일 및 수취인란 부분 필적이 피고인의 필적과 다르다는 등의 사정은 증명력의 문제일 뿐 증거능력의 문제는 아니다(대법원 2015. 4. 23. 선고 2015도2275 판결).

기각 판결을 선고하여 주시기 바랍니다.

다. 아가01212122 가계수표

피고인이 수표를 발행하였으나 예금부족 또는 거래정지처분으로 지급되지 아니하게 하였다는 부수법위반의 공소사실을 증명하기 위하여 제출되는 수표는 그 서류의 존재 또는 상태 자체가 증거가 되는 것이어서 증거물인 서면에 해당하고 어떠한 사실을 직접 경험한 사람의 진술에 갈음하는 대체물이 아니므로, 증거능력은 증거물의 예에 의하여 판단하여야 하고, 이에 대하여는 형사소송법 제310조의2에서 정한 전문법칙이 적용될 여지가 없습니다. 이때 수표 원본이 아니라 전자복사기를 사용하여 복사한 사본이 증거로 제출되었고 피고인이 이를 증거로 하는 데 부동의한 경우 위 수표 사본을 증거로 사용하기 위해서는 수표 원본을 법정에 제출할 수 없거나 제출이 곤란한 사정이 있고 수표 원본이 존재하거나 존재하였으며 증거로 제출된 수표 사본이 이를 정확하게 전사한 것이라는 사실이 증명되어야 합니다.[18]

김갑동은 박병서한테서 받은 300만 원짜리 가계수표(아가01212122)가 원본이라는 점을 은행에 확인하지 않아서 모른다는 취지로 진술하고 있을 뿐,[19] 달리 위 가계수표 원본을 법정에 제출할 수 없거나 그 제출이 곤란한 사정이 있고 그 원본이 존재하거나 존재하였으며 증거로 제출된 가계수표 사본이 이를 정확하게 전사한 것인지 여부에 관한 증명이 없으므로, 수표 사본(아가01212122)은 증거능력이 없습니다.

고발장, 감정인 정확해 작성의 감정서의 각 기재만으로는 이 사건 공소사실을 인정하기 부족하고 달리 이를 인정할 증거가 없습니다.

라. 결 론

그렇다면 이 사건 공소사실은 범죄의 증명이 없는 때에 해당하여 같은 법 제325조 후단에 의하여 무죄 판결을 선고하여 주시기 바랍니다.

---

18) 위 2015도2275 판결.
19) 김갑동은 피고인신문에서 진술하였고 변론을 분리하여 김갑동을 증인으로 신문하지 아니하는 한 위 진술은 증거능력이 없다. 그러나 증거로 제출된 위 가계수표 사본의 증거능력 인정요건은 소송법적 사실로 자유로운 증명의 대상이므로 김갑동의 위 진술을 위 가계수표의 원본 존재 등을 인정하기 위한 증거로 쓸 수 있다.

3. 도로교통법위반(음주운전)의 점

가. 증거능력 없는 증거

1) 강제채혈의 적법성 여부

음주운전 중 교통사고를 야기한 후 피의자가 의식불명 상태에 빠져 있는 등으로 도로교통법이 음주운전의 제1차적 수사방법으로 규정한 호흡조사에 의한 음주측정이 불가능하고 혈액 채취에 대한 동의를 받을 수도 없을 뿐만 아니라 법원으로부터 혈액 채취에 대한 감정처분허가장이나 사전 압수영장을 발부받을 시간적 여유도 없는 긴급한 상황이 생긴 경우, 피의자의 신체 내지 의복류에 주취로 인한 냄새가 강하게 나는 등 형사소송법 제211조 제2항 제3호가 정하는 범죄의 증적이 현저한 준현행범인으로서의 요건이 갖추어져 있고 교통사고 발생 시각으로부터 사회통념상 범행 직후라고 볼 수 있는 시간 내라면, 피의자의 생명ㆍ신체를 구조하기 위하여 사고현장으로부터 곧바로 후송된 병원 응급실 등의 장소는 형사소송법 제216조 제3항의 범죄 장소에 준한다 할 것이므로, 검사 또는 사법경찰관은 피의자의 혈중알코올농도 등 증거의 수집을 위하여 의료법상 의료인의 자격이 있는 자로 하여금 의료용 기구로 의학적인 방법에 따라 필요최소한의 한도 내에서 피의자의 혈액을 채취하게 한 후 그 혈액을 영장 없이 압수할 수 있습니다. 다만 이 경우에도 형사소송법 제216조 제3항 단서, 형사소송규칙 제58조, 제107조 제1항 제3호에 따라 사후에 지체 없이 강제채혈에 의한 압수의 사유 등을 기재한 영장청구서에 의하여 법원으로부터 압수영장을 받아야 합니다.[20]

2) 압수된 혈액과 감정의뢰회보 등의 증거능력

{피고인에 대한 경찰, 검찰 각 피의자신문조서의 각 진술기재, 압수조서 및 압수목록(혈액)의 기재를 종합하면} 피고인은 2020. 4. 23. 21:30경 서울성동자5098호 혼다 125 오토바이를 운전하여 가다가 앞서가는 산타페 차량(서울 98두8930)의 뒷부분을 들이받는 교통사고를 야기한 후 의식을 잃은 채 사고장소로부터 5km 떨어진 신비병원 응급실로 후송되었고, 사법경찰관 정의로 등은 법원으로부터 압수수색영장을 발부받지 아니한 채 피고인의 딸인 이차순의 동의를 받아 간호사로 하여금 피고인한테서 채혈을 하도록 하였습니다. 그러나 압수된 혈액에 대한 압수영장이 사후에 발부되지 아니하였습니다.

---

20) 대법원 2012. 11. 15. 선고 2011도15258 판결.

따라서 사법경찰관이 신비병원 응급실을 형사소송법 제216조 제3항의 범죄 장소에 준한다고 보아 간호사로 하여금 채혈하게 한 후 그 혈액을 영장 없이 압수할 수 있다고 하더라도 사후 압수영장을 받지 아니한 이상 압수된 혈액 90cc(증 제5호)는 증거능력이 없습니다. 나아가 피고인의 혈중알코올농도에 대한 국립과학수사연구소의 감정의뢰회보와 이에 기초한 주취운전자 적발보고서는 최초의 절차위반행위와 2차적인 증거 수집 사이의 인과관계가 단절 또는 희석되었다고 볼 만한 사정이 없는 이상 피고인이나 변호인의 동의가 있더라도 유죄의 증거로 사용할 수 없습니다.

나. 피고인의 자백에 대한 보강증거의 유무

피고인은 자백하고 있으나 피고인의 자백이 피고인에게 불이익한 유일의 증거에 해당하므로 이를 유죄의 증거로 삼을 수 없습니다(형사소송법 제310조).

다. 결 론

그렇다면 이 사건 공소사실은 범죄의 증명이 없는 때에 해당하므로 같은 법 제325조 후단에 의하여 무죄 판결을 선고하여 주시기 바랍니다.

【문제】

피고인 김갑동에 대하여는 법무법인 청계 담당변호사 김사근이, 피고인 이을남에 대하여는 법무법인 실천 담당변호사 이사랑이, 객관적인 입장에서 각 대표변호사에게 보고할 검토의견서를 작성하되, 다음 쪽 검토의견서 양식 중 **본문 Ⅰ, Ⅱ 부분**만 작성하시오.

【작성요령】

1. 학설·판례 등의 견해가 대립되는 경우, 한 견해를 취하여 변론할 것. 다만, 대법원 판례와 다른 견해를 취하여 변론을 하고자 하는 경우에는 자신의 입장에 따른 변론을 하되, 대법원 판례의 취지를 적시할 것.

2. 증거능력이 없는 증거는 실제 소송에서는 증거로 채택되지 않아 증거조사가 진행되지 않지만, 이 문제에서는 시험의 편의상 증거로 채택되어 증거조사가 진행된 것을 전제하였음. 따라서 필요한 경우 증거능력에 대하여도 논할 것.

3. 법률명과 죄명에서 '특정경제범죄가중처벌등에관한법률'은 '특경법'으로, '폭력행위등처벌에관한법률'은 '폭처법'으로 줄여서 쓸 수 있음.

【주의사항】

1. 쪽 번호는 편의상 연속되는 번호를 붙였음.

2. 조서, 기타 서류에는 필요한 서명, 날인, 무인, 간인, 정정인이 있는 것으로 볼 것.

3. 증거목록, 공판기록 또는 증거기록 중 '(생략)'이라고 표시된 부분에는 법에 따른 절차가 진행되어 그에 따라 적절한 기재가 있는 것으로 볼 것.

4. 공판기록과 증거기록에 첨부하여야 할 일부 서류 중 '(생략)' 표시가 있는 것, '증인선서서'와 수사기관의 조서(진술서, 영상녹화물 포함)에 첨부하여야 할 '수사과정확인서'는 적법하게 존재하는 것으로 볼 것.

5. 송달이나 접수, 통지, 결재가 필요한 서류는 모두 적법한 절차를 거친 것으로 볼 것.

【검토의견서 양식】

검토의견서(65점)

사 건　　2020고합1203 특정경제범죄가중처벌등에관한법률위반(횡령) 등
피고인　　김갑동

I. 피고인 김갑동에 대하여
  1. 허위공문서작성의 점
  2. 특정경제범죄가중처벌등에관한법률위반(횡령)의 점{예비적으로 특정경제
    범죄가중처벌등에관한법률위반(배임)의 점}
  3. 폭력행위등처벌에관한법률위반(공동폭행)의 점
  4. 위증교사의 점

※ **평가제외사항 - 공소사실의 요지, 정상관계(답안지에 기재하지 말 것)**

2020.　12.　6.

피고인 김갑동의 변호인 법무법인 청계 담당변호사 김사근 ㊞

검토의견서(35점)

사 건　　2020고합1203 특정경제범죄가중처벌등에관한법률위반(횡령) 등
피고인　　이을남

II. 피고인 이을남에 대하여
  1. 허위공문서작성의 점
  2. 사기의 점
  3. 위증의 점

※ **평가제외사항 - 공소사실의 요지, 정상관계(답안지에 기재하지 말 것)**

2020.　12.　6.

피고인 이을남의 변호인 법무법인 실천 담당변호사 이사랑 ㊞

기록내용 시작

| | | 구속만료 | | 미결구금 |

| 기일 1회기일 | 사건번호 | 2020고합1203 | 담임 | 형사32부 | 주심 | 나 |

<table>
<tr><td>구속만료</td><td></td><td>미결구금</td></tr>
<tr><td>최종만료</td><td></td><td></td></tr>
<tr><td>대행 갱신 만 료</td><td></td><td></td></tr>
</table>

서 울 동 부 지 방 법 원

구공판 **형 사 제 1 심 소 송 기 록**

기일 1회기일	사건번호	2020고합1203	담임	형사32부	주심	나
11/7 ᅀ10						
11/21 ₽2						
12/5 ₽2	사 건 명	가. 특정경제범죄가중처벌등에관한법률위반(횡령) 나. 폭력행위등처벌에관한법률위반(공동폭행) 다. 허위공문서작성 라. 사기 마. 위증교사 바. 위증				
12/19 ᅀ10						

검 사	정이감	2020형제78901호
공소제기일		2020. 10. 17.
피 고 인	1. 가.나.다.마 **김갑동** 2. 다.라.바 **이을남**	
변 호 인	사선 법무법인 청계 담당변호사 김사근(피고인 김갑동) 사선 법무법인 실천 담당변호사 이사랑(피고인 이을남)	

확 정	
보존종기	
종결구분	
보 존	

완결 공람	담 임	과 장	국 장	주심 판사	재판장	원장

접 수 공 람	과 장	국 장	원 장
	㊞	㊞	㊞

공 판 준 비 절 차

회 부 수명법관 지정 일자	수명법관 이름	재 판 장	비 고

법 정 외 에 서 지 정 하 는 기 일

기일의 종류	일 시				재 판 장	비 고
1회 공판기일	2020.	11.	7.	10:00	㊞	

서울동부지방법원

목 록		
문 서 명 칭	장 수	비 고
증거목록	7	검사
증거목록	8	피고인과 변호인
공소장	10	
변호인선임신고서	(생략)	피고인 김갑동
영수증(공소장부본 등)	(생략)	피고인 김갑동
변호인선임신고서	(생략)	피고인 이을남
영수증(공소장부본 등)	(생략)	피고인 이을남
의견서	(생략)	피고인 김갑동
의견서	(생략)	피고인 이을남
공판조서(제1회)	13	
공소장변경허가신청	15	검사
영수증(공소장변경허가신청서부본)	(생략)	변호사 김사근
공판조서(제2회)	16	
증인신문조서	18	주개남
공판조서(제3회)	21	

증 거 목 록 (증거서류 등)
2020고합1203

① 김갑동
② 이을남

2020형제78901호

신청인: 검사

순 번	증거방법					참조사항등	신청기일	증거의견		증거결정		증거조사기일	비고
	작성	쪽수(수)	쪽수(증)	증거명칭	성명			기일	내용	기일	내용		
1	사경	(생략)		고소장	김갑동		1	1	② ×				
2	〃	25		진술조서	김갑동		1	1	② ×				
3	〃	(생략)		매매계약서사본			1	1	② ○				
4	〃	(생략)		시가확인서			1	1	② ○				
5	〃	27		피의자신문조서(제1회)	이을남		1	1	② ○				
6	〃	(생략)		고소장	이을남		1	1	① ×				
7	〃	29		진술조서	이을남		1	1	① ×				
8	〃	(생략)		등기부등본			1	1	① ○				
9	〃	(생략)		대출금내역조회			1	1	① ○				
10	〃	(생략)		수사보고(증인신문조서사본)			1	1	①, ② ○	(생략)		(생략)	
11	〃	32		증인신문조서사본			1	1	① ○ ② ○				
12	〃	33		피의자신문조서(제2회)	이을남		1	1	① × ② ○				
13	〃	34		피의자신문조서(제1회)	김갑동		1	1	① ○ ② ○				
14	〃	36		진술조서	주개남		1	1	① ○ ② ×				
15	〃	38		고발장	나준법		1	1	①, ② ○				
16	〃	(생략)		진술조서	선예방		1	1	①, ② ○				
17	〃	(생략)		수강명령 이행확인서 초안 출력물			1	1	①, ② ○				
18	〃	(생략)		수강명령 불이행자 명부			1	1	①, ② ○				
19	〃	39		피의자신문조서(제3회)	이을남		1	1	① ○ ② ○				
20	〃	41		피의자신문조서(제2회)	김갑동		1	1	① ○ ② ○				
21	〃	(생략)		조회회보서	김갑동		1	1	① ○				

※ 증거의견 표시 - 피의자신문조서: 인정 ○, 부인 ×
　　　　　　　　(여러 개의 부호가 있는 경우, 성립/임의성/내용의 순서임)
　　　　　　 - 기타 증거서류: 동의 ○, 부동의 ×
※ 증거결정 표시: 채 ○, 부 ×
※ 증거조사 내용은 제시, 내용고지
※ 증거결정 표시: 채 ○, 부 ×

증 거 목 록 (증거서류 등)
2020고합1203

① 김갑동
② 이을남

2020형제78901호

신청인: 검사

순번	증 거 방 법					참조사항등	신청기일	증거의견		증거결정		증거조사기일	비고
	작성	쪽수(수)	쪽수(증)	증 거 명 칭	성 명			기일	내용	기일	내용		
22	사경	(생략)		조회회보서	이을남		1	1	② ○				
23	검사	(생략)		수사보고 (증거자료첨부)			1	1	① ○				
24	〃	44		진술조서사본	최정남		1	1	① ×				
25	〃	45		공판조서사본			1	1	① ×				
26	〃	47		판결문사본			1	1	① ×				
27	〃	48		피의자신문조서	김갑동		1	1	① ○ ② ○		(생략)		
28	〃	(생략)		피의자신문조서	이을남		1	1	② ○ ① × ① ○				공소사실 2의 다 항 관련 나머지 부 분
29	〃	(생략)		수사보고 (전화진술 청취)			1	1	② ○				
30	〃	(생략)		수사보고 (형사재판결과 확인보고)			1	1	① ○				

증 거 목 록 (증거서류 등)
2020고합1203

① 김갑동
② 이을남

2020형제78901호

신청인: 피고인과 변호인

순번	증 거 방 법					참조사항등	신청기일	증거의견		증거결정		증거조사기일	비고
	작성	쪽수(수)	쪽수(공)	증 거 명 칭	성 명			기일	내용	기일	내용		
1			19	고소취소장	이을남		3	3	○		(생략)		①신청

증 거 목 록 (증인 등)
2020고합1203

① 김갑동
② 이을남

2020형제78901호

신청인: 검사

증 거 방 법	쪽수 (공)	입증취지 등	신청 기일	증거결정		증거조사기일	비고
				기일	내용		
증인 주개남	18	공소사실 3의 가항 관련	1	1	○	2020. 11. 21. 14:00 (식시)	
증인 허정남		공소사실 2의 나항 관련	1	1	○	2020. 11. 21. 14:00, 2020. 12. 5. 14:00 (각 송달불능 며식시)	철회, 취소

※ 증거결정 표시: 채 ○, 부 ×

서 울 동 부 지 방 검 찰 청

2020. 10. 17.

사건번호   2020년 형제78901호

수 신 자   서울동부지방법원

제 목   공소장

검사 정이감은 아래와 같이 공소를 제기합니다.

1203

I. 피고인 관련사항

1. 피 고 인   김갑동 (68****-1******), 50세

       직업 상업, 010-****-****

       주거 서울 성동구 행당로 35 행당아파트 112동 207호

       등록기준지 (생략)

    죄   명   특정경제범죄가중처벌등에관한법률위반(횡령), 폭력행위등처벌에
             관한법률위반(공동폭행), 허위공문서작성, 위증교사

    적용법조   특정경제범죄 가중처벌 등에 관한 법률 제3조 제1항 제2호, 형법
             제355조 제1항, 폭력행위 등 처벌에 관한 법률 제2조 제2항 제1
             호, 형법 제260조 제1항, 제227조, 제33조, 제30조, 제152조 제1
             항, 제31조 제1항, 제37조, 제38조

    구속여부   불구속

    변 호 인   법무법인 청계 담당변호사 김사근

2. 피 고 인   이을남 (68****-1******), 50세

       직업 공무원, 010-****-****

       주거 서울 서초구 남부순환로 2789 남부빌라 1동 108호

       등록기준지   (생략)

    죄   명   허위공문서작성, 사기, 위증

    적용법조   형법 제227조, 제34조 제1항, 제30조, 제347조 제1항, 제152조 제
             1항, 제37조, 제38조

    구속여부   불구속

    변 호 인   법무법인 실천 담당변호사 이사랑

II. 공소사실

1. 피고인들의 공동범행

피고인 김갑동은 2020. 6. 28. 서울동부지방법원(2020고단8743)으로부터 교통사고처리특례법위반(치상) 등으로 징역 6월, 집행유예 2년 및 수강명령 40시간을 선고받고(2020. 7. 6. 확정) 이후 40시간의 수강명령을 이행한 사실이 전혀 없음에도, 평소 잘 알고 지내던 피고인 이을남에게 부탁하여 수강명령 이행확인서를 발급받기로 마음먹었다.

피고인 김갑동은 2020. 8. 26. 서울보호관찰소 보호관찰과 보호주사인 피고인 이을남한테 수강명령 40시간을 받았다는 내용의 수강명령 이행확인서를 발급하여 달라고 부탁하였고, 이를 승낙한 피고인 이을남은 행사할 목적으로 같은 달 27. "김갑동은 2020. 7. 16.부터 2020. 7. 20.까지 5회에 걸쳐 서울보호관찰소에서 40시간 동안 알코올 치료 강의, 준법운전 강의 등을 수강하여 서울동부지방법원(2020고단8743)으로부터 선고받은 수강명령을 이행하였다."는 수강명령 이행확인서 초안을 작성한 다음 그 사실을 모르는 작성권자인 서울보호관찰소장인 나준법에게 제출하여 나준법으로 하여금 서울보호관찰소장의 직인을 찍게 하였다.

이로써 피고인들은 공모하여 공문서인 서울보호관찰소장 명의로 된 수강명령 이행확인서 1통을 허위로 작성하였다.

2. 피고인 김갑동

가. 특정경제범죄가중처벌등에관한법률위반(횡령)

피고인은 2019. 4. 13. 피해자 이을남이 문석민으로부터 매수한 광주시 오포읍 양벌로 743 대 1,422㎡에 관하여 피해자와 사이에 명의신탁 약정에 따라 같은 달 21. 위 대지의 소유권이전등기를 경료한 수탁자로서 피해자를 위하여 위 대지를 보관하여 왔다. 피고인은 피해자를 위하여 위 대지를 보관하던 중 2020. 3. 13. 광주시 오포읍 봉골길 314에 있는 법무사합동법인 정직에서 시가 6억 5,000만 원의 위 대지에 관하여 양촌농업협동조합에 임의로 채권최고액 5억 원의 근저당권을 설정해주었다.

이로써 피고인은 6억 5,000만 원의 피해자의 재물을 횡령하였다.

나. 폭력행위등처벌에관한법률위반(공동폭행)

피고인은 박병서(서울서부지방법원 2020노5864 계속 중)와 공동하여 2020. 4. 10. 23:00경 서울 마포구 공덕로8길에 있는 아말피 주점에서, 옆자리에서 술을 마시고 있던 피해자 최정남(23세) 일행이 떠든다는 이유로 시비가 되어 피고인은 주먹으로 피해자의 가슴을 1회 때리고, 박병서는 손바닥으로 피해자의 얼굴을 수회 때렸다.

이로써 피고인과 박병서는 공동하여 피해자에게 폭행을 가하였다.

다. 위증교사

　　피고인은 2020. 6. 10. 21:00경 서울 강남구 논현로 678에 있는 '예가체프 커피'에서, 피고인이 술을 마신 상태에서 운전하여 교통사고를 낸 사실을 은폐하고자 이을남에게 그가 사고 당시 차량을 운전하고 있었다고 진술해 달라고 말하여 이을남이 허위로 증언할 것을 마음먹게 하였다.

　　그리하여 이을남은 제3의 나항 기재 일시와 장소에서 같은 항 기재 사건의 증인으로 출석하여 선서한 다음 위 사건을 심리 중인 서울동부지방법원 제7형사단독 판사 장동근에게 "술에 만취한 김갑동을 집으로 돌려보내기 위해 자신이 김갑동을 차에 태우고 운전하였다."고 증언하였다. 그러나 이을남은 사실은 2020. 3. 16. 23:30경 술에 취한 피고인을 대신하여 그의 차량을 운전한 적이 없었다.

　　이로써 피고인은 이을남으로 하여금 자신의 기억에 반하는 허위의 진술을 하여 위증하도록 교사하였다.

3. 피고인 이을남
가. 사기

　　피고인은 광주시 오포읍 산현리 산 87-1 임야 8,614㎡가 공익용산지이어서 산지전용허가를 받을 수 없는 토지임을 잘 알고 있었음에도, 2020. 5. 25. 광주시 오포읍 능평로 823에 있는 '대박 공인중개소'에서 피해자 김갑동에게 "광주시 오포읍 산현리 산 87-1 임야 8,614㎡는 산지전용허가를 받을 수 있는 땅이다."고 거짓말을 하여 이에 속은 피해자로부터 매매대금으로 6억 원을 교부받고 위 임야에 관한 소유권이전등기를 마쳐줌으로써 위 매매대금과 위 임야의 시가 5억 원과의 차액인 1억 원을 편취하였다.

나. 위증

　　피고인은 2020. 6. 14. 14:00경 서울 송파구 법원로 101(문정동)에 있는 서울동부지방법원 제207호 법정에서, 서울동부지방법원 2020고단8743 김갑동에 대한 교통사고처리특례법위반(치상) 등 사건의 증인으로 출석하여 선서한 다음 위 사건을 심리 중인 위 법원 제7형사단독 판사 장동근에게 "술에 만취한 김갑동을 집으로 돌려보내기 위해 자신이 김갑동을 차에 태우고 운전하였다."고 증언하였다. 그러나 피고인은 사실은 2020. 3. 16. 23:30경 술에 취한 김갑동을 대신하여 그의 차량을 운전한 적이 없었다.

　　이로써 피고인은 자신의 기억에 반하는 허위의 진술을 하여 위증하였다.

Ⅲ. 첨부서류
　1. 변호인선임서 2통 (생략)

서 울 동 부 지 방 법 원

공 판 조 서

제 1 회

사　　　건　2020고합1203　　특정경제범죄가중처벌등에관한법률위반(횡령) 등

재판장 판사　진실한　　　　　　　기　일:　　　　　2020. 11. 7. 10:00

　　　판사　공정한　　　　　　　장　소:　　　　　제425호 법정

　　　판사　신속한　　　　　　　공개 여부:　　　　　공개

법 원 사 무 관　성진수　　　　　　　고 지 된

　　　　　　　　　　　　　　　　다음기일:　　　　2020. 11. 21. 14:00

피 고 인　　1. 김갑동　2. 이을남　　　　　　　　　각각 출석

검　　사　　한준석　　　　　　　　　　　　　　　출석

변 호 인　　법무법인 청계 담당변호사 김사근(피고인 1을 위하여)　　출석

　　　　　법무법인 실천 담당변호사 이사랑(피고인 2를 위하여)　　출석

재판장

　　피고인들은 진술을 하지 아니하거나 각개의 물음에 대하여 진술을 거부할 수 있고, 이익 되는 사실을 진술할 수 있음을 고지

재판장의 인정신문

　　성　　　　명: 1. 김갑동　　2. 이을남

　　주민등록번호: 각각 공소장 기재와 같음

　　직　　　　업:　　　〃

　　주　　　　거:　　　〃

　　등 록 기 준 지:　　　〃

재판장

　　피고인들에 대하여

　　주소가 변경될 경우에는 이를 법원에 보고할 것을 명하고, 소재가 확인되지 않을 때에는 피고인들의 진술 없이 재판할 경우가 있음을 경고

검　　사

　　공소장에 의하여 공소사실, 죄명, 적용법조 낭독

피고인 김갑동

　　자신은 공무원이 아니므로 허위공문서작성죄가 성립하지 아니하고, 박병서를 말리기만 하였고 최정남을 폭행한 사실이 없으며, 이을남한테 법정에서 허위

- 13 -

로 진술해 달라고 말한 적이 없고, 설령 그렇지 않더라도 자신은 서울동부지
방법원 2020고단8743 사건의 피고인이었으므로 위증교사죄가 성립하지 아니
하며, 나머지 공소사실은 인정한다고 진술

피고인 이을남

자신은 수강명령 이행확인서의 작성권자가 아니므로 허위공문서작성죄가 성
립하지 아니하고, 김갑동한테 산지전용허가를 받을 수 있다고 말한 적이 없
으며, 법정에서 허위 진술을 한 것은 맞지만 증언을 할 당시 재판장으로부터
증언거부권을 고지받지 못하였다고 진술

피고인 김갑동의 변호인 법무법인 청계 담당변호사 김사근

피고인을 위하여 유리한 변론 (기재 생략)

피고인 이을남의 변호인 법무법인 사랑 담당변호사 이사랑

피고인을 위하여 유리한 변론 (기재 생략)

재판장

증거조사를 하겠다고 고지

증거관계 별지와 같음(검사, 변호인)

재판장

각 증거조사 결과에 대하여 의견을 묻고 권리를 보호하는 데에 필요한 증거
조사를 신청할 수 있음을 고지

소송관계인

별 의견 없다고 각각 진술

재판장

변론 속행

2020. 11. 7.

법 원 사 무 관   성진수 ㉘

재판장   판 사   진실한 ㉘

서울동부지방검찰청

(2204-3114)   2020. 11. 11.

수　　신 : 서울동부지방법원(제32형사부)　　　발　　신 : 서울동부지방검찰청

　　　　　　　　　　　　　　　　　　　검　　사 : **한준석** ㉑
　　　　　　　　　　　　　　　　　　　　　　　　한 준 석

제　　목 : **공소장변경허가신청**

귀원 **2020**고합**1203**호 피고인 김갑동에 대한 특정경제범죄가중처벌등에관한법률위반(횡령) 피고사건의 공소장을

다음과 같이 　☑ 추가
　　　　　　　☐ 철회 하고자 합니다.
　　　　　　　☐ 변경

다　　　　음

1. 죄명에

　'예비적 죄명 : 특정경제범죄가중처벌등에관한법률위반(배임)'을,

2. 적용법조에

　'예비적 적용법조 : 특정경제범죄 가중처벌 등에 관한 법률 제3조 제1항 제2호, 형법 제355조 제2항, 제1항'을,

3. 공소사실 2의 가항에 예비적 공소사실로

　"피고인은 **2019. 4. 13.** 피해자 이을남이 문석민으로부터 매수한 광주시 오포읍 양벌로 **743** 대 **1,422㎡**에 관하여 피해자와 사이에 명의신탁 약정에 따라 같은 달 **21.** 위 대지의 소유권이전등기를 경료한 수탁자로서 신탁자의 허락 없이 이를 처분하여서는 아니 되는 임무가 있었다. 피고인은 위와 같은 임무에 위배하여 **2020. 3. 13.** 광주시 오포읍 봉골길 **314**에 있는 법무사합동법인 정직에서 시가 **6억 5,000만** 원의 위 대지에 관하여 양촌농업협동조합에 임의로 채권최고액 **5억** 원의 근저당권을 설정해주었다. 이로써 피고인은 위 대지의 시가 **6억 5,000만** 원에 해당하는 재산상 이익을 취득하고 피해자에게 같은 액수에 해당하는 손해를 가하였다."는 내용을 각 추가합니다. 끝.

서 울 동 부 지 방 법 원

공 판 조 서

제 2 회

사 건	2020고합1203	특정경제범죄가중처벌등에관한법률위반(횡령) 등		
재판장 판사	진실한	기 일:		2020. 11. 21. 14:00
판사	공정한	장 소:		제425호 법정
판사	신속한	공개 여부:		공개
법 원 사 무 관	성진수	고 지 된		
		다음기일:		2020. 12. 5. 14:00
피 고 인	1. 김갑동 2. 이을남			각각 출석
검 사	한준석			출석
변 호 인	법무법인 청계 담당변호사 김사근(피고인 1을 위하여)			출석
	법무법인 실천 담당변호사 이사랑(피고인 2를 위하여)			출석
증 인	주개남			출석
	최정남			불출석

재판장

　　전회 공판심리에 관한 주요사항의 요지를 공판조서에 의하여 고지

소송관계인

　　변경할 점이나 이의할 점이 없다고 진술

재판장

　　2020. 11. 11.자 공소장변경허가신청을 허가한다는 결정 고지

검 사

　　위 서면에 의하여 변경된 공소사실, 죄명 및 적용법조 낭독

피고인 김갑동

　　예비적 공소사실도 인정한다고 진술

출석한 증인 주개남을 별지 조서와 같이 신문

증거관계 별지와 같음(검사, 변호인)

재판장

　　증거조사 결과에 대하여 의견을 묻고 권리를 보호하는 데에 필요한 증거조사
　　를 신청할 수 있음을 고지

소송관계인

　　별 의견 없으며, 달리 신청할 증거도 없다고 각각 진술

재판장

변론 속행 (증인 최정남에 대한 증인신문을 위하여)

2020. 11. 21.

법 원 사 무 관   성진수 ㉑

재판장 판 사   진실한 ㉑

서 울 동 부 지 방 법 원

증인신문조서 (제2회 공판조서의 일부)

사   건   2020고합1203 특정경제범죄가중처벌등에관한법률위반(횡령) 등
증   인   이   름   주개남
            생년월일과 주거는 (생략)

재판장

증인에게 형사소송법 제148조 또는 제149조에 해당하는가의 여부를 물어 이에 해당하지 아니함을 인정하고, 위증의 벌을 경고한 후 별지 선서서와 같이 선서를 하게 하였다.

검사

증인에게 수사기록 중 사법경찰리가 작성한 증인에 대한 진술조서를 보여주고 열람하게 한 후,

문 증인은 경찰에서 사실대로 진술하고 그 조서를 읽어보고 서명, 무인한 사실이 있으며, 그 조서는 그때 경찰관에게 진술한 내용과 동일하게 기재되어 있는가요.

답 예, 그렇습니다.

문 증인은 2020. 5. 25. 대박 공인중개소에서 김갑동과 이을남 사이의 광주시 오포읍 산현리 산 87-1 임야 8,614㎡에 관한 매매계약을 중개한 사실이 있지요.

답 예.

문 증인은 이을남이 김갑동한테 위 임야를 매도한 경위에 관하여 알고 있나요.

답 이을남이 위 임야의 매수인을 구할 수 없어 애를 먹었는데, 2020. 5.경 저한테 "위 임야를 이종사촌형인 김갑동한테 팔기로 했다."고 말하였습니다. 이후 매매계약 당일 제 중개소에서 이을남이 김갑동한테 위 임야에 대한 산지전용허가를 받을 수 있으니 싼 값에 잘 사는 것이라고 말하는 것을 들었습니다.

2020. 11. 21.

법 원 사 무 관   성진수 ㉑

재판장 판 사   진실한 ㉑

증거서류제출서

사 건 2020고합1203 특정경제범죄가중처벌등에관한법률위반(횡령) 등
피 고 인 김 갑 동

위 사건에 관하여 피고인 김갑동의 변호인은 위 피고인의 이익을 위하여 다음과 같은 증거서류를 제출합니다.

다 음

1. 고소취소장

2020. 11. 26.

접 수
No. 64725
2020. 11. 26.
서울동부지방법원
민원실

법무법인 청계 담당변호사 김 사 근 ㉞

서울동부지방법원 형사 제32부 귀중

고 소 취 소 장

고소인 : 이을남 (주민등록번호와 주소 기재 생략)
피고소인 : 김갑동 (주민등록번호와 주소 기재 생략)

고소인은 피고소인을 상대로 특정경제범죄가중처벌등에관한법률위반(횡령)으로 고소를 제기한 바 있으나, 금번 당사자 간에 원만히 합의가 성립되었고 피고소인이 잘못을 뉘우치고 있으므로, 이 건 고소를 취하하며, 아울러 피고소인에 대한 처벌을 원하지 않습니다. 피고소인을 선처하여 주시기 바랍니다.

2020. 11. 26.
고소인 이 을 남 (인)

소재탐지불능 보고서

사 건   2020고합1203
         특정경제범죄가중처벌등에관한법률위반(횡령) 등
피고인   김갑동, 이을남
수 신   서울동부지방검찰청 검사 한준석

위 사건에 관하여 증인 최정남의 소재를 파악하려고 하였으나, 다음과 같은 사유로 위 증인의 소재를 확인할 수 없었음을 보고합니다.

다   음

1. 증인 최정남의 주민등록상 주소인 '서울 성동구 왕십리로 538-7(도선동)'을 방문해 보니 증인은 거주하지 않고 그 어머니인 황영순만이 거주하고 있음을 확인하였음

2. 황영순에게 증인의 소재를 물어보니 "1주일에 집에서 자는 날이 2-3일밖에 안 되고 한 달 전에는 필리핀에 사업차 다녀오겠다고 하면서 나가더니 아직까지 들어오지 않고 있다. 필리핀 어디에 있는지 모르고 언제 집에 들어올지도 모른다. 집에 들어오면 경찰한테 연락이 왔다고 알려주겠다."는 취지의 진술을 들었음

3. 이상과 같은 사유로 증인 최정남의 소재를 확인할 수 없었음을 보고합니다.

2020. 11. 27.

사법경찰리 경위 추적해 ㊞

서 울 동 부 지 방 법 원

공 판 조 서

제 3 회

사　　　건	2020고합1203	특정경제범죄가중처벌등에관한법률위반(횡령) 등		
재판장 판사	진실한	기　일:		2020. 12. 5. 14:00
판사	공정한	장　소:		제425호 법정
판사	신속한	공개 여부:		공개
법원사무관	성진수	고 지 된		
		다음기일:		2020. 12. 19. 10:00
피 고 인	1. 김갑동　2. 이을남			각각 출석
검　　　사	한준석			출석
변 호 인	법무법인 청계 담당변호사 김사근(피고인 1을 위하여)			출석
	법무법인 실천 담당변호사 이사랑(피고인 2를 위하여)			출석
증　　　인	최정남			불출석

재판장

　　전회 공판심리에 관한 주요사항의 요지를 공판조서에 의하여 고지

소송관계인

　　변경할 점이나 이의할 점이 없다고 진술

재판장

　　증거조사를 마치고 피고인신문을 하겠다고 고지

검　사

　　피고인 김갑동에게

문　(증거목록 순번 1, 2를 제시, 열람케 하고) 피고인은 고소장을 직접 작성하였
　　고, 수사기관에서 사실대로 진술하고 진술한 대로 기재되어 있음을 확인한
　　다음 서명, 날인하였는가요.

답　예, 그렇습니다.

문　2020. 4. 10. 23:00경 아말피 주점에서 최정남과 사이에 시비가 일어나서 주먹
　　으로 최정남의 가슴을 1회 때린 것이 맞지요.

답　아닙니다. 저는 박병서와 최정남을 말렸을 뿐이지 주먹으로 최정남의 가슴을
　　때린 적이 없습니다.

문　피고인이 이을남한테 허위진술을 해 달라고 말하지 않았다면, 이을남이 괜히

자신이 운전하였다고 사고 책임을 뒤집어쓸 이유가 없지요.

답 이을남이 저한테 중형이 선고될까봐 걱정하여 법정에서 허위로 진술한 것이
지 제가 시킨 것이 절대로 아닙니다.

피고인 김갑동의 변호인 법무법인 청계 담당변호사 김사근

문 피고인이 최정남을 말리면서 최정남의 가슴을 밀어냈는데, 최정남이 그것을
두고 맞았다고 진술하는 것이지요.

답 예. 최정남이 오해한 것입니다.

문 이을남은 피고인한테서 사기죄로 고소를 당하자 앙심을 품고 피고인이 위증
을 교사하였다고 주장하는 것이지요.

답 맞습니다.

검 사

피고인 이을남에게

문 피고인은 김갑동한테 광주시 오포읍 산현리 산 87-1 임야 8,614㎡를 매도하
면서 위 임야는 산지전용허가를 받을 수 있는 토지라고 말한 사실이 있지요.

답 그런 말 한 적 없습니다.

문 김갑동한테서 "사고 당시 나 대신 운전하였다고 말해 달라."라는 부탁을 받
고 법정에서 허위 진술을 한 것이지요.

답 맞습니다. 그렇지 않았다면 제가 괜히 허위 진술을 할 이유가 없습니다.

재판장

피고인 이을남에게

문 증언을 하지 않을 수 있다는 사실을 알았다면 증언을 거부하였을 것인가요.

답 김갑동이 당시에 잘못하면 음주사고로 법정 구속될 수 있으니 잘 좀 말해달
라고 계속 부탁해서 그러한 사실을 알았더라도 증언을 하였을 것입니다.

재판장

피고인신문을 마쳤음을 고지

재판장

변론 속행 (변론 준비를 위한 변호인들의 요청으로)

2020. 12. 5.

법 원 사 무 관   성진수 ㉝

재판장 판 사   진실한 ㉝

제	1	책
제	1	권

서울동부지방법원

증거서류등(검사)

사 건 번 호	2020고합1203	담임	형사제32부	주심	나

사 건 명	가. 특정경제범죄가중처벌등에관한법률위반(횡령) 나. 폭력행위등처벌에관한법률위반(공동폭행) 다. 허위공문서작성 라. 사기 마. 위증교사 바. 위증

검 사	정이감	2020년 형제78901호

피 고 인	1. 가.나.다.마 2. 다.라.바	김갑동 이을남

공소제기일		2020. 10. 17.		
1심 선고	20 . . .	항소	20 . . .	
2심 선고	20 . . .	상고	20 . . .	
확 정	20 . . .	보존		

구공판	서울동부지방검찰청 증 거 기 록					

검 찰	사건번호	2020년 형제78901호	법원	사건번호	2020년 고합1203호	
	검 사	정이감		판 사		

피 고 인	1. 가.나.다.마 **김갑동** 2. 다.라.바 **이을남**

죄 명	가. 특정경제범죄가중처벌등에관한법률위반(횡령) 나. 폭력행위등처벌에관한법률위반(공동폭행) 다. 허위공문서작성 라. 사기 마. 위증교사 바. 위증

공소제기일	2020. 10. 17.	
구 속	불구속	석 방
변 호 인		
증 거 물		
비 고		

진술조서

성   명: 김갑동

주민등록번호, 직업, 주거, 등록기준지, 직장주소, 연락처 (각 생략)

위의 사람은 피의자 이을남에 대한 사기 피의사건에 관하여 2020. 9. 16. 서울
성동경찰서 형사1팀 사무실에 임의 출석하여 다음과 같이 진술하다.

[피의자와의 관계, 피의사실과의 관계 등(생략)]

문   진술인이 피의자 이을남을 상대로 고소한 취지는 무엇인가요.

답   피의자가 펜션을 지을 수 없는 땅을 지을 수 있는 땅인 양 속여서 저한테
      팔아 매매대금을 편취하였다는 취지입니다.

문   고소하게 된 경위를 구체적으로 진술하세요.

답   예, 이을남은 저의 이종사촌동생으로 이을남이 광주시에 있는 대지를 살 때
      제가 명의를 빌려주기도 할 정도로 사이가 좋았습니다. 저는 2020. 5. 말경
      임야를 매수해서 펜션을 신축한 다음 숙박업을 해야겠다는 생각을 하고 이
      을남한테도 그런 계획을 말하였습니다. 그러자 이을남이 펜션을 지을 수 있
      는 경치 좋은 임야(광주시 오포읍 산현리 산 87-1 임야 8,614㎡)를 가지고
      있는데 매수하는 것이 어떻겠냐고 제의를 하였습니다. 이을남과 함께 위 임
      야에 가보았는데 임야 앞이 탁 트였고 뒤로는 강물이 흐르는 게 경관이 아
      주 좋았습니다. 다만, 임야가 너무 산속에 있어서 펜션 신축이 가능한지 미
      심쩍었습니다. 이을남한테 "땅은 좋은데 산지전용이 가능하냐?"고 물었더니
      이을남이 근래에 관련 규정이 바뀌어서 산지전용허가를 받을 수 있는 임야
      라고 하였습니다. 그래서 2020. 5. 25. 시세보다 1억 원 더 비싼 6억 원을
      주고 위 임야를 매수하였는데 2020. 9.경 광주시청에 위 임야에 대한 산지
      전용허가를 신청하였더니 공익용산지로 불가하다는 답변을 받았습니다. 이
      을남과 이종사촌지간이기는 하지만 도저히 묵과할 수 없는 일이라고 생각
      하여 바로 경찰서에 고소장을 내게 된 것입니다.

**사법경찰리는 진술인에게서 매매계약서사본과 시가확인서를 제출받아 조서 말미
에 첨부하다(각 첨부 생략).**

문   매매계약을 체결하기 이전에 실제로 위 임야에 펜션을 신축할 수 있는지
      관할 관청에 확인해 보지 않았나요.

답   확인할 생각을 하지 못했습니다. 이을남이 이종사촌이고 저한테 거짓말할
      사람이 아니라고 경솔하게 믿었습니다.

문   달리 할 말이 있는가요.

답   엄벌에 처해 주십시오.
문   이상의 진술은 사실인가요.
답   **예, 사실입니다.**

위의 조서를 진술자에게 열람하게 하였던바, 진술한 대로 오기나 증감·변경할
것이 전혀 없다고 말하므로 간인한 후 서명무인하게 하다.

진술자   *김 갑 동* (무인)

2020.   9.   16.

서울성동경찰서

사법경찰리   경사   **강 철 중** ㉑

피의자신문조서

피의자 이을남에 대한 사기 피의사건에 관하여 **2020. 9. 18.** 서울성동경찰서 형사1팀 사무실에서 사법경찰관 경위 정의로는 사법경찰리 경사 강철중을 참여하게 하고, 아래와 같이 피의자임에 틀림없음을 확인하다.

문　피의자의 성명, 주민등록번호, 직업, 주거, 등록기준지 등을 말하십시오.
답　성명은　이을남(李乙男)
　　주민등록번호, 직업, 주거, 등록기준지, 직장주소, 연락처 (각 생략)

　사법경찰관은 피의사건의 요지를 설명하고 사법경찰관의 신문에 대하여 「형사소송법」 제244조의3에 따라 진술을 거부할 수 있는 권리 및 변호인의 참여 등 조력을 받을 권리가 있음을 피의자에게 알려주고 이를 행사할 것인지 그 의사를 확인하다.

[진술거부권과 변호인 조력권 고지하고 변호인 참여 없이 진술하기로 함 (생략)]
이에 사법경찰관은 피의사실에 관하여 다음과 같이 피의자를 신문하다.

[피의자의 범죄전력, 경력, 학력, 가족·재산 관계 등 (생략)]
문　피의자는 김갑동을 알고 있나요.
문　예, 저의 이종사촌형입니다.
문　피의자는 김갑동에게 피의자 소유의 광주시 오포읍 산현리 산 87-1 임야 8,614㎡를 매도한 사실이 있나요.
답　예, 그렇습니다.
문　김갑동은 피의자가 위 임야에 산지전용허가를 받아 펜션을 지을 수 있다고 거짓말을 하여 위 임야를 매수한 것이라고 하는데 어떤가요.
답　아닙니다. 김갑동이 2020. 5.경 저한테 "조만간 광주시 인근에 신도시 개발계획이 발표될 예정이라는데 혹시 가지고 있는 임야(광주시 오포읍 산현리 산 87-1 임야 8,614㎡)를 팔 생각이 없냐?"고 물어보았습니다. 저는 위 임야를 팔 생각이 전혀 없었는데 김갑동이 집요하게 시세보다 많이 쳐줄테니 팔라고 해서 6억 원에 매도하게 된 것입니다.
문　김갑동이 피의자한테 펜션을 지어서 숙박업을 하겠다고 말하였지요.
답　김갑동한테서 그런 말을 들은 적이 없습니다.
문　김갑동이 펜션을 신축하는 것이 아니라면 산 속 깊숙한 곳에 있는 위 임야를 왜 매수하나요.

답　위 임야 주변으로 신도시가 들어선다고 하니 시세차익을 노리고 매수한 것입니다. 김갑동은 투기에 소질이 있어서 신도시 개발계획과 같은 정보를 어디선가 수집하여 가격 오를만한 땅을 미리미리 사서 많은 시세차익을 올려왔습니다.

문　피의자는 위 임야가 공익용산지로 펜션 신축 등 개발행위가 불가능한 토지인 것은 알고 있었지요.

답　예, 알고는 있었습니다.

문　김갑동은 피의자가 근래에 관련 규정이 바뀌어서 산지전용허가를 받을 수 있는 임야라고 말하여 위 임야를 매수하였다고 하는데 어떤가요.

답　그런 말 한 적 없습니다. 왜 저한테 책임을 뒤집어씌우는지 모르겠습니다.

문　이상의 진술내용에 대하여 이의나 의견이 있는가요.

답　**없습니다.**

위의 조서를 진술자에게 열람하게 하였던바, 진술한 대로 오기나 증감·변경할 것이 전혀 없다고 하므로 간인한 후 서명무인하게 하다.

진술자 **이 을 남** (무인)

2020. 9. 18.

서울성동경찰서

사법경찰관　경위　**정 의 로** ㊞

사법경찰리　경사　**강 철 중** ㊞

진술조서

성   명: 이을남

주민등록번호, 직업, 주거, 등록기준지, 직장주소, 휴대전화번호 (각 생략)

위의 사람은 피의자 김갑동에 내한 특정경세범죄가중처벌등에관한법률위반(횡령) 등 피의사건에 관하여 2020. 9. 19. 서울성동경찰서 형사1팀 사무실에 임의출석하여 다음과 같이 진술하다.

[피의자와의 관계, 피의사실과의 관계 등(생략)]

문 진술인이 피의자 김갑동을 상대로 고소한 취지는 무엇인가요.

답 김갑동이 저한테서 명의신탁을 받은 대지에 함부로 근저당권을 설정하여 횡령하였고, 저한테 법정에서 허위로 진술하도록 시켰으니 처벌해 달라는 취지입니다.

문 고소하게 된 경위를 구체적으로 진술하세요.

답 예, 제가 2019. 3.경 광주시에서 공인중개사로 일하는 고교동창인 주개남한테 상가건물을 지을 만한 괜찮은 대지를 사려고 하니 알아봐달라고 의뢰를 하였습니다. 주개남이 2019. 4.경 광주시 오포읍 양벌로 743 대 1,422㎡가 매물로 나왔는데 대로변에 있고 가격도 괜찮다고 하여 매수하기로 마음먹었습니다. 그런데 제가 보유한 다른 부동산이 있어서 위 대지까지 매수하게 되면 종합부동산세를 내야 할 상황이어서 제 이종사촌형인 김갑동한테 "계약자 명의와 등기 명의를 좀 빌려 달라. 내가 보유한 다른 부동산을 매도하게 되면 그때 나한테 소유권이전등기를 넘겨 달라."고 부탁하였습니다. 김갑동이 이를 승낙하여 2019. 4. 13. 주개남이 운영하는 대박 공인중개소에 나가서 문석민으로부터 위 대지를 6억 5,000만 원에 매수하는 매매계약을 체결하였습니다. 이후 제가 잔금을 마련하여 같은 달 21. 문석민한테 지급하고 김갑동 앞으로 위 대지에 관한 소유권이전등기를 마쳤습니다. 그래서 김갑동이 위 대지를 잘 보관하고 있겠거니 생각하고 있었는데 2020. 9. 12. 김갑동의 집에 갔다가 이종사촌형수(김갑동의 부인)인 허부인한테서 "요새 집으로 이자가 연체되었다는 독촉장이 날아오는데 뭔지 모르겠다."는 말을 듣고 등기부등본을 확인해 보니 김갑동이 위 대지에 관하여 2020. 3. 13. 양촌농업협동조합에 채권최고액 5억 원의 근저당권을 설정해 준 것을 알게 되었습니다. 그래서 바로 고소를 한 것입니다.

문 피해사실을 뒷받침할 자료가 있는가요.

답   위 대지에 관한 등기부등본과 근저당권 설정과 관련한 대출금내역조회서
       를 제출하겠습니다.
**사법경찰리는 진술인에게서 등기부등본과 대출금내역조회서를 제출받아 조서 말
미에 첨부하다(각 첨부 생략).**
문   김갑동이 위증하도록 시켰다는 고소내용은 무엇인가요.
답   김갑동과 제가 2020. 3. 20. 22:00경 서울 강남구 선릉로 829에 있는 조가
       곱창에서 함께 술을 마시고 나서 대리기사를 불러서 김갑동의 차량을 타
       고 귀가하려고 하였습니다. 그런데 김갑동이 술을 많이 마셔서 횡설수설
       하였는지 대리기사가 그렇게 위치를 알려주면 어떻게 찾아가냐며 화를 내
       고 오지 않았습니다. 그러자 김갑동이 자신의 오피러스 차량을 운전하여
       서울 강남구 봉은사로에 있는 메이플우드 호텔 앞을 코엑스에서 종합운동
       장 방향으로 진행하다가 같은 날 23:30경 그만 앞차인 랜드크루져 차량을
       들이받았습니다. 피해운전자의 신고로 경찰이 출동하여 입건하였고 김갑
       동한테 음주운전 전력이 2차례 있는 것을 알았기 때문에 조사과정에서 제
       가 운전하였다고 진술하였으나 받아들여지지 않았습니다. 이후 김갑동은
       교통사고처리특례법위반(치상) 등으로 불구속 기소되었는데 음주운전 전
       력 때문에 법정에서 구속될까봐 크게 걱정하였습니다. 김갑동은 2020. 6.
       10. 21:00경 서울 강남구 논현로 678에 있는 예가체프 커피로 저를 불러내
       서 "음주사고로 인한 재판이 진행 중인데 술 마시고 운전한 사람이 내가
       아니라고 부인을 하였더니, 검사가 너를 증인으로 신청하였다. 법정에 나
       가서 네가 당시 차량을 운전하였다고 진술해 달라."고 말하였습니다. 김갑
       동이 법정에서 구속될지도 모른다고 읍소하고 저는 전과가 없어서 운전했
       다고 말해도 큰 문제가 되지 않을 것 같아서 그렇게 하겠다고 승낙을 하
       였습니다. 그래서 2020. 6. 14. 14:00경 서울 송파구 법원로 101(문정동)에
       있는 서울동부지방법원 제207호 법정에 출석하여 선서한 다음 해당 사건
       (2020고단8743)을 심리하는 판사한테 "술에 만취한 김갑동을 집으로 돌려
       보내기 위해 제가 김갑동을 조수석에 태우고 운전하였다."고 허위 진술하
       였습니다.
문   본인이 위증하였다는 사실을 자진하여 신고하는 경위를 진술하세요.
답   사실 위증은 하였지만 판사가 제 말을 믿지 않고 김갑동한테 집행유예 판
       결을 선고하여 내심 잘 됐다 여기고 그냥 넘어가려고 했는데, 김갑동이
       제가 명의신탁한 위 대지에 근저당권을 설정한 것을 근래에 알게 된 상황
       에서 김갑동한테서 사기죄로 고소를 당하니 김갑동이 저지른 불법을 모두
       밝혀야겠다는 마음에 제가 위증한 것도 들통이 나기는 하지만 위증을 사

　　　주한 것이 더 나쁘다고 생각하여 자수하게 되었습니다.
문　　　이상의 진술은 사실인가요.
답　　　**예, 사실입니다.**

위의 조서를 진술자에게 열람하게 하였던바, 진술한 대로 오기나 증감·변경할 것이 전혀 없다고 말하므로 간인한 후 서명무인하게 하다.

　　　　　　　　　　　진술자　　이 을 남 (무인)

　　　　　　2020.　9.　19.

　　　　　　서울성동경찰서

　　　　　　사법경찰리　　경사　　**강 철 중**　㊞

서울동부지방법원

증인신문조서 (제2회 공판조서의 일부)

사   건   2020고단8743 교통사고처리특례법위반(치상) 등
증   인   이 름   이을남
            생년월일   ****. **. **.
            주 거   (생략)

재판장
    증인에게 위증의 벌을 경고한 후 별지 선서서와 같이 선서를 하게 하였다.
검사
    증인에게
문 증인은 **2020. 3. 20. 22:00**경 서울 강남구 선릉로 **829**에 있는 조가곱창에서 피
    고인과 함께 술을 마신 사실이 있지요.
답 예, 그렇습니다.
문 그날 피고인이 술을 많이 마셔서 대리기사를 불러 피고인의 차량을 타고 함
    께 귀가하려고 했는데, 대리기사가 찾아오지 않았지요.
답 예, 그렇습니다.
문 그 상황에서 누가 운전을 하였나요.
답 피고인은 술을 많이 마셨지만 저는 거의 술을 마시지 않았기 때문에 제가 피고인
    을 피고인의 오피러스 차량 조수석에 태운 다음 피고인의 차량을 몰고 피고인의
    집으로 가다가 피고인의 차량으로 운전하는 것이 익숙하지 못하여 앞차를 들이받
    는 사고를 내었습니다.
문 피고인이 술을 많이 마셨음에도 자신의 차량을 운전한 것이 아닌가요.
답 아닙니다. 피고인은 운전할 수 없는 상태이었습니다.
문 피해 차량의 운전자와 동승자가 피고인이 운전석에서 나오는 것을 보았다고
    진술하고 있는데도 증인이 운전한 것이 맞다는 것인가요.
답 그 사람들이 왜 그렇게 진술하는지 모르겠습니다.
(이하 생략)

> 위 사본함
> 검찰주사 신복제 ㉑

2020. 6. 14.

법 원 사 무 관   장운호 ㉑
재판장 판 사   장동근 ㉑

피의자신문조서(제2회)

피의자 이을남에 대한 위증 피의사건에 관하여 2020. 9. 19. 서울성동경찰서 형사1팀 사무실에서 사법경찰관 경위 정의로는 사법경찰리 경사 강철중을 참여하게 하고, 피의자에 대하여 다시 아래의 권리들이 있음을 알려주고 이를 행사할 것인지 그 의사를 확인하다.

[진술거부권과 변호인 조력권 고지하고 변호인 참여 없이 진술하기로 함 (생략)]
이에 사법경찰관은 피의사실에 관하여 다음과 같이 피의자를 신문하다.

문 피의자는 법정에서 허위진술한 사실이 있지요.

답 예. 2020. 6. 14. 14:00경 서울동부지방법원 제207호 법정에 출석하여 선서한 다음 김갑동에 대한 교통사고처리특례법위반(치상) 등 사건을 심리하는 판사한테 "술에 만취한 김갑동을 집으로 돌려보내기 위해 제가 김갑동을 조수석에 태우고 운전하였다."고 허위로 진술하였습니다. 사실은 당시 김갑동이 운전하다가 앞차를 들이받는 교통사고를 냈습니다.

문 법정에서 왜 허위 진술을 하였나요.

답 김갑동이 2020. 6. 10. 21:00경 서울 강남구 논현로 678에 있는 예가체프 커피에서 "음주사고로 인한 재판에서 술 마시고 운전한 사람이 내가 아니라고 부인을 하니까 검사가 너를 증인으로 신청하였다. 법정에 나가서 네가 당시 차량을 운전하였다고 진술해 달라."고 말하였습니다. 김갑동이 법정에서 구속될지 모른다고 계속 사정해서 허위 진술을 하고 말았습니다.

문 이상의 진술내용에 대하여 이의나 의견이 있는가요.

답 **없습니다.**

위의 조서를 진술자에게 열람하게 하였던바, 진술한 대로 오기나 증감·변경할 것이 전혀 없다고 하므로 간인한 후 서명무인하게 하다.

진술자 **이 을 남** (무인)

2020. 9. 19.

서울성동경찰서

사법경찰관 경위 **정 의 로** ㊞

사법경찰리 경사 **강 철 중** ㊞

피의자신문조서

피의자 김갑동에 대한 특정경제범죄가중처벌등에관한법률위반(횡령) 등 피의사
건에 관하여 2020. 9. 23. 서울성동경찰서 형사1팀 사무실에서 사법경찰관 경위 정
의로는 사법경찰리 경사 강철중을 참여하게 하고, 아래와 같이 피의자임에 틀림없
음을 확인하다.

문   피의자의 성명, 주민등록번호, 직업, 주거, 등록기준지 등을 말하십시오.
답   성명은 김갑동(金甲東)

　　　주민등록번호, 직업, 주거, 등록기준지, 직장주소, 연락처 (각 생략)

사법경찰관은 피의사건의 요지를 설명하고 사법경찰관의 신문에 대하여 「형사
소송법」 제244조의3에 따라 진술을 거부할 수 있는 권리 및 변호인의 참여 등
조력을 받을 권리가 있음을 피의자에게 알려주고 이를 행사할 것인지 그 의사를
확인하다.

[진술거부권과 변호인 조력권 고지하고 변호인 참여 없이 진술하기로 함 (생략)]
이에 사법경찰관은 피의사실에 관하여 다음과 같이 피의자를 신문하다.
[피의자의 범죄전력, 경력, 학력, 가족 · 재산 관계 등 (생략)]

[특정경제범죄가중처벌등에관한법률위반(횡령)]
문   피의자는 이을남으로부터 명의신탁 받은 토지에 관하여 임의로 근저당권을
　　　설정하여 준 사실이 있나요.
답   예. 이을남이 2019. 4.경 광주시 오포읍 양벌로 743 대 1,422㎡를 매수하려
　　　고 하는데 세금 문제가 걸리니 계약자 명의와 등기 명의를 빌려달라고 해
　　　서 제가 직접 대박 공인중개소에 가서 매매계약을 체결한 다음 위 대지에
　　　관하여 제 명의로 소유권이전등기를 마쳤습니다. 2020. 3.경 친구인 신비남
　　　으로부터 광주시 인근에 신도시가 들어선다는 정보를 입수하고 광주시 파
　　　발로에 있는 토지를 매입하려고 하는데 돈이 좀 부족하여 잠깐 빌려서 쓴
　　　다음에 되돌려 주어야지라는 마음으로 2020. 3. 13. 위 대지에 관하여 양촌
　　　농업협동조합에 채권최고액 5억 원의 근저당권을 설정하여 주고 4억 7,000
　　　만 원을 대출받아 광주시 파발로 481 전 3,645㎡를 매입하는 데 사용하였습
　　　니다.
문   현재 대출금은 얼마가 남아있나요.

답   2020. 9. 15. 기준으로 **4억 8,000**만 원이 남아 있습니다. 위 파발로 토지 가
     격이 많이 올랐으니 매각하고 나면 대출금을 갚을 수 있습니다.

[위증교사]
문   피의자는 **2020. 3. 20. 23:30**경 술을 마시고 피의자 소유의 오피러스 차량
     을 운전하여 가다가 앞차를 들이받아서 상대차량의 운전자와 동승자한테
     상해를 입힌 사실이 있지요.
답   그렇습니다.
문   피의자는 위 교통사고로 인한 교통사고처리특례법위반(치상) 등 사건(서울
     동부지방법원 **2020고단8743**)에서 술을 마시고 운전한 사실을 부인하였고,
     증인으로 출석할 이을남한테 "술에 취한 나 대신 차량을 운전하여 가다가
     사고를 냈다고 진술해 달라."고 말한 사실이 있지요.
답   이을남한테 그런 말 한 적 없습니다.
문   증인으로 출석한 이을남이 법정에서 "술에 만취한 김갑동을 집으로 돌려
     보내기 위해 김갑동을 조수석에 태우고 운전하였다."고 허위 진술한 사실
     을 알고 있나요.
답   그렇게 진술한 것은 알고 있습니다.
문   피의자가 시키지 않았다면 이을남이 허위 진술할 이유가 있나요.
답   제가 또 음주운전한 것으로 판결을 받으면 실형이 선고될 것을 우려하여
     그와 같이 진술한 것으로 생각합니다. 하지만 제가 시킨 것은 아닙니다.
문   이상의 진술내용에 대하여 이의나 의견이 있는가요.
답   **없습니다.**

위의 조서를 진술자에게 열람하게 하였던바, 진술한 대로 오기나 증감·변경할
것이 전혀 없다고 하므로 간인한 후 서명무인하게 하다.

진술자 **김 갑 동** (무인)

2020.   9.   23.

서울성동경찰서

사법경찰관   경위   **정 의 로** ㉑

사법경찰리   경사   **강 철 중** ㉑

진술조서

성   명: 주개남

주민등록번호, 직업, 주거, 등록기준지, 직장주소, 연락처(각 생략)

  위의 사람은 피의자 김갑동에 대한 특정경제범죄가중처벌등에관한법률위반(횡령) 등 피의사건에 관하여 2020. 9. 25. 서울성동경찰서 형사1팀 사무실에 임의출석하여 다음과 같이 진술하다.

[피의자와의 관계, 피의사실과의 관계 등(생략)]

문   진술인은 2019. 4. 13. 진술인이 운영하는 광주시 오포읍 능평로 823에 있는 대박 공인중개소에서 김갑동과 문석민 사이의 광주시 오포읍 양벌로 743 대 1,422㎡에 관한 매매계약을 중개한 사실이 있지요.

답   예.

문   진술인이 위 대지에 관한 매매계약을 중개한 경위를 진술하세요.

답   고등학교 동기인 이을남한테서 "위 대지를 매수하려고 하는데 종합부동산세 때문에 김갑동의 명의를 빌려서 매수하려 한다. 중개 좀 해 달라."는 부탁을 받고 중개를 하게 되었습니다.

문   진술인은 위 대지의 매도인인 문석민한테 이을남이 김갑동의 명의를 빌려서 매수한다는 사실을 알렸나요.

답   예, 위 대지의 매도를 의뢰한 문석민이 저한테 매수인이 누구냐고 물어봐서 "위 대지를 사는 사람은 이을남인데 계약명의자와 등기 내는 사람(김갑동)은 따로 있다."고 말해주었습니다.

문   진술인은 2020. 5. 25. 대박 공인중개소에서 김갑동과 이을남 사이의 광주시 오포읍 산현리 산 87-1 임야 8,614㎡에 관한 매매계약도 중개한 사실이 있지요.

답   예.

문   진술인이 위 임야에 관한 매매계약을 중개한 경위를 진술하세요.

답   2020. 1.경 이을남한테서 "위 임야를 오래 가지고 있었는데 별 쓸모가 없는 것 같다. 적절한 가격에 매수할 사람을 알아봐 달라."는 제안을 받고 중개를 하게 되었습니다.

문   진술인은 이을남이 어떠한 경위로 김갑동한테 위 임야를 매도하게 되었는지 알고 있나요.

답   이을남이 위 임야의 매도를 의뢰하였으나 관심을 보이는 사람이 없었는데, 2020. 5.경 저한테 "위 임야를 이종사촌형인 김갑동한테 팔기로 했다."

고 말하였습니다. 이후 매매계약 당일 제 중개소에서 이을남이 김갑동한
테 위 임야에 대한 산지전용허가를 받아서 펜션을 신축할 수 있으니 싼
값에 잘 사는 것이라고 말하는 것을 들었습니다.

문   이상의 진술은 사실인가요.

답   **예, 사실입니다.**

위의 조서를 진술자에게 열람하게 하였던바, 진술한 대로 오기나 증감·변경할
것이 전혀 없다고 말하므로 간인한 후 서명무인하게 하다.

진술자   *주 개 남* (무인)

2020. 9. 25.

서울성동경찰서

사법경찰리   경사   *강 철 중* ㊞

고 발 장

접수일자	2020. 9. 26.
접수번호	제 5208 호
사건번호	제 5811 호
압수번호	

고 발 인   서울보호관찰소장

피고발인   이을남

죄   명 : 허위공문서작성

　　피고발인은 서울보호관찰소 보호관찰과 보호주사로 근무하고 있는 자입니다. 김갑동이 2020. 7. 16.부터 2020. 7. 20.까지 5회에 걸쳐 서울보호관찰소에서 40시간 동안 알코올 치료 강의, 준법운전 강의 등을 수강한 사실이 전혀 없음에도, 피고발인은 2020. 8. 27. "김갑동은 2020. 7. 16.부터 2020. 7. 20.까지 5회에 걸쳐 서울보호관찰소에서 40시간 동안 알코올 치료 강의, 준법운전 강의 등을 수강하여 서울동부지방법원(2020고단8743)으로부터 선고받은 수강명령을 이행하였다."는 수강명령 이행확인서 초안을 허위로 작성한 다음 그 사실을 모르는 작성권자인 서울보호관찰소장인 나준법에게 결재를 상신하여 나준법으로 하여금 위 초안에 서울보호관찰소장의 직인을 찍게 하였습니다.

　　고발인은 2020. 9. 25. 수강명령 불이행자 명부를 전자결재로 들여다 보다가 김갑동이라는 이름을 발견하고 의아하게 생각하여 확인해보니 이을남이 허위로 결재를 올린 것을 알게 되었습니다. 피고발인은 공문서인 서울보호관찰소장 명의로 된 수강명령 이행확인서를 허위로 작성하였으니 피고발인을 조사하여 엄벌에 처해 주시기 바랍니다.

2020. 9. 26.

고발인 서울보호관찰소장 나준법 ㉘

첨부서류

1. 수강명령 이행확인서 초안 출력물(생략)

1. 수강명령 불이행자 명부(생략)

서울성동경찰서장 귀중

피의자신문조서(제3회)

　피의자 이을남에 대한 허위공문서작성 피의사건에 관하여 2020. 9. 30. 서울성동경찰서 형사1팀 사무실에서 사법경찰관 경위 정의로는 사법경찰리 경사 강철중을 참여하게 하고, 피의자에 대하여 다시 아래의 권리들이 있음을 알려주고 이를 행사할 것인지 그 의사를 확인하다.

[진술거부권과 변호인 조력권 고지하고 변호인 참여 없이 진술하기로 함 (생략)]
이에 사법경찰관은 피의사실에 관하여 다음과 같이 피의자를 신문하다.

문　피의자는 보호관찰소에서 근무하고 있나요.

답　예. 서울보호관찰소 보호관찰과에서 보호주사로 일하고 있습니다.

문　담당하고 있는 업무는 구체적으로 무엇인가요.

답　법원에서 수강명령을 받은 사람들한테 집행할 프로그램의 기획 · 운영과 협력기관의 발굴, 집행감독 등 업무를 담당하고 있습니다.

문　피의자는 수강명령 이행확인서를 발급하는 업무도 담당하나요.

답　제가 발급하는 것은 아니고 서울보호관찰소장이 발급권자이고 저는 수강명령 이행확인서의 발급을 보조하는 업무를 담당합니다.

문　수강명령은 어떻게 집행하나요.

답　법원으로부터 선고된 형과 수강명령이 확정된 판결문 등이 접수된 때로부터 1개월 이내에 집행에 착수하여 1일 9시간 집행함을 원칙으로 합니다.

문　김갑동이 2020. 7. 16.부터 2020. 7. 20.까지 5회에 걸쳐 알코올 치료 강의, 준법운전 강의 등을 40시간 동안 수강한 사실이 있나요.

답　잘 기억나지 않습니다.

문　피의자는 2020. 8. 27. "김갑동은 2020. 7. 16.부터 2020. 7. 20.까지 5회에 걸쳐 서울보호관찰소에서 40시간 동안 알코올 치료 강의, 준법운전 강의 등을 수강하여 서울동부지방법원(2020고단8743)으로부터 선고받은 수강명령을 이행하였다."는 수강명령 이행확인서 초안을 허위로 작성한 다음 그 사실을 모르는 서울보호관찰소장인 나준법에게 결재를 올린 적이 있나요.

답　(우물쭈물하다가) 예, 그렇습니다.

문　왜 수강명령 이행확인서 초안을 허위로 작성하여 결재를 올렸나요.

답　김갑동이 2020. 8. 26. 저를 찾아와서 "어제 베트남으로 출국하려고 했는데 공항에서 아직 수강명령을 이행하지 않았다고 하여 출국할 수 없었다. 베트남에서 삼겹살 전문식당을 현지인과 공동투자하여 열기로 이미 계약하였고, 내일 모레 관할 관청에서 투자허가를 반드시 받아야 한다. 베트남 다녀와서 수강명령을 이행할 테니 수강명령을 이행한 것으로 확인서를 써 달라."고 부탁하여 한 것입니다. 김갑동이 베트남 다녀와서 수강명령을 이행하면 별 문제가 있겠나 하는 생각에 허위로 수강명령 이행확인서 초안을 작성하여 결재권자의 결재를 받아 주었습니다. 그런데 김갑동이 베트남 갔다와서 차일피일 미루면서 수강명령을 이행하지 아니하여 들통이 나버린 것입니다.

문   이상의 진술내용에 대하여 이의나 의견이 있는가요.

답   **없습니다.**

위의 조서를 진술자에게 열람하게 하였던바, 진술한 대로 오기나 증감·변경할 것이 전혀 없다고 하므로 간인한 후 서명무인하게 하다.

진술자   이 을 남 (무인)

2020.   9.   30.

서울성동경찰서

사법경찰관   경위   정 의 로 ㉑

사법경찰리   경사   강 철 중 ㉑

피의자신문조서(제2회)

　피의자 김갑동에 대한 허위공문서작성 피의사건에 관하여 2020. 10. 2. 서울성동 경찰서 형사1팀 사무실에서 사법경찰관 경위 정의로는 사법경찰리 경사 강철중을 참여하게 하고, 피의자에 대하어 다시 아래의 권리들이 있음을 알려주고 이를 행사할 것인지 그 의사를 확인하다.

[진술거부권과 변호인 조력권 고지하고 변호인 참여 없이 진술하기로 함 (생략)]
이에 사법경찰관은 피의사실에 관하여 다음과 같이 피의자를 신문하다.

문　피의자는 근래에 음주운전을 하다가 교통사고를 내서 사람을 다치게 한 사실이 있지요.

답　예. 2020. 3. 20. 23:30경 술을 마시고 제 차량을 운전하여 가다가 앞차를 들이받아서 앞차에 타고 있던 운전자와 동승자가 좀 다쳤습니다. 그로 인하여 2020. 6. 28. 서울동부지방법원에서 징역 6월, 집행유예 2년 및 수강명령 40시간을 받았습니다.

문　보호관찰소에 출석하여 수강명령을 이행했나요.

답　(멈칫거리며) 아직 이행하지 못했습니다.

(이때, 사법경찰관은 수강명령 이행확인서 초안 출력물을 제시한 후)

문　피의자는 이와 같은 내용의 문서를 본 적이 있나요.

답　처음 봅니다.

문　피의자는 2020. 8. 말경 베트남으로 출국하면서 출국심사 직원에게 수강명령 이행확인서를 제출한 적이 있지요.

답　잘 기억나지 않습니다.

문　이을남이 2020. 8. 27. 피의자에게 허위 작성된 수강명령 이행확인서를 교부하였다고 하는데 계속 부인을 할 것인가요.

답　일이 이렇게 되어 버렸으니 다 털어놓겠습니다. 2020. 8. 말경 이을남한테서 허위로 된 수강명령 이행확인서를 받기는 했는데 출국심사 직원에게 제출한 적은 없습니다.

문　허위 작성된 수강명령 이행확인서는 어떻게 입수하였나요.

답　제가 2020. 5.경 베트남에서 현지인과 합작으로 삼겹살만 전문적으로 요리하는 식당을 열기로 하는 동업계약을 체결하였고, 식당 개설에 앞서 베트남 관할 관청의 투자허가가 필요하여 2020. 8. 25. 베트남으로 출국하려고 하였는데 공항에서 출국심사 직원이 수강명령을 아직 이행하지 않았으니 출국할 수 없다고 하였습니다. 그래서 무슨 방도가 없을까 고민하던 중 이을남이 서울보호관찰소에 근무한다는 것을 떠올리고 2020. 8. 26. 이을남을 찾아가 "어제 베트남으로 출국하려고 했는데 공항의 출국심사 직원이 아직 수강명령을 이행하지 않았다고 하여 출국할 수 없었다. 베트남에서 삼겹살만을 전문적으로 취급하는 한식당을 현지인과 공동투자하여 열기로 이미 계약하였고, 내일 모레 관할 관청에서 투자허가를 반드시 받아야 한다. 베트남 다녀와서 수강명령을 이행할 테니 수강명령을 이행한 것으로 확인서를 써 달라."고 부탁하였습니다. 이을남은 처음에는 난색을 표명하다가 제가 계속 부탁을 하면서 나중에 한잔 거하게 사겠다고 하자, 해주겠다고 승낙하였습니다. 그 다음날인 2020. 8. 27. 이을남의 연락을 받고 서울보호관찰소로 찾아가니 이을남이 서울보호관찰소장의 직인이 찍힌 수강명령 이행확인서를 주었습니다. 그래서 2020. 8. 28. 베트남으로 출국하면서 인천공항의 출국심사 직원에게 제출할 준비를 하고 있었는데 뜻밖에도 위 서류를 요구하지 않아서 그냥 출국할 수 있었습니다. 베트남 다녀와서 수강명령을 이행했어야 했는데 이런저런 일로 바빠서 이행을 하지 못하였습니다.

문   이상의 진술내용에 대하여 이의나 의견이 있는가요.

답   **없습니다.**

위의 조서를 진술자에게 열람하게 하였던바, 진술한 대로 오기나 증감·변경할 것이 전혀 없다고 하므로 간인한 후 서명무인하게 하다.

진술자   **김 갑 동** (무인)

2020.   10.   2.

서울성동경찰서

사법경찰관   경위   **정 의 로** ㉑

사법경찰리   경사   **강 철 중** ㉑

서울동부 지방 검찰청	사건과장	2020. 10. 7.	주임 검사	부장 검사	차장 검사	검사장
	㊞	2020형 제12496호	정이감	**전 결**		㊞

불 기 소 사 건 재 기 서

피 의 자	성 명	김갑동		
	주민등록번호	68****-1******	연 령	50세
	주 거	서울 성동구 행당로 35 행당아파트 112동 207호		
	등록기준지	생략		
	직 업	상업		
죄 명		폭력행위등처벌에관한법률위반(공동폭행)		
재 기 이 유		피의자 소재발견		

2020년 형제12496호에서 다음과 같이 사건을 재기함

2020. 10. 7.

서울동부지방검찰청

검사 정이감 ㊞

진술조서

성   명: 최정남

주민등록번호, 직업, 주거, 등록기준지, 직장주소, 연락처(각 생략)

　위의 사람은 피의자 김갑동, 박병서에 대한 폭력행위등처벌에관한법률위반(공동폭행) 등 피의사건에 관하여 2020. 4. 11. 서울마포경찰서 형사2팀 사무실에 임의 출석하여 다음과 같이 진술하다.

[피의자와의 관계, 피의사실과의 관계 등(생략)]

문　　진술인은 언제, 어디에서, 누구한테서 폭행을 당하였나요.

답　　2020. 4. 10. 23:00경 서울 마포구 공덕로8길에 있는 아말피 주점에서 김갑동과 박병서로부터 폭행을 당하였습니다.

문　　폭행을 당한 경위는 어떠한가요.

답　　친구인 서송기와 함께 그곳 홀에서 술을 마시고 있었는데, 갑자기 김갑동, 박병서가 제가 술 마시는 자리로 와서 "작작 좀 떠들어라, 여기가 너희집 안방이냐."라고 하길래 제가 그들에게 "술집인데 편하게 얘기도 못 하나요."라고 반문하였습니다. 그랬더니 박병서가 "대가리에 피도 안 마른 것이"라고 하면서 손바닥으로 제 얼굴을 여러 차례 때렸습니다. 김갑동도 이에 가세하여 저의 멱살을 잡고 주먹으로 제 가슴을 수차례 때렸습니다.

문　　진술인은 김갑동과 박병서를 때리지 않았나요.

답　　화가 나서 박병서의 얼굴을 오른 주먹으로 1차례 때렸습니다.

문　　이상의 진술은 사실인가요.

답　　**예, 사실입니다.**

위의 조서를 진술자에게 열람하게 하였던바, 진술한 대로 오기나 증감·변경할 것이 전혀 없다고 말하므로 간인한 후 서명무인하게 하다.

> 위 사본함
> 검찰주사 신복채 ㉑

진술자　*최 정 남*　(무인)

2020.　4.　11.

서울마포경찰서

사법경찰리　경사　　**배 태 랑**　㉑

서울서부지방법원
공 판 조 서

제 1 회

사　　건	2020고정5933　폭력행위등처벌에관한법률위반(공동폭행) 등		
판　　사	안 이 길	기　　일 : 2020. 6. 19. 11:00	
		장　　소 : 제 312호 법정	
법원주사	최 병 선	공개여부 : 공개	
		고 지 된	
		선고기일 : 2020. 7. 10. 10:00	

피 고 인	박병서, 최정남	각 출석
검　　사	조남선	출석
변 호 인	변호사 김제온(피고인 박병서를 위한 국선)	출석
	변호사 김장완(피고인 최정남을 위한 국선)	출석

(인정신문 등 모두절차 기재 생략)

검　　사

　　　공소장에 의하여 공소사실, 죄명, 적용법조 낭독

피고인들과 변호인

　　　공소사실을 인정한다고 진술

판　　사

　　　피고인들의 모두진술을 마치고 이 사건을 간이공판절차에 의하여 심판할
　　　것을 결정고지

(증거조사절차 기재 생략)

재판장

　　　증거조사를 마치고 피고인신문을 하겠다고 고지

검　　사

　　　피고인 박병서에게

문　　피고인이 손바닥으로 최정남의 얼굴을 수회 때릴 때 김갑동도 합세하여 주
　　　먹으로 최정남의 가슴을 때렸지요.

답　　아닙니다. 저와 최정남을 말렸을 뿐입니다.

문　　최정남에 대한 처벌을 원하나요.

답   나이도 어린 것이 반성하는 기미도 없어서 처벌을 원합니다.

피고인 박병서의 변호인

    피고인 박병서에게(신문사항 생략)

검 사

    피고인 최정남에게

문   피고인이 박병서한테서 얼굴을 맞을 때 김갑동도 가세하여 피고인의 가슴을 주먹으로 때린 것이 맞지요.

답   예, 맞습니다.

문   김갑동이 싸움을 말리는 것을 피고인이 착각한 것이 아닌가요.

답   아닙니다. 김갑동은 싸움을 말리는 척 하다가 교묘하게도 주먹으로 제 가슴을 1대 때렸습니다.

문   박병서와 김갑동에 대한 처벌을 원하나요.

답   박병서는 시비를 걸어서 싸움을 일으켰고 손바닥으로 제 얼굴을 여러 대 때려서 아직도 모욕감을 느끼고 있습니다. 박병서에 대한 처벌은 원하지만, 김갑동에 대한 처벌은 원하지 않습니다.

피고인 최정남의 변호인

    피고인 최정남에게(신문사항 생략)

판 사

    피고인신문을 마쳤음을 고지

검 사

    이 사건 공소사실에 대하여 공소장 기재 법조를 적용하여 피고인 박병서를 벌금 300만 원에, 피고인 최정남을 벌금 100만 원에 각 처함이 상당하다는 의견 진술

(이하 기재 생략)

위 사본함
검찰주사 신복채 ㉛

서 울 서 부 지 방 법 원
판   결

사   건   **2020고정5933** 가. 폭력행위등처벌에관한법률위반(공동폭행)
                            나. 폭행
피 고 인   1. 가. 박병서 (생략), 상업
              주거와 등록기준지 (생략)
              2. 나. 최정남 (생략), 회사원
              주거와 등록기준지 (생략)
검   사   조남선
변 호 인   변호사 김제온(피고인 박병서를 위한 국선)
              변호사 김장완(피고인 최정남을 위한 국선)
판 결 선 고   2020. 7. 10.

주   문

피고인 박병서를 벌금 300만 원, 피고인 최정남을 벌금 50만 원에 각 처한다.
(이하 생략)

이   유

범 죄 사 실

1. 피고인 박병서

피고인은 김갑동(소재불명으로 인하여 기소중지 중)과 공동하여 **2020. 4. 10. 23:00**경
서울 마포구 공덕로8길에 있는 아말피 주점에서, 옆자리에서 술을 마시고 있던 피해자
최정남(23세) 일행이 떠든다는 이유로 시비가 되어 피고인은 손바닥으로 피해자의 얼
굴을 수회 때리고, 김갑동은 주먹으로 피해자의 가슴을 1회 때렸다.

이로써 피고인과 김갑동은 공동하여 피해자에게 폭행을 가하였다.

2. 피고인 최정남

피고인은 제1항 기재 일시, 장소에서 피해자 박병서(50세)로부터 위와 같이 언어맞
자 화가 나서 오른 주먹으로 피해자의 가슴을 1회 때려 폭행하였다.

증거의 요지와 법령의 적용

각 기재 (생략)

판사   안이길 _____

피의자신문조서

성   명: 김갑동

주민등록번호: (생략)

위의 사람에 대한 특정경제범죄가중처벌등에관한법률위반(횡령) 등 피의사건에 관하여 2020. 10. 14. 서울동부지방검찰청 제512호 검사실에서 검사 정이감은 검찰 주사 한조사를 참여하게 한 후, 아래와 같이 피의자가 틀임없음을 확인하다.

주민등록번호, 직업, 주거, 등록기준지, 직장주소, 연락처는 각각 **(생략)**

검사는 피의사실의 요지를 설명하고 검사의 신문에 대하여 「형사소송법」 제244조 의3에 따라 진술을 거부할 수 있는 권리 및 변호인의 참여 등 조력을 받을 권리 가 있음을 피의자에게 알려주고 이를 행사할 것인지 그 의사를 확인하다.

[진술거부권과 변호인 조력권 고지하고 변호인 참여 없이 진술하기로 함 (생략)]

이에 검사는 피의사실에 관하여 다음과 같이 피의자를 신문하다.

[피의자의 범죄전력, 경력, 학력, 가족·재산 관계 등 (생략)]

[폭력행위등처벌에관한법률위반(공동폭행)의 점]

문   피의자는 2020. 4. 10. 23:00경 서울 마포구 공덕로8길에 있는 아말피 주점에 서 박병서와 술을 마시다가, 옆자리에서 술을 마시고 있던 최정남 일행이 떠든 다는 이유로 시비를 벌였지요.

답   예.

문   박병서가 최정남 일행한테 왜 이렇게 떠느냐고 항의하였는데 최정남이 죄송하 다고 말하기는커녕 뭐가 문제냐는 식으로 말대답을 하자, 화가 난 박병서가 손 바닥으로 피해자의 얼굴을 수회 때렸고, 피의자는 이에 합세하여 주먹으로 최 정남의 가슴을 수차례 때렸지요.

답   아닙니다. 저는 박병서와 최정남 사이에 큰 싸움이 일어날 것 같아서 두 사람을 말렸을 뿐입니다.

문   최정남은 피의자가 싸움을 말리는 척 하다가 주먹으로 자신의 가슴을 때 렸다고 하는데 어떤가요.

답   제가 최정남을 말리면서 최정남의 가슴을 밀어냈는데, 최정남이 맞았다고 오해하는 것입니다.

문   피의자는 그동안 왜 조사도 받지 않고 기소중지가 되어 있었는가요.

답   제가 베트남에서 벌이고 있는 사업이 있어서 베트남을 왔다 갔다 하는데, 폭행 사건이 난 직후에 베트남으로 출국하여 있다 보니 그렇게 된 것 같습니다.

[허위공문서작성, 특정경제범죄가중처벌등에관한법률위반(횡령), 위증교사의 점]
(경찰 진술내용과 동일함, 신문사항 생략)
문   이상의 진술내용에 대하여 이의나 의견이 있는가요.
답   **없습니다.**

위의 조서를 진술자에게 열람하게 하였던바, 진술한 대로 오기나 증감·변경할 것이 전혀 없다고 말하므로 간인한 후 서명무인하게 하다.

진술자 김갑동 (무인)

2020. 10. 14.

서울동부지방검찰청

검   사 정이감   ㊞

검찰주사 한조사   ㊞

기타 법원에 제출되어 있는 증거들

※ 편의상 다음 증거서류의 내용을 생략하였으나, 법원에 증거로 적법하게 제출되어 있음을 유의하여 검토할 것.

○ 고소장(김갑동)

김갑동에 대한 경찰 진술조서의 기재와 같음

○ 매매계약서사본

김갑동이 2020. 5. 25. 이을남으로부터 광주시 오포읍 산현리 산 87-1 임야 8,614㎡를 6억 원에 매수한다는 내용임

○ 시가확인서

광주시 오포읍 능평로 961에서 '객관 공인중개소'를 운영하는 최공평이 2020. 5.을 기준으로 광주시 오포읍 산현리 산 87-1 임야 8,614㎡의 시가가 5억 원임을 확인하는 내용임

○ 고소장(이을남)

이을남에 대한 경찰 진술조서의 기재와 같음

○ 등기부등본

김갑동이 광주시 오포읍 양벌로 743 대 1,422㎡에 관하여 2019. 4. 13.자 매매(거래가액: 6억 5,000만 원)를 원인으로 같은 달 21. 소유권이전등기를 마쳤고, 2020. 3. 13. 위 대지에 근저당권자 양촌농업협동조합, 채무자 김갑동, 채권최고액 5억 원의 근저당권설정등기가 마쳐졌다는 내용임

○ 대출금내역조회

위 근저당권설정등기의 피담보채무 원리금은 4억 8,000만 원(2020. 9. 15. 기준)이라는 내용임

○ 수사보고(증인신문조서사본)

이을남이 위증하였다고 자수한 서울동부지방법원 2020고단8743 제2회 공판기일의 증인신문조서를 복사, 첨부한다는 내용임

○ 진술조서(서울보호관찰소 직원 선예방)

서울보호관찰소장이 이을남을 허위공문서작성으로 고발한 후 서울보호관찰소 직원인 선예방에 대하여 작성된 진술조서(고발장과 같은 내용이며 조사과정에서 수강명령 이행확인서 초안 출력물과 수강명령 불이행자 명부를 제출함)

○ 수강명령 이행확인서 초안 출력물

이을남이 작성하여 서울보호관찰소장인 나준법에게 결재를 올린 수강명령 이행확인서 초안과 동일한 내용을 담은 출력물

○ 수강명령 불이행자 명부

2020. 9. 20.을 기준으로 수강명령을 이행하지 아니한 자로 김갑동이 기재되어 있는 명부

○ 피고인들에 대한 각 조회회보서

김갑동은 2016. 1. 17. 서울중앙지방법원에서 도로교통법위반(음주운전) 등으로 벌금 300만 원을 선고받았고(확정), 2018. 10. 13. 같은 법원에서 교통사고처리특례법위반(치상) 등으로 벌금 500만 원을 선고받았으며(확정), 2020. 6. 28. 서울동부지방법원에서 교통사고처리특례법위반(치상) 등으로 징역 6월, 집행유예 2년 및 수강명령 40시간을 선고받은(2020. 7. 6. 확정) 전력이 있고, 이을남은 전과 없음

○ 수사보고(증거자료 첨부)

김갑동에 대한 폭력행위등처벌에관한법률위반(공동폭행) 기소중지사건 기록에서 재기사건의 입증에 필요한 진술조서, 공판조서, 판결문을 복사, 첨부한다는 내용임

○ 검사 작성의 피의자 이을남에 대한 피의자신문조서(2020. 10. 14.)

경찰에서 한 진술과 동일한 내용임

○ 수사보고(전화진술 청취)

검찰주사인 한조사가 광주시청 산리관리 담당공무원인 임푸름에게 전화하여 광주시 오포읍 산현리 산 87-1 임야 8,614㎡'는 공익용산지로 펜션 신축 등 개발행위를 할 수 없다는 답변을 청취한 내용임

○ 수사보고(형사재판결과 확인보고)

박병서는 2020. 7. 10. 서울서부지방법원(2020고정5933)에서 폭력행위등처벌에관한법률위반(공동폭행)으로 벌금 300만 원을 선고받고 항소하여 같은 법원 2020노5864로 계속 중에 있음

모의기록 3 검토의견서

I. 피고인 김갑동에 대하여

1. 허위공문서작성의 점

가. 피고인의 주장

피고인은 공무원이 아니므로 허위공문서작성죄가 성립하지 아니한다고 주장하고 있습니다.

나. 허위공문서작성죄의 간접정범 성립 여부

공무원이 아닌 자는 공정증서원본불실기재죄(형법 제228조)를 제외하고는 허위공문서작성죄의 간접정범이 될 수 없으나, 공문서의 작성권한이 있는 공무원의 직무를 보좌하는 사람과 공모하여 행사할 목적으로 허위의 내용이 기재된 문서 초안을 작성권한이 있는 공무원에게 제출하여 결재하도록 하는 방법으로 허위의 공문서를 작성하게 한 경우에는 간접정범의 공범에 해당합니다.[1]

이을남은 수강명령 이행확인서의 발급을 보조하는 문서 기안자이고, 피고인과 이을남은 공모하여 수강명령 이행확인서의 작성권자인 서울보호관찰소장인 나준법으로 하여금 허위인 정을 알지 못한 채 공소사실 기재와 같은 허위의 수강명령 이행확인서를 작성하게 하였으므로, 이을남이 허위공문서작성죄의 간접정범에 해당하는 이상 피고인이 공무원이 아니라 하더라도 허위공문서작성죄의 공모공동정범에 해당합니다.

다. 결 론

그렇다면 이 사건 공소사실에 대하여는 유죄판결이 예상됩니다.

---

1) 대법원 1992. 1. 17. 선고 91도2837 판결.

2. 특경법위반(횡령){예비적으로 특경법위반(배임)}의 점

가. 특경법위반죄와 친족상도례의 적용

형법 제361조, 제328조 제2항에 의하면, 동거하지 않는 친족 간에는 고소가 있어야 공소를 제기할 수 있는바, 형법상 횡령죄 또는 배임죄의 성질은 특경법 제3조 제1항에 의해 가중처벌되는 경우에도 그대로 유지되고 같은 법률에 친족상도례의 적용을 배제한다는 명시적인 규정이 없으므로, 형법 제361조는 같은 법률 제3조 제1항 위반죄에도 그대로 적용됩니다.[2]

(등기부등본의 기재와 이을남에 대한 경찰 진술조서의 진술기재에 의하면) 피고인은 2020. 3. 13. 광주시 오포읍 양벌로 743 대 1,422㎡(이하 '이 사건 대지')에 관하여 채권최고액 5억 원의 근저당권을 설정하였고, 이을남은 2020. 9. 12.경에야 피고인이 위와 같이 근저당권을 설정한 사실을 알게 되었으므로, 그때로부터 6개월 이내인 2020. 9. 19. 한 이을남의 고소는 적법합니다. 그러나 (이을남에 대한 경찰 진술조서의 진술기재와 이을남 작성의 고소장의 기재에 의하면) 이을남은 피고인의 이종사촌동생으로 동거하지 않는 사실을 인정할 수 있는데, (이을남이 작성한 고소취소장의 기재에 의하면) 이을남은 이 사건 공소제기 후인 2020. 11. 26. 고소를 취소하였으므로, 주위적으로 특경법위반(횡령), 예비적으로 특경법위반(배임)의 점은 친고죄에 대하여 고소의 취소가 있은 때에 해당하여 형사소송법 제327조 제5호의 공소기각 판결의 사유가 있습니다.

나. 특경법의 적용 여부

횡령으로 인한 특경법위반죄에서는 횡령한 재물의 가액이 5억 원 이상 또는 50억 원 이상이라는 것이 범죄구성요건의 일부로 되어 있고 그 가액에 따라 그 죄에 대한 형벌도 가중되어 있으므로, 이를 적용하면서는 횡령한 재물의 가액을 엄격하고 신중하게 산정함으로써 범죄와 형벌 사이에 적정한 균형이 이루어져야 한다는 죄형균형 원칙 및 형벌은 책임에 기초하고 그 책임에 비례하여야 한다는 책임주의 원칙이 훼손되지 않도록 유의하여야 합니다. 따라서 특경법 제3조 제1항의 적용과 관련하여 피고인이 근저당권설정등기를 마치는 방법으로 부동산을

---

[2] 대법원 2010. 2. 11. 선고 2009도12627 판결.

횡령함으로 인하여 취득한 구체적인 이득액은 부동산을 담보로 제공한 피담보채무 내지 그 채권최고액이라고 봄이 상당합니다. 근저당권설정등기를 마치는 행위를 배임으로 의율한다고 하더라도 달리 볼 수 없습니다.

피고인은 공소사실 기재와 같이 시가 6억 5,000만 원의 이 사건 대지에 관하여 채권최고액 5억 원의 근저당권을 설정하여 주었으나, (대출금내역조회의 기재에 의하면) 위 근저당권설정등기의 피담보채무 원리금은 4억 8,000만 원인 사실(2020. 9. 15. 기준)을 인정할 수 있습니다.

따라서 피고인의 이득액은 5억 원 미만이므로, 주위적 공소사실과 예비적 공소사실 모두에 특경법 제3조 제1항 제1호를 적용할 수 없습니다. 다만, 주위적 공소사실에는 횡령, 예비적 공소사실에는 배임이 포함되어 있고, 피고인이 주위적 공소사실과 예비적 공소사실을 모두 인정하고 있어서 피고인의 방어권 행사에 실질적 불이익을 초래할 염려가 없으므로, 피고인에 대하여 공소장의 변경 없이 주위적으로는 횡령, 예비적으로는 배임의 공소사실을 심리 · 판단할 수 있습니다.

다. 계약명의신탁과 횡령죄 또는 배임죄의 성립 여부

명의신탁자와 명의수탁자가 이른바 계약명의신탁 약정을 맺고 명의수탁자가 당사자가 되어 명의신탁 약정이 있다는 사실을 알고 있는 소유자와 부동산에 관한 매매계약을 체결한 후 매매계약에 따라 부동산의 소유권이전등기를 명의수탁자 명의로 마친 경우에는 부동산 실권리자명의 등기에 관한 법률(이하 '부동산실명법') 제4조 제2항 본문에 의하여 수탁자 명의의 소유권이전등기는 무효이고 부동산의 소유권은 매도인이 그대로 보유하게 됩니다. 따라서 명의수탁자는 부동산 취득을 위한 계약의 당사자도 아닌 명의신탁자에 대한 관계에서 횡령죄에서 '타인의 재물을 보관하는 자'의 지위에 있다고 볼 수 없고, 또한 명의수탁자가 명의신탁자에 대하여 매매대금 등을 부당이득으로 반환할 의무를 부담한다고 하더라도 이를 두고 배임죄에서 '타인의 사무를 처리하는 자'의 지위에 있다고 보기도 어렵습니다. 한편 위 경우 명의수탁자는 매도인에 대하여 소유권이전등기말소의무를 부담하게 되나, 위 소유권이전등기는 처음부터 원인무효여서 명의수탁자는 매도인이 소유권에 기한 방해배제청구로 말소를 구하는 것에 대하여 상대방으로서 응할 처지에 있음에 불과하고, 그가 제3자와 한 처분행위가 부동산실명법 제4조 제3항에 따라 유효하게 될 가능성이 있다고 하더라도 이는 거래 상대방인 제3

자를 보호하기 위하여 명의신탁 약정의 무효에 대한 예외를 설정한 취지일 뿐 매도인과 명의수탁자 사이에 위 처분행위를 유효하게 만드는 어떠한 신임관계가 존재함을 전제한 것이라고는 볼 수 없습니다. 결국 말소등기의무의 존재나 명의수탁자에 의한 유효한 처분가능성을 들어 명의수탁자가 매도인에 대한 관계에서 횡령죄에서 '타인의 재물을 보관하는 자' 또는 배임죄에서 '타인의 사무를 처리하는 자'의 지위에 있다고 볼 수 없습니다.[3]

(이을남, 주개남에 대한 각 경찰 진술조서의 진술기재에 의하면) 이을남은 종합부동산세를 회피하기 위하여 피고인의 명의를 빌려 매매계약을 체결하기로 하고, 피고인에게 매도인인 문석민과의 매매계약 체결을 부탁하여 피고인이 이를 승낙한 사실, 피고인은 2019. 4. 13. 문석민과 사이에 문석민으로부터 이 사건 대지를 매수하는 매매계약을 체결하였고, 같은 달 21. 이 사건 대지에 관한 소유권이전등기를 마친 사실, 문석민은 매매계약 당시 실제 매수인은 이을남이고 피고인은 이을남과의 명의신탁 약정에 따라 매매계약의 당사자가 되어 그에 따른 소유권이전등기를 할 뿐이라는 사정을 알고 있었던 사실을 인정할 수 있습니다.

위 인정사실에 의하면, 위 명의신탁 약정은 매수인인 이을남 측의 명의신탁 약정 사실을 매도인인 문석민이 알면서 명의수탁인인 피고인과 계약을 체결한 이른바 '악의의 계약명의신탁'에 해당하여 이 사건 대지에 관하여 피고인 명의로 마친 소유권이전등기는 무효이고 매도인인 문석민이 그 소유권을 그대로 보유하고 있으므로, 피고인은 명의신탁자인 이을남과의 관계에서 횡령죄에서의 '타인의 재물을 보관하는 자'의 지위에 있다고 볼 수 없고, 배임죄에서의 '타인의 사무를 처리하는 자'에 해당하지도 않습니다.

따라서 주위적으로는 횡령의 점, 예비적으로는 배임의 점은 범죄로 되지 않는 경우에 해당하여 형사소송법 제325조 전단의 무죄판결을 하여야 할 사유가 있습니다.

라. 결 론

그렇다면 주위적 공소사실과 예비적 공소사실에 무죄 사유와 공소기각 사유가 경합하나, 형식재판 우선의 원칙에 따라 주위적으로 특경법위반(횡령)의 점, 예비적으로 특경법위반(배임)의 점에 대하여 공소기각 판결이 선고되어야 합니다.

---

3) 대법원 2012. 11. 29. 선고 2011도7361 판결.

3. 폭처법위반(공동폭행)의 점

가. 피고인의 주장

피고인은 박병서를 말렸을 뿐 최정남을 폭행한 사실이 없다고 주장하고 있습니다.[4]

나. 공동폭행의 인정 여부

1) 증거능력이 없는 증거

가) 최정남에 대한 경찰 진술조서사본

최정남에 대한 경찰 진술조서사본은 형사소송법 제312조 제4항에 규정된 '피고인 아닌 자의 진술을 기재한 조서'에 해당하는데, 피고인이 증거로 함에 동의하지 아니하였고, 공판준비 또는 공판기일에서 그 작성자인 최정남의 진술에 의하여 그 성립의 진정함이 증명되지 아니하였으므로 위 조항에 의하여 위 진술조서사본의 증거능력을 인정할 수 없습니다.

나아가 형사소송법 제314조에 의하여 같은 법 제312조의 조서나 같은 법 제313조의 진술서, 서류 등을 증거로 하기 위하여는 진술을 요할 자가 사망, 질병, 외국거주 기타 사유로 인하여 공판정에 출석하여 진술을 할 수 없는 경우이어야 하고, 그 진술 또는 서류의 작성이 특히 신빙할 수 있는 상태하에서 행하여진 것이라야 한다는 두 가지 요건이 갖추어져야 할 것인바, 첫째 요건과 관련하여 '외국거주'란 진술을 요할 자가 외국에 있다는 것만으로는 부족하고, 가능하고 상당한 수단을 다하더라도 그 진술을 요할 자를 법정에 출석하게 할 수 없는 사정이 있어야 예외적으로 그 적용이 있습니다.[5]

그런데 소재탐지불능 보고서의 기재에 의하면, 최정남의 어머니인 황영순이 2020. 11.경 사법경찰리인 추적해에게 "최정남이 1달 전에 필리핀으로 사업차 출국한 후 아직 집에 돌아오지 않고 있다."라고 진술하였으나, 검사는 최정남에 대한 개인별출입국현황 등을 통하여 최정남의 출입국사실을 객관적으로 확인하지 않은 점, 설령 황영순의 진술에 따라 최정남이 2020. 11.경 필리핀으로 출국했다

---

4) 공소사실에 부합하는 증거로는 최정남에 대한 경찰 진술조서사본, 공판조서사본, 판결문사본이 제출되어 있다.
5) 대법원 2002. 3. 26. 선고 2001도5666 판결.

고 하더라도 외국에 체류하는 기간이 장기화되지 아니한 상태에서 출국일로부터 1달 남짓이 지난 제3회 공판기일인 2020. 12. 5. 최정남에 대한 증인채택이 취소된 점 등에 비추어 볼 때, 최정남에 대한 경찰 진술조서사본은 형사소송법 제314조에 의하여 증거능력을 갖춘 것으로 볼 수 없습니다.

따라서 최정남에 대한 경찰 진술조서사본은 증거능력이 없습니다.

　나) 공판조서사본

공판조서사본은 공범이 아닌 제3자인 최정남이 서울서부지방법원 2020고정5933 폭처법위반(공동폭행) 등 사건의 피고인신문에서 진술한 내용을 담고 있습니다.

공범이 아닌 제3자가 당해 피고인과 함께 재판을 받는 공동피고인인 경우에는 변론을 분리하고 증인신문을 하여야만 그 진술에 증거능력이 인정되고 피고인의 지위에서 하는 진술은 증거능력이 없는 점, 공범이 아닌 제3자가 다른 피고사건에서 증인이 아닌 피고인으로서 한 진술을 기재한 공판조서가 기타 신용할 만한 정황에 의하여 작성된 문서(형사소송법 제315조 제3호)로 당연히 증거능력이 인정된다면 당해 피고인이 반대신문의 기회를 갖지 못한 전문서류에 증거능력을 부여하는 결과가 되는 점 등을 고려하면 공판조서사본은 피고인이 증거로 함에 부동의한 이상 증거능력이 없습니다.

　2) 부족증거 등

판결문사본[6]은 박병서가 피고인과 공동하여 최정남을 폭행하였다는 범죄사실을 유죄로 인정하고 있으나, 위 범죄사실은 증거능력이 없는 최정남의 법정진술[7]과 최정남에 대한 경찰 진술조서[8]에 기초한 것이므로, 판결문사본만으로는 피고인의 공동폭행을 인정하기 부족하고 달리 이를 인정할 증거가 없습니다.

　3) 소결론

폭처법위반(공동폭행)의 점 중 공동폭행 부분은 합리적 의심의 여지가 없을

---

6) 판결문사본은 특히 신용할만한 정황에 의하여 작성된 문서(형사소송법 제315조 제3호)이므로 (대법원 1981. 11. 24. 선고 81도2591 판결 참조) 증거능력이 있다.

7) 서울서부지방법원 2019고정59333 폭처법위반(공동폭행) 등 사건에서 공범이 아닌 공동피고인인 최정남은 피고인인 박병서에 대한 관계에서는 증인의 지위에 있음에 불과하므로 최정남이 공판기일에서 선서 없이 피고인으로서 한 진술을 박병서에 대한 공소사실을 인정하는 증거로 쓸 수 없다.

8) 공범이 아닌 공동피고인인 최정남의 경찰진술은 제3자의 진술과 다를 바 없으므로, 당해 피고인인 박병서가 증거로 함에 동의하지 않는 한 최정남을 증인으로 신문하여 진정성립이 증명된 경우에 한하여 증거능력이 있다. 기록상 제1회 공판기일에서 변론종결이 되었으므로 최정남에 대한 증인신문이 이루어졌다고 볼 수 없다.

정도로 증명되지 않았으므로 형사소송법 제325조 후단의 무죄 판결을 선고하여야 합니다.

다. 축소사실의 인정 여부

폭처법위반(공동폭행)의 공소사실에는 폭행이 포함되어 있고, 피고인이 박병서와 함께 최정남을 폭행하였는지에 관하여 심리가 이루어져 피고인의 방어권 행사에 실질적인 불이익을 초래할 염려가 없으므로, 피고인에 대하여 공소장의 변경 없이 폭행의 공소사실을 인정할 수 있습니다.

그러나 폭행죄는 형법 제260조 제3항에 의하여 피해자의 명시한 의사에 반하여 공소를 제기할 수 없는데, (공판조서사본의 기재에 의하면) 최정남은 이 사건 공소제기 전인 2020. 6. 19. 서울서부지방법원 2020고정5933 폭처법위반(공동폭행) 등 사건의 제1회 공판기일에서 피고인의 처벌을 원하지 않는다는 의사표시를 하였습니다. 그렇다면 폭행 부분은 공소제기의 절차가 법률의 규정에 위반하여 무효이므로 형사소송법 제327조 제2호에 따라 공소기각 판결을 선고하여야 합니다.

4. 위증교사의 점

가. 피고인의 주장

피고인은 이을남한테 법정에서 허위로 진술해 달라고 말한 적이 없고, 설령 그렇지 않더라도 자신은 서울동부지방법원 2020고단8743 사건의 피고인이었으므로 위증교사죄가 성립하지 않는다고 주장하고 있습니다.[9]

나. 위증교사의 인정 여부

1) 증거능력이 없는 증거

가) 이을남에 대한 제2회 경찰 피의자신문조서, 경찰 진술조서

피의자의 진술을 기재한 서류 또는 문서가 수사기관에서의 조사 과정에서 작성된 것이라면, 그것이 '진술조서, 진술서, 자술서'라는 형식을 취하였다고 하더라도 피의자신문조서와 달리 볼 수 없고, 특히 조사대상자의 진술 내용이 단순히

---

9) 공소사실에 부합하는 증거로는 이을남의 법정진술, 이을남에 대한 검찰 피의자신문조서, 이을남 작성의 고소장, 이을남에 대한 경찰 진술조서, 이을남에 대한 제2회 경찰 피의자신문조서, 증인신문조서사본이 제출되어 있다.

제3자의 범죄에 관한 경우가 아니라 자신과 제3자에게 공동으로 관련된 범죄에 관한 것이거나 제3자의 피의사실뿐만 아니라 자신의 피의사실에 관한 것인 경우에는 그 실질을 피의자신문조서로 보아야 합니다.[10) 이을남에 대한 경찰 진술조서는 피고인의 위증교사뿐만 아니라 이을남의 위증에 관한 조사내용을 담고 있으므로 실질적으로 이을남에 대한 경찰 피의자신문조서에 해당합니다.

따라서 이을남에 대한 제2회 경찰 피의자신문조서와 이을남에 대한 경찰 진술조서는 피고인이 그 내용을 부인하는 취지로 증거에 부동의하였으므로 형사소송법 제312조 제3항에 따라 각 증거능력이 없습니다. 또한 사법경찰리 강철중은 이을남의 위증 혐의에 관한 진술을 듣기 전에 진술거부권을 고지하지 아니하였으므로, 이을남에 대한 경찰 진술조서는 형사소송법 제312조 제3항에 정한 '적법한 절차와 방식'에 위반된 증거일 뿐만 아니라, 형사소송법 제308조의2에서 정한 '적법한 절차에 따르지 아니하고 수집한 증거'에 해당하므로[11) 피고인에 대하여도[12) 증거능력이 없습니다.[13)

나) 이을남 작성의 고소장

이을남 작성의 고소장은 이을남이 수사단계 이전에 작성한 진술서에 해당하므로 피고인이 증거로 함에 동의하지 아니한 이상 형사소송법 제313조 제1항이 적용됩니다. 따라서 공판기일 등에서 원진술자인 이을남의 진술에 의하여 그 성립의 진정함이 증명되어야 증거로 할 수 있으나, 이을남이 공판기일 등에서 위 고소장의 진정성립에 관하여 아무런 진술을 하지 아니한 만큼 위 고소장은 증거능력이 없습니다.

---

10) 대법원 2015. 10. 29. 선고 2014도5939 판결.

11) 대법원 2013. 3. 28. 선고 2010도3359 판결.

12) 형사소송법 제308조의2는 "적법한 절차에 따르지 아니하고 수집한 증거는 증거로 할 수 없다."고 규정하고 있는데, 수사기관이 헌법과 형사소송법이 정한 절차에 따르지 아니하고 수집한 증거는 유죄 인정의 증거로 삼을 수 없는 것이 원칙이므로, 수사기관이 피고인 아닌 자를 상대로 적법한 절차에 따르지 아니하고 수집한 증거는 원칙적으로 피고인에 대한 유죄 인정의 증거로 삼을 수 없다(대법원 2011. 6. 30. 선고 2009도6717 판결).

13) 개정 형사소송법(법률 제16924호) 중 2022. 1. 1.부터 시행되는 제312조 제1항에 의하면 검사가 작성한 피의자신문조서는 적법한 절차와 방식에 따라 작성된 것으로서 공판준비, 공판기일에 그 피의자였던 피고인 또는 변호인이 그 내용을 인정할 때에 한정하여 증거로 할 수 있고, 이와 같이 검찰 피의자신문조서의 증거능력이 경찰 피의자신문조서의 증거능력과 동일하게 규율된 이상 공범에 대한 경찰 피의자신문조서는 당해 피고인이 내용을 인정하여야만 증거능력이 있다는 법리도 동일하게 검찰 피의자신문조서에 적용될 것으로 보인다. 만일 이을남에 대한 검찰 피의자신문조서가 2022. 1. 1. 이후에 작성되었다면, 피고인(김갑동)이 이을남에 대한 검찰 피의자신문조서 중 위증교사에 관한 진술 부분을 증거로 함에 부동의한 이상 위 진술 부분은 증거능력이 없다.

2) 이을남 진술의 신빙성 여부

이을남은 피고인으로부터 교통사고 당시 피고인 대신 운전하였다고 말해 달라는 부탁을 받고 법정에서 허위 진술을 하였다고 진술하고 있습니다.[14]

이을남은 수사기관 이래 법정에 이르기까지 일관하여 피고인이 음주운전에 의한 교통사고로 법정에서 구속될 수도 있다고 읍소하여 피고인의 부탁에 따라 허위 진술을 하였다고 구체적으로 진술하고 있는 점, 이을남이 피고인의 이종사촌동생이라고 해도 피고인의 부탁이 없음에도 이을남이 스스로 음주운전으로 인한 교통사고 책임을 부담하는 허위 진술을 하였다고 보는 것은 사회통념에 어긋나는 점 등을 고려하면 이을남의 진술은 신빙성이 있습니다.

3) 소결론

이을남의 진술에 신빙성이 있으므로 피고인이 위증을 교사한 사실을 인정할 수 있습니다.

다. 자기의 형사피고사건에 대한 위증교사와 위증죄의 성립 여부

피고인이 자기의 형사사건에 관하여 허위의 진술을 하는 행위는 피고인의 방어권을 인정하는 취지에서 처벌의 대상이 되지 않으나, 법률에 의하여 선서한 증인이 타인의 형사사건에 관하여 위증을 하면 형법 제152조 제1항의 위증죄가 성립되므로 자기의 형사사건에 관하여 타인을 교사하여 위증죄를 범하게 하는 것은 방어권의 남용이므로 교사범의 죄책을 부담케 함이 상당합니다.[15]

따라서 피고인이 서울동부지방법원 2020고단8743 사건의 피고인이었다고 하더라도 위 사건의 증인인 이을남에게 위증을 부탁한 이상 위증교사죄의 죄책을 집니다.

라. 결 론

그렇다면 이 사건 공소사실에 대하여는 유죄판결이 예상됩니다.

---

14) 이을남에 대한 검찰 피의자신문조서 중 위증교사에 관한 부분도 피고인이 부동의하였으나, 이을남(공범인 공동피고인)이 증거결정에 관한 의견진술 과정에서 진정성립과 임의성을 인정하였고, 피고인이 이을남에 대한 반대신문의 기회를 부여받았으므로 위 부분은 피고인에 대하여 형사소송법 제312조 제4항에 따라 증거능력이 있다.

15) 대법원 2004. 1. 27. 선고 2003도5114 판결.

II. 피고인 이을남에 대하여

1. 허위공문서작성의 점

가. 피고인의 주장

피고인은 수강명령 이행확인서의 작성권자가 아니므로 허위공문서작성죄가 성립하지 아니한다고 주장하고 있습니다.

나. 허위공문서작성죄의 간접정범 성립 여부

허위공문서작성의 주체는 직무상 그 문서를 작성할 권한이 있는 공무원에 한하고 작성권자를 보조하는 직무에 종사하는 공무원은 허위공문서작성죄의 주체가 되지 못합니다. 다만 공문서의 작성권한이 있는 공무원의 직무를 보좌하는 사람이 그 직위를 이용하여 행사할 목적으로 허위의 내용이 기재된 문서 초안을 그 정을 모르는 상사에게 제출하여 결재하도록 하는 등의 방법으로 작성권한이 있는 공무원으로 하여금 허위의 공문서를 작성하게 한 경우에는 허위공문서작성죄의 간접정범이 성립합니다.[16]

피고인은 수강명령 이행확인서의 작성권자인 서울보호관찰소장인 나준법을 보좌하는 자신의 직위를 이용하여 공소사실 기재와 같은 수강명령 이행확인서 초안을 작성한 다음 허위인 정을 모르는 나준법에게 제출하여 그로 하여금 허위의 수강명령 이행확인서를 작성하게 하였으므로, 피고인은 허위공문서작성의 간접정범이 됩니다.

다. 결 론

그렇다면 이 사건 공소사실에 대하여는 유죄판결이 예상됩니다.

2. 사기의 점

가. 피고인의 주장

피고인은 김갑동한테 산지전용허가를 받을 수 있다고 말한 적이 없다며 공소사실을 부인하고 있습니다.[17]

---

16) 대법원 2011. 5. 13. 선고 2011도1415 판결.

나. 증거능력 없는 증거

공범이 아닌 공동피고인은 당해 피고인의 범죄사실에 관하여는 증인의 지위에 있으므로, 공동피고인이 피고인의 지위에서 진정성립을 인정하더라도 당해 피고인이 증거로 함에 동의하지 않는 한 공동피고인을 증인으로 신문하여 진정성립이 증명된 경우에 한하여 증거능력이 있습니다.[18]

피고인은 김갑동에 대한 경찰 진술조서에 대하여 증거로 함에 동의하지 않았고, 김갑동은 피고인의 지위에서 위 진술조서의 진정성립을 인정하였을 뿐 형사소송법 제312조 제4항에 따라 증인으로서 위 진술조서의 진정성립을 인정한 것이 아니고 영상녹화물 기타 객관적 방법에 의한 증명도 없으므로, 위 진술조서는 증거능력이 없습니다. 김갑동 작성의 고소장도 김갑동이 증인으로 그 진정성립을 인정한 것이 아니므로 증거능력이 없습니다.

다. 주개남의 진술의 신빙성

주개남은 매매계약 당일 피고인이 김갑동한테 광주시 오포읍 산현리 산 87-1 임야 8,614㎡(이하 '이 사건 임야')에 대한 산지전용허가를 받아 펜션을 신축할 수 있으니 싼 값에 잘 사는 것이라고 말하는 것을 들었다고 진술하고 있습니다.[19]

주개남은 경찰과 법정에서 일관하여 피고인이 매매계약 당일 김갑동한테 이 사건 임야에 관한 산지전용허가를 받을 수 있다고 말하는 것을 들었다고 진술하고 있는 점, 주개남은 피고인의 고등학교 동창으로 피고인한테서 대지 매수를 의뢰받는 등 친분관계가 있는데 피고인에게 불리하게 허위 진술을 할 만한 동기나 이유를 찾을 수 없는 점 등에 비추어보면 주개남의 진술은 믿을 수 있습니다.

라. 특경법의 적용 여부

금원 편취를 내용으로 하는 사기죄에서는 기망으로 인한 금원 교부가 있으

---

17) 공소사실에 부합하는 증거로는 주개남의 법정진술, 주개남에 대한 경찰 진술조서, 김갑동 작성의 고소장, 김갑동에 대한 경찰 진술조서, 매매계약서사본, 시가확인서, 수사보고(전화진술청취)가 있다.

18) 대법원 1982. 9. 14. 선고 82도1000 판결.

19) 피고인의 위와 같은 원진술의 존재 자체가 사기죄에서의 요증사실이므로, 이를 직접 경험한 주개남이 피고인으로부터 위와 같은 말을 들었다고 하는 진술은 전문증거가 아니라 본래증거에 해당한다(대법원 2012. 7. 26. 선고 2012도2937 판결 참조).

면 그 자체로써 피해자의 재산침해가 되어 바로 사기죄가 성립하고, 상당한 대가가 지급되었다거나 피해자의 전체 재산상에 손해가 없다 하여도 사기죄의 성립에는 영향이 없습니다. 그러므로 사기죄에서 그 대가가 일부 지급되거나 담보가 제공된 경우에도 편취액은 피해자로부터 교부된 금원으로부터 그 대가 또는 담보 상당액을 공제한 차액이 아니라 교부받은 금원 전부라고 보아야 합니다.[20]

피고인이 공소사실 기재와 같이 시가 5억 원의 이 사건 임야에 관하여 피해자 김갑동에게 소유권이전등기를 마쳐 주었다고 하더라도, 편취액은 교부받은 매매대금인 6억 원이라고 보아야 하므로, 피고인의 이득액은 5억 원 이상입니다. 그러나 법정형이 더 무거운 특경법 제3조 제1항 제1호를 적용하는 것은 피고인의 방어권 행사에 실질적인 불이익을 초래하므로, 법원은 공소장변경 없이는 위 특경법의 법조를 적용할 수 없습니다.[21]

마. 결 론

그렇다면 이 사건 공소사실에 대하여는 유죄판결이 예상됩니다.

3. 위증의 점

가. 피고인의 주장

피고인은 증언을 할 당시 재판장으로부터 증언거부권을 고지 받지 못하여 위증죄가 성립하지 않는다는 취지로 주장합니다.

나. 증언거부권의 불고지와 위증죄 성립 여부

형법 제152조 제1항에서 정한 '법률에 의하여 선서한 증인'이라 함은 '법률에 근거하여 법률이 정한 절차에 따라 유효한 선서를 한 증인'이라는 의미이고, 그 증인신문은 법률이 정한 절차 조항을 준수하여 적법하게 이루어진 경우여야 합니다. 따라서 증인신문절차에서 법률에 규정된 증인 보호를 위한 규정이 지켜진 것으로 인정되지 않은 경우에는 증인이 허위의 진술을 하였다고 하더라도 위증죄의 구성요건인 '법률에 의하여 선서한 증인'에 해당하지 아니한다고 보아 이를 위증

---

20) 대법원 2017. 12. 22. 선고 2017도12649 판결.
21) 대법원 2007. 12. 27. 선고 2007도4749 판결.

죄로 처벌할 수 없는 것이 원칙입니다. 다만, 법률에 규정된 증인 보호 절차라 하더라도 개별 보호절차 규정들의 내용과 취지가 같지 아니하고, 당해 신문 과정에서 지키지 못한 절차 규정과 그 경위 및 위반의 정도 등 제반 사정이 개별 사건마다 각기 상이하므로, 이러한 사정을 전체적·종합적으로 고려하여 볼 때, 당해 사건에서 증인 보호에 사실상 장애가 초래되었다고 볼 수 없는 경우에까지 예외없이 위증죄의 성립을 부정할 것은 아닙니다.22) 이러한 의미에서 재판장이 신문 전에 증인에게 증언거부권을 고지하지 않은 경우에도 당해 사건에서 증언 당시 증인이 처한 구체적인 상황, 증언거부사유의 내용, 증인이 증언거부사유 또는 증언거부권의 존재를 이미 알고 있었는지 여부, 증언거부권을 고지 받았더라도 허위 진술을 하였을 것이라고 볼 만한 정황이 있는지 등을 전체적·종합적으로 고려하여 증인이 침묵하지 아니하고 진술한 것이 자신의 진정한 의사에 의한 것인지 여부를 기준으로 위증죄의 성립 여부를 판단하여야 합니다.23)

(피고인의 법정진술, 증인신문조서사본의 기재 등에 의하면) 김갑동은 교특법위반(치상) 등 사건에서 교통사고 당시 운전하고 있지 않았다고 공소사실을 적극적으로 부인한 사실, 이에 검사의 증인신청에 따라 피고인이 위 사건의 증인으로 법정에 출석하여 증언을 하기에 이르렀던 사실, 당시 피고인은 검사의 신문에 대하여 술에 만취한 김갑동을 집으로 돌려보내기 위해 김갑동을 오피러스 차량의 조수석에 태우고 운전하였다고 김갑동의 변명에 부합하는 내용을 적극적으로 진술하였던 사실, 피고인은 이 사건 제3회 공판기일에 재판장이 증언을 하지 않을 수 있다는 사실을 알았다면 증언을 거부했을 것이냐는 신문에 대하여 그렇다 하더라도 증언을 하였을 것이라는 취지로 답변을 하였던 사실 등을 알 수 있습니다. 이와 같은 피고인의 증언 경위와내용, 피고인의 이 사건 제3회 공판기일에서의 진술 내용 등을 전체적·종합적으로 고려하면 피고인이 선서 전에 재판장으로부터 증언거부권을 고지받지 아니하였다 하더라도 이로 인하여 피고인의 증언거부권이 사실상 침해당한 것으로 평가할 수는 없습니다.

다. 결 론

그렇다면 이 사건 공소사실에 대하여도 유죄판결이 예상됩니다.

---

22) 대법원 2010. 1. 21. 선고 2008도942 전원합의체 판결.
23) 대법원 2010. 2. 25. 선고 2007도6273 판결.

【문제】

피고인 김갑동에 대하여는 법무법인 청계 담당변호사 김사근이 변론요지서를, 피고인 이을남에 대하여는 법무법인 실천 담당변호사 이사랑이 객관적인 입장에서 대표변호사에게 보고할 검토의견서를 작성하되, 다음 쪽 변론요지서와 검토의견서 양식 중 **본문 Ⅰ, Ⅱ 부분만** 작성하시오.

【작성요령】

1. 학설·판례 등의 견해가 대립되는 경우, 한 견해를 취하여 변론할 것. 다만, 대법원 판례와 다른 견해를 취하여 변론을 하고자 하는 경우에는 자신의 입장에 따른 변론을 하되, 대법원 판례의 취지를 적시할 것.

2. 증거능력이 없는 증거는 실제 소송에서는 증거로 채택되지 않아 증거조사가 진행되지 않지만, 이 문제에서는 시험의 편의상 증거로 채택되어 증거조사가 진행된 것을 전제하였음. 따라서 필요한 경우 증거능력에 대하여도 논할 것.

3. 법률명과 죄명에서 '특정범죄 가중처벌 등에 관한 법률'은 '특가법'으로, '폭력행위 등 처벌에 관한 법률'은 '폭처법'으로 줄여서 쓸 수 있음.

【주의사항】

1. 쪽 번호는 편의상 연속되는 번호를 붙였음.

2. 조서, 기타 서류에는 필요한 서명, 날인, 무인, 간인, 정정인이 있는 것으로 볼 것.

3. 증거목록, 공판기록 또는 증거기록 중 '(생략)'이라고 표시된 부분에는 법에 따른 절차가 진행되어 그에 따라 적절한 기재가 있는 것으로 볼 것.

4. 공판기록과 증거기록에 첨부하여야 할 일부 서류 중 '(생략)' 표시가 있는 것, '증인선서서'와 수사기관의 조서(진술서, 영상녹화물 포함)에 첨부하여야 할 '수사과정확인서'는 적법하게 존재하는 것으로 볼 것.

5. 송달이나 접수, 통지, 결재가 필요한 서류는 모두 적법한 절차를 거친 것으로 볼 것.

【변론요지서 양식】

변론요지서(40점)

사 건   2020고단622 특정범죄가중처벌등에관한법률위반(도주치상) 등

피고인   김갑동

  위 사건에 관하여 피고인 김갑동의 변호인 법무법인 청계 담당변호사 김사근은 다음과 같이 변론합니다.

다 음

 I. 피고인 김갑동에 대하여
   1. 폭력행위등처벌에관한법률위반(공동협박)의 점
   2. 특정범죄가중처벌등에관한법률위반(도주치상)의 점
   3. 무고의 점
※ **평가제외사항 – 공소사실의 요지, 정상관계(답안지에 기재하지 말 것)**

2020. 6. 22.

피고인 이을남의 변호인 법무법인 청계 담당변호사 김사근 ㉑

【검토의견서 양식】

검토의견서(60점)

사 건   2020고단622 특정범죄가중처벌등에관한법률위반(도주치상) 등

피고인   이을남

 II. 피고인 이을남에 대하여
   1. 폭력행위등처벌에관한법률위반(공동협박)의 점
   2. 상습도박의 점
   3. 절도의 점
※ **평가제외사항 – 공소사실의 요지, 정상관계(답안지에 기재하지 말 것)**

2020. 6. 22.

피고인 이을남의 변호인 법무법인 실천 담당변호사 이사랑 ㉑

기록내용 시작

			구속만료		미결구금
			최종만료		
			대행 갱신 만 료		

서 울 동 부 지 방 법 원

구 공 판 **형 사 제 1 심 소 송 기 록**

기일 1회기일	사건번호	2020고단622		담임	형사2단독	주심	
5/20 A10							
6/3 P2		가. 특정범죄가중처벌등에관한법률위반(도주치상)					
6/17 P2		나. 폭력행위등처벌에관한법률위반(공동협박)					
7/1 A10		다. 상습도박					
	사 건 명	라. 절도					
		마. 무고					

검 사	정이감	2020형제78130호
공소제기일	2020. 5. 3.	
피 고 인	1. 가.나.마.　　　김갑동 2. 나.다.라.　　　이을남	
변 호 인	사선 법무법인 청계 담당변호사 김사근(피고인 김갑동) 사선 법무법인 실천 담당변호사 이사랑(피고인 이을남)	

확　　정				담 임	과 장	국 장	주심 판사	재판장	원장
보존종기		완결							
종결구분		공람							
보　　존									

접 수 공 람	과 장	국 장	원 장
	㊞	㊞	㊞

공 판 준 비 절 차

회 부 수명법관 지정 일자	수명법관 이름	재 판 장	비 고

법 정 외 에 서 지 정 하 는 기 일

기일의 종류	일 시				재 판 장	비 고
1회 공판기일	2020.	5.	20.	10:00	㊞	

서울동부지방법원

목 록		
문 서 명 칭	장 수	비 고
증거목록	7	검사
증거목록	9	피고인
공소장	10	
변호인선임신고서	(생략)	피고인 김갑동
영수증(공소장부본 등)	(생략)	피고인 김갑동
의견서	(생략)	피고인 김갑동
의견서	(생략)	피고인 이을남
영수증(공소장부본 등)	(생략)	피고인 이을남
변호인선임신고서	(생략)	피고인 이을남
공판조서(제1회)	13	
공판조서(제2회)	15	
증인신문조서	16	두담화
증인신문조서	17	오락신
공판조서(제3회)	20	

증 거 목 록 (증거서류 등)
2020고단622

2020형제78130호

① 김갑동
② 이을남
신청인: 검사

순번	증거방법					참조사항등	신청기일	증거의견		증거결정		증거조사기일	비고
	작성	쪽수(수)	쪽수(증)	증거명칭	성명			기일	내용	기일	내용		
1	사경	(생략)		고소장	두담화		1	1	① ○ ② ×				
2	〃	24		진술조서	두담화		1	1	① ○ ② ×				
3	〃	26		진술조서	나절친		1	1	① ○ ② ○				
4	〃	27		피의자신문조서	김갑동		1	1	① ○ ② ×				
5	〃	29		피의자신문조서	이을남		1	1	① ○ ② ○				
6	〃	31		진술조서	심경륜		1	1	① ○				
7	〃	(생략)		진술조서	나부인		1	1	① ○				
8	〃	(생략)		진술조서	박모범		1	1	① ○				
9	〃	(생략)		교통사고 신황조사서			1	1	① ○				
10	〃	33		피의자신문조서 (제2회)	김갑동		1	1	① ○	(생략)		(생략)	
11	〃	(생략)		자동차등록원부	김갑동		1	1	① ○				
12	〃	(생략)		자동차종합보험 가입사실증명서	김갑동		1	1	① ○				
13	〃	35		고소장	김갑동		1	1	① ○				
14	〃	(생략)		진술조서	김갑동		1	1	① ○				
15	〃	(생략)		진단서	정직해		1	1	① ○				
16	〃	(생략)		근무상황부			1	1	① ○				
17	〃	36		피의자신문조서 (제2회)	이을남		1	1	① ×				
18	〃	(생략)		CCTV 사진(10장)			1	1	① ○				
19	〃	(생략)		고소장	오재차		1	1	② ○				
20	〃	38		진술조서	오재차		1	1	② ○				
21	〃	39		압수조서 및 압수목록			1	1	② ○				
22	〃	40		수사보고(단속 경위와 진술서 각 징수)			1	1	② ○				

※ 증거의견 표시 - 피의자신문조서: 인정 ○, 부인 ×
　　　　　　　　(여러 개의 부호가 있는 경우, 성립/임의성/내용의 순서임)
　　　　　　　- 기타 증거서류: 동의 ○, 부동의 ×
※ 증거결정 표시: 채 ○, 부 ×
※ 증거조사 내용은 제시, 내용고지

증 거 목 록 (증거서류 등)

2020고단622

① 김갑동
② 이을남

2020형제78130호

신청인: 검사

순번	증거방법						신청기일	증거의견		증거결정		증거조사기일	비고
	작성	쪽수(수)	쪽수(증)	증거명칭	성명	참조사항등		기일	내용	기일	내용		
23	〃	40		진술서	오락신		1	1	② ×				
24	〃	40		진술서	하이로		1	1	② ×				
25	〃	41		피의자신문조서 (제3회)	이을남		1	1	② ○				
26	〃	(생략)		자동차등록원부(갑) 등본			1	1	② ○				
27	〃	(생략)		조회회보서	김갑동		1	1	① ○				
28	〃	(생략)		조회회보서	이을남		1	1	② ○	(생략)			(생략)
29	검사	44		피의자신문조서	김갑동		1	1	① ○ / ② ×				
					이을남				① × / ① ○ / ② ○				공소사실 2의 나 항 부분 / 나머지 부분
30	〃	47		진술조서	두담화		1	1	① ○ / ② ×				
31	〃	(생략)		진술서	오락신		1	1	② ×				
32	〃	(생략)		진술서	하이로		1	1	② ×				
33	〃	48		판결등본 (2017고단38125)	이을남		1	1	② ○				
34	〃	49		판결등본 (2019고단32452)	이을남		1	1	② ○				
35	〃	(생략)		수첩 1권(증 제2호)	이을남		1	1	② ○				

※ 증거결정 표시: 채 ○, 부 ×

[이하 증거목록 미기재 부분은 생략]

증 거 목 록 (증인 등)
2020고단622

① 긴갑동
② 이을남
신청인: 검사

2020형제78130호

증 거 방 법	쪽수 (공)	입증취지 등	신청 기일	증거결정 기일	증거결정 내용	증거조사기일	비고
화투 20장 (증 제1호)		공소사실 3의 가 3)항 란련	1	1	○	2020. 5. 20. 10:00 (실시)	
5만원권 100장 (증 제3호)		공소사실 3의 가 3)항 란련	1	1	○	2020. 5. 20. 10:00 (실시)	
5만원권 60장 (증 제4호)		공소사실 3의 가 3)항 란련	1	1	○	2020. 5. 20. 10:00 (실시)	
5만원권 40장 (증 제5호)		공소사실 3의 가 3)항 란련	1	1	○	2020. 5. 20. 10:00 (실시)	
5만원권 20장 (증 제6호)		공소사실 3의 가 3)항 란련	1	1	○	2020. 5. 20. 10:00 (실시)	
증인 두답하	16	공소사실 1항 란련	1	1	○	2020. 6. 3. 14:00 (실시)	
증인 오락신	17	공소사실 3의 가 3)항 란련	1	1	○	2020. 6. 3. 14:00 (실시)	
증인 하이르		공소사실 3의 가 3)항 란련	1	1	○	2020. 6. 3. 14:00, 2020. 6. 17. 14:00 (각 불출석 미실시)	

※ 증거결정 표시: 채 ○, 부 ×

증 거 목 록 (증거서류 등)
2020고단662

① 긴갑동
② 이을남
신청인: 피고인과 변호인

2020형제78130호

순번	증거방법 작성	쪽수 (수)	쪽수 (공)	증거명칭	성명	참조사항 등	신청기일	증거의견 기일	증거의견 내용	증거결정 기일	증거결정 내용	증거조사기일	비고
1	(생략)	(생략)		합의서			3	3	○	(생략)			①신청

서 울 동 부 지 방 검 찰 청

2020. 5. 3.

사건번호   2020년 형제78130호

수 신 자   서울동부지방법원

제   목   **공소장**

검사 정이감은 아래와 같이 공소를 제기합니다.

622

접수

No. 15612

2020. 5. 3.

서울동부지방법원
형사접수실

Ⅰ. 피고인 관련사항

1. 피 고 인   김갑동 (69****-1******), 50세

   직업 상업, 010-****-****

   주거 서울 성동구 행당로 35 행당아파트 112동 207호

   등록기준지 (생략)

   죄   명   특정범죄가중처벌등에관한법률위반(도주치상), 폭력행위등처벌에관한법률위반(공동협박), 무고

   적용법조   특정범죄 가중처벌 등에 관한 법률 제5조의3 제3조 제1항 제2호, 형법 제268조, 폭력행위 등 처벌에 관한 법률 제2조 제2항, 형법 제283조 제1항, 제156조, 제37조, 제38조

   구속여부   불구속

   변 호 인   법무법인 청계 담당변호사 김사근

2. 피 고 인   이을남 (64****-1******), 55세

   직업 점원, 010-****-****

   주거 서울 서초구 남부순환로 2789 남부빌라 1동 108호

   등록기준지   (생략)

   죄   명   폭력행위등처벌에관한법률위반(공동협박), 상습도박, 절도

   적용법조   폭력행위 등 처벌에 관한 법률 제2조 제2항, 형법 제283조 제1항, 제246조 제2항, 제1항, 제329조, 제37조, 제38조

   구속여부   불구속

   변 호 인   법무법인 실천 담당변호사 이사랑

Ⅱ. 공소사실

[범죄전력]

　피고인 이을남은 2013. 5. 6. 서울중앙지방법원에서 도박죄로 벌금 50만 원의 약식명령을 발령받고, 2015. 7. 8. 서울동부지방법원에서 도박죄로 벌금 150만 원을 선고받고, 2017. 4. 12. 서울동부지방법원에서 상습도박죄로 징역 6월에 집행유예 1년을 선고받고, 2019. 5. 17. 서울동부지방법원에서 도박죄로 벌금 500만 원을 선고받고 2019. 5. 25. 그 판결이 확정되었다.

[범죄사실]

1. 피고인들의 공동범행

　피고인들은 공동하여 2020. 3. 23. 21:00경 서울 성동구 자동차시장길 108에 있는 피해자 두담화가 운영하는 '무한돼지집'에서 피해자에게 피고인 김갑동은 "내가 누구인줄 알고 주둥이를 함부로 놀려. 1주일 안에 이 바닥을 뜨지 않으면 칼침을 놓아주겠다."고 말하고, 피고인 이을남도 이에 합세하여 "죽고 싶냐. 회칼 좀 맞아볼래."라고 말하여 피해자의 생명과 신체에 어떤 위해를 가할 듯한 태도를 보여 협박하였다.

2. 피고인 김갑동

가. 특정범죄가중처벌등에관한법률위반(도주치상)

　피고인은 2020. 4. 6. 20:00경 15두7832 아반떼 승용차를 운전하여 서울 성동구 자동차시장길 701에 있는 사근빌딩 앞 편도 1차선 도로를 사근동 방면에서 행당동 방면으로 시속 50km로 진행하게 되었다. 그 당시는 야간이고 주위에 많은 차량들이 주·정차하고 있어서 전방과 좌우를 살펴보기 어려웠으므로, 이러한 경우 전방과 좌우를 잘 살펴서 진로가 안전함을 확인하고 진행하여야 할 업무상 주의의무가 있음에도 피고인은 그 의무의 이행을 게을리 한 채 진행한 업무상 과실로 피해자 심경륜이 위 도로 우측 가장자리에서 운전하던 자전거의 좌측 측면을 위 승용차의 앞 범퍼로 들이받아 넘어지게 하여 그 충격으로 피해자로 하여금 약 8주간의 치료를 요하는 좌측 비골 골절 등의 상해를 입게 하고도 즉시 정차하여 피해자를 구호하는 등의 필요한 조치를 취하지 아니한 채 그대로 도주하였다.

나. 무고

　피고인은 2020. 4. 18. 피고인의 주거지에서 "이을남이 2020. 4. 10. 23:40경 서울 강남구 역삼로 2417에 있는 삼진빌딩 지상 주차장에서 피고인의 오른쪽 어깨를 떠밀고 멱살을 잡아 옆으로 밀치면서 피고인을 구타하여 약 10일간의 치료를 요하는 요추부염좌상을 가하였다."는 내용의 허위사실을 기재한 고소장을 작성하여 같은 날 서울 성동경찰서에 접수시켜 이을남을 무고하였다.

3. 피고인 이을남

가. 상습도박

피고인은 아래와 같이 총 3회에 걸쳐 상습으로 도박을 하였다.

1) 피고인은 2017. 4. 8. 22:00경부터 2017. 4. 9. 01:00경까지 서울 성동구 왕십리로 333에 있는 육갑식당에서 비풍초, 동팔삼, 사오칠과 함께 화투 50장을 사용하여 3점에 5,000원씩 걸고 1점이 추가될 때마다 2,000원씩 가산하여 승패에 따라 돈을 지급하는 방법으로 30여 회에 걸쳐 속칭 '고스톱'이라는 도박을 하였다.

2) 피고인은 2019. 5. 13. 19:30경부터 같은 날 22:00경까지 서울 성동구 왕십리로 326에 있는 버킷주점에서 이름을 모르는 박사장, 김사장이라는 사람들과 함께 카드 52장을 사용하여 1회당 평균 30만 원 정도의 판돈을 걸고 80여 회에 걸쳐 속칭 '바둑이'라는 도박을 하였다.

3) 피고인은 2020. 4. 22. 21:20경부터 같은 날 23:00경까지 서울 성동구 행당로 523에 있는 블랙잭 모텔 177호실에서 오락신, 가지노, 하이로와 함께 화투 20장을 사용하여 1인당 3장씩 나누어 가진 뒤 매회 5만 원 이상 배팅을 하고, 정해진 규칙에 따라 2장의 점수가 높은 사람이 이기는 방법으로, 피고인은 500만 원, 오락신은 300만 원, 가지노는 200만 원, 하이로는 100만 원을 가지고 수십 회에 걸쳐 속칭 '섯다'라는 도박을 하였다.

나. 절도

피고인은 2019. 2. 4. 헌대캐피탈 주식회사로부터 18주8901 BMW 승용차를 리스하여 운행하던 중 사채남으로부터 1,300만 원을 빌리면서 위 승용차를 담보로 제공하였고, 사채남은 피고인이 차용금을 변제하지 못하자 위 승용차를 매도하였으며, 최종적으로 피해자 오재차가 위 승용차를 매수하여 운행하였다. 이후 피고인은 위 승용차를 회수하기 위해 알아보던 중 피해자가 위 승용차를 매수하여 운행하고 있다는 사실을 알고, 피해자에게 전화를 하여 2020. 4. 18. 12:00 인천 중구 영종해안남로 910에 있는 파라다이스 호텔에서 피해자와 만나기로 약속을 하였다.

피고인은 2020. 4. 18. 12:00경 파라다이스 호텔에서 위 승용차가 주차되어 있는 것을 발견하고 미리 가지고 있던 위 승용차 보조 열쇠를 이용하여 위 승용차의 시동을 걸어 운전해 가는 방법으로 시가 약 2,000만 원 상당인 위 승용차를 절취하였다.

Ⅲ. 첨부서류

1. 변호인선임서 2통 (생략)

서 울 동 부 지 방 법 원

공 판 조 서

제 1 회

사　　　건　**2020고단622**　특정범죄가중처벌등에관한법률위반(도주치상) 등

재판장 판사　진실한　　　　　　　　　기　일:　　　　**2020. 5. 20. 10:00**

　　　　　　　　　　　　　　　　　장　소:　　　　　제**425**호　법정

　　　　　　　　　　　　　　　　　공개 여부:　　　　　　공개

법원사무관　성진수　　　　　　　　고 지 된

　　　　　　　　　　　　　　　　　다음기일:　　　**2020. 6. 3. 14:00**

피 고 인　　1. 김갑동　　2. 이을남　　　　　　　　각각 출석

검　　사　　한준석　　　　　　　　　　　　　　　　　출석

변 호 인　　법무법인 청계 담당변호사 김사근(피고인 **1**을 위하여)　　출석

　　　　　　법무법인 실천 담당변호사 이사랑(피고인 **2**를 위하여)　　출석

재판장

　　피고인들은 진술을 하지 아니하거나 각개의 물음에 대하여 진술을 거부할
　　수 있고, 이익 되는 사실을 진술할 수 있음을 고지

재판장의 인정신문

　　성　　　　명: 1. 김갑동　　2. 이을남

　　주민등록번호: 각각 공소장 기재와 같음

　　직　　　　업:　　　〃

　　주　　　　거:　　　〃

　　등 록 기 준 지:　　　〃

재판장

　　피고인들에 대하여

　　주소가 변경될 경우에는 이를 법원에 보고할 것을 명하고, 소재가 확인되지
　　않을 때에는 피고인들의 진술 없이 재판할 경우가 있음을 경고

검　　사

　　공소장에 의하여 공소사실, 죄명, 적용법조 낭독

피고인 김갑동

　　공소사실 2의 가항과 관련하여 도주의사가 없었고, 공소사실 2의 나항과 관련
　　하여 이을남한테 맞아서 다친 것이 사실이며, 나머지 공소사실은 인정한다고

진술

피고인 이을남

공소사실 1항과 관련하여 협박에 가담하지 아니하였고, 공소사실 3의 가 3)
항과 같이 도박한 적이 없고 다른 사람들이 하는 도박을 구경만 하였으며,
공소사실 3의 나항과 관련하여 차량의 소유자인 헌대캐피탈에게 차량을 반납
하기 위하여 피해자가 운행하던 위 차량을 운전해 왔을 뿐이고, 나머지 공소
사실은 인정한다고 진술

피고인 김갑동의 변호인 변호사 김사근

피고인 김갑동을 위하여 유리한 변론을 함. (변론기재는 생략).

피고인 이을남의 변호인 변호사 이사랑

피고인 이을남을 위하여 유리한 변론을 함. (변론기재는 생략).

재판장

증거조사를 하겠다고 고지

증거관계 별지와 같음(검사, 변호인)

재판장

각 증거조사 결과에 대하여 의견을 묻고 권리를 보호하는 데에 필요한 증거
조사를 신청할 수 있음을 고지

소송관계인

별 의견 없다고 각각 진술

재판장

변론 속행

2020. 5. 20.

법 원 사 무 관   성진수 ㉛

재판장 판 사   진실한 ㉛

서 울 동 부 지 방 법 원

공 판 조 서

제 2 회

사　　　건　　2020고단622　　특정범죄가중처벌등에관한법률위반(도주치상) 등

재판장 판사　　진실한　　　　　　　　　기　일:　　　2020. 6. 3. 14:00

장　소:　　　제425호 법정

공개 여부:　　　　　공개

법원사무관　　성진수　　　　　　　　　고 지 된

다음기일:　　2020. 6. 17. 14:00

피 고 인　　1. 김갑동　2. 이을남　　　　　　　　각각 출석
검　　사　　한준석　　　　　　　　　　　　　　　　출석
변 호 인　　법무법인 청계 담당변호사 김사근(피고인 1을 위하여)　　출석
　　　　　　법무법인 실천 담당변호사 이사랑(피고인 2를 위하여)　　출석
증　　인　　두담화, 오락신　　　　　　　　　　　각 출석
　　　　　　하이로　　　　　　　　　　　　　　　불출석

재판장
　　전회 공판심리에 관한 주요사항의 요지를 공판조서에 의하여 고지
소송관계인
　　변경할 점이나 이의할 점이 없다고 진술
출석한 증인 두담화, 오락신을 별지 조서와 같이 각각 신문
증거관계 별지와 같음(검사, 변호인)
재판장
　　증거조사 결과에 대하여 의견을 묻고 권리를 보호하는 데에 필요한 증거조사
　　를 신청할 수 있음을 고지
소송관계인
　　별 의견 없으며, 달리 신청할 증거도 없다고 각각 진술
재판장
　　변론 속행 (증인 하이로에 대한 증인신문을 위하여)

2020. 6. 3.

법 원 사 무 관　　　성진수 ㉑
재판장 판 사　　　진실한 ㉑

서울동부지방법원

증인신문조서 (제2회 공판조서의 일부)

사　　건　　2020고단622　특정범죄가중처벌등에관한법률위반(도주치상) 등
증　인　이　름　　두담화
　　　　　　생년월일과 주거는 (생략)

재판장

　　증인에게 형사소송법 제148조 또는 제149조에 해당하는가의 여부를 물어 이에 해당하지 아니함을 인정하고, 위증의 벌을 경고한 후 별지 선서서와 같이 선서를 하게 하였다. 다음에 증언할 증인은 재정하지 아니하였다.

검사

　　증인에게 증인에 대한 경찰 진술조서를 보여주고 열람하게 한 후,

문　증인은 경찰에서 사실대로 진술하고 그 조서를 읽어보고 서명, 무인한 사실이 있으며, 그 조서는 그때 경찰관에게 진술한 내용과 동일하게 기재되어 있는가요.

답　예, 그렇습니다.

문　김갑동이 증인한테 전화를 하여 합의해달라고 말했을 때, 증인은 뭐라고 이야기했나요.

답　"당신(김갑동)이야 잘못 했다고 용서를 비니까 모르겠는데, 이을남은 협박 안 했다는데 어떻게 합의를 해주냐."고 말해 주었습니다.

문　그러니까 김갑동이 뭐라고 하던가요.

답　이을남도 옆에서 죽여버리겠다고 말한 것이 맞다고 김갑동이 분명히 말했습니다. 이을남이 집행유예 기간 중인데 취소되면 큰일이라고 했습니다.

문　김갑동이 증인을 협박할 때 이을남도 함께 증인을 협박한 것이지요.

답　네, 이을남이 저한테 "죽고 싶냐. 회칼 좀 맞아볼래."라고 말하였습니다.

피고인 이을남의 변호인

문　증인은 경찰에서 이을남이 오른 팔뚝에 있는 용 문신을 보여주며 눈을 부라리는 등으로 위협하였다고 진술하였지요.

답　(묵묵부답)

문　이을남은 김갑동한테 "하지 마라."고 말렸을 뿐이죠.

답　(묵묵부답)

문　증인은 왜 답변을 하지 않나요.

답　그 질문에도 답변하지 않겠습니다.

2020. 6. 3.

법 원 사 무 관　　　성진수 ㊞
재판장 판 사　　　진실한 ㊞

서울동부지방법원

증인신문조서 (제2회 공판조서의 일부)

사　　건　　2020고단622　특정범죄가중처벌등에관한법률위반(도주치상) 등
증　인　이　름　　오락신
　　　　　　생년월일과 주거는 (생략)

재판장
　　증인에게 형사소송법 제148조 또는 제149조에 해당하는가의 여부를 물은바
　　증인이 약식명령에 대하여 정식재판청구를 한 상태라고 진술하고 정식재판
　　청구서 사본(첨부 생략)의 제출로 소명하면서 증언을 거부하였다.
　　(증인이 제출한 청식재판청구서 사본의 내용은 증인이 2020. 5. 17. 도박죄의
　　약식명령을 송달받고 2020. 5. 20. 정식재판청구를 하였다는 내용임)

2020. 6. 3.

법 원 사 무 관　　　성진수 ㊞

재판장 판 사　　　진실한 ㊞

경 유	구 속 영 장		

【증인구인용】

영 장 번 호	(생략)		죄 명	특정범죄가중처벌등에관한 법률위반(도주치상) 등
증 인	성 명	하이로	직 업	상업
	주민등록번호	생략	국 적	대한민국
	주 거	서울 강서구 초록마을로 89-7 202동 501호 (화곡동, 까치빌라)		
인 치 할 장 소	서울동부지방법원 425호 법정		유 효 기 간	2020. 6. 17.까지

증인이 정당한 사유없이 소환에 불응하므로, 증인을 구인한다.

유효기간이 경과하면 집행에 착수하지 못하며 영장을 반환하여야 한다.

2020. 6. 4.

판 사   진   실   한

집 행 일 시	200 . . . :	집 행 장 소	
집행불능사유	별지와 같음		
처리자의 소속 관서·관직		처 리 자 서 명 날 인	
인 치 일 시		법원사무관등 서 명 날 인	
유치할 장소		판 사 서 명 날 인	
인수자의 소속 관서·관직		인 수 자 서 명 날 인	
심 문 기 일		심 문 장 소	

별지

구인장 집행불능사유

사 건   2020고단622 특정범죄가중처벌등에관한법률위반(도주치상) 등
피고인   김갑동, 이을남
수 신   서울동부지방검찰청 검사 한준석

 위 사건에 관하여 증인 하이로를 구인하려고 하였으나, 다음과 같은 사유로
구인장을 집행할 수 없었음을 보고합니다.

다 음

1. 증인 하이로와 그 가족의 주민등록상 주소인 '서울 성동구 왕십리로 567-8
 (도선동) 한양빌라 503호'를 방문해 보니 증인과 그 가족이 거주하지 아니함
 을 확인하였음
2. 위 주소지에 거주하는 사람인 이우집에게 증인을 아느냐고 물어보니 자신이
 알고 있는 분의 아들인 것 같다고 하면서 전화번호를 알려주어 통화해 보니
 하이로의 아버지인 하우수이었고, 하이로의 아버지로부터 "증인이 영업에 바
 쁘니 법정에 출석케 할 의사가 없다."는 취지의 진술을 들었음
3. 이상과 같은 사유로 구인장의 집행이 불가능함을 보고합니다.

2020. 6. 14.

사법경찰리 경위 구인해 ㊞

서 울 동 부 지 방 법 원

공 판 조 서

제 3 회

사   건   2020고단622   특정범죄가중처벌등에관한법률위반(도주치상) 등

재판장 판사   진실한   기   일: 2020. 6. 17. 14:00
                                        장   소: 제425호 법정
                                        공개 여부: 공개
법원사무관   성진수   고 지 된
                                        다음기일: 2020. 7. 1. 10:00

피 고 인   1. 김갑동   2. 이을남   각각 출석
검   사   한준석   출석
변 호 인   법무법인 청계 담당변호사 김사근(피고인 1을 위하여)   출석
            법무법인 실천 담당변호사 이사랑(피고인 2를 위하여)   출석
증   인   하이로   불출석

재판장
    전회 공판심리에 관한 주요사항의 요지를 공판조서에 의하여 고지
소송관계인
    변경할 점이나 이의할 점이 없다고 진술
재판장
    검사에게 압수된 증 제1호 내지 제6호에 대한 압수수색영장이 사후에 발부
    되었는지 확인을 구함
검사
    2020. 4. 23. 10:30 압수수색영장을 청구하여 2020. 4. 24. 15:00 발부받았다고
    진술
재판장
    증거조사를 마치고 피고인신문을 하겠다고 고지
검   사
    피고인 김갑동에게
문   피해자 두담화를 협박하자고 먼저 제안한 사람은 누구인가요.
답   이을남입니다. 이을남이 피해자가 주변 상인들한테 우리를 조심하라는 말을

하고 다닌다며 손을 좀 봐줘야 되겠다고 저한테 말을 하였습니다.

문 피고인이 피해자를 협박할 때 이을남도 가담한 것이 맞지요.

답 맞습니다. 제가 피해자를 협박할 때 이을남은 옆에서 "죽고 싶냐. 회칼 좀 맞
아볼래."라고 말하였습니다.

문 (증거목록 순번 4, 29를 제시, 열람하게 하고) 피고인은 수사기관에서 사실대로
진술하고 진술한 대로 기재되어 있음을 확인한 후 서명, 날인하였는가요.

답 예, 그렇습니다.

피고인 김갑동의 변호인 변호사 김사근

　　피해자 두담화와 합의하였다며 합의서(두담화는 2020. 6. 12. 김갑동과 합의
하여 민·형사상 책임을 묻지 않겠다는 내용임, 첨부 생략)를 제출

검 사

피고인 이을남에게

문 피고인은 김갑동이 피해자를 협박할 때 가담한 사실이 있지요.

답 아닙니다. 김갑동이 피해자한테 화가 많이 나 있어서 피해자가 운영하는 식
당에 가지 말라고 하였는데, 김갑동이 끝내 위 식당에 찾아가길래 무슨 사고
라도 날까봐 따라간 것입니다. 위 식당에서도 김갑동한테 "하지 마라."고 말
하며 말렸습니다.

문 피고인은 몸에 문신이 있나요.

답 오른 팔뚝에 문신이 있습니다.

문 (증거목록 순번 17, 29를 제시, 열람하게 하고) 피고인은 수사기관에서 사실대
로 진술하고 진술한 대로 기재되어 있음을 확인한 후 서명, 날인하였는가요.

답 예, 그렇습니다.

피고인 이을남의 변호인 변호사 이사랑

　　피고인 이을남을 위하여 유리한 사항을 신문(기재 생략).

재판장

　　피고인신문을 마쳤음을 고지

재판장

　　변론 속행 (변론 준비를 위한 변호인들의 요청으로)

2020. 6. 17.

법 원 사 무 관　　　성진수 ㊞

재판장 판 사　　　진실한 ㊞

제	1	책
제	1	권

서울동부지방법원
증거서류등(검사)

사 건 번 호	2020고단622	담임	형사2단독	주심	

사 건 명	가. 특정범죄가중처벌등에관한법률위반(도주치상) 나. 폭력행위등처벌에관한법률위반(공동협박) 다. 상습도박 라. 절도 마. 무고

검　사	정이감	2020년 형제78130호

피 고 인	1. 가.나.마. 2. 나.다.라.	**김갑동** **이을남**

공소제기일		2020. 5. 3.		
1심 선고	20 . . .	항소	20 . . .	
2심 선고	20 . . .	상고	20 . . .	
확 정	20 . . .	보존		

<table>
<tr><td>제 1 책</td></tr>
<tr><td>제 1 권</td></tr>
</table>

구공판	서 울 동 부 지 방 검 찰 청 증 거 기 록				
검　　찰	사건번호	2020년 형제78130호	법원	사건번호	2020년 고단622호
	검　　사	정이감		판　　사	
피 고 인	1. 가.나.마. 2. 나.다.라.			**김갑동** **이을남**	
죄　　명	가. 특정범죄가중처벌등에관한법률위반(도주치상) 나. 폭력행위등처벌에관한법률위반(공동협박) 다. 상습도박 라. 절도 마. 무고				
공소제기일	2020. 5. 3.				
구　　속	불구속			석　방	
변 호 인					
증 거 물					
비　　고					

진술조서

성   명: 두담화

주민등록번호, 직업, 주거, 등록기준지, 직장주소, 연락처 (각 생략)

 위의 사람은 피의자 김갑동, 이을남에 대한 폭력행위등처벌에관한법률위반(공동협박) 피의사건에 관하여 2020. 3. 24. 서울성동경찰서 수사과 사무실에 임의 출석하여 다음과 같이 진술하다.

[피의자와의 관계, 피의사실과의 관계 등(생략)]

문   진술인이 피의자 김갑동, 이을남을 상대로 고소한 취지는 무엇인가요.

답   2020. 3. 23. 21:00경 서울 성동구 자동차시장길 108에 있는 '무한돼지집'에서 김갑동, 이을남으로부터 협박을 당하였습니다.

문   협박을 당한 경위를 구체적으로 진술하시오.

답   예, 요새 코로나 때문에 영업이 잘 되지 않았는데 오랜만에 손님들이 와서 가게가 북적였습니다. 그런데 김갑동이 제 가게에 들어오더니 "장사 잘 되네. 당신 덕분에 욕 많이 먹고 있으니 오래 살겠어."라고 시비를 걸었습니다. 잠시 후에는 이을남이 들어와서 식당 안에서 담배를 피우기 시작하였습니다. 제가 이을남한테 "식당은 금연구역이니 담배를 꺼달라."고 했더니 이을남은 제 앞에 담배꽁초를 던져 발로 비벼서 껐습니다. 그래서 제가 김갑동과 이을남한테 "왜 그러냐?"고 하니까 김갑동이 저한테 "내가 누구인 줄 알고 주둥이를 함부로 놀려. 1주일 안에 이 바닥을 뜨지 않으면 칼침을 놓아주겠다."고 협박하였습니다. 그때 이을남은 김갑동의 옆에서 오른 팔뚝에 있는 용 문신을 보여주며 저한테 눈을 부라리면서 제 옆에 가래침을 뱉었습니다.

문   그 다음에는 어떻게 되었나요.

답   마침 식당에서 식사를 하고 있던 제 친구인 나절친이 와서 무슨 일이냐고 물어보고 식당에 다른 손님들도 많아서 피의자들이 돌아갔습니다.

문   김갑동과 이을남이 진술인한테 앙심을 품을 만한 일이 있었나요.

답   동네 건달인 김갑동과 이을남이 용돈을 달라고 하면서 금전을 갈취하니 주변 상인들한테 아예 상종하지 말라고 말한 적이 있는데, 그것 때문에 앙심을 품고 이러는 것 같습니다.

문   이상의 진술은 사실인가요.

답   예, 사실입니다.

위의 조서를 진술자에게 열람하게 하였던바, 진술한 대로 오기나 증감·변경할 것이 전혀 없다고 말하므로 간인한 후 서명무인하게 하다.

진술자　　두 담 화　(무인)

2020.　3.　24.

서울성동경찰서

사법경찰리　　경사　　강 철 중　㊞

진술조서

성   명: 나절친

주민등록번호, 직업, 주거, 등록기준지, 직장주소, 연락처(각 생략)

위의 사람은 피의자 김갑동, 이을남에 대한 폭력행위등처벌에관한법률위반(공동협박) 피의사건에 관하여 2020. 3. 25. 서울성동경찰서 수사과 사무실에 임의출석하여 다음과 같이 진술하다.

[피의자와의 관계, 피의사실과의 관계 등(생략)]

문   진술인은 협박 사건을 목격한 적이 있나요.

답   있습니다. 2020. 3. 23. 21:00경 서울 성동구 자동차시장길 108에 있는 '무한돼지집'에서 저의 친구인 두담화가 협박을 당하는 것을 목격하였습니다.

문   그 경위는 어떠한가요.

답   두담화가 코로나 때문에 파리만 날린다고 하기에 오랜만에 얼굴도 보고 매상도 올려줄 겸 그날 19:00경 제 친구들과 함께 '무한돼지집'에 갔습니다. 고기를 시켜서 거의 다 먹었을 즈음에 갑자기 담배냄새가 났습니다. 웬일인지 보니 누군가(이을남)가 식당에서 담배를 피우고 있었습니다. 두담화가 이을남한테 "식당은 금연구역이니 담배를 꺼 달라."고 하였는데, 이을남은 담배꽁초를 던지더니 발로 비벼서 껐습니다. 이을남의 옆에 있던 사람(김갑동)과 두담화와 사이에 무슨 말이 오가는 것 같더니 김갑동이 두담화한테 "내가 누구인줄 알고 주둥이를 함부로 놀려. 1주일 안에 이 바닥을 뜨지 않으면 칼침을 놓아주겠다."고 협박하였습니다.

문   이을남도 김갑동과 같이 피해자 두담화를 협박하였나요.

답   김갑동이 협박을 할 때 이을남이 무엇을 하고 있었는지는 김갑동한테 가려서 보지 못하였습니다. 김갑동의 목소리 이외에 다른 사람의 목소리는 못 들었습니다.

문   이상의 진술은 사실인가요.

답   **예, 사실입니다.**

위의 조서를 진술자에게 열람하게 하였던바, 진술한 대로 오기나 증감·변경할 것이 전혀 없다고 말하므로 간인한 후 서명무인하게 하다.

진술자   *나 절 친* (무인)

2020. 3. 25.

서울성동경찰서

사법경찰리 경사   **강 철 중** ㉑

피의자신문조서

피의자 김갑동에 대한 폭력행위등처벌에관한법률위반(공동협박) 피의사건에 관하여 2020. 3. 30. 서울성동경찰서 수사과 사무실에서 사법경찰관 경위 정의로는 사법경찰리 경사 강철중을 참여하게 하고, 아래와 같이 피의자임에 틀림없음을 확인하다.

문   피의자의 성명, 주민등록번호, 직업, 주거, 등록기준지 등을 말하십시오.
답   성명은 김갑동(金甲東)

주민등록번호, 직업, 주거, 등록기준지, 직장주소, 연락처 (각 생략)

사법경찰관은 피의사건의 요지를 설명하고 사법경찰관의 신문에 대하여 「형사소송법」 제244조의3에 따라 진술을 거부할 수 있는 권리 및 변호인의 참여 등 조력을 받을 권리가 있음을 피의자에게 알려주고 이를 행사할 것인지 그 의사를 확인하다.

[진술거부권과 변호인 조력권 고지하고 변호인 참여 없이 진술하기로 함 (생략)]
이에 사법경찰관은 피의사실에 관하여 다음과 같이 피의자를 신문하다.
[피의자의 범죄전력, 경력, 학력, 가족 · 재산 관계 등 (생략)]

문   피의자는 다른 사람을 협박한 적이 있지요.
답   있습니다.
문   언제, 어디에서 협박을 하였나요.
답   2020. 3. 23. 21:00경 서울 성동구 자동차시장길 108에 있는 '무한돼지집'에서 두담화를 협박한 적이 있습니다.
문   그 경위는 어떠한가요.
답   2020. 3. 22.경 제가 알고 지내는 동생인 이비사로부터 "무한돼지집을 운영하는 두담화를 만났는데 형(김갑동)과 이을남이 식당업주한테서 삥을 뜯고 다닌다며 조심하라고 그러더라."는 말을 들었습니다. 술 취한 손님 조용히 돌려보내고 외상 술값도 받아다주고 식당 주인의 편의를 봐주면서 용돈 좀 받아 쓴 것인데 그런 말을 들으니 열 받아서 중학교 선배인 이을남한테 이야기를 하였습니다. 그랬더니 이을남이 "그런 썩을 놈은 그냥 두면 안 되지."라고 하기에 이을남과 함께 두담화를 좀 혼내주려고 두담화가 운영하는 식당으로 갔습니다. 제가 이을남보다 먼저 식당에 들어갔는데 손님이 많이 있길래 제가 두담화한테 "장사 잘 되네. 당신 덕분에 욕을 많이 먹어서 오래 살겠어."라고 말을 걸었습니다. 이렇게 말하면 두담화가 알아서 죄송하다고 말을 할 줄 알았는데 저한테 "왜 그러냐?"고 반문하여 순간 화가 나서 두담화한테 "내가 누구인줄 알고 주둥이를 함부로 놀려. 1주일 안에 이 바닥을 뜨지 않으면 칼침을 놓아주겠다."고 말하였습니다.

문 같이 갔던 이을남도 피해자를 협박하였지요.

답 제가 두담화를 협박할 때 이을남도 옆에 있기는 했는데 무슨 행동을 했는지는 잘 모르겠습니다.

문 이을남도 협박에 가담하였는데 허위로 진술하는 것이 아닌가요.

답 아닙니다.

문 두담화가 운영하는 식당에 찾아가자고 제의한 사람은 누구인가요.

답 제가 찾아가자고 했습니다. 이을남한테는 "제가 알아서 다 할테니 형님(이을남)은 분위기만 좀 잡아달라."고 말하였습니다.

문 피해자와 합의를 하였는가요.

답 아직 하지 않았는데, 합의하도록 하겠습니다.

문 이상의 진술내용에 대하여 이의나 의견이 있는가요.

답 **없습니다.**

위의 조서를 진술자에게 열람하게 하였던바, 진술한 대로 오기나 증감·변경할 것이 전혀 없다고 하므로 간인한 후 서명무인하게 하다.

진술자 **김 갑 동** (무인)

2020. 3. 30.

서울성동경찰서

사법경찰관 경위 **정 의 로** ㊞

사법경찰리 경사 **강 철 중** ㊞

피의자신문조서

피의자 이을남에 대한 폭력행위등처벌에관한법률위반(공동협박) 피의사건에 관하여 2020. 3. 31. 서울성동경찰서 수사과 사무실에서 사법경찰관 경위 정의로는 사법경찰리 경사 강철중을 참여하게 하고, 아래와 같이 피의자임에 틀림없음을 확인하다.

문　피의자의 성명, 주민등록번호, 직업, 주거, 등록기준지 등을 말하십시오.
답　성명은　이을남(李乙男)
　　　주민등록번호, 직업, 주거, 등록기준지, 직장주소, 연락처 (각 생략)

　사법경찰관은 피의사건의 요지를 설명하고 사법경찰관의 신문에 대하여 「형사소송법」 제244조의3에 따라 진술을 거부할 수 있는 권리 및 변호인의 참여 등 조력을 받을 권리가 있음을 피의자에게 알려주고 이를 행사할 것인지 그 의사를 확인하다.

[진술거부권과 변호인 조력권 고지하고 변호인 참여 없이 진술하기로 함 (생략)]
이에 사법경찰관은 피의사실에 관하여 다음과 같이 피의자를 신문하다.
[피의자의 범죄전력, 경력, 학력, 가족·재산 관계 등 (생략)]

문　피의자는 다른 사람을 협박한 적이 있지요.
답　없습니다.
문　피의자는 2020. 3. 23. 21:00경 서울 성동구 자동차시장길 108에 있는 두담화가 운영하는 '무한돼지집'을 김갑동과 함께 찾아간 일이 있지요.
답　예, 있습니다.
문　위 식당에는 왜 갔나요.
답　김갑동이 '무한돼지집'에 가서 소주나 한 잔 하자고 하기에 함께 갔습니다.
문　김갑동이 위 식당에서 두담화를 협박한 사실을 알고 있나요.
답　알고 있습니다. 김갑동과 함께 위 식당에 들어갔는데 식당에 손님이 많아서 앉을 자리를 찾기 어려웠습니다. 김갑동이 식당 주인(두담화)한테 얘기좀 하고 오겠다고 하면서 식당 주인한테 갔는데 갑자기 험악한 말이 나와서 놀랐습니다.
문　김갑동이 두담화한테 뭐라고 말했나요.

답 김갑동이 두담화한테 "왜 주둥이를 함부로 놀리냐. 칼침을 놓아주겠다." 라는 식으로 말했습니다.

문 그때 피의자는 무엇을 하고 있었나요.

답 김갑동한테 "하지 마라."고 하면서 말렸습니다.

문 피의자는 위 식당에서 담배를 피우다가 꽁초를 바닥에 던져 발로 비벼서 끈 사실이 있지요.

답 (당황해하며) 맞습니다. 식당 안이 금연인지 모르고 그랬습니다. 죄송합니다.

문 두담화는 피의자가 오른 팔뚝에 있는 용 문신을 보여주고 눈을 부라리면서 가래침을 뱉는 등 위협을 하였다고 하는데, 사실이 아닌가요.

답 오른 팔뚝에 용 문신이 있는 것은 맞지만 저는 그때 김갑동이 흥분한 것 같아 하지 말라고 제지하였을 뿐 그런 행동을 한 적이 없습니다.

문 김갑동이 협박한 다음에는 어떻게 되었나요.

답 제가 김갑동을 식당 바깥으로 데리고 나와 다른 식당에 갔습니다.

문 이상의 진술내용에 대하여 이의나 의견이 있는가요.

답 **없습니다.**

위의 조서를 진술자에게 열람하게 하였던바, 진술한 대로 오기나 증감·변경할 것이 전혀 없다고 하므로 간인한 후 서명무인하게 하다.

진술자 **이 을 남** (무인)

2020. 3. 31.

서울성동경찰서

사법경찰관 경위 **정 의 로** ㉑
사법경찰리 경사 **강 철 중** ㉑

진술조서

성   명: 심경륜

주민등록번호, 직업, 주거, 등록기준지, 직장주소, 연락처(각 생략)

위의 사람은 피의자 김갑동에 대한 특정범죄기중치벌등에관한법률위반(도주치상) 피의사건에 관하여 2020. 4. 7. 서울성동경찰서 교통조사계 사무실에 임의 출석하여 다음과 같이 진술하다.

[피의자와의 관계, 피의사실과의 관계 등(생략)]

문   진술인은 교통사고를 당한 사실이 있는가요.

답   예, 있습니다.

문   언제, 어디에서 교통사고를 당하였나요.

답   2020. 4. 6. 20:00경 서울 성동구 자동차시장길 701에 있는 사근빌딩 앞 편도 1차로 도로에서 교통사고를 당하였습니다.

문   누구에게 교통사고를 당했나요.

답   김갑동이라는 사람이 운전하는 승용차에 부딪혔습니다.

문   사고가 발생한 경위는 어떠한가요.

답   그날 저녁에 저의 집 근처에 있는 H마트를 가기 위해 자전거를 타고 나왔는데 위 편도 1차선 도로에 자전거도로가 없어서 위 도로의 오른쪽 가장자리를 사근동 방면에서 행당동 방면으로 가던 중 가해차량이 갑자기 제 자전거의 좌측 부분을 충격하였습니다.

문   사고 직후의 상황은 어떠하였는가요.

문   저는 충격지점으로부터 약 1-2m 떨어진 곳에 자전거와 함께 쓰러졌습니다.

문   사고로 인하여 어떠한 피해를 입었는가요.

답   코와 오른쪽 무릎 부위를 다쳐 병원에서 전치 8주의 진단서를 발급받았습니다.

문   사고 이후의 경위는 어떠한가요.

답   정신이 없어서 누가 운전을 했는지 정확히 보지 못했는데, 정신을 차리고 보니 가해차량은 우측에 정지해 있었고, 가해차량에서 내린 것으로 보이는 남자와 여자가 도로에 쓰러져 있던 저에게 다가와 여기저기를 살펴보더니 어디가 아프냐고 물은 것 같은데 저는 사고충격으로 놀라서 대답을 하지 못하였습니다. 그러자 남자와 여자가 저를 부축하여 도로 옆에 있는 CS편의점 쪽으로 옮겨 주었고, 그 사이에 택시기사 한 분이 제 자전거를 위 편의점 쪽으로 끌어다 주었습니다. 남녀 일행과 택시기사가 저를 살펴보고는 그들끼리 무슨 이야기를 나누었습니다. 저는 다리가 아파서 그 자리에 계속 누워 있다가 남녀 일행이 다시 오기에 누가 운전했냐고 했더니 여자가 계속 미안하다고 말을 하여 여자가 운전했다고 생각을 했습니다. 누가 불렀는지는 모르지만 5분쯤 후에 금방 구급차가 와서 저를 병원으로 데리고 갔습니다.

문   병원으로 후송되는 동안 가해차량 일행은 어디에 있었나요.

답   저와 구급차를 함께 타고 갔습니다.

문   사고신고는 어떻게 하였는가요.

답   병원에 도착해서도 여자는 계속 죄송하다고 하고, 남자는 옆에서 거들면서 사건처리를 하지 말아 달라고 부탁을 했는데, 남자 얼굴이 불그스레한 것이 수상해서 112로 전화해서 신고를 하였습니다.

문   그 이후에는 어떻게 되었는가요.

답   어머님이 병원으로 오셨고, 곧이어 경찰관도 도착했는데, 경찰관이 도착해서 누가 운전했냐고 물으니 그제야 어이없게도 남자가 자신이 운전했다고 얘기를 하더군요. 그때 이름이 김갑동이라는 것을 들었습니다.

문   진술인은 피의자 김갑동의 처벌을 원하나요.

답   네. 처벌하여 주십시오.

문   이상의 진술은 사실인가요.

답   **예, 사실입니다.**

위의 조서를 진술자에게 열람하게 하였던바, 진술한 대로 오기나 증감·변경할 것이 전혀 없다고 말하므로 간인한 후 서명무인하게 하다.

진술자   심 경 륜 (무인)

2020. 4. 7.

서울성동경찰서

사법경찰리   경사   강 철 중 ㉑

피의자신문조서(제2회)

피의자 김갑동에 대한 특정범죄가중처벌등에관한법률위반(도주치상) 등 피의사건에 관하여 2020. 4. 8. 서울성동경찰서 교통조사계 사무실에서 사법경찰관 경위정의로는 사법경찰리 경사 강철중을 참여하게 하고, 피의자에 대하여 다시 아래의 권리들이 있음을 알려주고 이를 행사할 것인지 그 의사를 확인하다.

[진술거부권과 변호인 조력권 고지하고 변호인 참여 없이 진술하기로 함 (생략)]

이에 사법경찰관은 피의사실에 관하여 다음과 같이 피의자를 신문하다.

문   피의자는 교통사고를 내고도 도주한 사실이 있나요.

답   교통사고를 낸 것은 맞지만 도주한 것은 아닙니다.

문   교통사고 일시, 장소 및 경위는 어떤가요.

답   2020. 4. 6. 20:00경 서울 성동구 자동차시장길 701에 있는 사근빌딩 앞에서입니다. 아내인 나부인을 태우고 저의 15두7832 아반떼 승용차를 운전하여 사근빌딩 앞 편도 1차선 도로를 사근동 방면에서 행당동 방면으로 진행하던 중 위 도로 오른쪽 가장자리에서 피해자 심경륜이 타고 가던 자전거를 미처 못 보고 들이받아 피해자를 다치게 하였습니다.

이때 교통사고 실황보고서(첨부 생략)를 제시하고

문   실황보고서에 의하면 당시는 야간이었고 주위에 많은 차량들이 주·정차되어 있는 것으로 표시되어 있는데 어떤가요.

답   예, 인정합니다.

문   사고 후에는 어떤 조치를 하였나요.

답   피해자는 충격지점으로부터 약 1-2m 떨어진 곳에 자전거와 함께 쓰러져 있었습니다. 사고 후에 즉시 제 차량을 도로 우측에 세웠습니다. 그러고 나서 동승자인 나부인에게 아까 식당에서 맥주 한 잔 정도밖에 마시지는 않아서 음주수치는 나오지 않을 것 같지만 혹시라도 음주로 걸릴까봐 불안하니 당신이 대신 운전해 준 것으로 해 주면 안 되겠냐고 부탁을 했습니다. 나부인이 바로 대답을 하지 못하고 머뭇거리기에 일단 나중에 이야기하자고 하고, 차에서 내려 넘어진 피해자의 상태를 확인하여 보았더니 다리 부위를 다친 듯하여 나부인과 함께 피해자를 부축하여 도로변에 있던 CS편의점 앞으로 데려갔고, 잠시 후 사고를 목격하신 택시기사 한 분이 자전거를 편의점 앞으로 끌어다 놓았습니다. 택시기사와 사고경위 등에

관하여 잠깐 이야기를 하다가 나부인과 함께 다시 피해자한테 가보았는데, 그때 피해자가 저한테 누가 운전했는지를 물었습니다. 어떻게 할까 고민하고 있는데 나부인이 옆에서 피해자에게 죄송하다면서 사과를 했습니다.

문 구급차는 누가 불렀고, 언제 왔나요.

답 경황이 없어서 정확히는 기억이 안 나지만, 5분 정도밖에 안 걸린 것 같습니다. 아마도 택시기사가 불렀나 봅니다.

문 그 이후의 경위를 말해 보세요.

답 구급차에 피해자, 나부인과 함께 타고 병원에 갔습니다. 병원에서도 나부인이 입원수속을 했고, 저는 가급적 사고처리를 하고 싶지 않았습니다. 그래서 나부인을 거드는 척 하면서 경찰서 접수는 시키지 말자고 피해자를 설득했는데, 기분이 나빴는지 피해자가 전화기를 꺼내서 112 신고를 하였습니다. 그 다음에 피해자 어머니가 병원에 왔고, 곧바로 경찰관이 도착해서 누가 운전을 했냐고 물었습니다. 경찰관까지 온 상태에서 더 속이려고 하다가는 일이 너무 커질 것 같아서 제가 운전을 했다고 인정을 했습니다.

문 피의자의 차량은 종합보험에 가입되어 있는가요.

답 예, 종합보험에 가입되어 있습니다.

이때 사법경찰리는 진술인으로부터 자동차등록원부 1부와 자동차종합보험 가입사실증명서 1부(각 첨부 생략)를 제출받아 기록 말미에 편철하다.

문 더 할 말이 있는가요.

답 곧 합의하겠으니 합의할 시간을 주시기 바랍니다.

문 이상의 진술내용에 대하여 이의나 의견이 있는가요.

답 **없습니다.**

위의 조서를 진술자에게 열람하게 하였던바, 진술한 대로 오기나 증감·변경할 것이 전혀 없다고 하므로 간인한 후 서명무인하게 하다.

진술자 **이 을 남** (무인)

2020. 4. 8.

서울성동경찰서

사법경찰관 경위 **정 의 로** ㉑

사법경찰리 경사 **강 철 중** ㉑

고 소 장

고 소 인   김갑동 (인적 사항 생략)

피고소인   이을남 (인적 사항 생략)

죄   명 : 상해

고 소 사 실

  피고소인은 고소인의 중학교 선배로 평소 친분관계가 있는 자입니다.

  피고소인은 2019. 9.경 고소인에게 급하게 돈 쓸 데가 있으니 2,000만 원만 빌려주면 6개월 안에 갚겠다고 하여 고소인은 2019. 9. 8. 피고소인에게 2,000만 원을 빌려주었습니다. 그런데 6개월이 지나도 피고소인은 돈을 갚지 않았습니다. 그래서 2020. 4. 10. 23:40경 서울 강남구 역삼로 2417에 있는 삼진빌딩 지하 1층에 있는 '홈런' 호프에서 피고소인과 함께 맥주를 마시고 위 빌딩 지상 주차장으로 나오면서 피고소인한테 "당신은 선배라는 사람이 이렇게 약속을 안 지켜도 되는 거냐. 2,000만 원을 언제 갚을 거냐?"라고 따져 물었더니 피고소인은 귀찮다는 듯이 "조금만 더 기다려라."고 대답하였습니다. 고소인이 화가 나서 위 빌딩 지상 주차장에서 "언제까지 돈을 갚을 건지 얘기하지 않으면 집에 못 간다."고 말하면서 피고소인의 앞을 가로막으니 피고소인이 "자꾸 귀찮게 하지 마라."며 고소인의 오른쪽 어깨를 떠밀고 고소인의 멱살을 잡아 옆으로 밀치면서 고소인을 구타하여 약 10일간의 치료를 요하는 요추부염좌상을 가하였습니다.

  마장동 축산시장에서 계약직 점원으로 일하는 고소인은 2020. 4. 10.까지 8개월 동안 허리가 아파 결근을 한 적이 전혀 없었는데, 위와 같이 피고소인한테서 맞은 다음 날부터 요추부염좌 등 허리와 관련한 병으로 병가를 내고 있습니다.

  그럼에도 피고소인은 때린 사실을 전혀 인정하지 않고 있으니 피고소인을 상해죄로 엄벌하여 주시기 바랍니다.

첨부

 1. 진단서(생략)

 1. 근무상황부(생략)

2020. 4. 18.

고소인 김갑동 ㉑

서울성동경찰서장 귀중

피의자신문조서(제2회)

   피의자 이을남에 대한 상해 피의사건에 관하여 2020. 4. 19. 서울성동경찰서 수사과 사무실에서 사법경찰관 경위 정의로는 사법경찰리 경사 강철중을 참여하게 하고, 피의자에 대하여 다시 아래의 권리들이 있음을 알려주고 이를 행사할 것인지 그 의사를 확인하다.

[진술거부권과 변호인 조력권 고지하고 변호인 참여 없이 진술하기로 함 (생략)]
이에 사법경찰관은 피의사실에 관하여 다음과 같이 피의자를 신문하다.

문   피의자는 김갑동을 폭행하여 상해를 가한 사실이 있지요.
답   아닙니다.
문   김갑동은 피의자가 2020. 4. 10. 23:40경 서울 강남구 역삼로 2417에 있는 삼진빌딩 지상 주차장에서 오른쪽 어깨를 떠밀고 멱살을 잡아 옆으로 밀치면서 김갑동을 구타하였다고 하는데 어떠한가요.
답   그날 김갑동과 몸싸움을 한 적은 있어도 제가 일방적으로 김갑동을 때린 적은 없습니다.
문   피의자는 김갑동과 어떻게 몸싸움을 하였나요.
답   2019. 9.경 김갑동한테서 빌린 2,000만 원을 못 갚고 있었는데 저도 경제적으로 어려운 상황이라서 조금 더 기다려달라고 부탁했으나, 김갑동이 갑자기 "언제까지 돈을 갚을 건지 얘기하지 않으면 집에 못 간다."고 말하면서 제 앞을 가로막았습니다. 그래서 제가 김갑동의 오른쪽 어깨를 밀었는데 그래도 김갑동이 계속 비키지 않자 김갑동의 멱살을 잡고 옆으로 밀었습니다. 그러자 김갑동도 제 멱살을 잡고 서로 밀고 당기기를 하다가 제가 김갑동을 뿌리치고 택시를 타고 먼저 집으로 갔습니다.
문   피의자의 주장을 뒷받침할 만한 증거가 있나요.
답   위 빌딩 지상 주차장에 설치된 CCTV를 보시면 확인할 수 있습니다.
문   이상의 진술내용에 대하여 이의나 의견이 있는가요.
답   **없습니다.**

위의 조서를 진술자에게 열람하게 하였던바, 진술한 대로 오기나 증감·변경할 것이 전혀 없다고 하므로 간인한 후 서명무인하게 하다.

진술자   **이 을 남** (무인)

2020.　4.　19.

서울성동경찰서

사법경찰관　경위　정 의 로 ㊞
사법경찰리　경사　강 철 중 ㊞

진술조서

성   명: 오재차

주민등록번호, 직업, 주거, 등록기준지, 직장주소, 연락처(각 생략)

위의 사람은 피의자 이을남에 대한 절도 피의사건에 관하여 2020. 4. 19. 서울
성동경찰서 수사과 사무실에 임의 출석하여 다음과 같이 진술하다.

[피의자와의 관계, 피의사실과의 관계 등(생략)]

문   진술인은 차량을 도난당하는 피해를 입은 사실이 있는가요.

답   예, 있습니다.

문   도난 일시, 장소 및 도난당한 차량번호와 차종을 진술하세요.

답   제가 2020. 4. 18. 11:30경부터 12:30경까지 사이에 인천 중구 소재 파라다
      이스 호텔에 주차해 둔 18주8901 BMW 승용차를 도난당하였습니다.

문   진술인은 왜 피의자를 위 승용차의 절도범으로 고소하였나요.

답   제가 2019. 5.경 알고 지내던 중고차 딜러인 사채남으로부터 위 승용차를
      매수하였는데 기대했던 것보다 성능이 좋지 않아 괜히 샀다고 후회를 하
      고 있었습니다. 그런데 이을남이라는 사람이 2020. 4. 11. 저한테 전화를
      하여 "자기가 원래 그 차 주인인데 매수할 수 없겠냐?"고 물어보길래 "무
      슨 일이냐?"고 했더니 "자세한 이야기는 전화로 할 수 없고 가격은 잘 쳐
      줄테니 일단 만나서 이야기하자."고 하였습니다. 조금 미심쩍은 마음은 있
      었지만 자동차를 팔 수 있다는 생각에 이을남이 만나자고 하는 파라다이
      스 호텔 로비에서 2020. 4. 18. 12:00에 만나기로 약속하였습니다. 그런데
      이을남이 약속시간이 10분 지나서도 오지 않기에 전화를 해봤더니 전화기
      가 꺼져 있었고, 위 호텔 주차장에 가보니 제 차량이 없어져서 이을남이
      훔쳐간 것이 틀림없다고 생각하고 고소한 것입니다.

문   이상의 진술은 사실인가요.

답   **예, 사실입니다.**

위의 조서를 진술자에게 열람하게 하였던바, 진술한 대로 오기나 증감·변경할
것이 전혀 없다고 말하므로 간인한 후 서명무인하게 하다.

진술자   오 재 차 (무인)

2020. 4. 19.

서울성동경찰서

사법경찰리 경사   강 철 중 ㊞

압 수 조 서

피의자 이을남에 대한 상습도박 피의사건에 관하여 2020년 4월 22일 23시00분경 서울 성동구 행당로 523에 있는 블랙잭 모텔 177호실에서 성동경찰서 수사과 사법경찰관 경위 정의로는 사법경찰리 경사 강철중을 참여하게 하고 별지 목록의 물건을 다음과 같이 압수 하다.

압 수 경 위

피의자 이을남, 오락신, 가지노, 하이로가 블랙잭 모텔에서 상습적으로 도박을 한다는 고발남(가명)의 제보를 접수하고 2020. 4. 22. 23:00경 위 모텔 177호에서 피의자들이 도박 을 하고 있는 것을 확인한 후 위 호실의 문을 강제로 열고 들이닥쳐 압수목록 기재 물건을 형사소송법 제216조 제3항에 따라 영장 없이 압수하다.

참여인	성 명	주민등록번호	주 소	서명 또는 날인
	이차순 (모텔주인)	(생략)	(생략)	(생략)

2020년 4월 22일

서 울 성 동 경 찰 서

사법경찰관 경위 정 의 로 ㉑

사법경찰리 경사 강 철 중 ㉑

압 수 목 록

번호	품 종	수량	피압수자 주거·성명				소 유 자 주 거 · 성 명	비고
			1 유류자	2 보관자	(3) 소지자	(4) 소유자		
1	화투	20장	(주거 생략) 이을남				(주거 생략) 이을남	
2	수첩	1권	상동				상동	
3	5만원권	100장	상동				상동	
4	5만원권	60장	(주거 생략) 오락신				(주거 생략) 오락신	
5	5만원권	40장	(주거 생략) 가지노				(주거 생략) 가지노	
6	5만원권	20장	(주거 생략) 하이로				(주거 생략) 하이로	

서 울 성 동 경 찰 서

2020. 4. 23.

수신 : 경찰서장
참조 : 형사과장
제목 : 수사보고(단속 경위와 진술서 각 징구)

피의자 이을남, 오락신, 가지노, 하이로가 블랙잭 모텔에서 상습적으로 도박을 한다는 고발남(가명)의 제보를 접수하고 2020. 4. 22. 23:00경 위 모텔 177호를 급습하였으나 피의자 가지노는 창문을 열고 도주하여 신병을 확보하지 못하였음.

피의자 오락신, 하이로를 본 경찰서로 임의동행한 다음, 자필 진술서를 각 징구하였기에 이를 보고합니다.

첨부: 피의자 오락신, 하이로 작성의 각 자필진술서(피의자 하이로의 자필 진술서는 피의자 오락신의 자필 진술서와 동일하므로 생략), 각 진술거부권 고지서면(첨부 생략). 끝.

검찰주사보 오승완 ㉑

진 술 서
저는 2020. 4. 22. 21:20경부터 23:00경까지 서울 성동구 행당로523 에 있는 블랙잭 모텔 177호에서 이을남, 가지노, 하이로와 '섯다'라는 도박을 하다가 적발되어 조사 받고자 경찰서에 자의로 출석하였습니다. '섯다'는 화투 48장 중 2장을 이용하여 1인당 2장씩 나누어 가진 뒤 패를 보고 끗수나 족보 등을 확인한 후 최하 50,000원부터 최고 판돈의 반을 배팅한 후, 선으로부터 나머지 화투패 1장을 받은 후 다시 아까와 같은 마지막 배팅을 한 후에, 3장 중 가장 좋은 패 2장을 보여주어 높은 패를 가진 사람이 돈을 가져가는 도박입니다. 깊이 반성하고 있습니다. 판사님, 검사님. 부디 선처해 주세요.

2020. 4. 23.

진술인 : 오락신 ㉑

피의자신문조서(제3회)

　　피의자 이을남에 대한 상습도박 등 피의사건에 관하여 2020. 4. 23. 서울성동경찰서 수사과 사무실에서 사법경찰관 경위 정의로는 사법경찰리 경사 강철중을 참여하게 하고, 피의자에 대하여 다시 아래의 권리들이 있음을 알려주고 이를 행사할 것인지 그 의사를 확인하다.

[진술거부권과 변호인 조력권 고지하고 변호인 참여 없이 진술하기로 함 (생략)]
이에 사법경찰관은 피의사실에 관하여 다음과 같이 피의자를 신문하다.
[상습도박의 점]
문　　피의자는 도박을 하다가 단속된 사실이 있지요.
답　　저는 도박을 하지 않았습니다.
문　　그럼 피의자는 블랙잭 모텔 177호에서 무엇을 하고 있었나요.
답　　다른 사람들이 도박하는 것을 구경하고 있었습니다.
문　　피의자는 당시 피의자 앞에 5만 원권 지폐 100장을 가지고 있었지요.
답　　맞습니다. 하지만 그것은 제가 살고 있는 빌라 월세를 내기 위해서 출금한 돈입니다.
문　　월세는 인터넷뱅킹으로 송금하면 되는데 월세를 내기 위해 현금으로 출금하여 가지고 있다는 것이 말이 되나요.
답　　저는 인터넷뱅킹을 못하여 매월 집주인에게 현금으로 직접 줍니다.
문　　오락신, 가지노, 하이로와는 어떠한 사이인가요.
답　　중학교 동창으로 어렸을 때부터 알고 지내는 친구들입니다.
문　　피의자는 도박 전과가 많아서 가중처벌될 것을 우려하여 거짓으로 진술하는 것이지요.
답　　아닙니다. 제 말을 믿어주십시오. 위 모텔방에서 압수된 제 수첩을 보면 그날 제가 '섯다'라는 도박을 하지 않았다는 것을 알 수 있습니다. 저는 돈 계산을 철저히 하기 위하여 항상 도박을 하기 전에는 판돈으로 얼마를 가지고 하는지, 도박을 한 후에는 얼마를 따고 잃었는지를 반드시 기재합니다.
이때 수첩 1권(증 제2호, 첨부 생략)을 제시하고
문　　이 수첩은 피의자가 사용하는 것인가요.
답　　맞습니다. 제가 업무용으로 사용하는 수첩인데, 각종 일정, 매월 받은 급여 등 수입내역과 신용카드 사용 등 지출내역뿐만 아니라 도박을 할 때마다 그 내역도 항상 기재합니다.
문　　피의자의 말대로 수첩의 2020. 4. 22.자 란에는 도박에 관한 기재가 없기는 한데 피의자가 깜박 잊고 기재를 하지 않은 것이 아닌가요.

답   그렇지 않습니다.
이때 사법경찰리는 진술거부권과 변호인의 조력을 받을 수 있는 권리가 있음을
다시 고지한 후 다음과 같이 문답하다.

문   수첩의 기재를 보니 2017. 4. 8. 22:00경부터 다음 날 01:00경까지 서울
      성동구 사근동 소재 육갑식당에서 비풍초, 동팔삼, 사오칠과 '고스톱'이라
      는 도박을 하여 20만 원을 땄다고 기재되어 있는데 인정하나요.
답   (잠시 묵묵부답하더니) 맞습니다.
문   도박 내용을 더 구체적으로 진술하세요.
답   제가 마장동 축산시장에서 계약직 점원으로 일하면서 알게 된 사람인 비
      풍초, 동팔삼, 사오칠과 화투 50장을 사용하여 3점에 5,000원씩 걸고 1점
      이 추가될 때마다 2,000원씩 가산하여 승패에 따라 돈을 지급하는 방법으
      로 30여 회에 걸쳐 속칭 '고스톱'이라는 도박을 하였습니다
문   수첩의 기재를 또 보니 2019. 5. 13. 19:30경부터 같은 날 22:00경까지
      서울 성동구 사근동에 있는 버킷주점에서 박사장, 김사장이라는 사람들과
      '바둑이'라는 도박을 하여 30만 원을 잃었다고 기재되어 있는데 도박을 한
      것이 맞나요.
답   네, 맞습니다.
문   그 경위를 상세히 진술하세요.
답   그때에는 마장동 축산시장에서 오다가다 알게 된 박사장, 김사장과 자주
      어울렸는데 카드 52장을 사용하여 1회당 평균 30만 원 정도의 판돈을 걸
      고 80여 회에 걸쳐 속칭 '바둑이'라는 도박을 함께 하였습니다. 박사장, 김
      사장이라고만 불렸지 이름은 모릅니다.
문   같이 도박을 했던 사람들의 연락처를 알 수 있는가요.
답   지금은 전혀 연락되지 않습니다. 그리고 최근에 버킷주점을 가보았는데 언
      제부터인지는 몰라도 사장도 바뀌고 업종도 노래방으로 바뀌어 있었습니다.

[절도의 점]
문   피의자는 타인의 승용차를 운전하여 가져간 사실이 있지요.
답   (한숨을 푹 쉬다가) 예, 그렇습니다.
문   그 경위를 구체적으로 진술하세요.
답   제가 2019. 2. 4. 헌대캐피탈 주식회사로부터 18주8901 BMW 승용차를 리
      스하여 운행하던 중 사채남으로부터 1,300만 원을 변제기를 1년으로 정하
      여 빌리면서 위 승용차를 담보로 제공하였습니다. 제가 1년 후에 차용금을
      못 갚자 사채남은 위 승용차를 차용금 회수에 사용하겠다며 가지고 가버
      렸습니다. 나중에 헌대캐피탈에서 책임 추궁을 할 것 같아 그때 보조 열쇠
      하나는 주지 않고 가지고 있었습니다. 2020. 3.경 헌대캐피탈한테서 리스기

간이 만료되었으니 위 승용차를 반납하라는 통지를 받고 차용금을 갚고 위 승용차를 찾아서 반납하고자 사채남한테 연락을 하였는데, 사채남은 이미 위 승용차를 오재차라는 사람한테 팔았다고 말하였습니다. 그래서 사채남한테 알아낸 오재차의 전화번호로 전화를 하여 오재차한테 위 승용차를 얼마에 샀냐고 물어보니 2,000만 원을 주고 샀다고 하였습니다. 오재차를 만나서 위 승용차를 매수해야겠다는 생각에 2020. 4. 18. 12:00경 제가 가끔 투숙하였던 인천 중구에 있는 파라다이스 호텔에서 만나기로 하였습니다. 그날 위 호텔에 조금 일찍 나갔는데 호텔 주차장에 위 승용차가 세워져 있었습니다. 1,000만 원이면 모르겠는데 2,000만 원 가까이 마련하기는 어려워서 일단 현대캐피탈에 위 승용차를 반납하고 오재차와 사이에 일을 해결하자는 생각에 가지고 있던 위 승용차 보조 열쇠를 이용하여 위 승용차를 운전하여 가버렸습니다. 그 다음날인 2020. 4. 19. 현대캐피탈에 위 승용차를 반납하였습니다.

문　위 승용차의 소유자는 누구인가요.

답　현대캐피탈입니다. 차량의 등록명의자를 알 수 있는 자동차등록원부 등본을 제출하겠습니다.

이때 사법경찰리는 진술인으로부터 자동차등록원부(갑) 등본 1부(첨부 생략)를 제출받아 기록 말미에 편철하다.

문　이상의 진술내용에 대하여 이의나 의견이 있는가요.

답　소유자인 현대캐피탈에 리스차량을 반납하려고 한 점을 참작하여 주십시오.

위의 조서를 진술자에게 열람하게 하였던바, 진술한 대로 오기나 증감·변경할 것이 전혀 없다고 하므로 간인한 후 서명무인하게 하다.

진술자　이 을 남 (무인)

2020.　4.　23.

서울성동경찰서

사법경찰관　경위　정 의 로 ㊞

사법경찰리　경사　강 철 중 ㊞

피의자신문조서

성   명: 김갑동

주민등록번호: (생략)

위의 사람에 대한 특정범죄가중처벌등에관한법률위반(도주치상) 등 피의사건에 관하여 2020. 4. 26. 서울동부지방검찰청 제512호 검사실에서 검사 정이감은 검찰주사 한조사를 참여하게 한 후, 아래와 같이 피의자가 틀임없음을 확인하다.

주민등록번호, 직업, 주거, 등록기준지, 직장주소, 연락처는 각각 **(생략)**

검사는 피의사실의 요지를 설명하고 검사의 신문에 대하여 「형사소송법」 제244조 의3에 따라 진술을 거부할 수 있는 권리 및 변호인의 참여 등 조력을 받을 권리가 있음을 피의자에게 알려주고 이를 행사할 것인지 그 의사를 확인하다.

[진술거부권과 변호인 조력권 고지하고 변호인 참여 없이 진술하기로 함 (생략)]

이에 검사는 피의사실에 관하여 다음과 같이 피의자를 신문하다.

[피의자의 범죄전력, 경력, 학력, 가족 · 재산 관계 등 (생략)]

[특정범죄가중처벌등에관한법률위반(도주치상)의 점]

(경찰 진술내용과 동일함, 신문사항 생략)

[폭력행위등처벌에관한법률위반(공동협박)의 점]

문 피의자는 '무한돼지집'에서 두담화에게 "1주일 안에 이 바닥을 뜨지 않으면 칼침을 놓겠다."고 협박한 사실이 있지요.

답 네, 그렇습니다.

문 피의자가 피해자 두담화를 협박할 때 이을남도 함께 협박하였나요.

답 맞습니다. 경찰에서 조사 받기 전부터 이을남이 하도 저한테 "나는 좀 빼달라."고 부탁하기에 경찰에서 이을남이 옆에 있기는 했는데 무슨 행동을 했는지 잘 기억이 안 난다고 대답하였습니다. 사실은 이을남도 옆에서 피해자한테 "죽고 싶냐. 회칼 좀 맞아볼래."라고 협박하였습니다.

문 '무한돼지집'에는 누가 먼저 찾아가자고 하였나요.

답 이을남이 먼저 가서 혼을 내주자고 하였습니다.

[무고의 점]

문 피의자는 이을남을 상대로 상해죄로 고소한 사실이 있지요.

답 네, 그렇습니다.

문 피의자가 이을남을 고소한 내용은 이을남이 2020. 4. 10. 23:40경 서울 강남구 역삼로 2417에 있는 삼진빌딩 지상 주차장에서 피의자의 오른쪽 어깨를 떠밀고 멱살을 잡아 옆으로 밀치면서 피의자를 구타하여 약 10일간의 치료를 요하는 요추부염좌상을 가하였다는 내용인가요.

답 예, 그렇습니다.

문 이을남은 당시 피의자를 때린 적이 없다고 하는데 어떤가요.

답 새빨간 거짓말입니다. 이을남이 저의 오른쪽 어깨를 떠밀고 멱살을 잡아 옆으로 밀쳐서 허리를 다쳤습니다. 제가 마장동 축산시장에 있는 '진짜 한우'에서 점원으로 일하는데 이 때문에 7일간 병가를 내고 출근하지 못했습니다.

문 CCTV 사진을 보면 피의자와 이을남이 서로 멱살잡이하는 모습은 나오는데 이을남이 일방적으로 피의자를 폭행하는 모습은 나오지 않는데 어떤가요.

답 CCTV에 안 찍혔을 뿐입니다.

이때 검사는 피의자 이을남을 입실하게 하다.

문 피의자의 성명, 주민등록번호, 직업, 등록기준지 등을 진술하세요.

답 성명은 이을남,

(기타 인적사항 생략)

검사는 피의사실의 요지를 설명하고 검사의 신문에 대하여 「형사소송법」 제244조의3에 따라 진술을 거부할 수 있는 권리 및 변호인의 참여 등 조력을 받을 권리가 있음을 피의자에게 알려주고 이를 행사할 것인지 그 의사를 확인하다.

[진술거부권과 변호인 조력권 고지하고 변호인 참여 없이 진술하기로 함 (생략)]

이에 검사는 피의사실에 관하여 다음과 같이 피의자를 신문하다.

[피의자의 범죄전력, 경력, 학력, 가족·재산 관계 등 (생략)]

[폭력행위등처벌에관한법률위반(공동협박)의 점]

문 피의자는 '무한돼지집'에서 피해자 두담화에게 "죽고 싶냐. 회칼 좀 맞아볼래."라고 말하여 김갑동과 함께 피해자를 협박한 사실이 있지요.

답   전혀 없습니다.

문   김갑동이 피해자를 협박할 때 피의자는 무엇을 하고 있었나요.

답   김갑동한테 "하지 마라."고 하면서 말렸습니다.

문   피해자는 피의자가 오른 팔뚝에 있는 용 문신을 보여주며 피해자한테 눈을 부라리는 등 위협을 하였다고 하는데, 그때 위와 같은 말을 한 것이 아닌가요.

답   아닙니다. 그때 김갑동이 흥분한 것 같아 제지하였을 뿐입니다.

문   그럼 피의자는 김갑동과 함께 왜 '무한돼지집'에 갔나요.

답   김갑동이 저한테 가서 소주나 한 잔 하자고 해서 갔습니다.

[상습도박, 절도의 점, 김갑동이 피의자를 상해로 고소한 사건 관련]
(경찰 진술내용과 동일함, 신문사항 생략)

피의자들에게

문   조서에 진술한 대로 기재되지 아니하였거나 사실과 다른 부분이 있나요.

답   (김갑동) **없습니다.** (이을남) **없습니다.**

위의 조서를 진술자에게 열람하게 하였던바, 진술한 대로 오기나 증감·변경할 것이 전혀 없다고 말하므로 간인한 후 서명무인하게 하다.

진술자 **김갑동** (무인)
        이을남 (무인)

2020. 4. 26.

서울동부지방검찰청

검   사 *정이감*   ㊞

검찰주사 *한조사*   ㊞

진술조서

성　　　명: 두담화

주민등록번호, 직업, 주거, 등록기준지, 직장주소, 연락처 (각 생략)

위의 사람은 피의자 김갑동, 이을남에 대한 특정범죄가중처벌등에관한법률위반(도주치상) 등 피의사건에 관하여 2020. 4. 27. 서울동부지방검찰청 제512호 검사실에 임의 출석하여 다음과 같이 진술하다.

[피의자와의 관계, 피의사실과의 관계 등(생략)]

문　피의자 김갑동이 진술인을 협박할 때 피의자 이을남은 무엇을 하고 있었나요.

답　그때 이을남은 오른 팔뚝에 있는 용 문신을 보여주며 저한테 눈을 부라리면서 제 옆에 가래침을 뱉었습니다.

문　피의자 김갑동은 자신이 진술인을 협박할 당시 피의자 이을남은 옆에서 진술인에게 "죽고 싶냐. 회칼 좀 맞아볼래."라고 말하였다는데 어떤가요.

답　피의자 김갑동이 저한테 칼침을 놓겠다고 해서 정신이 없었는데 김갑동이 그렇게 말하였다면 그게 맞습니다. 기억을 더듬어보니 이을남이 김갑동 옆에서 저를 보면서 죽여버리겠다는 식으로 말을 하였습니다.

문　이상의 진술은 사실인가요.

답　예, 사실입니다.

위의 조서를 진술자에게 열람하게 하였던바, 진술한 대로 오기나 증감・변경할 것이 전혀 없다고 말하므로 간인한 후 서명무인하게 하다.

진술자　*두 담 화* (무인)

2020. 4. 27.

서울동부지방검찰청

검　　사 *정이감* ㊞

검찰주사 *한조사* ㊞

서 울 동 부 지 방 법 원

판   결

2017. 4. 20. 항소기간도과
2017. 4. 20. 확   정
서울동부지방검찰청

사   건   2017고단38125 상습도박

피 고 인   이을남 (생략), 상업

주거와 등록기준지 (생략)

검   사   장은미

변 호 인   변호사 김판문 (국선)

위 등본임
검찰주사 한조사 ㉑

판 결 선 고   2017. 4. 12.

주   문

피고인을 징역 6월에 처한다.

다만, 이 판결 확정일로부터 1년간 위 형의 집행을 유예한다.

이   유

범 죄 사 실

피고인은 상습으로, 2017. 2. 1. 01:30경부터 같은 날 06:00경까지 서울 서초구 방배동 (번지 생략) 소재 연립주택 반지하 방에서 도박군, 노름군 등과 카드 52 매를 사용하여 그 카드 4매씩을 각 나누어 가진 후 무늬가 다르고 합계 숫자가 제일 낮은 카드군을 소지한 사람이 이기는 속칭 '노-바둑이'이라는 카드놀이를 1 회에 최저 금 10,000원, 최고 금 200,000원까지 걸고 약 160회 가량을 하여 판 돈 금 27,744,000원 상당의 도박을 한 것을 비롯하여 별지 범죄일람표(생략) 기 재와 같이 모두 20회에 걸쳐 도박을 하였다.

증거의 요지와 법령의 적용

각 기재 (생략)

판사   박경리

서 울 동 부 지 방 법 원

판   결

2019. 5. 25. 항소기간도과
2019. 5. 25. 확   정
서울동부지방검찰청

사 건	2019고단32452 도박
피 고 인	이을남 (생략), 상업
	주거와 등록기준지 (생략)
검 사	백승준 (기소, 공판)
변 호 인	변호사 이종선(국선)
판 결 선 고	2019. 5. 17.

위 등본임
검찰주사 한조사 ㊞

주   문

피고인을 벌금 500만 원에 처한다.

(이하 생략)

이   유

범 죄 사 실

피고인은 2019. 1. 하순 일자불상 17:00경부터 같은 날 22:00경까지 서울 서초구 방배동 소재 피고인의 주거지에서 도박군, 노름군 등과 화투 48매를 사용하여 점당 10,000원씩 걸고 약 60판에 걸쳐 속칭 '고스톱'이라는 도박을 함을 비롯하여 별지 범죄일람표(생략) 기재와 같이 모두 20회에 걸쳐 도박을 하였다.

증거의 요지

기재 (생략)

법령의 적용

기재 (생략)

판사   박완서 _____

기타 법원에 제출되어 있는 증거들

※ 편의상 다음 증거서류의 내용을 생략하였으나, 법원에 증거로 적법하게 제출되어 있음을 유의하여 검토할 것.

○ **두담화 작성의 고소장**

두담화에 대한 경찰 진술조서와 동일한 내용임

○ **나부인에 대한 경찰 진술조서**

사고 경위, 사고 후 상황과 조치내역에 관한 나부인의 진술은 김갑동의 진술과 같음

○ **박모범에 대한 경찰 진술조서**

택시기사인 박모범이 2020. 4. 6. 20:00경 김갑동이 운전하던 차량이 피해자 심경륜이 운전하던 자전거를 충격하는 것을 목격하고 피해자를 위하여 119 신고를 하여 피해자를 병원으로 후송되게 하였다고 진술함

○ **교통사고 실황조사서(2020. 4. 7.자)**

사고장소 주위에 많은 차량들이 주·정차하고 있는 상태에서 피의자 김갑동이 전방주시를 게을리 하여 피해자 심경륜의 자전거를 충격한 것이라는 내용임

○ **자동차등록원부, 자동차 종합보험가입증명서**

15두7832 아반떼 승용차는 김갑동의 소유로 2019. 5. 7.부터 2020. 5. 6.까지 종합보험에 가입되어 있다는 내용임

○ **김갑동에 대한 경찰 진술조서**

김갑동 작성의 고소장 기재와 같음

○ **의사 정직해 작성의 진단서**

김갑동이 약 10일간의 치료를 요하는 요추부염좌상을 입었다는 내용임

○ **근무상황부**

김갑동이 마장동 축산시장 '진짜 한우'의 계약직 점원으로서 2019. 8. 10.부터 2020. 4. 10.까지 결근한 적이 없었는데, 2020. 4. 11.부터 2020. 4. 17.까지 병가를 냈다는 내용임

○ **CCTV 사진(10장)**

2020. 4. 10. 23:40경 서울 강남구 역삼로 2417에 있는 삼진빌딩 지상 주차장에서 이을남이 김갑동의 멱살을 잡고 옆으로 밀자 김갑동도 이을남의 멱살을 잡고 밀고 당기다가 이을남이 김갑동을 뿌리치고 위 지상 주차장을 나가는 모습이 찍힌 CCTV 사진(삼진빌딩 지상 주차장 관리인으로부터 임의제출 받음)

○ **오재차 작성의 고소장**

오재차에 대한 경찰 진술조서와 같은 내용임

○ 자동차등록원부(갑) 등본

  18주8901 BMW 승용차의 최종 등록명의자가 현대캐피탈 주식회사라는 내용임

○ 피고인들에 대한 각 조회회보서

  김갑동은 2015. 1. 10. 서울중앙지방법원에서 협박죄 등으로 징역 8월을 선고받아 2015. 1. 18. 확정된 전력이 있음

  이을남은 2013. 5. 6. 서울중앙지방법원에서 도박죄로 벌금 50만 원의 약식명령을 발령받아 2013. 6. 14. 위 약식명령이 확정되었고, 2015. 7. 8. 서울동부지방법원에서 도박죄로 벌금 150만 원을 선고받아 2015. 7. 16. 확정되었으며, 2017. 4. 12. 서울동부지방법원에서 상습도박죄로 징역 6월에 집행유예 1년을 선고받아 2017. 4. 20. 확정되었고, 2019. 5. 17. 서울동부지방법원에서 도박죄로 벌금 500만 원을 선고받아 2019. 5. 25. 확정되었으며, 2019. 12. 14. 서울중앙지방법원에서 사기죄로 징역 1년에 집행유예 2년을 선고받아 2019. 12. 22. 확정된 전력이 있음

○ 오락신, 하이로가 검찰에서 작성한 각 자필 진술서

  경찰에서 작성한 자필 진술서와 같은 내용임(진술거부권이 각 고지되었고, 오락신, 하이로에 대하여는 2020. 5. 3. 벌금 200만 원의 약식명령이 각 발령되었음)

○ 수첩 1권(증 제2호)

  이을남이 2017. 4. 8. 22:00경부터 다음 날 01:00경까지 서울 성동구 사근동 소재 육갑식당에서 비풍초, 동팔삼, 사오칠과 '고스톱'이라는 도박을 하여 20만 원을 따고, 2019. 5. 13. 19:30경부터 같은 날 22:00경까지 서울 성동구 사근동에 있는 버킷주점에서 박사장, 김사장이라는 사람들과 '바둑이'라는 도박을 하여 30만 원을 잃었다는 내용, 이을남이 매월 받은 급여 등 수입내역, 신용카드 사용 등 지출내역 및 각종 일정 등이 기재되어 있음

모의기록 4 변론요지서와 검토의견서

I. 피고인 김갑동에 대한 변론요지서

1. 폭처법위반(공동협박)의 점

가. 폭처법 제2조 제2항의 '2인 이상이 공동하여'의 의미

폭처법 제2조 제2항의 '2인 이상이 공동하여 폭행의 죄를 범한 때'라고 함은 그 여러 사람 간에 공범관계가 존재하는 것을 요건으로 하는 것이고, 또 여러 사람이 동일 장소에서 동일 기회에 상호 다른 자의 범행을 인식하고 이를 이용하여 범행을 한 경우임을 요합니다.[1]

나. 축소사실의 인정 여부

폭처법위반(공동협박)의 점 중 공동협박 부분은 범죄의 증명이 없는데,폭처법위반(공동협박)의 공소사실에는 협박이 포함되어 있고, 피고인이 피해자를 협박한 사실을 인정하고 있어 피고인의 방어권 행사에 실질적 불이익을 초래할 염려가 없으므로, 피고인에 대하여 공소장의 변경 없이 협박의 공소사실을 인정할 수 있습니다.

그러나 협박죄는 형법 제283조 제3항에 의하여 피해자의 명시한 의사에 반하여 공소를 제기할 수 없는데, 피해자 두담화는 공소제기 후에 피고인과 합의를 하여 2020. 6. 17. 피고인에 대한 처벌을 희망하는 의사표시를 철회하였으므로, 협박의 점은 피해자의 명시한 의사에 반하여 죄를 논할 수 없는 사건에 대하여 처벌을 희망하는 의사표시가 철회되었을 때에 해당하므로 형사소송법 제327조 제6호에 의한 공소기각 판결을 선고하여 주시기 바랍니다.

---

1) 대법원 1991. 1. 29. 선고 90도2153 판결.

2. 특가법위반(도주치상)의 점

가. 피고인의 주장

피고인은 도주의사가 없었다며 공소사실을 부인하고 있습니다.

나. 도주의 의미

특가법 제5조의3 제1항 소정의 '피해자를 구호하는 등 도로교통법 54조 1항의 규정에 의한 조치를 취하지 아니하고 도주한 때'라 함은 사고 운전자가 사고로 인하여 피해자가 사상을 당한 사실을 인식하였음에도 불구하고 피해자를 구호하는 등 도로교통법 제54조 제1항에 규정된 조치를 이행하기 이전에 사고현장을 이탈하여 사고를 낸 자가 누구인지 확정될 수 없는 상태를 초래하는 경우를 말합니다.[2] 차의 운전으로 사람에게 상해를 입힌 경우 사고 운전자 등은 도로교통법 제54조 제1항에 따라 즉시 정차하여 사상자를 구호하고, 피해자에게 인적사항을 제공하여야 하는데, 이러한 조치는 반드시 사고 운전자 본인이 직접 할 필요는 없고, 자신의 지배하에 있는 자를 통하여 하거나, 현장을 이탈하기 전에 타인이 구호조치 등을 하여도 무방합니다.[3]

다. 도주에 해당하는지 여부

(피고인 김갑동에 대한 검찰 피의자신문조서, 피고인 김갑동에 대한 제2회 경찰 피의자신문조서, 심경륜, 나부인, 박모범에 대한 경찰 진술조서의 각 진술기재와 교통사고 실황조사서의 기재에 의하면) 피고인은 교통사고 현장에서 동승자인 나부인으로 하여금 나부인이 차량의 운전자인 것으로 허위신고하도록 한 사실은 인정됩니다. 그러나 (위 인정증거에 의하면) 피고인 김갑동은 사고 직후 즉시 정차하였고, 사고를 목격한 택시기사인 박모범이 119 신고를 하여 구호조치가 이루어진 사실, 피고인은 사고 직후 피해자가 119 구급차량에 의하여 병원에 후송될 때까지 사고장소를 이탈하지 아니하였고, 피해자와 함께 병원에 동행한 사실, 피고인은 112 신고를 받고 병원에 온 경찰관에게 자신이 운전한 사람이라고 하면서 경찰관에게 신원을

---

2) 대법원 2002. 1. 11. 선고 2001도2869 판결 참조.
3) 대법원 2007. 10. 11. 선고 2007도1738 판결 참조.

밝힌 사실, 피고인 김갑동은 사고일로부터 2일 후에 경찰에 출석하여 조사를 받은 사실이 인정됩니다. 따라서 피고인이 피해자를 구호하는 등의 의무를 이행하기 전에 도주의 범의를 가지고 사고현장을 이탈하였다고 볼 수는 없습니다. 그렇다면 특가법위반(도주치상)의 점은 범죄의 증명이 없는 경우에 해당하므로 형사소송법 제325조 후단의 무죄 판결의 대상입니다.

라. 교통사고처리특례법위반죄의 성립 여부

특가법 제5조의3 제1항 제2호, 형법 제268조 위반의 공소사실 중에는 '차의 운전자가 교통사고로 인하여 형법 제268조의 죄를 범한 경우'라는 교통사고처리특례법 제3조 제1항의 공소사실도 포함되어 있는 것으로 볼 수 있습니다. 또한 피고인은 교통사고로 피해자를 다치게 한 사실은 인정하고 있어 법원은 피고인의 방어에 실질적으로 불이익을 초래할 염려는 없는 것으로 보아 공소장 변경 없이 교통사고처리 특례법 3조 2항 단서, 1항에 의하여 교통사고처리특례법위반의 사실을 인정할 수 있습니다.

그런데 교통사고처리특례법위반(치상)의 점은 교통사고처리특례법 제4조 제1항 본문에 의하여 종합보험에 가입된 경우에는 공소를 제기할 수 없는 사건입니다. (자동차등록원부, 자동차종합보험 가입사실증명서의 각 기재에 의하면) 피고인은 2019. 5. 7. 그 소유의 아반떼 차량에 대하여 자동차종합보험(유효기간 1년)에 가입하였으므로, 교통사고처리특례법위반(치상)의 점은 공소제기의 절차가 법률의 규정에 위반하여 무효인 때에 해당하므로 형사소송법 제327조 제2호에 따라 공소를 기각하여 주시기 바랍니다.

3. 무고의 점

가. 피고인의 주장

피고인은 이을남한테 맞아서 다친 것이 사실이라며 무고가 아니라고 주장하고 있습니다.

나. 증거능력이 없는 증거

공범이 아닌 공동피고인의 검찰 진술과 경찰 진술은 제3자의 진술과 다를 바 없으므로, 공동피고인이 피고인의 지위에서 진정성립 또는 내용을 인정하더라도 당해 피고인이 증거로 함에 동의하지 않는 한 공동피고인을 증인으로 신문하여 진정성립이 증명된 경우에 한하여 증거능력이 있습니다.[4]

피고인은 공범 아닌 공동피고인인 김갑동에 대한 검찰 피의자신문조서와 경찰 피의자신문조서 중 무고에 관한 부분에 대하여 증거로 함에 동의하지 않았는데, 김갑동은 피고인의 지위에서 검찰 피의자신문조서의 진정성립을 인정하였을 뿐 형사소송법 제312조 제4항에 따라 증인으로서 진정성립을 인정한 것이 아니고 영상녹화물 기타 객관적 방법에 의한 증명도 없으므로, 김갑동에 대한 위 각 피의자신문조서는 증거능력이 없습니다.

다. 무고죄의 허위의 사실

무고죄에서 허위의 사실이라 함은 그 신고된 사실로 인하여 상대방이 형사처분이나 징계처분 등을 받게 될 위험이 있는 것이어야 하고, 비록 신고내용에 일부 객관적 진실에 반하는 내용이 포함되었다고 하더라도 그것이 독립하여 형사처분 등의 대상이 되지 아니하고 단지 신고사실의 정황을 과장하는 데 불과하거나 허위의 일부 사실의 존부가 전체적으로 보아 범죄사실의 성립 여부에 직접 영향을 줄 정도에 이르지 아니하는 내용에 관계되는 것이라면 무고죄가 성립하지 아니합니다.[5]

(이을남에 대한 검찰 피의자신문조서, 이을남에 대한 제2회 경찰 피의자신문조서의 각 진술기재, 진단서, 근무상황부의 각 기재, CCTV 사진의 영상에 의하면) 이을남은 피고인이 2020. 4. 10. 삼진빌딩 지상 주차장에서 돈을 언제까지 갚을 거냐며 자신의 앞을 가로막아서 피고인의 오른쪽 어깨를 밀었는데도 피고인이 계속 비키지 않아서 피고인의 멱살을 잡자 피고인도 자신의 멱살을 잡고 서로 밀고 당기기를 하는 등으로 몸싸움을 하였다고 진술하고 있습니다. 그리고 피고인은 적어도 이을남과 다툼이 있던 2020. 4. 10.까지 8개월 동안 결근을 한 적이 전혀 없었는데, 위 다툼이 있은 다음 날부터 1주일간 요추부염좌 등 허리와 관련한 병으로 병가를 내고 있습니다. 이러한 사정에 비추어 보면 피고인이 특별히 이을남으로부터 고소장 기재와 같이 폭행을 당하지는 않았더라도 그와 다투는 과정에서 시비가 되어

---

4) 대법원 1982. 9. 14. 선고 82도1000 판결 참조.
5) 대법원 1996. 5. 31. 선고 96도771 판결.

서로 멱살을 잡고 밀고 당기면서 평소에 좋은 상태가 아니던 요추부에 경도의 염좌증세가 생겼을 가능성이 충분히 있다고 할 것입니다.

따라서 피고인의 고소는 구타라는 표현을 쓰는 등 다소 과장된 것이라고 볼 수 있을지언정 이를 일컬어 무고죄의 처벌 대상인 허위사실을 신고한 것이라고 볼 수 없습니다.

라. 결 론

그렇다면 무고의 점은 범죄의 증명이 없는 때에 해당하므로 형사소송법 제325조 후단에 의하여 무죄 판결을 선고하여 주시기 바랍니다.

II. 피고인 이을남에 대한 검토의견서

1. 폭처법위반(공동협박)의 점

가. 피고인의 주장

피고인은 협박에 가담하지 아니하였다며 공소사실을 부인하고 있습니다.

나. 증거능력 없는 증거

1) 김갑동에 대한 제1회 경찰 피의자신문조서

피고인이 그 내용을 부인하는 취지로 증거에 부동의하였으므로 형사소송법 제312조 제3항에 따라 증거능력이 없습니다.

2) 두담화의 일부 증언

두담화는 법정에서 "김갑동이 증인에게 전화하여 이을남도 피고인의 옆에서 죽여버리겠다고 말했다."고 진술하였는데, 김갑동은 피고인의 공동피고인으로 '피고인 아닌 타인'에 해당하므로,[6] 이 증언은 피고인이 아닌 자(두담화)의 진술이 피고인 아닌 타인(김갑동)의 진술을 내용으로 하는 것입니다.[7] 따라서 원진술자가

---

6) 대법원 2011. 11. 24. 선고 2011도7173 판결, 대법원 2007. 2. 23. 선고 2004도8654 판결 참조.
7) 피고인이 일관되게 협박에 가담한 사실이 없다고 다툰 점, 이에 따라 두담화에 대한 경찰 진술조서, 두담화 작성의 고소장에 대하여 증거로 함에 부동의한 점 등에 비추어 볼 때 피고인

사망, 질병, 외국거주, 소재불명 그 밖에 이에 준하는 사유로 인하여 진술할 수 없고, 그 진술이 특히 신빙할 수 있는 상태하에서 행하여졌음이 증명된 때에 한하여 이를 증거로 할 수 있습니다(형사소송법 제316조 제2항). 그러나 원진술자인 김갑동이 공동피고인으로 함께 재판을 받고 있으므로 원진술자가 질병 등의 사유로 인하여 진술할 수 없는 때에 해당되지 아니하여 두담화의 위 진술은 증거능력이 없습니다.

다. 증명력 없는 증거

1) 두담화의 진술을 내용으로 하는 증거

피해자 두담화의 진술은 아래와 같은 이유로 믿을 수 없습니다.

첫째, 피해자는 이을남의 변호인의 반대신문에 대하여 아무런 답변을 하지 아니하였는데, 피해자의 답변 거부는 피고인 또는 변호인에게 책임 있는 사유에 기인한 것이라고 볼 만한 자료가 없는 이상, 피해자의 진술은 반대신문에 의한 증명력의 탄핵이 제대로 이루어지지 아니한 것입니다.[8]

둘째, 피해자는 경찰에서 "피고인이 김갑동의 옆에서 오른 팔뚝에 있는 용 문신을 보여주며 눈을 부라리면서 제 옆에 가래침을 뱉었다."고 진술을 하였고, 검찰에서도 위와 같이 진술하다가 검사로부터 "김갑동이 피고인도 함께 말로 협박을 하였다고 진술하고 있는데 어떠한가."라는 질문을 받고 피고인이 김갑동 옆에서 죽여버리겠다는 식으로 말을 하였다고 진술을 번복하였고 법정에서는 더 구체적으로 피고인이 "죽고 싶냐. 회칼 좀 맞아볼래."라고 협박하였다고 진술하고 있어 그 진술의 일관성이 없을 뿐만 아니라 경험한 사실에 관한 기억이 시일의

이 두담화의 법정증언을 증거로 하는 데에 동의하였다고 볼 수 없다(대법원 2019. 11. 14. 선고 2019도11552 판결 참조).

8) 형사소송법은 제161조의2에서 피고인의 반대신문권을 포함한 교호신문제도를 규정함과 동시에, 제310조의2에서 법관의 면전에서 진술되지 아니하고 피고인에 의한 반대신문의 기회가 부여되지 아니한 진술에 대하여는 원칙적으로 증거능력을 부여하지 아니함으로써, 형사재판에 있어서 모든 증거는 법관의 면전에서 진술·심리되어야 한다는 직접주의와 피고인에게 불리한 증거에 대하여는 반대신문할 수 있는 권리를 원칙적으로 보장하고 있는바, 반대신문권의 보장은 형식적·절차적인 것이 아니라 실질적·효과적인 것이어야 하므로, 증인이 반대신문에 대하여 답변을 하지 아니함으로써 진술내용의 모순이나 불합리를 드러내는 것이 사실상 불가능하였다면, 그 사유가 피고인이나 변호인에게 책임있는 것이 아닌 한 그 진술증거는 법관의 올바른 심증형성의 기초가 될 만한 진정한 증거가치를 가진다고 보기 어렵다 할 것이고, 따라서 이러한 증거를 채용하여 공소사실을 인정하면서는 신중을 기하여야 합니다(대법원 2001. 9. 14. 선고 2001도1550 판결).

경과에 따라 명료해지고 있습니다.

셋째, 피해자의 친구인 나절친은 경찰에서 "김갑동의 목소리 이외에 다른 사람의 목소리는 듣지 못하였습니다."고 진술하고 있습니다. 피해자의 진술은 피해자의 친구로서 피해자와 우호적인 관계에 있는 나절친의 진술과도 일치하지 아니합니다.

2) 김갑동의 진술을 내용으로 하는 증거

김갑동의 진술은 아래와 같은 이유로 믿을 수 없습니다.[9]

첫째, 김갑동은 경찰에서는 이을남이 옆에 있기는 했는데 무슨 행동을 했는지 기억이 안 난다고 진술하다가 2020. 4. 10. 삼진빌딩 지상 주차장에서 피고인과 몸싸움을 한 이후에 검찰과 법정에서는 피고인이 자신의 옆에서 피해자한테 "죽고 싶냐. 회칼 좀 맞아볼래."라고 협박하였다고 진술하고 있어 그 진술의 일관성이 없습니다.

둘째, 피고인은 2019. 9.경 김갑동한테서 2,000만 원을 빌리고도 변제하지 않고 있고 이 때문에 김갑동은 피고인과 몸싸움까지 하였기 때문에 피고인에 대한 악감정을 가지고 있었습니다.

셋째, 피해자의 친구인 나절친은 경찰에서 "김갑동의 목소리 이외에 다른 사람의 목소리는 듣지 못하였습니다."고 진술하고 있습니다. 김갑동의 진술은 피해자와 우호적인 관계에 있는 나절친의 진술과 일치하지 아니합니다.

라. 결 론

달리 피고인의 범행가담사실을 인정할 증거가 없으므로, 폭력행위등처벌에관한법률위반(공동협박)의 점은 범죄의 증명이 없는 때에 해당하므로 형사소송법 325조 후단에 의하여 무죄 판결을 선고하여야 합니다.

---

9) 개정 형사소송법(법률 제16924호) 중 2022. 1. 1.부터 시행되는 제312조 제1항에 의하면 검사가 작성한 피의자신문조서는 적법한 절차와 방식에 따라 작성된 것으로서 공판준비, 공판기일에 그 피의자였던 피고인 또는 변호인이 그 내용을 인정할 때에 한정하여 증거로 할 수 있고, 이와 같이 검찰 피의자신문조서의 증거능력이 경찰 피의자신문조서의 증거능력과 동일하게 규율된 이상 공범에 대한 경찰 피의자신문조서는 당해 피고인이 내용을 인정하여야만 증거능력이 있다는 법리도 동일하게 검찰 피의자신문조서에 적용될 것으로 보인다. 만일 김갑동에 대한 검찰 피의자신문조서가 2022. 1. 1. 이후에 작성되었다면, 피고인(이을남)이 김갑동에 대한 검찰 피의자신문조서를 증거로 함에 부동의한 이상 증거능력이 없다. 하지만 증거능력이 없더라도 공판기일에서의 피고인 또는 피고인 아닌 자의 진술의 증명력을 다투기 위하여 증거로 할 수 있으므로(형사소송법 제318조의2 제1항) 김갑동의 검찰 진술을 들어서 김갑동의 전체 진술에 일관성이 없다는 점을 주장할 수 있다.

2. 상습도박의 점

가. 2017. 4. 9.자 상습도박의 점

1) 상습범과 포괄일죄

[판결등본(2017고단38145), 피고인 이을남에 대한 조회회보서의 각 기재에 의하면] 피고인은 2017. 4. 12. 서울중앙지방법원에서 "상습으로, 2017. 2. 1. 01:30경부터 같은 날 06:00경까지 서울 서초구 방배동 소재 연립주택 반지하 방에서 도박군, 노름군 등과 카드 52매를 사용하여 그 카드 4매씩을 각 나누어 가진 후 무늬가 다르고 합계 숫자가 제일 낮은 카드군을 소지한 사람이 이기는 속칭 '노ー바둑이'이라는 카드놀이를 1회에 최저 금 10,000원, 최고 금 200,000원까지 걸고 약 160회 가량을 하여 판돈 금 27,744,000원 상당의 도박을 한 것을 비롯하여 모두 20회에 걸쳐 도박을 하였다."는 범죄사실로 징역 6월에 집행유예 1년을 선고받고 2017. 4. 20. 위 판결이 확정된 점, 그 밖에도 3회의 동종 전과가 있는 점, 확정된 판결의 도박수단과 방법이 이 부분 공소사실과 거의 동일한 점 등에 비추어 볼 때 피고인의 이 부분 공소사실과 판결이 확정된 범죄사실은 모두 피고인의 도박 습벽이 발현되어 저질러진 것이므로, 이 부분 공소사실과 판결이 확정된 범죄사실은 실체법상 포괄일죄의 관계에 있습니다.

2) 상습범과 기판력이 미치는 범위

이 부분 공소사실은 판결이 확정된 범죄사실과 포괄일죄의 관계에 있으므로 기판력(일사부재리 효력)의 객관적 범위에 속하며, 확정판결의 사실심선고 전의 범행이므로 기판력이 미치는 시적 범위에도 들어옵니다.

이와 같이 상습범으로서 포괄적 일죄의 관계에 있는 여러 개의 범죄사실 중 일부에 대하여 판결이 확정된 경우에, 그 확정된 판결의 사실심판결 선고 전에 저질러진 나머지 범죄에 대하여 새로이 공소가 제기되었다면 그 새로운 공소는 확정된 판결이 있었던 사건과 동일한 사건에 대하여 다시 제기된 데 해당합니다. 다만, 이때 확정된 판결에서 당해 피고인이 상습범으로 기소되어 처단되었을 것을 필요로 하는데, 앞서 본 바와 같이 피고인에 대한 상습도박의 판결이 확정되었으므로, 피고인에 대하여 위와 같이 확정된 판결의 기판력(일사부재리 효력)이 미친다고 보아야 합니다.

3) 결 론

그렇다면 이 부분 공소사실은 확정판결이 있는 때에 해당하므로 형사소송법 제326조 제1호에 따라 면소판결을 하여야 합니다.

나. 2019. 5. 13.자 상습도박의 점

1) 수첩의 기재 내용이 자백문서에 해당하는지 여부

상법장부나 항해일지, 진료일지 또는 이와 유사한 금전출납부 등과 같이 범죄사실의 인정 여부와는 관계없이 자기에게 맡겨진 사무를 처리한 사무 내역을 그때그때 계속적, 기계적으로 기재한 문서 등의 경우는 사무처리 내역을 증명하기 위하여 존재하는 문서로서 그 존재 자체 및 기재가 그러한 내용의 사무가 처리되었음의 여부를 판단할 수 있는 별개의 독립된 증거자료이고, 설사 그 문서가 우연히 피고인이 작성하였고 그 문서의 내용 중 피고인의 범죄사실의 존재를 추론해 낼 수 있는, 즉 공소사실에 일부 부합되는 사실의 기재가 있다고 하더라도, 이를 일컬어 피고인이 범죄사실을 자백하는 문서라고 볼 수는 없습니다.[10]

2) 자백에 대한 보강증거 유무

이 부분 공소사실에 관한 증거로서는 피고인의 법정과 수사기관에서의 자백 외에도 피고인이 작성한 수첩(증 제2호)의 현존 및 기재가 있음을 알 수 있는바, 위 수첩은 피고인이 이 부분 공소사실에 관하여 그 범죄혐의를 받기 전에 이와는 관계없이 각종 일정, 매월 받은 급여 등 수입내역과 신용카드 사용 등 지출내역 뿐만 아니라 도박을 한 일시, 금액, 상대방 등 내역을 그때그때 계속적, 기계적으로 기입하였고, 그 기재 내용은 피고인이 자신의 범죄사실을 시인하는 자백이라고 볼 수 없으므로, 증거능력이 있는 한 피고인의 도박사실을 증명할 수 있는 별개의 증거라고 할 것이다. 따라서 피고인의 자백에 대한 보강증거가 될 수 있다고 보아야 합니다.

3) 결 론

그렇다면 이 부분 공소사실은 유죄입니다.

다. 2020. 4. 22.자 상습도박의 점

1) 피고인의 주장

피고인은 도박을 한 적이 없고 다른 사람들이 하는 도박을 구경만 하였다며

---

10) 대법원 1996. 10. 17. 선고 94도2865 전원합의체 판결.

공소사실을 부인하고 있습니다.

2) 증거능력 없는 증거

가) 오락신, 하이로 작성의 각 경찰 진술서

형사소송법 제312조 제3항은 피고인이 수사과정에서 작성한 진술서에 관하여 준용하므로(같은 법 제312조 제5항), 오락신, 하이로이 경찰에서 각 작성한 진술서는 피고인이 내용부인의 취지로 증거로 함에 부동의한 이상 각 증거능력이 없습니다.

나) 오락신 작성의 검찰 진술서

형사소송법 제314조의 문언과 그 예외사유의 범위를 더욱 엄격하게 제한한 개정 취지, 증인에게 일정한 사유가 있는 경우 증언을 거부할 수 있는 권리를 보장하고 있는 증언거부권 관련 규정의 내용 등에 비추어 보면, 법정에 출석한 증인이 형사소송법 제148조, 제149조 등에서 정한 바에 따라 정당하게 증언거부권을 행사하여 증언을 거부한 경우는 형사소송법 제314조의 '그 밖에 이에 준하는 사유로 인하여 진술할 수 없는 때'에 해당하지 않는 것으로 보아야 합니다.[11]

오락신은 제2회 공판기일에 출석하여 2020. 5. 20. 피고인과 함께 도박하였다는 약식명령에 대하여 정식재판청구를 하였다는 이유로 선서와 증언을 거부하였는데, 오락신이 증언을 하면 형사소송법 제148조에서 정한 유죄판결을 받을 사실이 발로될 염려가 있었다고 볼 수 있으므로, 오락신은 형사소송법 제148조에서 정한 바에 따라 정당하게 증언거부권을 행사하였습니다. 이와 같은 오락신의 증언거부는 형사소송법 제314조의 '그 밖에 이에 준하는 사유로 인하여 진술할 수 없는 때'에 해당하지 아니하므로, 피고인이 증거로 함에 동의하지 아니한 오락신 작성의 검찰 진술서는 증거능력이 없습니다.

다) 하이로 작성의 검찰 진술서

직접주의와 전문법칙의 예외를 정한 형사소송법 제314조의 요건 충족 여부는 엄격히 심사하여야 하고 전문증거의 증거능력을 갖추기 위한 요건에 관한 입증책임은 검사에게 있는 것이므로, 법원이 증인에 대한 구인장 집행불능 상황을 형사소송법 제314조의 '소재불명 그 밖에 이에 준하는 사유로 인하여 진술할 수 없는 때'에 해당한다고 인정할 수 있으려면, 형식적으로 구인장 집행이 불가능하다는 취지의 서면이 제출되었다는 것만으로는 부족하고, 증인에 대한 구인장의 강제력에 기하여 증인의 법정 출석을 위한 가능하고도 충분한 노력을 다하였음에

11) 대법원 2012. 5. 17. 선고 2009도6788 전원합의체 판결.

도 불구하고, 부득이 증인의 법정 출석이 불가능하게 되었다는 사정을 검사가 입증한 경우여야 합니다.12)

경찰이 증인 하이로와 가족의 실거주지가 아닌 증인과 그 가족의 주민등록상 주소지만을 방문하여 증인의 거주 여부를 확인하고 전화상으로 증인 하이로의 아버지인 하우수로부터 법정에 출석케 할 의사가 없다는 취지의 진술을 들었다는 내용의 구인장 집행불능 보고서만으로는 원진술자인 하이로가 형사소송법 314조의 소재불명 그 밖에 이에 준하는 사유로 인하여 진술할 수 없는 때에 해당하지 않습니다. 따라서 피고인이 증거로 함에 동의하지 아니한 하이로가 작성한 검찰진술서는 증거능력이 없습니다.

3) 부족증거

화투 20장(증 제1호), 5만원권 100장(증 제3호)13)의 각 현존, 압수조서 및 압수목록, 수사보고(단속 경위와 진술서 각 징수)의 각 기재만으로는 공소사실을 인정하기 부족하고 달리 이를 인정할 증거가 없습니다.

4) 결 론

그렇다면 이 부분 공소사실은 범죄의 증명이 없는 때에 해당하므로 형사소송법 325조 후단에 의하여 무죄 판결을 선고하여야 합니다.

3. 절도의 점

가. 피고인의 주장

차량의 소유자인 현대캐피탈에게 차량을 반납하기 위하여 피해자가 운행하던 위 차량을 운전해 왔을 뿐이라고 주장하고 있습니다.

나. 불법영득의사의 의미

형법상 절취란 타인이 점유하고 있는 자기 이외의 자의 소유물을 점유자의 의사에 반하여 점유를 배제하고 자기 또는 제3자의 점유로 옮기는 것을 말합니다. 그리고 절도죄의 성립에 필요한 불법영득의 의사란 타인의 물건을 그 권리자를 배제하고 자기의 소유물과 같이 그 경제적 용법에 따라 이용·처분하고자 하

---

12) 대법원 2007. 1. 11. 선고 2006도7228 판결.
13) 범행 중 또는 범행 직후의 범죄 장소에서 영장 없는 압수수색의 요건(형사소송법 216조 3항)을 충족하고, 사후에 지체없이 영장을 받았으므로, 화투 20장(증 제1호)을 비롯한 증거물들은 모두 증거능력이 있다.

는 의사를 말하는 것으로서, 단순히 타인의 점유만을 침해하였다고 하여 그로써 곧 절도죄가 성립하는 것은 아니나, 재물의 소유권 또는 이에 준하는 본권을 침해하는 의사가 있으면 되고 반드시 영구적으로 보유할 의사가 필요한 것은 아니며, 그것이 물건 자체를 영득할 의사인지 물건의 가치만을 영득할 의사인지를 불문합니다. 따라서 어떠한 물건을 점유자의 의사에 반하여 취거하는 행위가 결과적으로 소유자의 이익으로 된다는 사정 또는 소유자의 추정적 승낙이 있다고 볼 만한 사정이 있다고 하더라도, 다른 특별한 사정이 없는 한 그러한 사유만으로 불법영득의 의사가 없다고 할 수는 없습니다.[14]

다. 불법영득의사의 인정 여부

공소사실 기재와 같이 피고인은 18주8901 BMW 승용차의 소유자인 현대캐피탈로부터 위 승용차를 리스하여 운행하던 중, 사채남으로부터 1,300만 원을 빌리면서 위 승용차를 인도한 사실, 사채남은 피고인이 차용금을 변제하지 못하자 위 승용차를 매도하였고 최종적으로 피해자가 위 승용차를 매수하여 점유하게 된 사실, 피고인은 위 승용차를 회수하기 위해시 피해자와 만나기로 약속을 한 다음 약속장소에 주차되어 있던 위 승용차를 미리 가지고 있던 보조열쇠를 이용하여 임의로 가져간 사실, (피고인에 대한 제3회 경찰 피의자신문조서의 진술기재에 의하면) 피고인은 그 다음날인 2020. 4. 19.경 현대캐피탈에 위 승용차를 반납한 사실을 인정할 수 있습니다.

우선 피고인이 자기 이외의 자의 소유물인 위 승용차를 점유자인 피해자의 의사에 반하여 그 점유를 배제하고 자기의 점유로 옮긴 이상 그러한 행위는 '절취'에 해당합니다. 또한 피고인이 위 승용차를 임의로 가져간 것이 소유자인 현대캐피탈의 의사에 반하는 것이라고는 보기 어렵고 실제로 위 승용차가 현대캐피탈에 반납된 사정을 감안한다고 하더라도, 그러한 사정만으로는 피고인에게 불법영득의 의사가 없다고 할 수 없습니다.

라. 결 론

그렇다면 이 사건 공소사실은 유죄입니다.

---

14) 대법원 2014. 2. 21. 선고 2013도14139 판결.

Ⅴ 모의기록 5

【문제】

피고인 김갑동에 대하여는 법무법인 청계 담당변호사 김사근이, 피고인 이을남에 대하여는 법무법인 실천 담당변호사 이사랑이 객관적인 입장에서 대표변호사에게 보고할 검토의견서를 각 작성하되, 검토의견서 양식 중 **본문 Ⅰ, Ⅱ 부분만** 작성하시오.

【작성요령】

1. 학설·판례 등의 견해가 대립되는 경우, 한 견해를 취하여 변론할 것. 다만, 대법원 판례와 다른 견해를 취하여 변론을 하고자 하는 경우에는 자신의 입장에 따른 변론을 하되, 대법원 판례의 취지를 적시할 것.

2. 증거능력이 없는 증거는 실제 소송에서는 증거로 채택되지 않아 증거조사가 진행되지 않지만, 이 문제에서는 시험의 편의상 증거로 채택되어 증거조사가 진행된 것을 전제하였음. 따라서 필요한 경우 증거능력에 대하여도 논할 것.

3. 법률명과 죄명에서 '성폭력범죄의 처벌 등에 관한 특례법'은 '성폭법'으로 줄여서 쓸 수 있음.

【주의사항】

1. 쪽 번호는 편의상 연속되는 번호를 붙였음.

2. 조서, 기타 서류에는 필요한 서명, 날인, 무인, 간인, 정정인이 있는 것으로 볼 것.

3. 증거목록, 공판기록 또는 증거기록 중 '(생략)'이라고 표시된 부분에는 법에 따른 절차가 진행되어 그에 따라 적절한 기재가 있는 것으로 볼 것.

4. 공판기록과 증거기록에 첨부하여야 할 일부 서류 중 '(생략)' 표시가 있는 것, '증인선서서'와 수사기관의 조서(진술서, 영상녹화물 포함)에 첨부하여야 할 '수사과정확인서'는 적법하게 존재하는 것으로 볼 것.

5. 송달이나 접수, 통지, 결재가 필요한 서류는 모두 적법한 절차를 거친 것으로 볼 것.

【검토의견서 양식】

검토의견서(50점)

사　건　2020고합1204 성폭력범죄의처벌등에관한특례법위반
　　　　　　　　(특수준강간) 등
피고인　김갑동

Ⅰ. 피고인 김갑동에 대하여
 1. 성폭력범죄의처벌등에관한특례법위반(특수준강간)의 점
 2. 공문서부정행사의 점
 3. 식품위생법위반의 점

※ 평가제외사항 – 공소사실의 요지, 정상관계(답안지에 기재하지 말 것)

2020. 12. 4.

피고인 김갑동의 변호인 변호사 김사근 ㉑

검토의견서(50점)

사　건　2020고합1204 성폭력범죄의처벌등에관한특례법위반
　　　　　　　　(특수준강간) 등
피고인　이을남

Ⅱ. 피고인 이을남에 대하여
 1. 성폭력범죄의처벌등에관한특례법위반(특수준강간)의 점
 2. 배임의 점
 3. 의료법위반의 점

※ 평가제외사항 – 공소사실의 요지, 정상관계 (답안지에 기재하지 말 것)

2020. 12. 4.

피고인 이을남의 변호인 변호사 이사랑 ㉑

<참고 법령>

■ 식품위생법

제36조(시설기준)

① 다음의 영업을 하려는 자는 총리령으로 정하는 시설기준에 맞는 시설을 갖추어야 한다.

3. 식품접객업

② 제1항 각 호에 따른 영업의 세부 종류와 그 범위는 대통령령으로 정한다.

제37조(영업허가 등)

④ 제36조제1항 각 호에 따른 영업 중 대통령령으로 정하는 영업을 하려는 자는 대통령령으로 정하는 바에 따라 영업 종류별 또는 영업소별로 식품의약품안전처장 또는 특별자치시장·특별자치도지사·시장·군수·구청장에게 신고하여야 한다. 신고한 사항 중 대통령령으로 정하는 중요한 사항을 변경하거나 폐업할 때에도 또한 같다.

제97조(벌칙)

다음 각 호의 어느 하나에 해당하는 자는 3년 이하의 징역 또는 3천만원 이하의 벌금에 처한다.

1. 제12조의2제2항, 제17조제4항, 제31조제1항·제3항, 제37조제3항·제4항, 제39조 제3항, 제48조제2항·제10항, 제49조제1항 단서 또는 제55조를 위반한 자

■ 식품위생법 시행령

제21조(영업의 종류)

법 제36조제2항에 따른 영업의 세부 종류와 그 범위는 다음 각 호와 같다.

8. 식품접객업

나. 일반음식점영업: 음식류를 조리·판매하는 영업으로서 식사와 함께 부수적으로 음주행위가 허용되는 영업

■ 의료법

제27조(무면허 의료행위 등 금지)

③ 누구든지 「국민건강보험법」이나 「의료급여법」에 따른 본인부담금을 면제하거나 할인하는 행위, 금품 등을 제공하거나 불특정 다수인에게 교통편의를 제공하는 행위 등 영리를 목적으로 환자를 의료기관이나 의료인에게 소개·알선·유인하는 행위 및 이를 사주하는 행위를 하여서는 아니 된다.

제88조(벌칙)

다음 각 호의 어느 하나에 해당하는 자는 3년 이하의 징역이나 3천만원 이하의 벌금에 처한다.

1. 제19조, 제21조제2항(제40조의2제4항에서 준용하는 경우를 포함한다), 제22조제3항, 제27조제3항·제4항, 제33조제4항, 제35조제1항 단서, 제38조제3항, 제47조제11항, 제59조제3항, 제64조제2항(제82조제3항에서 준용하는 경우를 포함한다), 제69조제3항을 위반한 자. 다만, 제19조, 제21조제2항(제40조의2제4항에서 준용하는 경우를 포함한다) 또는 제69조제3항을 위반한 자에 대한 공소는 고소가 있어야 한다.

제91조(양벌규정)

법인의 대표자나 법인 또는 개인의 대리인, 사용인, 그 밖의 종업원이 그 법인 또는 개인의 업무에 관하여 제87조, 제87조의2, 제88조, 제88조의2, 제89조 또는 제90조의 위반행위를 하면 그 행위자를 벌하는 외에 그 법인 또는 개인에게도 해당 조문의 벌금형을 과한다. 다만, 법인 또는 개인이 그 위반행위를 방지하기 위하여 해당 업무에 관하여 상당한 주의와 감독을 게을리하지 아니한 경우에는 그러하지 아니하다.

기록내용 시작

구속만료	2021. 1. 17.	미결구금
최종만료		
대행 갱신 만 료		

서 울 동 부 지 방 법 원

구 공 판 **형 사 제 1 심 소 송 기 록**

기일 1회기일	사건번호	2020고합1204	담 임	형사3부	주 심	
11/25 A10						
12/2 P2		가. 성폭력범죄의처벌등에관한특례법위반(특수준강간)				
12/16 P2		나. 공문서부정행사				
		다. 배임				
	사 건 명	라. 식품위생법위반				
		마. 의료법위반				
	검 사	정이감	2020형제100407호			
	공소제기일	2020. 11. 18.				
	피 고 인	구속 1. 가.나.라. 김갑동 구속 2. 가.다.마. 이을남				
	변 호 인	사선 법무법인 청계 담당변호사 김사근(피고인 김갑동) 사선 법무법인 실천 담당변호사 이사랑(피고인 이을남)				

확 정			완결 공람	담 임	과 장	국 장	주심 판사	재판장	원장
보존종기									
종결구분									
보 존									

접 수 공 람	과 장	국 장	원 장
	㉑	㉑	㉑

공 판 준 비 절 차

회 부 수명법관 지정 일자	수명법관 이름	재 판 장	비 고

법 정 외 에 서 지 정 하 는 기 일

기일의 종류	일 시				재 판 장	비 고
1회 공판기일	2020.	11.	25.	10:00	㉑	

서울동부지방법원

목 록		
문 서 명 칭	장 수	비 고
증거목록	9	검사
증거목록	11	피고인
공소장	12	
변호인선임신고서	(생략)	피고인 김갑동
영수증(공소장부본 등)	(생략)	피고인 김갑동
의견서	(생략)	피고인 김갑동
영수증(공소장부본 등)	(생략)	피고인 이을남
의견서	(생략)	피고인 이을남
국민참여재판 의사 확인서(불희망)	(생략)	피고인 김갑동
국민참여재판 의사 확인서(불희망)	(생략)	피고인 이을남
변호인선임신고서	(생략)	피고인 이을남
공판조서(제1회)	15	
공판조서(제2회)	17	
증인신문조서	20	피혜미
증거서류제출서	22	변호사 김사근
공소장변경허가신청	24	
영수증(공소장변경허가신청서부본)	(생략)	변호사 김사근

목 록 (구속관계)		
구속영장	(생략)	피고인 김갑동
피의자수용증명	(생략)	피고인 김갑동
구속영장	(생략)	피고인 이을남
피의자수용증명	(생략)	피고인 이을남

증거목록 (증거서류 등)
2020고합1204

① 김갑동
② 이을남
신청인: 검사

2020형제100407호

순번	증거방법					참조사항등	신청기일	증거의견		증거결정		증거조사기일	비고
	작성	쪽수(수)	쪽수(증)	증거명칭	성명			기일	내용	기일	내용		
1	사경	(생략)		고소장	피혜미		1	1	① × ② ×	(생략)		(생략)	
2	〃	27		진술조서	피혜미		1	1	① × ② ×				
3	〃	29		피의자신문조서	김갑동		1	1	① ○ ② ×				
4	〃	31		피의자신문조서	이을남		1	1	① ○ ② ×				
5	〃	34		진술조서	원칙남		1	1	① ○				
6	〃	(생략)		고발장	성동구청장		1	1	① ○				
7	〃	36		진술조서	안배생		1	1	① ○				
8	〃	(생략)		수사보고(현장사진)			1	1	① ○				
9	〃	37		피의자신문조서 (제2회)	김갑동		1	1	① ○				
10	〃	(생략)		수사보고 (운전면허증 이미지파일 출력물)	김갑동		1	1	① ○				
11	〃	39		고소장	신안은행		1	1	② ○				
12	〃	(생략)		진술조서	신용남		1	1	② ○				
13	〃	40		양도담보계약서			1	1	② ○				
14	〃	(생략)		수사보고 (복강경 설명)			1	1	② ○				
15	〃	41		피의자신문조서	나중개		1	1	② ×				
16	〃	(생략)		통장사본 (새마을금고)			1	1	② ○				
17	〃	43		피의자신문조서 (제2회)	이을남		1	1	② ○				
18	〃	(생략)		조회회보서	김갑동		1	1	① ○				
19	〃	(생략)		조회회보서	이을남		1	1	② ○				

※ 증거의견 표시 - 피의자신문조서: 인정 ○, 부인 ×
           (여러 개의 부호가 있는 경우, 성립/임의성/내용의 순서임)
          - 기타 증거서류: 동의 ○, 부동의 ×
※ 증거결정 표시: 채 ○, 부 ×
※ 증거조사 내용은 제시, 내용고지
※ 증거결정 표시: 채 ○, 부 ×

[이하 증거목록 미기재 부분은 생략]

증 거 목 록 (증거서류 등)
2020고합1204

① 김갑동
② 이을남

2020형제100407호

신청인: 검사

순 번	증 거 방 법					참조 사항 등	신 청 기 일	증거의견		증거결정		증거조사기일	비고
	작성	쪽수 (수)	쪽수 (증)	증 거 명 칭	성 명			기 일	내용	기 일	내 용		
20	검사	46		피의자신문조서	김갑동		1	1	① ○	(생략)			
									② ○				
					이을남				① ○				
									② ○				
21	〃	50		진술조서	피혜미		1	1	① ×				
									② ×				
22	〃	(생략)		사망진단서사본			1	1	② ○				

증 거 목 록 (증인 등)
2020고합1204

① 김갑동
② 이을남

2020형제100407호

신청인: 검사

증 거 방 법	쪽수 (공)	입증취지 등	신청 기일	증거결정 기일	증거결정 내용	증거조사기일	비고
증인 피혜미	20	공소사실 1항 관련	1	1	○	2020. 12. 2.14:00 (실시)	

※ 증거결정 표시: 채 ○, 부 ×

증 거 목 록 (증거서류 등)
2020고합1204

① 김갑동
② 이을남

2020형제100407호

신청인: 피고인과 변호인

순번	작성	쪽수 (수)	쪽수 (공)	증 거 명 칭	성 명	참조 사항 등	신청 기일	증거의견 기일	증거의견 내용	증거결정 기일	증거결정 내용	증거조사기일	비고
1			23	약식명령등본			2	2	○	(생략)			①신청

서 울 동 부 지 방 검 찰 청

2020. 11. 18.

사건번호   2020년 형제100407호
수 신 자   서울동부지방법원
제 목   **공소장**
　　　　　 검사 정이감은 아래와 같이 공소를 제기합니다.

1204

(접수 도장: 접수 No. 35612 2020. 11. 18. 서울동부지방법원 형사접수실)

Ⅰ. 피고인 관련사항

1. 피 고 인   김갑동 (85****-1******), 35세
   　　　　　 직업 상업, 010-****-****
   　　　　　 주거 서울 성동구 행당로 35 행당아파트 112동 207호
   　　　　　 등록기준지 (생략)

   죄 　명   성폭력범죄의처벌등에관한특례법위반(준특수강간), 공문서부정행
   　　　　　 사, 식품위생법위반

   적용법조   성폭력범죄의 처벌 등에 관한 특례법 제4조 제3항, 제1항, 형법
   　　　　　 제299조, 제230조, 식품위생법 제97조 제1호, 제37조 제4항, 형법
   　　　　　 제37조, 제38조

   구속여부   2020. 11. 1. 구속
   변 호 인   법무법인 청계 담당변호사 김사근

2. 피 고 인   이을남 (85****-1******), 35세
   　　　　　 직업 의사, 010-****-****
   　　　　　 주거 서울 서초구 남부순환로 2789 남부빌라 1동 108호
   　　　　　 등록기준지 (생략)

   죄 　명   성폭력범죄의처벌등에관한특례법위반(준특수강간), 배임, 의료법
   　　　　　 위반

   적용법조   성폭력범죄의 처벌 등에 관한 특례법 제4조 제3항, 제1항, 형법
   　　　　　 제299조, 형법 제355조 제2항, 제1항, 의료법 제91조, 제88조 제1
   　　　　　 호, 제27조 제3항, 형법 제37조, 제38조

   구속여부   2020. 11. 1. 구속
   변 호 인   법무법인 실천 담당변호사 이사랑

Ⅱ. 공소사실

[범죄사실]

1. 피고인들의 공동범행

피고인들은 2020. 10. 3. 저녁 무렵 술을 마시던 중, 피고인 이을남이 평소 알고 지내던 피해자 피혜미(여, 33세)로부터 연락을 받자 피해자가 거주하는 서울 용산구 남산공원길 30, 204호(후암동, 그린빌)로 가서 3명이 함께 술을 마시기로 하였다.

피고인 김갑동은 같은 날 21:00경 피고인 이을남과 함께 소주 3병과 1,600cc 맥주 5병을 준비하여 위 그린빌 204호에 방문하였고, 그때부터 23:00경까지 게임을 하여 진 사람이 종이컵에 소주와 맥주를 섞어 마시는 벌칙을 받는 '술 마시기 게임'을 하였는데, 피해자는 게임에 자주 지는 바람에 많은 양의 술을 마셔 만취하게 되었다.

피고인들은 피해자를 간음하기로 마음먹고, 같은 날 23:00경 피고인 이을남은 위 그린빌 204호의 출입문 앞에서 망을 보고, 피고인 김갑동은 술에 만취되어 항거불능 상태에 있는 피해자의 바지와 팬티를 벗기고 피해자를 1회 간음하였다.

이로써 피고인들은 합동하여 항거불능 상태를 이용하여 피해자를 1회 간음하였다.

2. 피고인 김갑동

가. 공문서부정행사

피고인은 2020. 10. 26. 01:15경 서울 성동구 왕십리로 289 소재 행당스포츠센터 앞 도로에서 17구3876 K5 승용차를 운전하던 중 음주운전으로 적발되어 서울성동경찰서 소속 경위 원칙남으로부터 운전면허증의 제시를 요구받고, 피고인의 휴대전화에 저장된 이을남의 운전면허증을 촬영한 이미지파일을 마치 피고인의 운전면허증인 것처럼 제시하여 공문서를 부정하게 행사하였다.

나. 식품위생법위반

피고인은 서울 성동구 왕십리로 386에서 '달밤포차'라는 상호로 일반음식점을 하는 사람이다.

누구든지 일반음식점 영업을 하려는 자는 관련 법령이 정하는 시설을 갖추고 관할관청에 신고하여야 한다. 그럼에도 불구하고 피고인은 영업신고를 하지 아니하고 2020. 1. 23.부터 2020. 10. 31.까지 위 달밤포차 약 40㎡ 규모의 영업장에 냉장고 1개, 긴 의자 6개, 플라스틱 의자 12개, 싱크대 1대, 음식대 1대 조리시설 일체를 갖추어 놓고 이름을 모르는 손님들을 상대로 낙지볶음, 오뎅탕, 라면 등을 조리·판매하고 소주, 맥주 등 주류를 판매하여 월 평균 **500**만 원 상당의 매출을 올리는 일반 음식점 영업행위를 하였다.

3. 피고인 이을남
가. 배임

피고인은 **2020. 5. 7.** 피해자 주식회사 신안은행으로부터 **1**억 **5,000**만 원을 대출받으면서 위 대출금을 완납할 때까지 의료기기인 '복강경'을 양도담보로 제공하기로 하는 계약을 체결하였으므로, 피해자 은행이 담보의 목적을 달성할 수 있도록 '복강경'을 성실히 보관·관리하여야 할 의무가 있었음에도, **2020. 10. 17.** 그러한 임무에 위배하여 '복강경'을 박사장에게 매각함으로써 피해자 은행에 대출금 상당의 손해를 가하였다.

나. 의료법위반

피고인은 서울 성동구 행당로12길 8에서 '다나아 병원'을 운영하는 의사인바, 피고인이 운영하는 병원의 사무국장으로 근무하던 나중개가 피고인의 업무에 관하여 **2020. 8. 23.**부터 **2020. 10. 21.**까지 총 **20**회에 걸쳐 합계 **10,000,000**원을 환자소개의 대가 등 명목으로 신통해에게 교부함으로써 영리를 목적으로 환자를 소개·알선·유인하여 의료법을 위반하였다.

Ⅲ. 첨부서류

1. 구속영장(피의자심문구인용) 2통 (첨부 생략)
1. 구속영장(미체포피의자용) 2통 (첨부 생략)
1. 변호인선임서 2통 (첨부 생략)
1. 피의자수용증명 2통 (첨부 생략)

서 울 동 부 지 방 법 원

공 판 조 서

제 1 회

사 건	2020고합1204 성폭력범죄의처벌등에관한특례법위반(준특수강간) 등			
재판장 판사	장엄한	기 일:	2020. 11. 25. 10:00	
		장 소:	제425호 법정	
		공개 여부:	공개	
법원사무관	성동만	고 지 된		
		다음기일:	2020. 12. 2. 14:00	
피 고 인	1. 김갑동 2. 이을남		각각 출석	
검 사	정도미		출석	
변 호 인	법무법인 청계 담당변호사 김사근(피고인 1을 위하여)		출석	
	법무법인 실천 담당변호사 이사랑(피고인 2를 위하여)		출석	

재판장

피고인들은 진술을 하지 아니하거나 각개의 물음에 대하여 진술을 거부할
수 있고, 이익 되는 사실을 진술할 수 있음을 고지

재판장의 인정신문

성 명: 1. 김갑동 2. 이을남

주민등록번호: 각각 공소장 기재와 같음

직 업: 〃

주 거: 〃

등록기준지: 〃

재판장

피고인들에 대하여

주소가 변경될 경우에는 이를 법원에 보고할 것을 명하고, 소재가 확인되지
않을 때에는 피고인들의 진술 없이 재판할 경우가 있음을 경고

검 사

공소장에 의하여 공소사실, 죄명, 적용법조 낭독

피고인 김갑동

공소사실 1항과 관련하여 성관계를 한 것은 맞지만 당시 피해자는 술에 많이

취한 상태가 아니었고, 공소사실 2의 가항과 관련하여 운전면허증은 신분증이
아니라서 운전면허증의 사용목적에 따른 행사가 아니며, 나머지 공소사실은
인정한다고 진술

피고인 이을남

공소사실 1항과 관련하여 피고인 김갑동이 강간할 때 망을 본 적이 없고, 설
령 망을 보았다고 하더라도 강간을 하지도 않았는데 합동범으로 처벌받는 것
은 억울하며, 공소사실 3의 나항과 관련하여 나중개가 돈을 주고 환자를 데
려오는 것을 알지 못하였고, 나중개를 비롯한 병원 직원들한테 교육을 실시
하여 환자 유치를 목적으로 금품을 교부하는 행위를 하여서는 안 된다고 강
조를 하였으며, 나머지 공소사실은 인정한다고 진술

피고인 김갑동의 변호인 변호사 김사근

피고인 김갑동을 위하여 유리한 변론을 함(변론기재는 생략).

피고인 이을남의 변호인 변호사 이사랑

피고인 이을남을 위하여 유리한 변론을 함(변론기재는 생략).

재판장

증거조사를 하겠다고 고지

증거관계 별지와 같음(검사, 변호인)

재판상

각 증거조사 결과에 대하여 의견을 묻고 권리를 보호하는 데에 필요한 증거
조사를 신청할 수 있음을 고지

소송관계인

별 의견 없다고 각각 진술

재판장

변론 속행

2020. 11. 25.

법 원 사 무 관   성동만 ㊞

재판장 판 사   장엄한 ㊞

서 울 동 부 지 방 법 원
공 판 조 서

제 2 회
사   건   2020고합1204 성폭력범죄의처벌등에관한특례법위반(특수준강간) 등
재판장 판사   장엄한   기 일: 2020. 12. 2. 14:00
                                            장 소: 제425호 법정
                                            공개 여부: 공개
법 원 사 무 관   성동만   고 지 된
                                            다음기일: 2020. 12. 16. 14:00
피 고 인   1. 김갑동   2. 이을남   각각 출석
검   사   정도미   출석
변 호 인   법무법인 청계 담당변호사 김사근(피고인 1을 위하여)   출석
              법무법인 실천 담당변호사 이사랑(피고인 2를 위하여)   출석
증   인   피혜미   출석

───

재판장
    전회 공판심리에 관한 주요사항의 요지를 공판조서에 의하여 고지
소송관계인
    변경할 점이나 이의할 점이 없다고 진술
출석한 증인 피혜미를 별지 조서와 같이 각각 신문
증거관계 별지와 같음(검사, 변호인)
재판장
    증거조사 결과에 대하여 의견을 묻고 권리를 보호하는 데에 필요한 증거조사
    를 신청할 수 있음을 고지
소송관계인
    별 의견 없으며, 달리 신청할 증거도 없다고 각각 진술
재판장
    증거조사를 마치고 피고인신문을 하겠다고 고지
검   사
    피고인 김갑동에게
문   피고인은 2020. 10. 3. 23:00경 피해자 피혜미의 주거지에서 피해자가 술에 취
    한 것을 이용하여 성관계를 한 사실이 있지요.
답   피해자가 술에 취해서 정신을 잃었다고 생각하고 성관계를 하였는데 실제로

는 피해자가 술에 많이 취한 것은 아니었습니다.

문 피해자가 술에 많이 취한 것이 아니었다는 것을 피고인이 어떻게 아나요.

답 성관계를 할 때 몸을 이리저리 움직였고 신음소리도 냈으며 성관계를 끝내고 나니까 피해자가 바로 일어나서 따졌습니다.

문 피고인이 피해자와 성관계를 할 때 이을남은 무엇을 하고 있었나요.

답 이을남은 현관문 바깥에 나가서 누가 오는지 망을 보고 있었습니다.

문 단속된 이후에 '달밤포차'는 어떻게 되었나요.

답 단속된 다음날 제가 구속되는 바람에 '달밤포차'의 문을 바로 닫지는 못하였고 며칠 더 영업을 하다가 면회 온 아버님한테 부탁해서 2020. 11. 30. 유흥남한테 처분하였습니다.

문 (증거목록 순번 3, 20을 제시, 열람하게 하고) 피고인은 수사기관에서 사실대로 진술하고 진술한 대로 기재되어 있음을 확인한 후 서명, 날인하였는가요.

답 예, 그렇습니다.

피고인 이을남의 변호인 변호사 이사랑

문 피고인은 검찰에서 "이을남은 술을 많이 마셔서 바깥으로 나갔고 나가서 무엇을 하였는지는 모른다."고 진술한 사실이 있지요.

답 예, 그렇습니다.

문 그런데 왜 법정에서는 말을 바꾸고 있는가요.

답 검찰에서 조사 받기 전에 이을남이 "나는 그때 술을 많이 마셔서 바깥에 나간 것으로 진술해 달라. 그러면 내가 전관 출신 변호인을 써서 보석으로 나간 후에 피해자와 합의하고 너도 곧 (감방에서) 빼주겠다."고 말하여 검찰에서 부탁한 대로 진술하였습니다. 그런데 이을남에 대한 보석청구가 기각되었고 저 혼자만 죄를 뒤집어쓰는 것 같아 사실대로 진술하는 것입니다.

검 사

피고인 이을남에게

문 피고인은 김갑동이 피해자를 강간할 때 망을 본 사실이 있지요.

답 아닙니다. 그날 저도 술을 너무 많이 마셔서 바람을 쐬러 바깥에 나간 것입니다. 김갑동이 피해자를 강간할 줄은 상상도 못하였습니다.

문 당시 술을 얼마나 마셨나요.

답 소주와 맥주를 섞어서 10잔 넘게 마셨습니다.

문 바깥에 나왔다가 언제 들어왔나요.

답 30분 정도 있다가 들어왔습니다. 들어오니 피해자가 방안에 있는 침대 위에서 김갑동한테 "무슨 짓을 한 것이냐."며 따지고 있었고, 김갑동은 무안한 듯이

"미안하다."고 하면서 고개를 숙이고 있었습니다.

문 (증거목록 순번 **4, 20**을 제시, 열람하게 하고) 피고인은 수사기관에서 사실대로
    진술하고 진술한 대로 기재되어 있음을 확인한 후 서명, 날인하였는가요.

답 예, 그렇습니다.

피고인 이을남의 변호인 변호사 이사랑

문 피고인은 김갑동한테 "나는 술에 취해서 바깥에 나간 것으로 진술해 달라."
    는 등으로 말한 적이 있나요.

답 전혀 없습니다.

문 피의자는 나중개를 비롯한 직원들한테 환자 유치 등의 명목으로 돈을 교부하
    여서는 안 된다는 청탁방지에 관한 교육을 매년 실시한 적이 있지요.

답 예, 매년 **1-2**회 주기적으로 그러한 교육을 실시하였습니다.

문 청탁방지 교육에 관한 자료를 찾고자 하였으나 구속된 상태라서 찾는 데 어
    려움이 있지요.

답 그렇습니다. 제가 쓰는 컴퓨터에 분명히 교육 자료를 저장해 놓았고, 면회 온
    아내한테 그 자료를 찾아보라고 했는데 아직도 찾지를 못하고 있습니다.

검 사

    피고인 이을남에게

문 피고인이 보석을 청구하였으나 기각된 것은 맞지요.

답 맞습니다.

재판장

    피고인신문을 마쳤음을 고지

재판장

    변론 속행 (변론 준비를 위한 변호인들의 요청으로)

2020. 12. 2.

법 원 사 무 관   성동만 ㊞

재판장 판 사   장엄한 ㊞

서울동부지방법원

증인신문조서 (제2회 공판조서의 일부)

사 건 2020고합1204 성폭력범죄의처벌등에관한특례법위반(특수준강간) 등
증 인 이 름 피혜미
생년월일과 주거는 (생략)

재판장

증인에게 형사소송법 제148조 또는 제149조에 해당하는가의 여부를 물어 이에 해당하지 아니함을 인정하고, 위증의 벌을 경고한 후 별지 선서서와 같이 선서를 하게 하였다.

증인의 요청으로 증인의 사생활을 보호하기 위하여 이 공판절차 중 위 증인에 대한 신문 부분의 공개를 정지한다고 결정하고, 재정한 방청인의 퇴정을 명.

검사

증인에게 증인에 대한 경찰 진술조서와 검찰 진술조서를 보여주고 열람하게 한 후,

문 증인은 경찰과 검찰에서 사실대로 진술하고 그 조서를 읽어보고 서명, 무인한 사실이 있으며, 그 조서는 그때 경찰관과 검사에게 진술한 내용과 동일하게 기재되어 있는가요.

답 예, 그렇습니다.

문 증인은 2020. 10. 3. 23:00경 증인의 주거지인 서울 용산구 남산공원길 30(후암동) 그린빌 204호에서 술에 취해 정신이 없는 틈에 강간을 당한 사실이 있지요.

답 예. 그렇습니다.

문 당시 게임을 하면서 술을 마셨다고 하는데 양이 어느 정도였는가요.

답 소주와 맥주를 섞어서 5잔 정도 마셨습니다.

문 증인은 왜 피고인들과 술을 마시다가 피고인 김갑동과 단둘이 있게 된 것인가요.

답 이을남이 언제 사라졌는지 모르겠고, 술을 좀 마신 상태이었기 때문에 드문드문 기억이 안 나는 부분이 있지만 속이 안 좋아서 화장실에 갔다가 구토를 하고 잠깐 변기 위에 엎드려 잠이 들었습니다. 이후 피고인들이 저를 안방 침대로 데리고 간 것 같습니다. 그런데 피고인들이 저를 침대에 눕히는 순간 잠에서 깨었습니다. 술기운도 있고 피곤해서 계속 누워 있었는데 누군가 저의 가슴을 만졌습니다. 너무 무섭고 당황스러워서 제가 깨어있다는 것을 알

리지 못하였고 눈도 잘 안 떠졌습니다. 게다가 술을 좀 마셔서 그런지 누군가 저의 음부를 만지고 저의 몸 위에 올라타 음부에 성기를 삽입하는데도 몸을 일으킬 수가 없었고 손만 흐느적거릴 수 있었습니다. 그가 성관계를 마치고 저의 몸 위에서 내려와서야 비로소 눈을 뜨고 보니 김갑동이 침대 옆에서 옷을 입고 있었습니다. 김갑동한테 "나한테 무슨 짓을 한 것이냐."고 따졌는데 자기가 술에 취해서 실수했다고 하였습니다.

문 증인은 왜 수사기관에서 강간을 당할 당시 술에 취해서 계속 잠들어 있었던 것처럼 진술하였나요.

답 강간을 당하기 전에 깨어있었다고 진술하면 저항을 안 했으니 성관계에 동의한 것이 아니냐는 추궁을 당할까봐 그랬습니다.

문 당시 피고인 이을남은 무엇을 하고 있었나요.

답 김갑동한테 계속 항의를 하고 있는데 이을남이 안 보여서 김갑동한테 "이을남은 어디 갔냐?"고 물어보니 김갑동이 "이을남은 문 바깥에 나가서 누가 오는지 망을 보고 있다." 고 말하였습니다.

문 증인은 피고인들과 합의를 하였나요.

답 합의할 의사가 없습니다. 피고인들은 혼이 좀 나야 합니다.

피고인 김갑동의 변호인

문 증인의 주량은 얼마나 되나요.

답 소주와 맥주를 섞어서 마시면 7-8잔까지 마십니다.

피고인 이을남의 변호인

문 피고인 이을남이 망을 보는 것을 직접 본 것은 아니지요.

답 본 적은 없습니다.

문 피고인 이을남이 망을 보았다고 시인한 것도 아니지요.

답 아닙니다. 제가 김갑동에게 항의를 하고 있던 중에 이을남이 바깥에서 들어왔고, 제가 이을남한테 "어떻게 둘이 짜고 이럴 수가 있냐."고 따지니까 이을남은 "미안하다."며 다른 말을 못하였습니다. 그리고 이을남은 며칠 후에 저한테 전화를 하여 "망을 본 것은 미안한데, 김갑동이 시켜서 한 일이니 나는 좀 봐 달라(고소하지 말아 달라)."고 말하였습니다.

2020. 12. 2.

법 원 사 무 관   성동만 ㉔

재판장 판 사   장엄한 ㉔

증거서류제출서

사 건   **2020고합1204** 성폭력범죄의처벌등에관한특례법위반(특수준강간) 등
피고인   김갑동

  위 사건에 관하여 피고인 김갑동의 변호인은 위 피고인의 이익을 위하여 다
음 증거서류를 제출합니다.

다   음

1. 약식명령등본 1통

No. 57083
2020. 12. 2.
서울동부지방법원
법정 접수

2020. 12. 1.

피고인 김갑동의 변호인
변호사 김사근 ㊞

서울동부지방법원   제3형사부 귀중

서울동부지방법원

약 식 명 령

<table>
<tr><td>사 건</td><td>2020고약81692 식품위생법위반
(2020년형제14518호)</td><td>확정일 2020. 11. 28.
서울동부지방법원
법원주사 김주사 ㊞</td></tr>
</table>

피 고 인　김갑동 (85****-1******), 상업

　　　　　주거　서울 성동구 행당로 35 행당아파트 112동 207호(서울구치소 수감번호
　　　　　　　9671호로 수감 중)

　　　　　등록기준지 (생략)

주 형 과　피고인을 벌금 500,000(오십만)원에 처한다.

부수처분　피고인이 위 벌금을 납입하지 아니하는 경우 100,000원을 1일로 환산한
　　　　　기간 피고인을 노역장에 유치한다.

범죄사실　별지 기재와 같다.

적용법령　식품위생법 제97조 제1호, 제37조 제4항(벌금형 선택), 형법 제70조, 제
　　　　　69조 제2항

검사 또는 피고인은 이 명령등본을 송달받은 날부터 7일 이내에 정식재판의 청구를
할 수 있습니다.

<table>
<tr><td>2020. 11. 7.
판 사 신 속 희 ㊞</td><td>등본임.
2020. 11. 30.
서울동부지방검찰청
검찰주사 마장동 ㊞</td></tr>
</table>

(별지)　　　　　　　　　　　범 죄 사 실

　피고인은 서울 성동구 왕십리로 386에서 '달밤포차'라는 상호로 일반음식점을
하는 사람이다. 누구든지 일반음식점 영업을 하려는 자는 관련 법령이 정하는 시
설을 갖추고 관할관청에 신고하여야 한다. 그럼에도 불구하고 피고인은 영업신고
를 하지 아니하고 2020. 1. 23.부터 2020. 8. 21.까지 위 달밤포차 약 40㎡ 규모의
영업장에 냉장고 1개, 긴 의자 6개, 플라스틱 의자 12개, 싱크대 1대, 음식대 1대
조리시설 일체를 갖추어 놓고 이름을 모르는 손님들을 상대로 낙지볶음, 오뎅탕,
라면 등을 조리·판매하고 소주, 맥주 등 주류를 판매하여 월 평균 500만 원 상당
의 매출을 올리는 일반음식점 영업행위를 하였다.

서울동부지방검찰청

(02-2204-4000)

2020. 12. 3.

수　　신 : 서울동부지방법원(제3형사부)　　　발　　신 : 서울동부지방검찰청

검　　사 : 정도미 ㉔
정도미

제　　목 : 공소장변경허가신청

귀원 **2020고합1204**호 피고인 김갑동에 대한 식품위생법위반 피고사건의 공소장을

다음과 같이
☐ 추가
☐ 철회 하고자 합니다.
☑ 변경

다　　　　　음

공소사실 제2의 나항을,

　"피고인은 서울 성동구 왕십리로 **386**에서 '달밤포차'라는 상호로 일반음식점을 하는 사람이다.

　누구든지 일반음식점 영업을 하려는 자는 관련 법령이 정하는 시설을 갖추고 관할관청에 신고하여야 한다. 그럼에도 불구하고 피고인은 영업신고를 하지 아니하고 **2020. 11. 8.**부터 **2020. 11. 30.**까지 위 달밤포차 약 **40㎡** 규모의 영업장에 냉장고 **1**개, 긴 의자 **6**개, 플라스틱 의자 **12**개, 싱크대 **1**대, 음식대 **1**대 조리시설 일체를 갖추어 놓고 이름을 모르는 손님들을 상대로 낙지볶음, 오뎅탕, 라면 등을 조리·판매하고 소주, 맥주 등 주류를 판매하여 월 평균 **500**만 원 상당의 매출을 올리는 일반음식점 영업행위를 하였다."로 변경함. (인)

	제	1	책
	제	1	권

서울동부지방법원

증거서류등(검사)

사 건 번 호	2020고합1204	담임	형사3부	주심	

사 건 명	가. 성폭력범죄의처벌등에관한특례법위반(특수준강간) 나. 공문서부정행사 다. 배임 라. 식품위생법위반 마. 의료법위반

검 사	정이감	2020년 형제100407호

피 고 인	구속 1. 가.나.라.	김갑동
	구속 2. 가.다.마.	이을남

공소제기일	2020. 11. 18.			
1심 선고	20 . . .	항소	20 . . .
2심 선고	20 . . .	상고	20 . . .
확 정	20 . . .	보존	

| 제 | 1 | 책 |
| 제 | 1 | 권 |

서울동부지방검찰청
증거기록

구공판

검 찰	사건번호	2020년 형제100407호	법원	사건번호	2020년 고합1204호
	검 사	정이감		판 사	

피 고 인	구속 1. 가.나.라.	**김갑동**
	구속 2. 가.다.마.	**이을남**

죄 명	가. 성폭력범죄의처벌등에관한특례법위반(특수준강간) 나. 공문서부정행사 다. 배임 라. 식품위생법위반 마. 의료법위반

공소제기일	2020. 11. 18.		
구 속	각 구속	석 방	
변 호 인	1. 법무법인 청계 담당변호사 김사근 2. 법무법인 실천 담당변호사 이사랑		
증 거 물			
비 고			

진술조서

성   명: 피혜미

주민등록번호, 직업, 주거, 등록기준지, 직장주소, 연락처 (각 생략)

위의 사람은 피의자 김갑동, 이을남에 대한 성폭력범죄의처벌등에관한특례법위반(특수준강간) 피의사건에 관하여 2020. 10. 14. 서울성동경찰서 수사과 사무실에 임의 출석하여 다음과 같이 진술하다.

[피의자와의 관계, 피의사실과의 관계 등(생략)]

문   진술인이 고소한 취지는 무엇인가요.

답   술에 취하여 정신을 잃은 상태에서 성폭행을 당하였습니다.

문   진술인은 언제, 어디에서, 누구로부터 성폭행을 당했는가요.

답   2020. 10. 3. 23:00경 서울 용산구 남산공원길 30, 204호(후암동, 그린빌)에 있는 저의 주거지에서 김갑동으로부터 성폭행을 당하였고, 이을남은 망을 보았습니다.

문   사건이 발생한 날 어떻게 김갑동, 이을남을 만나게 되었나요.

답   이을남은 작년 연말에 인터넷에 있는 스킨스쿠버 동호회 사이트를 통해 처음 얼굴을 보게 되었습니다. 한동안은 동호회 사람들이랑 함께 보다가 올해 들어 가끔 만나서 밥도 먹고 술도 마시고 하는 사이로 지냈습니다. 2020. 10. 3. 저녁을 먹고 심심하여 이을남한테 전화를 하여 술 한 잔 사달라고 하였더니 "친구인 김갑동이랑 저녁을 먹고 있는데 김갑동도 함께 술을 마시는 게 어떠냐?"고 물어보았습니다. 그래서 제가 좋다고 하였더니 요즘 코로나19가 크게 유행하니 제가 살고 있는 빌라로 소주와 맥주를 사들고 온다고 하였습니다.

문   성폭행을 당하게 된 경위가 어떻게 되나요.

답   김갑동과 이을남이 같은 날 21:00경 소주 3병과 맥주 1,600cc 5병을 사들고 왔고, 제가 김갑동과 인사를 나눈 다음에 이런저런 이야기를 하면서 술을 마시다가 이을남이 술 마시기 게임을 제안하였습니다. 그런데 술 마시기 게임을 하면서 제가 술을 많이 마셨습니다. 그러다가 속이 안 좋아서 화장실에 갔고 그 이후에는 거의 기억이 없습니다. 피곤한 상태에서 술을 마셔서 그런지 가위 눌린 것처럼 눈을 뜰 수 없었고 몸을 일으킬 수도 없었습니다. 옆에서 부스럭거리는 소리가 날 때 비로소 눈을 뜰 수 있었고 옆을 보니 김갑동이 옷을 입고 있었습니다. 김갑동한테 "무슨 짓을 한 것이냐."고 하니까 자기가 술에 취해서 실수했다고 하였습니다.

문   잠에서 깨어났을 당시의 상황을 좀 더 자세히 설명할 수 있나요.

답   저의 집에는 침대가 있는 방과 거실이 하나씩 있는데, 제가 눈을 떴을 때 저는 침대에 누워 있었고, 김갑동은 옆에서 바지를 입고 있었으며, 이을남은 보이지 않았습니다. 음부 쪽에 느낌이 이상해서 보니 남성의 정액 같은 것이 있었습니다. 제가 소리를 치면서 항의를 하니 김갑동이 미안하다고 하였습니다. 그러다가 이을남이 안 보여서 김갑동한테 "이을남은 어디 갔냐?"고 물어보니 김갑동이 저한테 "이을남은 문 바깥에서 망을 보고 있다."고 말하였습니다. 조금 후에 이을남이 바깥에서 들어왔고, 제가 이을남한테 "어떻게 둘이 짜고 이럴 수가 있냐."고 따지니까 이을남은 곧바로 "미안하다."고 말하였습니다. 이을남도 저를 성폭행한 것이 의심되어 이을남한테 "당신도 성폭행한 것이 아니냐?"며 추궁하였는데 이을남은 "그건 절대 아니다."며 부인하였습니다.

문   증인은 당시 술을 얼마나 마셨나요.

답   소주와 맥주를 섞어서 5잔 정도 마셨습니다.

문   증인의 주량은 어떠한가요.

답   소주와 맥주를 섞어서 즐겨 마시는데 7-8잔 정도 마십니다.

문   그 사건 이후 김갑동이나 이을남한테서 연락이 온 사실이 있나요.

답   예, 김갑동이 저한테 몇 번 전화를 했는데 제가 받지 않자 "술김에 실수를 했다. 합의를 했으면 좋겠다."는 문자 메시지를 보내왔습니다.

문   그래서 김갑동이나 이을남과 합의를 하였나요.

답   그렇지 않습니다.

문   경찰서에는 오늘 처음 신고하는 것인가요.

답   예, 신고를 하면 부모님도 아시게 되고 일이 복잡해질 것 같아서 신고를 할지 말지 며칠 동안 고민을 했습니다. 그래도 김갑동과 이을남이 저를 농락한 것을 견딜 수 없어서 용기를 내었습니다.

문   이상의 진술은 사실인가요.

답   **예, 사실입니다.**

진술자   피 혜 미 (무인)

2020. 10. 14.
서울성동경찰서
사법경찰리   경사   강 철 중   ㉑

피의자신문조서

피의자 김갑동에 대한 성폭력범죄의처벌등에관한특례법위반(특수준강간) 피의사
건에 관하여 2020. 10. 23. 서울성동경찰서 수사과 사무실에서 사법경찰관 경위 정
의로는 사법경찰리 경사 강철중을 참여하게 하고, 아래와 같이 피의자임에 틀림없
음을 확인하다.

문   피의자의 성명, 주민등록번호, 직업, 주거, 등록기준지 등을 말하십시오.

답   성명은 김갑동(金甲東)

       주민등록번호, 직업, 주거, 등록기준지, 직장주소, 연락처 (각 생략)

  사법경찰관은 피의사건의 요지를 설명하고 사법경찰관의 신문에 대하여 「형사
소송법」 제244조의3에 따라 진술을 거부할 수 있는 권리 및 변호인의 참여 등
조력을 받을 권리가 있음을 피의자에게 알려주고 이를 행사할 것인지 그 의사를
확인하다.

[진술거부권과 변호인 조력권 고지하고 변호인 참여 없이 진술하기로 함 (생략)]
이에 사법경찰관은 피의사실에 관하여 다음과 같이 피의자를 신문하다.
[피의자의 범죄전력, 경력, 학력, 가족·재산 관계 등 (생략)]

문   피의자는 2020. 10. 3. 23:00경 피해자 피혜미의 주거지에서 피해자와 함께
       술을 마시다가 술에 만취해 잠든 피해자를 강간한 사실이 있나요.

답   예, 있습니다.

문   피의자는 2020. 10. 3. 어떻게 피해자와 함께 술을 마시게 되었나요.

답   그날 19:00경 고등학교 친구인 이을남을 만나서 저녁을 먹고 있는데, 이을
       남이 자기가 알고 지내는 스킨스쿠버 동호회 회원인 피혜미한테서 술 한
       잔 사달라는 연락을 받았다며 함께 술 한 잔 할 거냐고 묻기에 좋다고 해
       서 함께 만나게 되었습니다. 요즈음 코로나19 유행이 심하여 피혜미의 집
       에서 마시려고 소주 3병과 맥주 1,600cc 5병을 사갔습니다.

문   술을 마시다가 피해자를 강간한 경위는 어떠한가요.

답   같은 날 21:00경 이을남과 함께 피혜미의 집으로 가서 피혜미와 인사를 나
       눈 다음에 술을 마시기 시작하였습니다. 이런저런 이야기를 나누다가 이을
       남이 술 마시기 게임을 제안하여 그때부터 게임을 하다가 걸린 사람이 소
       주와 맥주를 섞은 술 한 잔을 벌칙으로 마시기로 하였습니다. 게임을 하던
       중 피혜미가 갑자기 토할 것 같다고 하면서 화장실로 갔습니다. 그런데 30

분이 지나도 피혜미가 화장실에서 나오지 않아서 화장실 문을 열고 들어가 보니 피혜미가 변기 위에 엎드려서 자고 있었습니다. 그때가 23:00경이었는데 피혜미를 재워야 되겠다는 생각에 이을남과 함께 피혜미를 들고 안방 침대에 눕혔습니다. 피혜미를 침대에 눕힌 후 자고 있는 모습을 보니 갑자기 성관계가 하고 싶어져서 이을남한테 "내가 먼저 (강간을)할테니 너는 그동안 현관문 앞에서 누가 오는지 망을 보고 있다가 내가 하고 나면 들어와라."고 말하였습니다. 이을남도 성관계를 하고 싶었는지 알겠다고 하면서 현관문을 열고 나갔고 이후 저는 피혜미의 바지와 팬티를 벗기고 성관계를 하였습니다.

문 피의자가 강간을 할 때 피해자는 어떠한 상태이었나요.

답 피혜미는 술에 많이 취해서 아무런 저항을 하지 않았고 성관계를 할 때 몸을 좌우로 살짝살짝 움직인 것 말고는 별다른 반응이 없었습니다.

문 피의자가 강간한 후에 이을남도 강간을 하였나요.

답 아닙니다. 제가 피혜미를 강간한 직후 피혜미가 잠에서 깨어나서 저한테 소리를 지르며 "무슨 짓을 한 거냐?"며 따졌고, 그러던 중 이을남이 들어와서 이을남은 피혜미를 강간하지 못하였습니다.

문 피의자와 이을남은 처음부터 피해자를 술에 취하도록 만들어서 차례로 강간하기로 했던 것이지요.

답 그런 것은 아니었고 술에 취하다 보니 실수를 한 것입니다.

문 피해자와 합의를 하였는가요.

답 아직 하지 않았는데, 합의하도록 하겠습니다.

문 이상의 진술내용에 대하여 이의나 의견이 있는가요.

답 **없습니다.**

위의 조서를 진술자에게 열람하게 하였던바, 진술한 대로 오기나 증감·변경할 것이 전혀 없다고 하므로 간인한 후 서명무인하게 하다.

진술자 **김 갑 동** (무인)

2020. 10. 23.

서울성동경찰서

사법경찰관 경위 **정 의 로** ㉑

사법경찰리 경사 **강 척 중** ㉑

피의자신문조서

    피의자 이을남에 대한 성폭력범죄의처벌등에관한특례법위반(특수준강간) 피의사
건에 관하여 2020. 10. 23. 서울성동경찰서 수사과 사무실에서 사법경찰관 경위 정
의로는 사법경찰리 경사 강철중을 참여하게 하고, 아래와 같이 피의자임에 틀림없
음을 확인하다.

문   피의자의 성명, 주민등록번호, 직업, 주거, 등록기준지 등을 말하십시오.

답   성명은 이을남(李乙男)

        주민등록번호, 직업, 주거, 등록기준지, 직장주소, 연락처 (각 생략)

    사법경찰관은 피의사건의 요지를 설명하고 사법경찰관의 신문에 대하여 「형사
소송법」 제244조의3에 따라 진술을 거부할 수 있는 권리 및 변호인의 참여 등
조력을 받을 권리가 있음을 피의자에게 알려주고 이를 행사할 것인지 그 의사를
확인하다.

[진술거부권과 변호인 조력권 고지하고 변호인 참여 없이 진술하기로 함 (생략)]

이에 사법경찰관은 피의사실에 관하여 다음과 같이 피의자를 신문하다.

[피의자의 범죄전력, 경력, 학력, 가족·재산 관계 등 (생략)]

문   피의자는 2020. 10. 3. 23:00경 피해자 피혜미의 주거지에서 김갑동과 함께
        피해자를 강간한 사실이 있지요.

답   아닙니다. 그날 김갑동, 피혜미와 함께 피혜미의 집에서 술을 마시기는 하
        였지만, 저는 피혜미를 강간하지 않았습니다.

문   피의자가 김갑동, 피해자와 함께 술자리를 하게 된 경위는 어떠한가요.

답   그날 고등학교 친구인 김갑동과 만나 저녁을 먹고 있던 중 평소 알고 지
        내던 인터넷에 있는 스킨스쿠버 동호회 회원인 피혜미한테서 술 한 잔 사
        달라는 연락을 받았습니다. 그래서 그 얘기를 김갑동한테 했더니 김갑동이
        자기도 함께 마시면 안 되겠냐고 해서 피혜미한테 물어봤더니 좋다고 해
        서 함께 피혜미의 집으로 술을 사들고 가게 되었습니다.

문   술자리에서는 어떤 이야기를 주고받았나요.

답   특별한 말은 없었고, 지난번에 다녀온 스킨스쿠버 이야기, 코로나19가 무
        섭다는 이야기 등을 했습니다.

문   피의자, 김갑동, 피해자는 술을 어느 정도 마셨나요.

답 김갑동은 술을 잘 마시는 편이고, 저와 피혜미는 그렇게 잘 마시는 편이
   아닌데, 술 마시기 게임을 하면서 김갑동은 소맥(소주와 맥주를 섞은 술) 8
   잔, 저와 피혜미는 소맥 5잔 정도씩을 마셨습니다.

문 술을 마시다가 무슨 일이 있었나요.

답 피혜미가 속이 안 좋은지 토할 것 같다고 하면서 화장실로 갔습니다. 화
   장실에서 토하는 소리가 들렸고 곧 나오겠거니 생각했는데 피혜미가 30
   분이 지나도 나오지 않았습니다. 걱정이 돼서 김갑동과 함께 화장실에 가
   보았더니 피혜미가 변기 위에 엎드린 채 자고 있었습니다. 그래서 피혜미
   를 재우려고 김갑동과 함께 피혜미를 들고서 안방 침대에 눕혔습니다. 그
   런데 김갑동이 갑자기 음흉한 눈빛을 띠더니 저한테 "갑자기 (강간을) 하
   고 싶은데 자리를 좀 비켜달라."고 말하였습니다. 저는 김갑동이 저의 지
   인을 강간하는 것을 도저히 지켜볼 수 없어서 김갑동을 말렸으나 김갑동
   이 저를 안방 밖으로 내몰고 안방 문을 잠근 후에 피혜미를 강간하였습
   니다.

문 그때 피의자는 무엇을 하고 있었나요.

답 안방 문을 열고 들어가서 김갑동을 말리려 하였으나 끝내 안방 문을 열
   수 없었습니다.

문 김갑동의 진술에 의하면 피의자는 김갑동이 피혜미를 강간할 당시 현관
   문 바깥에 나가서 누가 오지는 않는지 망을 보고 있었다고 하는데 어떠
   한가요.

답 (당황해하며) 아닙니다. 안방 문이 안 열리고 속이 안 좋아서 바깥바람을
   쐬고자 잠시 바깥에 나간 것은 맞습니다.

문 피해자의 진술에 의하면 피해자가 바깥에서 들어오는 피의자한테 "둘이
   짜고서 어떻게 이럴 수 있냐."고 따지자 피의자는 "미안하다."고 하면서
   별말을 못하였다는데, 피의자도 피해자를 강간한 것이 아닌가요.

답 아닙니다. 사실은 김갑동이 현관문 바깥에서 망을 봐달라고 해서 현관문
   바깥에서 누가 오는지 보고 있었을 뿐입니다.

문 피의자가 피해자를 먼저 강간하고 그 다음에 김갑동이 피해자를 강간하
   면서 피의자가 망을 보았던 것이 아닌가요.

답 강간한 적은 절대로 없습니다.

문 그럼 피의자가 김갑동을 말리려고 했던 것은 다 거짓말이네요.

답   죄송합니다.

문   피해자와 합의는 하였는가요.

답   합의를 위해서 노력하겠습니다.

문   이상의 진술내용에 대하여 이의나 의견이 있는가요.

답   **없습니다.**

위의 조서를 진술자에게 열람하게 하였던바, 진술한 대로 오기나 증감·변경할 것이 전혀 없다고 하므로 간인한 후 서명무인하게 하다.

진술자 이 을 남 (무인)

2020. 10. 23.

서울성동경찰서

사법경찰관   경위   정 의 로 ㉑

사법경찰리   경사   강 철 중 ㉑

진술조서

성   명: 원칙남

주민등록번호, 직업, 주거, 등록기준지, 직장주소, 연락처(각 생략)

위의 사람은 피의자 김갑동에 대한 공문서부정행사 피의사건에 관하여 2020. 10. 27. 서울성동경찰서 수사과 사무실에 임의 출석하여 다음과 같이 진술하다.

[피의자와의 관계, 피의사실과의 관계 등(생략)]

문   진술인은 피의자 김갑동에 대한 음주운전 단속을 한 사실이 있는가요.

답   예, 있습니다.

문   언제, 어디에서 단속을 하였나요.

답   2020. 10. 26. 01:15경 서울 성동구 왕십리로 289 소재 행당스포츠센터 앞 왕복 8차선 도로에서 음주운전 단속을 하였고, 17구3876 K5 승용차를 운전하던 피의자에 대하여 호흡측정을 하였는데 혈중알코올수치가 0.035%가 나왔습니다. 단속수치를 약간 상회하여서 피의자한테 운전면허증의 제시를 요구하였더니 피의자가 "지금 운전면허증을 집에 두고 왔는데, 이미지파일을 보여주면 안 되겠냐."고 하면서 저한테 피의자의 휴대전화에 저장된 이미지파일을 보여주었습니다.

문   무슨 이미지파일이었나요.

답   운전면허증을 촬영한 이미지파일이었고, 이름이 이을남으로 되어 있었습니다.

문   그 다음에는 어떻게 되었나요.

답   이을남으로 운전면허 조회를 해보니 음주운전 전과가 없었습니다. 주취운전자 적발보고서를 작성한 다음에 피의자한테 서울성동경찰서 교통조사계로 동행할 것을 요구하였는데, 피의자가 혈액 채취를 한 후에 경찰서에 가고 싶다고 하여 곧바로 인근 병원으로 데리고 가서 혈액을 채취하였습니다. 이후 위 교통조사계로 동행하여 도로교통법위반(음주운전)에 관하여 피의자신문조서를 작성하는 과정에서 피의자가 자신이 이을남이 아니라 김갑동임을 실토하였습니다. 그래서 다시 운전면허 조회를 해보니 피의자는 여러 차례 음주운전으로 처벌받은 전력이 있었습니다.

문   혈액 채취결과는 어떻게 되었나요.

답   감정결과 혈중알코올농도가 0.029%가 나왔습니다.

문   이상의 진술은 사실인가요.

답   예, 사실입니다.

위의 조서를 진술자에게 열람하게 하였던바, 진술한 대로 오기나 증감·변경할
것이 전혀 없다고 말하므로 간인한 후 서명무인하게 하다.

                    · 진술자   원 칙 남 (무인)

          2020.   10.   27.

          서울성동경찰서

          사법경찰리   경사   강 철 중 ㉑

진술조서

성   명: 안배생

주민등록번호, 직업, 주거, 등록기준지, 직장주소, 연락처(각 생략)

위의 사람은 피의자 김갑동에 대한 식품위생법위반 피의사건에 관하여 2020. 11. 2. 서울성동경찰서 수사과 사무실에 임의 출석하여 다음과 같이 진술하다.

[피의자와의 관계, 피의사실과의 관계 등(생략)]

문 피의자는 영업신고 없이 달밤포차를 운영하다가 2020. 10. 31. 단속된 사실이 있나요.

답 달밤포차가 단속된 것은 맞지만, 저는 종업원일 뿐입니다.

문 그럼 달밤포차의 영업주는 누구인가요.

답 김갑동입니다.

문 언제부터 영업을 하였나요.

답 2020. 1. 23.부터 계속 영업을 하여 왔습니다.

문 달밤포차의 규모, 시설에 관하여 진술하세요.

답 영업장 면적은 잘 모르겠고, 냉장고 1개, 긴 의자 6개, 플라스틱 의자 12개, 싱크대 1대, 음식대 1대의 조리시설이 있고, 제가 주방장으로 손님들이 안주를 주문하면 낙지볶음, 오뎅탕, 라면 등을 조리하였습니다.

문 달밤포차의 한달 매출은 얼마인가요.

답 매출은 업주인 김갑동이 관리해서 잘 모릅니다.

문 피의자는 1달 급여로 얼마를 받았나요.

답 200만 원을 받았습니다.

문 이상의 진술에 이의나 의견이 있는가요.

답 **없습니다.** ㉑

위의 조서를 진술자에게 열람하게 하였던바, 진술한 대로 오기나 증감·변경할 것이 전혀 없다고 말하므로 간인한 후 서명무인하게 하다.

진술자   안 배 생 (무인)

2020. 11. 2.

서울성동경찰서

사법경찰리   경사   **강 척 중** ㉑

피의자신문조서(제2회)

피의자 김갑동에 대한 성폭력범죄의처벌등에관한특례법위반(특수준강간) 등 피의사건에 관하여 2020. 11. 3. 서울성동경찰서 교통조사계 사무실에서 사법경찰관 경위 정의로는 사법경찰리 경사 강철중을 참여하게 하고, 피의자에 대하여 다시 아래의 권리들이 있음을 알려주고 이를 행사할 것인지 그 의사를 확인하다.

[진술거부권과 변호인 조력권 고지하고 변호인 참여 없이 진술하기로 함 (생략)]
이에 사법경찰관은 피의사실에 관하여 다음과 같이 피의자를 신문하다.

[공문서부정행사]

문 피의자는 2020. 10. 26. 01:15경 서울 성동구 왕십리로 289 소재 행당스포츠센터 앞 왕복 8차선 도로에서 17구3876 K5 승용차를 운전하고 가다가 음주운전 단속을 받은 사실이 있지요.

답 예, 맞습니다.

문 호흡측정을 한 결과는 어떠하였나요.

답 혈중알코올수치가 0.035%가 나왔습니다.

문 단속 경찰관이 운전면허증을 제시하여 달라고 요구하였지요.

답 예, 그렇습니다.

문 피의자는 단속 경찰관한테 운전면허증을 제시하였나요.

답 제가 당시 운전면허증을 집에 두고 와서 제시할 수 없던 차에 음주운전으로 적발된 사실에 겁이 났고 음주운전 전과도 있는데 음주운전을 하여 받은 약식명령에 대하여 정식재판까지 받고 있던 중이라 저도 모르게 휴대전화에 찍어 놓은 이을남의 운전면허증 이미지파일을 제시하였습니다.

문 어떠한 경위로 휴대전화에 이을남의 운전면허증 이미지파일을 가지고 있었나요.

답 2020. 10. 13. 이을남을 만났는데 이을남이 포르쉐 차량을 렌트하였다며 자랑을 하였습니다. 차량을 몰고 싶은 마음에 이을남한테 "잠깐 내가 몰아봐도 되겠냐."고 하여 허락을 받았습니다. 그런데 혹시나 차량을 운전하면서 사고가 났을 때 제가 운전했다고 하면 보험 처리가 안 되므로 이을남인 척 행세하려고 이을남의 허락을 받아 제 휴대전화로 이을남의 운전면허증을 촬영해두었습니다.

[식품위생법위반]

문   피의자는 영업신고 없이 일반음식점인 '달밤포차'를 운영하다가 단속되었
       지요.

답   예. 그렇습니다.

문   달밤포차를 운영한 경위를 구체적으로 진술하세요.

답   2020. 1.경 지인인 유행민으로부터 "요새 포차가 인기가 많아서 벌이가 꽤
       짭짤하다."는 말을 듣고 유행민이 운영하던 '별밤포차'를 인수하여 '달밤포
       차'로 이름만 바꿔서 2020. 1. 23.부터 영업을 하다가 2020. 10. 31. 서울성
       동구청 단속 공무원한테 적발되었습니다.

문   달밤포차의 규모, 시설에 관하여 진술하세요.

답   약 40㎡ 규모의 영업장에 냉장고 1개, 긴 의자 6개, 플라스틱 의자 12개, 싱
       크대 1대, 음식대 1대의 조리시설이 있고, 주방장으로 안배생을 고용하여
       낙지볶음, 오뎅탕, 라면 등을 조리하여 판매하였습니다.

문   달밤포차의 한달 매출은 얼마인가요.

답   들쭉날쭉한데 코로나19 영향 때문에 평균적으로 500만 원 정도밖에 안 되
       었습니다.

문   더 할 말이 있는가요.

답   전에도 한 번 단속되어 조사를 받은 적이 있습니다.

문   이상의 진술내용에 대하여 이의나 의견이 있는가요.

답   **없습니다.**

위의 조서를 진술자에게 열람하게 하였던바, 진술한 대로 오기나 증감·변경할
것이 전혀 없다고 하므로 간인한 후 서명무인하게 하다.

진술자 **김 갑 동** (무인)

2020.   11.   3.

서울성동경찰서

사법경찰관   경위   **정 의 로** ㉑

사법경찰리   경사   **강 철 중** ㉑

고 소 장

고 소 인 주식회사 신안은행 (이하 당사자 표시 생략)
피고소인 이을남 (이하 당사자 표시 생략)
죄   명 : 배임

고 소 사 실

고소인은 '다나아 병원'을 운영하는 피고소인과 사이에 피고소인이 2020. 5. 7. 고소인 은행으로부터 1억 5,000만 원을 대출받으면서 위 대출금을 완납할 때까지 의료기기인 '복강경'을 양도담보로 제공하기로 하는 계약을 체결하였습니다. '복강경'은 복부를 절개하지 않고 작은 구멍만을 내고도 복강과 복강 내부 장기를 바라보면서 검사와 수술이 가능한 의료기기인데, 시가가 2억 원이 넘을 정도로 고가입니다.

양도담보계약에 따라 고소인 은행은 피고소인 소유의 '복강경'에 관하여 피고소인이 운영하는 '다나아 병원'에서 '복강경'을 사용할 수 있도록 점유개정 방식으로 양도담보를 설정하였습니다. 그리고 양도담보계약에 의하면 피고소인의 채무불이행 시 양도담보권의 실행, 즉 '복강경'을 처분하여 그 매각대금으로 채무의 변제에 충당하거나 채무의 변제에 갈음하여 고소인 은행이 '복강경'을 취득하기로 되어 있습니다.

그럼에도 피고소인은 고소인 은행한테는 전혀 알리지 아니한 채 2020. 10.경 '복강경'을 제3자한테 매각하여 고소인 은행한테 대출금 상당의 손해를 입혔습니다. 이에 고소인 은행이 피고소인한테 대출금을 상환하거나 '복강경'을 양도할 것을 요구하자, 피고소인은 조금만 기다려 달라는 말만 반복하였습니다. 고소인 은행은 피고소인이 근래에 구속되었다는 소식을 듣고 더는 기다릴 수 없어서 피고소인을 배임죄로 고소하니 엄벌하여 주시기 바랍니다.

첨부
1. 양도담보계약서

2020. 11. 4.

고소인 주식회사 신안은행 ㉑

서울성동경찰서장 귀중

양도담보계약서

채권자 주식회사 신안은행(이하 '갑'이라 함)과 채무자 이을남(이하 '을'이라 함)은 다음과 같이 양도담보설정계약을 체결한다.

제1조(목적)

  을은 2020. 5. 7. 갑과 사이에 체결한 대출계약에 의하여 현재와 장래에 걸쳐 부담할 대출금채무 기타 일체의 채무이행의 담보로서 양도담보권의 설정을 약정하고 을이 소유하는 별지 목록(첨부 생략) 기재 물건('복강경')의 소유권을 갑에게 이전하기로 한다.

제2조(사용대차)

  갑은 을이 영업의 범위 내에서 위 물건을 무상으로 사용하도록 한다. 을은 갑의 대리인으로서 담보목적물을 선량한 관리자로서의 주의의무를 다하여 점유·사용·보전·관리하여야 한다.

(중략)

제4조(담보물의 처분방법)

  을이 약정기한 내에 대출금채무 기타 일체의 채무를 이행하지 않는 경우에는 별지 목록 기재 물건('복강경')을 처분하여 그 매각대금으로 채무의 변제에 충당하거나 채무의 변제에 갈음하여 갑이 위 물건을 취득할 수 있다.

제5조(담보물의 멸실·훼손)

  담보물이 멸실·훼손되거나 그럴 염려가 있는 경우 을은 갑의 청구에 따라 상당액의 물건을 보충하여 갑에게 양도하여야 한다.

(중략)

제12조(비용부담)

  을은 담보물의 보전·관리 등에 따른 비용을 부담한다.

(이하 생략)

2020. 5. 7.

(갑) 성명 : 주식회사 신안은행 (이하 당사자 표시 생략)

(을) 성명 : 이을남 (이하 당사자 표시 생략)

피의자신문조서

피의자 나중개에 대한 의료법위반 피의사건에 관하여 2020. 11. 5. 서울성동경찰서 형사1팀 사무실에서 사법경찰관 경위 김병휘는 사법경찰리 경사 강철중을 참여하게 하고, 아래와 같이 피의자임에 틀림없음을 확인하다.

문   피의자의 성명, 주민등록번호, 직업, 주거, 등록기준지 등을 말하십시오.

답   성명은 나중개(羅仲介)

　　　주민등록번호, 직업, 주거, 등록기준비, 직장주소, 연락처 (각 생략)

사법경찰관은 피의사건의 요지를 설명하고 사법경찰관의 신문에 대하여 「형사소송법」 제244조의3에 따라 진술을 거부할 수 있는 권리 및 변호인의 참여 등 조력을 받을 권리가 있음을 피의자에게 알려주고 이를 행사할 것인지 그 의사를 확인하다.

[진술거부권과 변호인 조력권 고지하고 변호인 참여 없이 진술하기로 함 (생략)]

이에 사법경찰관은 피의사실에 관하여 다음과 같이 피의자를 신문하다.

[피의자의 범죄전력, 경력, 학력, 가족·재산 관계 등은 각각 (생략)]

문   피의자는 '다나아 병원'의 사무국장으로 근무하고 있나요.

답   네, 맞습니다.

문   피의자가 사무국장으로 담당하는 업무는 무엇인가요.

답   병원의 진료비 수납·관리, 환자의 입원 관리, 건강보험료 청구 등 각종 행정업무를 총괄합니다.

문   '다나아 병원'은 누가 운영하고 있나요.

답   의사인 이을남 개인이 운영하는 병원입니다.

문   피의자는 환자 소개·유치의 대가로 브로커인 신통해한테 금전을 교부한 사실이 있지요.

답   있습니다.

문   언제 얼마를 신통해에게 교부하였는지 진술하세요.

답   '다나아 병원'은 정형외과 전문병원인데 코로나19의 영향인지 2020. 6.경부터 환자 숫자가 뚝 떨어져서 병원장인 이을남과 상의를 하였습니다. 이을남은 "필요한 돈은 내가 지원을 할 테니 환자를 좀 유치해 달라."고 말하였습니다. 그래서 제가 2020. 7.경 교통사고 환자를 전문적으로 소개하는 브로커인 신통해한테 환자 1명을 보내줄 때마다 50만 원씩을 줄테니 환자를 좀 보내달라고 요청하였습니다. 이후 신통해를 통해서 20명의 환자가 '다나아 병원'에서 치료를 받았습니다. 저는 그 대가로 2020. 8. 23.부터 2020. 10. 21.까지 총 20회에 걸쳐 합계 10,000,000원을 신통해한테 주었습니다.

이때 사법경찰리는 진술인으로부터 통장 사본(새마을금고, 계좌번호 생략) 1부(첨부 생략)를 임의로 제출받아 기록 말미에 편철하다.

문   이을남은 피의자한테 위 10,000,000원을 보전하여 주었나요.

답   아니요. 제가 2020. 10. 22. 이을남한테 환자 유치 등 명목으로 신통해한테 10,000,000원을 주었으니 그 비용을 보전해달라고 하였더니 알겠다고 하면서 차일피일 미루더니 구속이 되어 버렸습니다. 이을남이 구속된 마당에 이을남의 비리를 모두 알려야 되겠다는 생각에 이렇게 형사처벌을 감수하고 경찰서에 자신 출석하여 진술하는 것입니다.

문   피의자는 이을남한테서 환자 유치 등의 명목으로 돈을 교부하여서는 안 된다는 청탁방지에 관한 교육을 받은 사실이 있나요.

답   전혀 없습니다.

문   이상의 진술내용에 대하여 이의나 의견이 있는가요.

답   **없습니다.**

위의 조서를 진술자에게 열람하게 하였던바, 진술한 대로 오기나 증감·변경할 것이 전혀 없다고 하므로 간인한 후 서명무인하게 하다.

진술자 **나 중 개** (무인)

2020. 11. 5.

서울성동경찰서

사법경찰관   경위 **김 병 희** ㉑

사법경찰리   경사 **강 철 중** ㉑

피의자신문조서(제2회)

피의자 이을남에 대한 성폭력범죄의처벌등에관한특례법위반(특수준강간) 등 피의사건에 관하여 2020. 11. 6. 서울성동경찰서 수사과 사무실에서 사법경찰관 경위 정의로는 사법경찰리 경사 강철중을 참여하게 하고, 피의자에 대하여 다시 아래의 권리들이 있음을 알려주고 이를 행사할 것인지 그 의사를 확인하다.

[진술거부권과 변호인 조력권 고지하고 변호인 참여 없이 진술하기로 함 (생략)]
이에 사법경찰관은 피의사실에 관하여 다음과 같이 피의자를 신문하다.

[배임]

문   피의자는 2020. 5. 7. 주식회사 신안은행으로부터 1억 5,000만 원을 대출 받으면서 '다나아 병원'에서 사용하는 의료기기인 '복강경'을 신안은행에 양도담보로 제공하였으면서도 임의로 '복강경'을 처분한 사실이 있는가요.

답   예, 그런 사실이 있습니다.

문   '복강경'은 어떠한 의료기기인가요.

답   복강경은 복부를 절개하지 않고 작은 구멍만 내고도 복강과 복강 내부 장기를 바라보면서 검사와 수술이 가능한 의료기기입니다.

문   신안은행과 어떠한 내용의 양도담보계약을 체결하였나요.

답   2019. 12.경 제가 운영하는 '다나아 병원'에 '복강경'이라는 의료기기를 2억 원에 도입하였는데 코로나19의 영향으로 환자가 줄어 2020. 4.경부터 병원을 운영하는 데 필요한 최소한의 자금도 마련하기가 어려워졌습니다. 그래서 2020. 5. 7. 신안은행으로부터 1억 5,000만 원을 대출 받으면서 위 대출금채무를 담보하기 위하여 '복강경'에 관하여 점유개정 방식으로 양도담보를 설정하고, 약정한 대출기한인 2년 내로 대출금채무를 완제하지 못할 경우에는 신안은행이 '복강경'을 처분하여 그 매각대금으로 채무의 변제에 충당하거나 채무의 변제에 갈음하여 신안은행이 '복강경'을 취득하기로 하였습니다.

문   그런데 왜 '복강경'을 처분하였나요.

답   신안은행으로부터 대출받은 자금으로 5개월가량 병원 운영을 근근히 해나가다가 2020. 10.경 직원 급여가 연체될 정도로 병원 운영이 악화되어 어쩔 수 없이 처분하게 되었습니다.

문   어떤 방법으로 처분하였나요.

답   '복강경'을 또 담보로 제공하고 돈을 빌리려고 하니 양도담보가 설정되어 있어서 받을 수 있는 돈이 얼마 안 되었습니다. 그래서 2020. 10. 17. 의료기기를 암거래하는 박사장에게 1억 원을 받고 양도하였습니다.

문　박사장의 인적사항을 진술하세요.

답　그 사람이 자신을 박사장으로만 소개하여서 정확한 인적사항은 잘 모릅니다. 나중에 박사장이 알려준 전화번호로 전화를 해보았는데 모두 결번으로 나왔습니다.

문　당시 계약서를 작성하였을 텐데 양수인의 인적사항을 모른다는 것이 말이 되는가요.

답　박사장이 하는 말이 양도담보가 설정되어 있어서 정상적으로 하면 빌려줄 수 있는 돈이 거의 없다면서, 서류 없이 의료기기만 넘겨준다면 1억 원을 주겠다고 해서 급한 마음에 그렇게 넘겨버렸습니다.

문　그렇다면 양도계약서도 작성하지 않았다는 말인가요.

답　양도에 관한 서류는 전혀 작성하지 않았고, 다만 박사장이 요구하여 제가 의료기기포기각서만 작성해 주었습니다.

문　의료기기포기각서의 내용은 어떤 것인가요.

답　제가 3개월 내에 1억 원과 함께 연 30%의 비율로 가산한 이자를 지급하면 다시 의료기기를 돌려받기로 하였는데, 3개월 뒤까지 돈이 마련되지 않는 경우에는 의료기기에 대한 일체의 권리를 포기한다는 내용이었습니다.

문　의료기기를 다시 돌려받기 위해서 노력을 하였나요.

답　네, 신안은행에서 어떻게 처분사실을 알았는지 '복강경'을 되돌려 놓던지 대출원리금을 다 갚던지 하라고 하여 신안은행한테는 조금만 기다려 달라고 하면서 자금을 마련해 보려고 하던 중 구속이 되었습니다.

[의료법위반]

문　피의자는 '다나아 병원'의 사무국장인 나중개를 알고 있지요.

답　네, 제가 고용한 직원입니다.

문　피의자는 나중개가 환자 유치의 대가 등 명목으로 신통해한테 10,000,000원을 교부한 사실을 알고 있지요.

답　전혀 알지 못합니다.

문　피의자는 2020. 6.경 나중개한테 병원 운영이 어렵다며 "필요한 돈은 내가 지원을 할 테니 환자를 좀 유치해 달라."고 말한 사실이 있지요.

답　그런 말을 한 적이 없습니다.

문　병원장인 피의자가 비용을 보전한다고 약속하지 않는 이상 나중개가 환자 유치의 대가로 신통해한테 10,000,000원을 교부할 리가 없는 것이지요.

답　저는 모르는 일입니다.

문　피의자는 나중개를 비롯한 직원들한테 청탁방지에 관한 교육을 한 사실이 있나요.

답　매년 1-2회 환자 유치 등의 명목으로 돈을 교부하여서는 안 된다는 청탁방지에 관한 교육을 실시한 적이 있습니다.

문   청탁방지 교육을 실시한 사실을 뒷받침할 만한 자료가 있나요.

답   제가 구속된 상태라서 자료를 찾기는 어렵지만, 아내한테 말해서 찾아보도록 하겠습니다.

문   이상의 진술내용에 대하여 이의나 의견이 있는가요.

답   **없습니다.**

위의 조서를 진술자에게 열람하게 하였던바, 진술한 대로 오기나 증감·변경할 것이 전혀 없다고 하므로 간인한 후 서명무인하게 하다.

진술자   **이 을 남** (무인)

2020. 11. 6.

서울성동경찰서

사법경찰관   경위   **정 의 로** ㉑

사법경찰리   경사   **강 철 중** ㉑

피의자신문조서

성   명: 김갑동

주민등록번호: (생략)

　위의 사람에 대한 성폭력범죄의처벌등에관한특례법위반(특수준강간) 등 피의사건에 관하여 2020. 11. 11. 서울동부지방검찰청 제312호 검사실에서 검사 정이감은 검찰주사 한조사를 참여하게 한 후, 아래와 같이 피의자가 틀림없음을 확인하다. 주민등록번호, 직업, 주거, 등록기준지, 직장주소, 연락처는 각각 (생략)

검사는 피의사실의 요지를 설명하고 검사의 신문에 대하여 「형사소송법」 제244조의3에 따라 진술을 거부할 수 있는 권리 및 변호인의 참여 등 조력을 받을 권리가 있음을 피의자에게 알려주고 이를 행사할 것인지 그 의사를 확인하다.

[진술거부권과 변호인 조력권 고지하고 변호인 참여 없이 진술하기로 함 (생략)]
이에 검사는 피의사실에 관하여 다음과 같이 피의자를 신문하다.
[피의자의 범죄전력, 경력, 학력, 가족·재산 관계 등 (생략)]

[성폭력범죄의처벌등에관한특례법위반(특수준강간)의 점]

문　　피의자는 2020. 10. 3. 23:00경 피해자 피혜미의 주거지에서 술에 만취해 잠든 피해자를 강간한 사실이 있지요.

답　　피해자와 성관계를 한 것은 맞지만 나중에 알고 보니 성관계를 할 당시 피해자가 술에 만취해 잠들어 있었던 것은 아니었습니다.

문　　당시 피해자의 상태가 어떠하였는지 구체적으로 진술하세요.

답　　제가 피해자와 성관계를 하려고 피해자의 가슴을 만졌을 때는 별다른 반응이 없었지만 성기를 삽입하여 성관계를 할 때에는 몸을 좌우로 살짝살짝 움직였고 신음소리를 내기도 하였습니다.

문　　이을남도 피해자를 강간하였지요.

답　　아닙니다.

문　　그럼 이을남은 망만 본 것인가요.

답　　그것도 아닙니다. 저와 이을남이 화장실에서 피해자를 안방 침대로 옮긴 후에 이을남은 술에 너무 많이 취했다면서 바람을 쐬겠다고 바깥으로 나갔습니다. 이을남이 바깥에 나간 사이에 제가 피해자와 성관계를 한 것입니다.

문 피의자는 경찰에서 왜 이을남이 망을 보았다고 진술하였나요.

답 제가 이을남은 강간을 하지 않았고 망을 본 것도 아니라고 진술을 하니까 조사 경찰관이 말도 안 된다고 하면서 제가 피해자를 강간할 때 이을남은 바깥에 있었으니까 망을 본 것이 맞지 않냐고 계속 추궁하기에 이을남이 바깥에 있었던 것은 맞으니까 그냥 망을 본 것으로 진술한 것입니다.

문 피해자와 합의는 하였는가요.

답 합의를 진행하고 있습니다.

이때 검사는 피의자 이을남을 입실하게 하다.

문 피의자의 성명, 주민등록번호, 직업, 등록기준지 등을 진술하세요.

답 성명은 이을남,

(기타 인적사항 생략)

검사는 피의사실의 요지를 설명하고 검사의 신문에 대하여 「형사소송법」 제244조의3에 따라 진술을 거부할 수 있는 권리 및 변호인의 참여 등 조력을 받을 권리가 있음을 피의자에게 알려주고 이를 행사할 것인지 그 의사를 확인하다.

[진술거부권과 변호인 조력권 고지하고 변호인 참여 없이 진술하기로 함 (생략)]
이에 검사는 피의사실에 관하여 다음과 같이 피의자를 신문하다.
[피의자의 범죄전력, 경력, 학력, 가족·재산 관계 등 (생략)]

[성폭력범죄의처벌등에관한특례법위반(특수준강간)의 점]

문 피의자는 **2020. 10. 3. 23:00**경 김갑동과 함께 피해자 피혜미의 주거지에서 피해자를 강간한 사실이 있지요.

답 저는 강간한 적이 없습니다.

문 김갑동이 피해자를 강간한 경위를 구체적으로 진술하세요.

답 피혜미가 술 마시기 게임을 하다가 속이 안 좋은지 토할 것 같다고 하면서 화장실로 갔는데 피혜미가 계속 나오지 않아서 가보니 피혜미가 변기 위에 엎드린 채 자고 있었습니다. 그래서 김갑동과 함께 피혜미를 들어서 안방 침대에 눕혔습니다. 그런데 김갑동이 피혜미와 성관계를 하고 싶다고 하여 김갑동을 말렸으나 김갑동이 저를 안방 밖으로 내몰고 안방 문을 잠근 후에 피혜미를 강간하였습니다.

문 당시 피해자의 상태는 어떠하였나요.

답 소맥을 5잔 이상 마신 상태이었고 화장실에서 자고 있는 피해자를 들어 서 침대 위에 눕혔을 때에도 깨지 않고 계속 잤습니다.

문 김갑동이 피해자를 강간할 때 피의자는 무엇을 하고 있었나요.

답 안방 문을 열 수 없었고 속이 안 좋아서 바깥바람을 쐬고자 잠시 바깥에 나갔습니다.

문 피의자는 김갑동이 강간할 당시 현관문 바깥에서 망을 본 것이지요.

답 아닙니다. 속이 안 좋아서 바깥바람을 쐬면 나아질까 싶어 바깥으로 나간 것일 뿐입니다.

문 피의자는 경찰에서 왜 망을 보았다고 진술하였나요.

답 경찰에서도 조사 경찰관한테 저는 바깥에 나갔을 뿐 망을 본 것이 아니 라고 말씀을 드렸는데 조사 경찰관이 말도 안 되는 소리 하지 말라며 바 깥에 나간 것이 망을 본 것과 마찬가지 아니냐면서 망을 본 것을 인정하 라고 다그쳐서 망을 보았다고 진술하게 되었습니다.

문 피해자가 바깥에서 들어오는 피의자한테 "둘이 짜고서 어떻게 이럴 수 있냐."고 따지자 피의자는 "미안하다."고 하면서 별말을 못하였지요.

답 그건 맞습니다. 하지만 제가 데려 온 김갑동이 피혜미를 성폭행하여 그것 이 미안하여 한 말입니다.

문 피의자가 피해자를 먼저 강간하고 그 다음에 김갑동이 피해자를 강간하 면서 피의자가 망을 보았던 것이 아닌가요.

답 전혀 아닙니다.

[피의자 김갑동의 공문서부정행사, 식품위생법위반, 피의자 이을남의 배임, 의료법위 반]
(경찰 진술내용과 동일함, 신문사항 생략)

문 조서에 진술한 대로 기재되지 아니하였거나 사실과 다른 부분이 있나요.

답 (김갑동) **없습니다.** (이을남) **없습니다.**

위의 조서를 진술자에게 열람하게 하였던바, 진술한 대로 오기나 증감·변경할 것 이 전혀 없다고 말하므로 간인한 후 서명무인하게 하다.

진술자 **김갑동** (무인)

　　　　이을남 (무인)

2020. 11. 11.

서울동부지방검찰청

검　　사 *정이감*　㉑

검찰주사 *한조사*　㉑

진술조서

성   명: 피혜미

주민등록번호, 직업, 주거, 등록기준지, 직장주소, 연락처 (각 생략)

　위의 사람은 피의자 김갑동, 이을남에 대한 성폭력범죄의처벌등에관한특례법위반(특수준강간) 등 피의사건에 관하여 2020. 11. 13. 서울동부지방검찰청 제312호 검사실에 임의 출석하여 다음과 같이 진술하다.

[피의자와의 관계, 피의사실과의 관계 등(생략)]

문　　진술인은 2020. 10. 3. 진술인의 주거지에서 피의자들과 술을 마시다가 술에 취해 잠든 상태에서 피의자 김갑동한테 강간을 당한 사실이 있지요.

답　　예, 맞습니다.

문　　피의자 김갑동이 진술인을 강간할 때 진술인은 어떠한 상태이었나요.

답　　김갑동, 이을남과 술 마시기 게임을 하면서 소맥을 5잔 이상 마셨습니다. 정확하게 몇 잔을 마셨는지는 기억이 나지 않습니다. 저한테 술을 많이 먹이기 위해서 이을남이 의도적으로 술 마시기 게임을 하자고 한 것입니다. 그러다가 속이 안 좋아서 화장실에 갔고 그 이후에는 드문드문 기억이 납니다. 누군가가 저의 몸을 누른 것 같은데 가위에 눌린 것처럼 몸을 움직일 수 없었습니다. 그런 상태에서 벗어나려고 몸을 일으키려 했지만 피곤한 상태에서 술을 마셔서 그런지 몸을 일으킬 수 없었고 눈을 뜰 수도 없었습니다. 옆에서 부스럭거리는 소리가 날 때 비로소 눈을 뜰 수 있었고 옆을 보니 김갑동이 옷을 입고 있었습니다. 김갑동한테 "나한테 무슨 짓을 한 거냐."고 하니까 자기가 술에 취해서 실수했다고 하였습니다.

문　　피의자 김갑동은 성관계를 할 당시 피해자가 술에 만취해 잠들어 있었던 것은 아니었다고 주장하면서 진술인이 몸을 움직이기도 하고 신음소리도 냈다고 진술하는데 어떤가요.

답　　아닙니다. 김갑동은 제가 마치 성관계를 거부하지 않은 것인 양 진술해서 죄를 모면하려고 하는 것입니다. 김갑동이 저를 강간할 때 저는 술에 취해서 몸을 움직일래야 움직일 수 없었습니다.

문　　피의자 이을남도 피해자를 강간하였나요.

답　　그날 일이 잘 기억이 안 나 모르겠습니다.

문　　피의자 이을남은 피의자 김갑동이 강간을 할 때 망을 본 것이 맞나요.

답　　망을 본 것은 틀림없습니다. 술도 별로 안 마셨는데 괜히 바깥에 나가 있

　　　을 이유가 없습니다.

문　　이상의 진술은 사실인가요.

답　　**예, 사실입니다.**

위의 조서를 진술자에게 열람하게 하였던바, 진술한 대로 오기나 증감·변경할
것이 전혀 없다고 말하므로 간인한 후 서명무인하게 하다.

　　　　　　　　　　　　　진술자　　피혜미 (무인)

　　　　　　　　　2020.　11.　13.

　　　　　　　서울동부지방검찰청

　　　　　　검　　사　정이감　　㊞

　　　　　검찰주사　한조사　　㊞

기타 법원에 제출되어 있는 증거들

※ 편의상 다음 증거서류의 내용을 생략하였으나, 법원에 증거로 적법하게 제출되어 있음을 유의하여 검토할 것.

○ 피혜미 작성의 고소장

피혜미에 대한 경찰 진술조서와 동일한 내용임

○ 2020. 11. 1.자 서울 성동구청장 작성의 고발장

김갑동이 영업신고 없이 '달밤포차'를 운영하였다고 고발하는 내용임

○ 수사보고(현장사진)

서울 성동구청 식품위생과 공무원이 2020. 10. 31. '달밤포차'를 단속한 현장에서 찍은 사진을 첨부한 수사보고임

○ 수사보고(운전면허증 이미지파일 출력물)

김갑동의 휴대전화에 저장되어 있는 이을남의 운전면허증 이미지파일을 인쇄·출력한 서류를 첨부한 수사보고임

○ 신용남에 대한 경찰 진술조서

주식회사 신안은행의 직원인 신용남이 이을남을 배임으로 처벌해 달라고 진술하는 내용으로 주식회사 신안은행의 고소장과 같은 내용임

○ 수사보고(복강경 설명)

사법경찰리 강철중이 의료기기 사이트에서 복강경을 검색하여 그 의미와 가격(시가 약 2억 원)에 관하여 설명하는 내용의 수사보고임

○ 통장사본(새마을금고)

나중개가 임의로 제출한 자신 명의의 새마을금고 통장사본으로 2020. 8. 23.부터 2020. 10. 21.까지 20회에 걸쳐 합계 10,000,000원을 신통해한테 송금한 내역이 기재되어 있음

○ 피고인들에 대한 각 조회회보서

- 김갑동: 범죄경력자료로 2014. 6. 8. 서울동부지방법원에서 도로교통법위반(음주운전)으로 벌금 200만 원의 약식명령(확정), 2015. 5. 6. 서울중앙지방법원에서 도로교통법위반(음주운전) 등으로 벌금 300만 원의 약식명령(확정), 2016. 10. 15. 서울동부지방법원에서 교통사고처리특례법위반(치상) 등으로 징역 8월, 집행유예 2년의 판결(확정)을 각 받은 전력이 있음

- 이을남: 범죄경력자료로 전과 없음

○ 사망진단서사본

나중개가 2020. 11. 14. 교통사고로 사망하였다는 취지

모의기록 5 검토의견서

I. 피고인 김갑동에 대한 검토의견서

1. 성폭법위반(특수준강간)의 점

가. 피고인의 주장

피고인은 피해자와 성관계를 한 것은 맞지만 당시 피해자는 술에 많이 취한 상태가 아니었다고 주장합니다.

나. 피해자가 심신상실 또는 항거불능 상태에 있었는지 여부

형법 제299조는 사람의 심신상실 또는 항거불능의 상태를 이용하여 간음을 한 자를 형법 제297조의 강간죄와 같이 처벌하도록 규정하고 있는바, 여기에서 항거불능의 상태라 함은 형법 제297조와의 균형상 심신상실 이외의 원인 때문에 심리적 또는 물리적으로 반항이 절대적으로 불가능하거나 현저히 곤란한 경우를 의미합니다.[1]

피해자는 경찰에서 "술을 많이 마셔 정신을 잃은 상태에서 강간을 당하였다."라고 진술하고, 검찰에서는 "술을 많이 마셔 드문드문 기억이 나는데 누군가 몸을 눌러서 벗어나려고 하였지만 몸을 움직일 수 없었다."라고 진술하였으나, 법정에서는 "피고인들이 저를 안방 침대에 눕히는 순간 잠에서 깨었고 누군가 가슴을 만졌으나 너무 무섭고 당황스러워서 깨어있다는 것을 알리지 못하였고 몸을 일으킬 수 없었다."라고 진술합니다.

다음과 같은 점에 비추어 볼 때 피고인이 간음을 할 당시 술에 취하여 정신을 잃거나 잠든 상태이었다는 피해자의 경찰진술과 검찰진술은 쉽게 믿을 수 없

---

1) 대법원 2012. 6. 28. 선고 2012도2631 판결.

고, 피고인이 간음을 할 당시 잠에서 깨어 있었다는 피해자의 법정진술을 믿을 수 있습니다.

① 피해자는 위와 같이 진술을 번복하였으나, "강간을 당하기 전에 깨어 있었다고 진술하면 저항을 안 했으니 성관계에 동의한 것이 아니냐는 추궁을 당할까봐 술에 취해서 계속 잠들어 있었던 것으로 진술하였다."는 진술 번복의 경위는 자연스럽고 납득할 수 있습니다.

② 피해자는 당시 소주와 맥주를 섞은 술을 5잔 정도 마셨으나 피해자의 주량은 위 술을 기준으로 7-8잔인 점을 감안하면 피해자가 과도하게 음주한 것으로 볼 수 없습니다.

③ 피해자는 속이 안 좋아서 화장실에 간 사실을 기억하는 등 술을 마실 당시의 상황을 어느 정도 기억하고 있습니다.

나아가 피고인이 간음을 할 당시 현관문 바깥에 있었던 이을남의 진술만으로는 피해자의 심신상실 또는 항거불능 상태를 인정하기 부족하고 달리 이를 인정할 만한 증거가 없으며, 오히려 (피해자의 법정진술에 의하면) 피해자는 당시 상황을 드문드문 기억하고 있고 피고인의 간음행위가 끝나자마자 피고인에게 항의를 하는 등 피해자는 피고인이 간음을 할 당시 심신상실 또는 항거불능의 상태에 있지 아니하였습니다.

따라서 성폭법위반(특수준강간)의 점은 범죄의 증명이 없는 경우에 해당하므로 형사소송법 제325조 후단의 무죄 판결을 하여야 할 사유가 있습니다.

다. 성폭법위반(특수준강간)의 불능미수 성립 여부

형법 제300조는 준강간죄의 미수범을 처벌하고, 형법 제27조는 "실행의 수단 또는 대상의 착오로 인하여 결과의 발생이 불가능하더라도 위험성이 있는 때에는 처벌한다. 단, 형을 감경 또는 면제할 수 있다."라고 규정하여 불능미수범을 처벌하고 있습니다. 피고인이 피해자가 심신상실 또는 항거불능의 상태에 있다고 인식하고 그러한 상태를 이용하여 간음할 의사를 가지고 간음하였으나, 실행의 착수 당시부터 피해자가 실제로는 심신상실 또는 항거불능의 상태에 있지 않았다면, 실행의 수단 또는 대상의 착오로 준강간죄의 기수에 이를 가능성이 처음부터 없다고 볼 수 있습니다. 이 경우 피고인이 행위 당시에 인식한 사정을 놓고 일반인이 객관적으로 판단하여 보았을 때 정신적·신체적 사정으로 인하여 성적인 자기방어를 할 수 없는 사람의 성적 자기결정권을 침해하여 준강간의 결과가 발생할 위험성이 있었다면 불능미수가 성립합니다.[2]

이 사건은 피고인이 준강간의 고의로 피해자를 간음하였으나, 피해자가 실제로는 심신상실 또는 항거불능의 상태에 있지 않아 실행의 수단 또는 대상의 착오로 인하여 준강간의 결과 발생이 불가능한 경우에 해당하고, 피고인이 인식한 사정을 놓고 일반인이 객관적으로 판단하여 보았을 때 준강간의 결과가 발생할 위험성이 있었으므로 성폭법위반(특수준강간)의 불능미수가 성립합니다.

이때 성폭법위반(특수준강간)의 공소사실에는 성폭법위반(특수준강간)미수가 포함되어 있고 피고인이 피해자를 간음한 사실은 인정하고 있는 이상 피고인의 방어권 행사에 실질적인 불이익을 초래할 염려가 없으므로, 법원은 피고인에 대하여 공소장의 변경 없이 성폭법위반(특수준강간)미수의 공소사실을 인정할 수 있습니다.

따라서 성폭법위반(특수준강간)미수의 점에 대하여는 유죄 판결이 예상됩니다.

라. 결 론

그렇다면 법원은 성폭법위반(특수준강간)의 점에 대하여 형사소송법 제325조 후단의 무죄 판결을 선고하여야 하나, 축소사실인 성폭법위반(특수준강간)미수의 점에 대하여 유죄판결을 내릴 수 있습니다.

2. 공문서부정행사의 점

가. 피고인의 주장

피고인은 운전면허증을 신분확인의 용도로 제시한 것은 운전면허증의 사용목적에 따른 행사가 아니라고 주장합니다.

나. 다른 사람의 운전면허증 제시와 공문서부정행사죄

운전면허증은 운전면허를 받은 사람이 운전면허시험에 합격하여 자동차의 운전이 허락된 사람임을 증명하는 공문서로서, 운전면허증에 표시된 사람이 운전면허시험에 합격한 사람이라는 '자격증명'과 이를 지니고 있으면서 내보이는 사람

---

2) 대법원 2019. 3. 28. 선고 2018도16002 전원합의체 판결.

이 바로 그 사람이라는 '동일인증명'의 기능을 동시에 가지고 있고, 운전면허증은 운전면허를 받은 사람의 동일성과 신분을 증명하기에 충분하고 그 기재 내용의 진실성도 담보되어 있으므로, 제3자로부터 신분확인을 위하여 신분증명서의 제시를 요구받고 다른 사람의 운전면허증을 제시한 행위는 그 사용목적에 따른 행사로서 공문서부정행사죄에 해당합니다.[3]

따라서 경찰공무원에게 자신의 인적사항을 속이기 위하여 다른 사람의 운전면허증을 제시하는 것은 운전면허증의 사용목적에 따른 행사이므로 이와 반대되는 피고인의 주장은 받아들일 수 없습니다.

다. 운전면허증을 촬영한 이미지파일의 제시와 공문서부정행사죄

공문서부정행사죄는 사용권한자와 용도가 특정되어 작성된 공문서 또는 공도화를 사용권한 없는 자가 사용권한이 있는 것처럼 가장하여 부정한 목적으로 행사하거나 또는 권한 있는 자라도 정당한 용법에 반하여 부정하게 행사하는 경우에 성립합니다.

공문서부정행사죄의 구성요건과 입법 취지, 도로교통법 제92조의 규정 내용과 입법 취지 등에 비추어 보면, 자동차 등의 운전자가 운전 중에 도로교통법 제92조 제2항에 따라 경찰공무원으로부터 운전면허증의 제시를 요구받은 경우 운전면허증의 특정된 용법에 따른 행사는 도로교통법 관계 법령에 따라 발급된 운전면허증 자체를 제시하는 것이라고 보아야 합니다. 이 경우 자동차 등의 운전자가 경찰공무원에게 다른 사람의 운전면허증 자체가 아니라 이를 촬영한 이미지파일을 휴대전화 화면 등을 통하여 보여주는 행위는 운전면허증의 특정된 용법에 따른 행사라고 볼 수 없는 것이어서 그로 인하여 경찰공무원이 그릇된 신용을 형성할 위험이 있다고 할 수 없으므로, 이러한 행위는 결국 공문서부정행사죄를 구성하지 아니합니다.[4]

피고인이 공소사실 기재와 같이 경찰공무원인 원칙남으로부터 운전면허증의 제시를 요구받고 피고인의 휴대전화에 저장된 이을남의 운전면허증을 촬영한 이미지파일을 마치 피고인의 운전면허증인 것처럼 제시하였다고 하더라도 공문서부정행사죄가 성립하지 않습니다.

---

3) 대법원 2001. 4. 19. 선고 2000도1985 전원합의체 판결.
4) 대법원 2019. 12. 12. 선고 2018도2560 판결.

라. 결 론

그렇다면 공문서부정행사의 점은 범죄로 되지 아니하는 경우에 해당하여 형사소송법 제325조 전단의 무죄판결을 하여야 할 사유가 있습니다.

3. 식품위생법위반의 점

가. 확정된 약식명령과 기판력

(약식명령등본, 피고인에 대한 조회회보서의 각 기재에 의하면) 피고인은 2020. 11. 7. 서울동부지방법원에서 "누구든지 일반음식점 영업을 하려는 자는 관련 법령이 정하는 시설을 갖추고 관할관청에 신고하여야 함에도 불구하고, 피고인은 영업신고를 하지 아니하고 2020. 1. 23.부터 2020. 8. 21.까지 달밤포차 약 40㎡ 규모의 영업장에 냉장고 1개, 긴 의자 6개, 플라스틱 의자 12개, 싱크대 1대, 음식대 1대 조리시설 일체를 갖추어 놓고 이름을 모르는 손님들을 상대로 낙지볶음, 오뎅탕, 라면 등을 조리·판매하고 소주, 맥주 등 주류를 판매하여 월 평균 500만 원 상당의 매출을 올리는 일반음식점 영업행위를 하였다."라는 범죄사실로 벌금 50만 원의 약식명령을 받아 2020. 11. 28. 약식명령이 확정되었습니다.

이 사건 공소사실과 약식명령이 확정된 범죄사실은 범행일자만 다를 뿐 모두 같은 장소에서 영업신고를 하지 아니하고 동일한 음식점 영업행위를 하였다는 것이어서 이른바 영업범으로서 포괄일죄의 관계에 있고, 이 사건 공소사실은 확정된 약식명령의 발령일 이전의 범행이므로, 이 사건 공소사실에 대하여 확정된 약식명령의 기판력이 미친다고 보아야 합니다.

그렇다면 식품위생법위반의 점은 확정판결이 있는 때에 해당하므로 형사소송법 제326조 제1호에 따라 면소판결이 선고될 것입니다.

나. 공소장변경허가신청에 관한 검토

포괄일죄인 영업범에서 공소제기의 효력은 공소가 제기된 범죄사실과 동일성이 인정되는 범죄사실의 전체에 미치므로, 공판심리 중에 그 범죄사실과 동일성이 인정되는 범죄사실이 추가로 발견된 경우에 검사는 공소장변경절차에 의하여 그 범죄사실을 공소사실로 추가할 수 있습니다. 그러나 공소제기된 범죄사실과 추가로 발견된 범죄사실 사이에 그 범죄사실들과 동일성이 인정되는 또 다른 범죄사실에 대한 유죄의 확정판결이 있는 때에는, 추가로 발견된 확정판결 후의 범죄사실은 공소제기된 범죄사실과 분단되어 동일성이 없는 별개의 범죄가 됩니다. 따라서 이때 검사는 공소장변경절차에 의하여 확정판결 후의 범죄사실을 공소사실로 추가할 수는 없고 별개의 독립된 범죄로 공소를 제기하여야 합니다.[5]

검사가 공소장변경허가신청에 의하여 변경을 구하는 범죄사실은 약식명령 발령일 후인 '2020. 11. 8.부터 2020. 11. 30.까지' 이루어진 음식점 영업행위에 관한 것이어서 처음 공소제기된 범죄사실과 동일성이 없는 별개의 범죄입니다. 따라서 검사는 위 기간의 음식점 영업행위에 관하여 별도로 공소를 제기하여야 하고, 공소장변경절차에 의하여 범행일자를 위 기간으로 변경할 수 없습니다.

따라서 검사의 공소장변경허가신청은 불허되어야 합니다.

II. 피고인 이을남에 대한 검토의견서

1. 성폭법위반(특수준강간)의 점

가. 피고인의 주장

피고인은 김갑동이 준강간을 할 때 망을 본 적이 없고, 설령 망을 보았다고 하더라도 준강간을 하지도 않았는데 합동범으로 처벌받는 것은 억울하다고 주장합니다.

나. 피고인이 망을 보았는지 여부

1) 증거능력에 관한 검토

가) 피고인에 대한 제1회 경찰 피의자신문조서

피고인에 대한 제1회 경찰 피의자신문조서는 피고인이 내용을 부인하였으므로 형사소송법 제312조 제3항에 따라 증거능력이 없습니다.

나) 김갑동에 대한 제1회 경찰 피의자신문조서

공범인 공동피고인인 김갑동에 대한 제1회 경찰 피의자신문조서는 피고인이

---

5) 대법원 2017. 4. 28. 선고 2016도21342 판결.

내용을 부인하는 취지로 증거에 부동의하였으므로 김갑동이 그 성립의 진정을 인정하였다고 하더라도 형사소송법 제312조 제3항에 따라 증거능력이 없습니다.

　다) 증인 피혜미의 법정진술 중 김갑동의 진술 부분

　증인 피혜미의 법정진술 중 "김갑동으로부터 '당시 이을남은 문 바깥에 나가서 누가 오는지 망을 보고 있었다.'라는 말을 들었다."는 부분은 피고인이 아닌 자(피혜미)의 진술이 피고인 아닌 타인(김갑동)의 진술을 내용으로 하는 것이므로, 형사소송법 제316조 제2항에 의하여 원진술자가 사망, 질병, 외국거주, 소재불명 그 밖에 이에 준하는 사유로 인하여 진술할 수 없고, 그 진술이 특히 신빙할 수 있는 상태 하에서 행하여졌음이 증명된 때에 한하여 이를 증거로 할 수 있습니다.[6] 그러나 원진술자인 김갑동이 법정에 출석하여 진술하고 있는 이상 원진술자가 질병 등의 사유로 인하여 진술할 수 없는 때에 해당하지 아니하여 김갑동의 진술을 내용으로 하는 피혜미의 법정진술은 증거능력이 없습니다.

　라) 피해자에 대한 경찰 진술조서 중 김갑동의 진술부분

　피해자 피혜미에 대한 경찰 진술조서 중 "김갑동으로부터 '이을남은 문 바깥에서 망을 보고 있었다'는 말을 들었다."라는 부분은 전문진술을 기재한 조서에 해당합니다. 피고인이 위 진술조서에 대하여 증거로 함에 동의하지 아니한 이상 위 진술부분은 형사소송법 제316조 제2항과 제312조 제4항의 요건을 함께 충족하여야 증거능력이 있습니다.[7] 그러나 원진술자인 김갑동이 법정에 출석하여 진술하고 있는 이상 형사소송법 제316조 제2항에서 정한 원진술자의 진술불능이라는 요건을 충족하지 못하여 위 진술부분도 증거능력이 없습니다.

　마) 피해자 작성의 고소장

　피해자 피혜미 작성의 고소장은 피혜미가 수사단계 이전에 작성한 진술서에 해당하고 피고인이 증거로 함에 부동의하므로 형사소송법 제313조 제1항이 적용됩니다. 따라서 공판기일 등에서 원진술자인 피혜미의 진술에 의하여 그 성립의 진정함이 증명되어야 증거로 할 수 있으나, 피혜미가 공판기일 등에서 위 고소장의 진정성립에 관하여 아무런 진술을 하지 아니한 만큼 위 고소장은 증거능력이 없습니다.

---

6) 피고인이 망을 본 적이 없다고 다툰 점, 이에 따라 피혜미에 대한 경찰 진술조서, 피혜미 작성의 고소장에 대하여 증거로 함에 부동의한 점 등에 비추어 볼 때 피고인이 피혜미의 법정 증언을 증거로 하는 데에 동의하였다고 볼 수 없다(대법원 2019. 11. 14. 선고 2019도11552 판결 참조).

7) 대법원 2001. 7. 27. 선고 2001도2891 판결.

2) 증명력에 관한 검토

가) 김갑동의 법정진술

김갑동은 경찰에서 피고인이 망을 본 사실을 인정하다가 검찰에서는 이을남이 술을 많이 마셔서 바깥에 나갔고 망을 본 것이 아니라고 진술을 번복하였으나, 법정에서는 "이을남이 검찰에서 조사받기 전에 전관 출신 변호인을 써서 보석으로 나간 후에 너(김갑동)도 빼주겠다고 말하여 검찰에서 이을남은 망을 본 것이 아니라고 진술하였다."라며 피고인이 망을 본 것이 맞다고 진술하고 있습니다.

비록 김갑동은 피고인이 망을 보았는지 여부에 관하여 진술을 번복하고는 있으나, 이을남의 회유 때문에 진술을 번복하였다는 진술 번복의 경위를 납득할 만하고 실제로 피고인의 보석청구가 기각되기도 하였으므로 김갑동의 진술의 신빙성을 부정하기 어렵습니다.

나) 피해자의 법정진술과 경찰진술 중 피고인의 진술 부분

피해자 피혜미는 경찰과 법정에서 "김갑동의 준강간 직후 바깥에서 들어오는 피고인에게 '어떻게 둘이 짜고 이럴 수가 있냐.'고 따지니 피고인이 곧바로 '미안하다.'고 대답한 후 별말을 하지 못하였다."라고 진술하고, 법정에서는 "며칠 후에 피고인한테 전화가 와서 피고인이 '망을 본 것은 미안한데, 김갑동이 시켜서 한 일이니 나는 좀 봐 달라(고소하지 말아 달라).'고 말하였다."라고 진술하고 있습니다.[8]

이에 대하여 피고인은 피해자에게 미안하다고 말한 것은 사실이나 자신이 데리고 온 김갑동이 피해자를 성폭행한 것이 미안하여 한 말이고, 당시 술을 많이 마셔서 바람을 쐬러 바깥에 나갔고 김갑동이 피해자를 간음하리라고 예상할 수 없었다고 변명합니다.

하지만 피고인이 피해자의 추궁에 곧바로 미안하다고 말한 것은 피고인이 김갑동의 간음사실을 미필적으로나마 인식하고 있었음을 나타냅니다. 피고인의 변명대로 피고인이 준강간에 가담하지 아니하였고 김갑동이 피해자를 간음할 것을 예상하지 못하였다면 피해자의 항의를 받고 곧바로 미안하다고 말할 것이 아니라 무슨 일이 벌어졌는지 몰라 피해자에게 반문을 하는 것이 경험칙에 부합합

---

8) 피해자의 각 진술 중 피고인의 진술 부분은 피고인이 아닌 자의 공판기일 등에서의 진술이 피고인의 진술을 그 내용으로 하는 전문진술 또는 전문진술을 기재한 조서로 피고인이 위와 같은 진술을 하게 된 경위, 피고인이 위와 같은 진술을 한 상황 등에 비추어 볼 때 형사소송법 제316조 제1항의 특신상황을 인정할 수 있으므로 증거능력이 있다.

니다. 또한 피고인은 검찰에서 "피해자와 성관계를 하려는 김갑동을 말리지 못하고 안방에서 밀려난 상태에서 속이 안 좋아 바깥으로 나갔다."라고 진술하면서도 법정에서는 "김갑동이 피해자를 강간할 줄은 상상도 못하였다."라고 모순적인 진술을 하고 있습니다.

이와 달리 피해자는 피고인과 인터넷상 스킨스쿠버 동호회에서 알던 사이로 술 마시기 게임을 제안한 피고인에게 다소 원망하는 마음을 가질 수는 있지만, "김갑동의 범행 직후에 바깥에서 들어온 피고인에게 '둘이 짜고 한 것이 아니냐?'라고 따지자 곧바로 미안하다고 말한 후 별말을 하지 못하였다."라고 진술하는 등 당시 상황을 일관되게 진술하고 있고 달리 허위의 진술을 꾸며낼 만한 이유를 찾기 어렵습니다.

따라서 피해자의 진술에 신빙성이 있고 피고인의 변명을 받아들이기는 어렵습니다.

3) 소결론

피해자의 진술과 김갑동의 법정진술에 의하면 김갑동이 피해자를 간음할 당시 피고인은 망을 본 사실을 인정할 수 있습니다.

다. 합동범의 성립 여부

성폭법 제4조 제1항의 2인 이상이 합동하여 형법 제299조, 제297조의 죄를 범한 경우에 특수준강간죄가 성립하기 위하여는 주관적 요건으로서의 공모와 객관적 요건으로서의 실행행위의 분담이 있어야 하는데, 그 공모는 법률상 어떠한 정형을 요구하는 것이 아니어서 공범자 상호간에 직접 또는 간접으로 범죄의 공동가공의사가 암묵리에 서로 상통하여도 되는 것이고, 사전에 반드시 어떠한 모의과정이 있어야 하는 것도 아니어서 범의 내용에 대하여 포괄적 또는 개별적인 의사연락이나 인식이 있었다면 공모관계가 성립하고, 그 실행행위는 시간적으로나 장소적으로 협동관계에 있다고 볼 수 있는 사정이 있으면 됩니다.[9]

피고인이 공소사실 기재와 같이 망을 본 이상 피해자를 직접 간음하지 않았다고 하더라도 준강간 범행을 실행하는 김갑동과 시간적으로나 장소적으로 협동관계에 있었다고 보아야 합니다.

---

9) 대법원 1996. 7. 12. 선고 95도2655 판결 참조.

라. 공범의 성립 범위

피해자는 김갑동이 간음할 당시 항거불능의 상태에 있었던 것으로 볼 수 없으므로, 성폭법위반(특수준강간)의 점은 범죄의 증명이 없는 경우에 해당하므로 형사소송법 세325조 후단의 무죄 판결을 선고하여야 할 사유가 있습니다. 다만, 성폭법위반(특수준강간)의 공소사실에는 성폭법위반(특수준강간)미수가 포함되어 있고 피고인의 범행 당시 피해자가 항거불능 상태에 있었는지 심리가 된 이상 피고인에 대하여 공소장의 변경 없이 성폭법위반(특수준강간)미수의 공소사실을 인정하더라도 피고인의 방어권 행사에 실질적인 불이익을 초래할 염려가 없습니다. 따라서 성폭법위반(특수준강간)미수의 점에 대하여는 유죄 판결이 예상됩니다.

마. 결 론

그렇다면 법원은 성폭법위반(특수준강간)의 점에 대하여 형사소송법 제325조 후단의 무죄 판결을 선고하여야 하나, 축소사실인 성폭법위반(특수준강간)미수의 점에 대하여 유죄판결을 내릴 수 있습니다.

2. 배임의 점

가. 동산을 양도담보로 제공한 채무자가 제3자에게 담보에 제공된 동산을 처분한 경우 배임죄가 성립하는지 여부

채무자가 금전채무를 담보하기 위하여 그 소유의 동산을 채권자에게 양도담보로 제공함으로써 채권자인 양도담보권자에 대하여 담보물의 담보가치를 유지·보전할 의무 내지 담보물을 타에 처분하거나 멸실, 훼손하는 등으로 담보권 실행에 지장을 초래하는 행위를 하지 않을 의무를 부담하게 되었더라도, 이를 들어 채무자가 통상의 계약에서의 이익대립관계를 넘어서 채권자와의 신임관계에 기초하여 채권자의 사무를 맡아 처리하는 것으로 볼 수 없습니다. 따라서 채무자를 배임죄의 주체인 '타인의 사무를 처리하는 자'에 해당한다고 할 수 없고, 그가 담보물을 제3자에게 처분하는 등으로 담보가치를 감소 또는 상실시켜 채권자의 담보권 실행이나 이를 통한 채권실현에 위험을 초래하더라도 배임죄가 성립한다고 할 수 없습니다.[10]

---

10) 대법원 2020. 2. 20. 선고 2019도9756 전원합의체 판결.

나. 이 사건의 경우

피고인과 피해자 은행 사이에 2020. 5. 7. 체결된 양도담보계약은 피고인이 피해자 은행에 대한 대출금 채무를 담보하기 위하여 피고인 소유의 '복강경'에 관하여 점유개정 방식으로 양도담보를 설정하고, 피고인의 채무불이행 시 양도담보권의 실행, 즉 '복강경'을 처분하여 그 매각대금으로 채무의 변제에 충당하거나 채무의 변제에 갈음하여 피해자 은행이 담보목적물을 취득하기로 하는 내용의 전형적인 양도담보계약입니다.

이와 같이 위 양도담보계약에서 피고인과 피해자 은행 간 당사자 관계의 전형적·본질적 내용은 대출금 채무의 변제와 이를 위한 담보에 있고, 피고인을 통상의 계약에서의 이익대립관계를 넘어서 피해자 은행과의 신임관계에 기초하여 피해자 은행의 사무를 맡아 처리하는 것으로 볼 수 없는 이상 피고인을 피해자 은행에 대한 관계에서 '타인의 사무를 처리하는 자'에 해당한다고 할 수 없습니다.

따라서 피고인이 공소사실 기재와 같이 '복강경'을 박사장에게 처분하였다고 하더라도 배임죄가 성립할 수 없습니다.

다. 결 론

그렇다면 배임의 점은 범죄로 되지 아니하는 경우에 해당하여 형사소송법 제325조 전단의 무죄판결을 하여야 할 사유가 있습니다.

3. 의료법위반의 점

가. 피고인의 주장

피고인은 사무국장으로 고용한 나중개의 환자 알선행위를 알지 못하였고, 나중개를 비롯한 병원 직원들한테 환자 유치를 목적으로 금품을 교부하여서는 안된다는 청탁방지 교육을 실시하여 나중개의 업무에 관하여 상당한 주의와 감독을 게을리하지 아니하였다는 취지로 주장합니다.

나. 나중개에 대한 경찰 피의자신문조서의 증거능력

양벌규정은 법인의 대표자나 법인 또는 개인의 대리인, 사용인, 그 밖의 종업원 등 행위자가 법규위반행위를 저지른 경우, 일정 요건하에 이를 행위자가 아닌 법인 또는 개인이 직접 법규위반행위를 저지른 것으로 평가하여 행위자와 같이 처벌하도록 규정한 것으로서, 이때의 법인 또는 개인의 처벌은 행위자의 처벌에 종속되는 것이 아니라 법인 또는 개인의 직접책임 내지 자기책임에 기초하는 것이기는 합니다. 그러나 양벌규정에 따라 처벌되는 행위자와 행위자가 아닌 법인 또는 개인 간의 관계는, 행위자가 저지른 법규위반행위가 사업주의 법규위반행위와 사실관계가 동일하거나 적어도 중요 부분을 공유한다는 점에서 내용상 불가분적 관련성을 지닌다고 보아야 하고, 따라서 형법 총칙의 공범관계 등과 마찬가지로 인권보장적인 요청에 따라 형사소송법 제312조 제3항이 이들 사이에서도 적용된다고 보아야 합니다.[11] 따라서 해당 피고인과 양벌규정에 따라 함께 처벌되는 관계가 있는 다른 피의자에 대하여 검사 이외의 수사기관이 작성한 피의자신문조서는 해당 피고인이 공판기일에서 그 조서의 내용을 부인한 이상 이를 유죄 인정의 증거로 사용할 수 없고, 그 당연한 결과로 위 피의자신문조서에 대하여는 사망 등 사유로 인하여 법정에서 진술할 수 없는 때에 예외적으로 증거능력을 인정하는 규정인 형사소송법 제314조가 적용되지 아니합니다.[12]

경찰이 양벌규정의 행위자인 나중개에 대하여 작성한 피의자신문조서에 대해서는 형사소송법 제312조 제3항이 적용되고 피고인이 그 내용을 부인하는 취지로 위 피의자신문조서에 부동의하고 있으므로 나중개에 대한 경찰 피의자신문조서는 증거능력이 없고, (사망진단서사본의 기재에 의하면) 나중개가 2020. 11. 14. 사망한 사실은 인정되나 위 피의자신문조서에 대하여는 형사소송법 제314조가 적용되지 아니하므로 같은 조항에 의하여 예외적으로 증거능력이 인정될 여지도 없습니다.

다. 부족증거

통장사본(새마을금고)의 기재만으로는 공소사실을 인정하기 부족하고 달리 이를 인정할 증거가 없으며, 피고인이 나중개를 비롯한 직원에 대한 청탁방지 교육에 관한 자료를 제출하지 못한다고 하더라도 검사에게 피고인의 해당 업무에 관한 감독상 과실을 증명할 책임이 있는 이상 그러한 사정만으로 피고인이 해당 업

---

11) 대법원 2020. 6. 11. 선고 2016도9367 판결.
12) 대법원 2004. 7. 15. 선고 2003도7185 전원합의체 판결.

무에 관하여 상당한 주의와 감독을 게을리하였다고 단정할 수 없습니다.

라. 결 론

그렇다면 의료법위반의 점은 범죄의 증명이 없는 경우에 해당하므로 형사소송법 제325조 후단에 의하여 무죄 판결을 선고하여야 합니다.

제3부

변호사시험과 형사법문서

※ 변호사시험의 기록형문제는 출제를 주관하는 법무부 홈페이지의
법무정책서비스 〉 시험정보 〉 변호사시험 〉 시험자료실에 게시되
어 있습니다. 이하에서 예시하는 변호사시험의 변론요지서 등은
법무부의 입장과는 무관함을 밝힙니다.

제 1회 변호사시험 예시 변론요지서

I. 피고인 김토건에 대하여

1. 피고인 김토건의 주장

피고인 김토건은 피고인 이달수에게 강도를 교사한 사실이 없다고 공소사실을 부인하고 있습니다.[1]

2. 증거능력 없는 증거

가. 피고인 이달수에 대한 경찰 제1회 피의자신문조서

피고인 김토건은 피고인 이달수에 대한 경찰 제1회 피의자신문조서에 대하여 내용을 부인하는 취지로 증거에 부동의하였으므로 피고인 이달수가 내용을 인정하고 그 성립의 진정을 인정하였다고 하더라도 위 경찰 피의자신문조서는 형사소송법 제312조 제3항에 따라 증거능력이 없습니다.[2]

나. 증인 이칠수의 증언 중 피고인 이달수의 진술부분

증인 이칠수는 이 법정에서 피고인 이달수가 증인에게 "김토건 선배가 (피고

---

[1] 피고인 김토건의 공소사실에 부합하는 증거는 피고인 이달수의 법정진술, 증인 이칠수의 법정진술, 증인 박대우의 법정진술, 검사 작성의 피고인 이달수에 대한 피의자신문조서, 사법경찰관 작성의 피고인 이달수에 대한 제1회 피의자신문조서, 박대우에 대한 경찰 진술조서가 있다.

[2] 형사소송법 제312조 제3항은 검사 이외의 수사기관이 작성한 당해 피고인에 대한 피의자신문조서를 유죄의 증거로 하는 경우뿐만 아니라 검사 이외의 수사기관이 작성한 당해 피고인과 공범관계에 있는 다른 피고인이나 피의자에 대한 피의자신문조서를 당해 피고인에 대한 유죄의 증거로 채택할 경우에도 적용된다. 따라서 당해 피고인과 공범관계가 있는 다른 피의자에 대하여 검사 이외의 수사기관이 작성한 피의자신문조서는, 그 피의자의 법정진술에 의하여 그 성립의 진정이 인정되는 등 형사소송법 제312조 제4항의 요건을 갖춘 경우라고 하더라도 당해 피고인이 공판기일에서 그 조서의 내용을 부인한 이상 이를 유죄 인정의 증거로 사용할 수 없다(대법원 2009. 7. 9. 선고 2009도2865 판결).

인 이달수에게) 칼을 주면서 (돈을) 꼭 받아오라고 하길래 한 번 사고를 쳤다."는
말을 하였다고 증언하였습니다. 피고인 이달수는 피고인 김토건에 대하여 당해
피고인이 아닌 타인이므로,[3] 이 증언은 피고인이 아닌 자(이칠수)의 진술이 피고
인 아닌 타인(피고인 이달수)의 진술을 내용으로 하는 것이므로, 원진술자가 사망,
질병, 외국거주, 소재불명 그 밖에 이에 준하는 사유로 인하여 진술할 수 없고,
그 진술이 특히 신빙할 수 있는 상태하에서 행하여졌음이 증명된 때에 한하여 이
를 증거로 할 수 있습니다(형사소송법 제316조 제2항). 그러나 원진술자인 피고인
이달수가 법정에 출석하여 재판을 받고 있으므로 원진술자가 질병 등의 사유로
인하여 진술할 수 없는 때에 해당되지 아니하여 피고인 이달수의 진술을 내용으
로 하는 이칠수의 증언은 전문증거로서 증거능력이 없습니다.

3. 피고인 이달수의 진술을 내용으로 하는 증거의 신빙성 여부

검사가 제출한 증거 중 증거능력이 있는 것으로는 피고인 이달수의 법정진
술과 검사가 작성한 피고인 이달수에 대한 피의자신문조서가 있습니다.[4]

피고인 이달수의 진술의 주된 내용은 "피고인 김토건이 박대우로부터 채권
을 회수해 오면 그 돈의 일부를 빌려주겠다고 말하면서 휴대용 서류가방에서 칼
이 든 봉투를 건네주어 강도범행을 교사하였다."는 것인데 이 진술은 다음과 같
은 이유로 믿을 수 없습니다.

첫째, 피고인 이달수는 범행도구에 관하여 경찰에서 '칼날 15cm, 손잡이
10cm인 주방용 식칼'이라고 진술하였으나, 피해자 박대우는 법정에서 "피고인 이
달수가 범행 당시 '척' 소리를 내며 펼쳐진 칼을 자신의 목에 들이대었다."라고 증
언하였습니다. 피고인 이달수의 범행도구에 관한 진술은 피해자 박대우의 진술과
일치하지 않는데, 피해자 박대우는 '척' 소리를 내며 펼쳐진 칼이라고 구체적으로
증언하였고, 위 피해자가 달리 거짓 진술을 할 이유가 없습니다.

---

3) 대법원 2011. 11. 24. 선고 2011도7173 판결, 대법원 2007. 2. 23. 선고 2004도8654 판결.
4) 공범인 공동피고인의 자백은 이에 대한 피고인의 반대신문권이 보장되어 있어 증인으로 신문
   한 경우와 다를 바 없으므로 독립한 증거능력이 있고, 이는 피고인들간에 이해관계가 상반된
   다고 하여도 마찬가지라 할 것이므로(대법원 2006. 5. 11. 선고 2006도1944 판결), 피고인 이
   달수의 법정진술은 증거능력이 있다. 그리고 피고인 이달수에 대한 검찰 피의자신문조서의 증
   거능력을 형사소송법 제312조 제4항에 의하여 검토할 때 피고인 또는 변호인의 반대신문이
   실제로 충분히 행하여졌는지 여부는 따지지 않는데, 이 사건에서는 피고인 김토건의 변호인이
   실제로 반대신문권을 행사하였으므로 피고인 또는 변호인의 반대신문 기회가 보장되었다는
   점에 대하여 의문이 없다.

둘째, 피고인 이달수는 피고인 김토건의 에쿠스 차량으로 인천공항에서 귀국하는 피고인 김토건을 마중하였는데, 피고인 김토건이 위 차량을 타고 서울로 오던 중 휴대용 서류가방에서 주방용 식칼이 든 봉투를 꺼내어 주었다고 경찰에서 진술하였습니다. 그러나 휴대용 서류가방에 칼을 넣고 공항검색대를 통과할 수 없다는 점에서 피고인 이달수의 진술은 사회통념상 받아들이기 어렵습니다. 더욱이 피고인 김토건은 D건설을 운영하면서 상당한 재력을 가지고 있는데 대여금 1억 원을 받기 위하여 칼을 주면서 특수강도범행을 교사한다는 것도 경험칙에 반합니다.

셋째, 피고인 이달수는 구속된 상태에서 실형 선고를 모면하는 등으로 자신의 죄책을 가볍게 하기 위해 피고인 김토건의 교사로 인하여 범행에 나아가게 되었다고 허위진술할 동기가 있습니다.

4. 그 밖의 증거

증인 박대우의 법정진술, 박대우에 대한 경찰 진술조서만으로는 공소사실을 인정하기 부족하고, 달리 이를 인정할 만한 증거가 없습니다.[5]

5. 결 론

그렇다면 특수강도교사의 점은 범죄의 증명이 없는 경우에 해당하므로 형사소송법 제325조 후단에 따라 무죄 판결을 선고하여 주시기 바랍니다.

---

5) 피고인 김토건이 피고인 이달수에게 피해자의 집에 가서 돈을 받아 오라고 말할 때, "순순히 말해서는 주지 않을 것이니 확실히 받아 오라."라고 말했다는 것은 피고인들의 진술이 일치한다. 그러나 교사란 정범으로 하여금 특정한 범죄의 결의를 가지게 하는 것이며, 이에 대한 고의(교사의 고의와 정범의 고의)가 있어야 한다. 피고인 김토건이 한 말은 사회통념상 채무변제를 심하게 독촉하라는 의미로 해석할 수 있을지언정 채무자의 돈을 강취해 오라는 의미로 해석할 수 없다. 그러므로 이 말을 강도범행(특수강도 또는 강도)의 교사로 볼 수 없으며 이 말을 근거로 고의를 인정할 수도 없다.

II. 피고인 이달수에 대하여[6]

1. 횡령의 점

(피고인 이달수에 대한 제2회 경찰 피의자신문조서, 피고인 김토건에 대한 경찰 피의자신문조서의 각 진술기재, H건설 주식회사 하도급규정집의 기재에 의하면) 피고인 김토건은 "H건설 주식회사(이하 'H건설')에서 시공하는 낙동강 창녕 – 함안보 공사를 하도급 받으려고 시도하였으나, 자신이 운영하는 D건설이 보 공사 관련 전문면허와 공사 실적이 없어 하도급에 참여할 수 없게 되자, H건설의 내부 규정에 반하지만 공사의 하도급을 맡게 해 달라는 취지로 H건설 이사 최현대에게 전달하라며 피고인 이달수에게 4,000만 원을 교부하였습니다. 그렇다면 4,000만 원의 성격은 H건설 이사의 업무에 관하여 부정한 청탁을 하고 대가로 제공한 금품으로 배임증재죄에 제공된 재물이므로 불법원인급여에 해당합니다.

민법 제746조에 불법의 원인으로 인하여 재산을 급여하거나 노무를 제공한 때에는 그 이익의 반환을 청구하지 못한다고 규정한 뜻은 급여를 한 사람은 그 원인행위가 법률상 무효임을 내세워 상대방에게 부당이득반환청구를 할 수 없고, 또 급여한 물건의 소유권이 자기에게 있다고 하여 소유권에 기한 반환청구도 할 수 없어서 결국 급여한 물건의 소유권은 급여를 받은 상대방에게 귀속되는 것입니다.[7] 따라서 피고인 이달수가 피고인 김토건으로부터 배임증재의 목적으로 전달하여 달라고 교부받은 4,000만 원의 소유권은 피고인 이달수에게 귀속되는 것으로서 피고인 이달수가 위 돈을 이사 최현대에게 전달하지 않고 임의로 소비하였다고 하더라도 횡령죄가 성립하지 않습니다.

그러므로 횡령의 점은 범죄를 구성하지 않는 경우에 해당하므로 형사소송법 제325조 전단에 의하여 무죄 판결을 선고하여 주시기 바랍니다.

2. 성폭력범죄의 처벌 등에 관한 특례법위반(주거침입강간)의 점

가. 피고인의 주장

피고인은 피해자 정미희를 전혀 알지 못한다고 공소사실을 부인하고 있습니다.[8]

---

6) 문제의 지시사항에 따라 피고인 이달수의 특수강도의 점을 검토하지 아니하였다.
7) 대법원 1999. 6. 11. 선고 99도275 판결.
8) 이 부분의 공소사실에 부합하는 증거는 증인 정미희의 법정진술, 정미희에 대한 각 경찰 진

나. 증거능력 없는 증거

1) 피고인의 신발

검사 또는 사법경찰관은 긴급체포된 자가 소유 · 소지 또는 보관하는 물건에 대하여 긴급히 압수할 필요가 있는 경우에는 체포한 때부터 24시간 이내에 한하여 영장 없이 압수 · 수색 또는 검증을 할 수 있고, 압수한 물건을 계속 압수할 필요가 있는 경우에는 체포한 때부터 48시간 이내에 압수수색영장을 청구하여야 합니다(형사소송법 제217조 제1항, 제2항). 또한 압수수색의 대상은 긴급체포의 사유가 된 범죄사실 수사에 필요한 최소한의 범위 내에서 당해 범죄사실과 관련된 증거물에 한정되어야 합니다.[9]

피고인의 나이키 신발은 사법경찰관이 피고인을 특수강도죄로 긴급체포한 후 24시간 이내에 피고인의 집에서 영장 없이 압수한 것입니다. 그러나 이 신발은 긴급체포의 혐의사실인 특수강도죄와는 관련성이 전혀 없을 뿐만 아니라 검사나 사법경찰관이 피고인을 긴급체포한 때로부터 48시간 이내에 사후압수수색영장을 청구하였음을 인정할 만한 자료도 없습니다.

따라서 피고인의 나이키 신발은 위법수집증거에 해당하여 형사소송법 제308조의2에 따라 증거능력이 없습니다.

2) 감정서(신발), 압수조서 및 압수목록(신발)

형사소송법 제308조의2는 "적법한 절차에 따르지 아니하고 수집한 증거는 증거로 할 수 없다."고 규정하고 있는바, 수사기관이 헌법과 형사소송법이 정한 절차에 따르지 아니하고 수집한 증거는 물론, 이를 기초로 하여 획득한 2차적 증거 역시 유죄 인정의 증거로 삼을 수 없습니다. 절차에 따르지 아니한 증거 수집과 2차적 증거 수집 사이에 인과관계가 희석 또는 단절되는 경우에는 2차적 증거의 증거능력을 인정할 수 있지만, 이것은 수사기관의 증거 수집 과정에서 이루어진 절차 위반행위와 관련된 모든 사정들, 즉 절차 조항의 취지와 그 위반의 내용 및 정도, 구체적인 위반 경위와 회피가능성, 절차 조항이 보호하고자 하는 권리 또는 법익의 성질과 침해 정도 및 피고인과의 관련성, 절차 위반행위와 증거수집 사이의 인과관계 등 관련성의 정도, 수사기관의 인식과 의도 등뿐만 아니라 1차적 증거를 기초로 하여 다시 2차적 증거를 수집하는 과정에서 추가로 발생한 모

술조서, 나이키 신발, 압수조서 및 압수목록(신발), 감정서(신발)가 있다.
[9] 대법원 2008. 7. 10. 선고 2008도2245 판결.

든 사정들까지 고려하여 예외적으로 신중하게 인정하여야 합니다.[10]

감정서(신발), 압수조서 및 압수목록(신발)은 적법한 절차에 따르지 아니하고 수집한 증거(1차적 증거)인 피고인의 신발에 기초하여 작성된 2차적 증거에 해당합니다. 그런데 경찰이 피고인의 신발을 압수하는 과정에서 영장주의를 위반하였으므로 증거 수집의 위법성이 중대하고, 사전에 압수수색영장을 청구하지 못할 긴급한 사정이 있었다고 보이지 아니하며, 달리 영장주의 위반의 위법과 감정서(신발), 압수조서 및 압수목록(신발) 작성의 인과관계가 희석 또는 단절될 만한 특별한 사정이 없으므로 감정서(신발), 압수조서 및 압수목록(신발)은 증거능력이 없습니다.

다. 피해자 정미희의 진술의 신빙성 여부

피해자 정미희에 대한 경찰 진술조서의 주된 내용은 "침대 스탠드 보조등 불빛으로 어느 정도 범인을 볼 수 있었는데, 범인은 30~40대로 보였고, 짧은 곱슬머리에 얼굴이 각이 졌고 눈썹이 짙었으며, 키는 중간 정도였고, 짙은 색 계통의 점퍼와 트레이닝복 바지를 입고 있었다. 경찰서에서 한 쪽에서만 볼 수 있는 유리창 너머에 있는 피고인을 보고 범인이라고 생각하였다."는 것입니다. 범인식별 과정에서 경찰은 피해자를 불러 피고인 1인만을 대면하게 한 후 "범인이 맞다."는 진술을 들었을 뿐입니다.

용의자의 인상착의 등에 의한 범인식별절차에서 용의자 한 사람을 단독으로 피해자와 대면시켜 범인 여부를 확인하게 하는 것은, 사람의 기억력의 한계 및 부정확성과 구체적인 상황 하에서 용의자가 범인으로 의심받고 있다는 무의식적 암시를 피해자에게 줄 수 있는 위험성이 있으므로, 그러한 방식에 의한 범인식별 절차에서의 피해자의 진술은, 그 용의자가 종전에 피해자와 안면이 있는 사람이라든가 피해자의 진술 외에도 그 용의자를 범인으로 의심할 만한 다른 정황이 존재한다든가 하는 등의 부가적인 사정이 없는 한 그 신빙성이 낮다고 보아야 합니다.[11]

---

10) 대법원 2007. 11. 15. 선고 2007도3061 전원합의체 판결, 대법원 2009. 3. 12. 선고 2008도 11437 판결.

11) 범인식별절차에서의 피해자의 진술을 신빙성이 높다고 평가할 수 있으려면, 범인의 인상착의 등에 관한 피해자의 진술 내지 묘사를 사전에 상세하게 기록한 다음, 용의자를 포함하여 그와 인상착의가 비슷한 여러 사람을 동시에 피해자와 대면시켜 범인을 지목하도록 하여야 하고, 용의자와 비교대상자 및 피해자들이 사전에 서로 접촉하지 못하도록 하여야 하며, 사후에 증

피해자 정미희는 사건 발생 후 5개월이 지난 후 이루어진 제2회 경찰 조사에서 피고인만을 유리창 너머로 본 후 피고인을 범인으로 확인하였는데, 이러한 피해자의 경찰 진술은 피고인이 범인일 가능성이 크다는 암시를 받은 상태에서 나왔을 위험성이 있고 피해자가 피고인과 종전에 전혀 안면이 있지 아니하므로, 피고인을 범인으로 의심할 만한 다른 정황이 없는 한 피고인을 범인으로 지목한 피해자의 경찰 진술과 그와 같은 취지의 법정 진술은 모두 신빙성이 낮습니다.

라. 결 론

그 밖에 피고인이 범인이라고 인정할 다른 증거가 없으므로, 이 사건 공소사실은 범죄의 증명이 없는 경우에 해당하여 형사소송법 제325조 후단에 의하여 무죄 판결을 선고하여 주시기 바랍니다.

3. 교통사고처리특례법위반의 점

가. 횡단보도 보행자에 대한 보호의무 위반 여부

자전거의 운전자가 횡단보도를 이용하여 도로를 횡단할 때에는 자전거에서 내려서 자전거를 끌고 보행하여야 하므로(도로교통법 제13조의2 제6항), 횡단보도를 통행하는 보행자는 자전거에서 내려서 자전거를 끌고 통행하는 자전거 운전자만을 포함합니다(같은 법 제27조 제1항). 따라서 자전거를 타고 횡단보도를 진행하는 자전거 운전자는 위 조항의 반대해석상 교통사고처리특례법 제3조 제2항 단서 제6호에서 말하는 '보행자'에 해당한다고 볼 수 없습니다.

[조범생 작성의 진술서, 교통사고보고(실황조사서)의 각 기재에 의하면] 교통사고 피해자인 조범생은 사고 당시 자전거를 타고 횡단보도를 건너고 있었으므로, 피고인은 교통사고처리 특례법 제3조 제2항 단서 제6호에서 규정한 횡단보도 보행자에 대한 보호의무를 위반했다고 볼 수 없습니다.12)

거가치를 평가할 수 있도록 대면 과정과 결과를 문자와 사진 등으로 서면화하는 조치를 취하여야 할 것이다(대법원 2005. 6. 10. 선고 2005도1461 판결).

12) 교통사고처리특례법 제3조 제2항 단서 제1호에서 규정한 신호위반 등 예외사유들은 공소제기 조건에 관한 사유에 불과하여 무죄판단의 대상이 되지 못하므로(대법원 2011. 7. 28. 선고 2011도3630 판결), 횡단보도 보행자에 대한 보호의무 위반으로 인한 교통사고처리특례법위반의 점에 대하여 별도로 무죄 선고를 구할 필요는 없다.

나. 교통사고처리특례법위반죄와 피해자의 처벌의사

이 사건 공소사실은 교통사고처리 특례법 제3조 제2항 단서 제6호에 해당하지 아니하므로, 같은 법 제3조 제2항 본문에 의하여 피해자의 명시한 의사에 반하여 공소를 제기할 수 없는 사건인데, (조범생 작성의 합의서의 기재에 의하면) 피해자는 공소제기 후인 2011. 12. 20. 피고인에 대한 처벌을 원하지 않는 의사를 표시하였습니다.

그렇다면 교통사고처리특례법위반의 점은 피해자의 명시한 의사에 반하여 죄를 논할 수 없는 사건에 대하여 처벌을 희망하는 의사표시가 철회되었을 때에 해당하므로 형사소송법 제327조 제6호에 따라 공소기각 판결을 하여 주시기 바랍니다.13)

4. 사기의 점

가. 상습범과 포괄일죄

(약식명령, 피고인 이달수에 대한 조회회보서의 각 기재에 의하면) 피고인은 2011. 11. 20. 춘천지방법원 강릉지원에서 "술값 등을 지급할 의사나 능력이 없었음에도, 2011. 10. 25. 23:00경 강릉시 경포동 113에 있는 피해자 이미순이 운영하는 '경포' 유흥주점에서 마치 술값 등을 제대로 지급할 것처럼 행세하며 술 등을 주문하여 이에 속은 피해자로부터 80만 원에 해당하는 술과 서비스를 제공받아 이를 편취하였다."는 범죄사실로 벌금 300만 원의 약식명령을 받아 2011. 12. 17. 약식명령이 확정되었고14) 그 밖에도 2회에 걸친 동종 전과가 있는 점, 확정된 약식명령의 범행수단과 방법이 이 사건 공소사실과 거의 동일한 점 등에 비추어 볼 때 피고인의 이 사건 공소사실과 약식명령이 확정된 범죄사실은 모두 피고인의 사기습벽이 발현되어 저질러진 것이므로, 이 사건 공소사실과 약식명령이 확정된 범죄사실은 실체법상 포괄일죄의 관계에 있습니다.

---

13) 형사소송법 제239조, 제237조에 의하면, 고소의 취소는 서면 또는 구술로서 검사 또는 사법경찰관에게 하여야 하도록 규정되어 있으므로 모욕죄의 고소인이 합의서를 피고인에게 작성하여준 것만으로는 고소가 적법히 취소된 것으로는 볼 수 없다(대법원 1983. 9. 27. 선고 83도516 판결). 따라서 공소제기된 이후에는 합의서가 법원에 제출되어야 고소의 취소 또는 처벌희망 의사표시의 철회를 인정할 수 있다.

14) 약식명령은 정식재판의 청구기간이 경과하거나 그 청구의 취하 또는 청구기각의 결정이 확정한 때에는 확정판결과 동일한 효력이 있다(형사소송법 제457조).

나. 상습범과 기판력이 미치는 범위

이 사건 공소사실은 약식명령이 확정된 범죄사실과 포괄일죄의 관계에 있으므로 기판력(일사부재리 효력)의 객관적 범위에 속하며, 확정판결과 동일한 효력이 있는 확정된 약식명령의 발령일 이전의 범행이므로 기판력이 미치는 시적 범위에도 들어옵니다.[15]

이와 같이 상습범으로서 포괄적 일죄의 관계에 있는 여러 개의 범죄사실 중 일부에 대하여 약식명령이 확정된 경우에, 그 확정된 약식명령의 발령일 전에 저질러진 나머지 범죄에 대하여 새로이 공소가 제기되었다면 그 새로운 공소는 확정된 약식명령이 있었던 사건과 동일한 사건에 대하여 다시 제기된 데 해당합니다. 다만, 이때 확정된 약식명령에서 당해 피고인이 상습범으로 기소되어 처단되었을 것을 필요로 하는데,[16] 앞서 본 바와 같이 피고인 에 대한 상습사기의 약식명령이 확정되었으므로, 피고인에 대하여 위와 같이 확정된 약식명령의 기판력(일사부재리 효력)이 미친다고 보아야 합니다.

다. 결 론

그렇다면 이 사건 공소사실은 확정판결이 있는 때에 해당하므로 형사소송법 제326조 제1호에 따라 면소 판결을 하여 주시기 바랍니다.

---

15) 포괄일죄의 관계에 있는 범행 일부에 관하여 약식명령이 확정된 경우, 약식명령의 발령시를 기준으로 하여 그 전의 범행에 대하여는 면소의 판결을 하여야 하고, 그 이후의 범행에 대하여서만 일개의 범죄로 처벌하여야 한다(대법원 1994. 8. 9. 선고 94도1318 판결).

16) 상습범으로서 포괄적 일죄의 관계에 있는 여러 개의 범죄사실 중 일부에 대하여 유죄판결이 확정된 경우에, 그 확정판결의 사실심판결 선고 전에 저질러진 나머지 범죄에 대하여 새로이 공소가 제기되었다면 그 새로운 공소는 확정판결이 있었던 사건과 동일한 사건에 대하여 다시 제기된 데 해당하므로 이에 대하여는 판결로써 면소의 선고를 하여야 하는 것인바(형사소송법 제326조 제1호), 다만 이러한 법리가 적용되기 위해서는 전의 확정판결에서 당해 피고인이 상습범으로 기소되어 처단되었을 것을 필요로 하는 것이고, 상습범 아닌 기본 구성요건의 범죄로 처단되는 데 그친 경우에는, 가사 뒤에 기소된 사건에서 비로소 드러났거나 새로 저질러진 범죄사실과 전의 판결에서 이미 유죄로 확정된 범죄사실 등을 종합하여 비로소 그 모두가 상습범으로서의 포괄적 일죄에 해당하는 것으로 판단된다 하더라도 뒤늦게 앞서의 확정판결을 상습범의 일부에 대한 확정판결이라고 보아 그 기판력이 그 사실심판결 선고 전의 나머지 범죄에 미친다고 보아서는 아니 된다(대법원 2004. 9. 16. 선고 2001도3206 전원합의체 판결).

제 2 회 변호사시험 예시 변론요지서

I. 피고인 김갑인에 대하여

1. 사문서위조와 위조사문서행사의 점

가. 약식명령의 확정과 상상적 경합

(약식명령등본의 기재에 의하면) 피고인 김갑인은 2012. 10. 24. 수원지방법원에서 사문서위조 및 위조사문서행사죄로 벌금 150만 원의 약식명령을 받아 2012. 11. 29. 위 약식명령이 확정되었는데, 확정된 약식명령의 범죄사실은 "피고인이 2012. 5. 25.경 화성시 봉담읍 동화리 567에 있는 '사구팔 부동산중개소'에서 부동산매매계약서 용지의 부동산의 표시란에 '경기도 화성시 봉담읍 동화리 283 대 1503㎡', 매매대금란에 '금 5억 원', 매도인란에 '최정오'라고 기재한 다음, 최정오의 이름 옆에 임의로 새긴 최정오의 도장을 찍음으로써 행사할 목적으로 권리의무에 관한 사문서인 최정오 명의의 부동산매매계약서 1장을 위조하고, 2012. 5. 25.경 서울 서초구 서초1동 150에 있는 박병진의 집에서 위와 같이 위조한 부동산매매계약서를 그 사실을 모르는 박병진에게 마치 진정하게 성립된 것처럼 교부하여 행사하였다"는 것입니다. 이 사건 공소사실은 매수인인 박병진 명의의 부동산매매계약서에 대한 것이라서 확정된 약식명령의 범죄사실과 이 사건 공소사실은 최정오와 박병진의 연명으로 된 하나의 부동산매매계약서에 관한 문서위조죄와 위조사문서행사죄입니다. 따라서 확정된 약식명령의 범죄사실과 이 사건 공소사실 중 위조사문서행사의 점은 공소사실이 동일하고, 각 사문서위조의 점은 형법 제40조가 규정하는 상상적 경합 관계에 있으므로,[1] 확정된 약식명령의 기판력

---

[1] 문서에 2인 이상의 작성명의인이 있을 때에는 각 명의자마다 1개의 문서가 성립되므로 2인 이상의 연명으로 된 문서를 위조한 때에는 작성명의인의 수대로 수개의 문서위조죄가 성립하고, 그 연명문서를 위조하는 행위는 자연적 관찰이나 사회통념상 하나의 행위라 할 것이므로 위 수개의 문서위조죄는 형법 제40조가 규정하는 상상적 경합범에 해당한다(대법원 1987. 7.

은 이 사건 공소사실에 대하여 미칩니다.[2]

나. 결 론

그렇다면 피고인 김갑인의 사문서위조와 위조사문서행사의 점은 확정판결이 있는 때에 해당하므로 형사소송법 제326조 제1호에 의하여 면소 판결을 선고하여 주시기 바랍니다.

2. 도로교통법위반(음주운전)의 점

가. 위드마크 공식에 의한 역추산 방식을 이용한 혈중 알코올농도의 산정

위드마크 공식에 의한 역추산 방식을 이용하여 특정 운전시점으로부터 일정한 시간이 지난 후에 측정한 혈중 알코올농도를 기초로 하고 여기에 시간당 혈중 알코올의 분해소멸에 따른 감소치에 따라 계산된 운전시점 이후의 혈중 알코올 분해량을 가산하여 운전시점의 혈중 알코올농도를 추정하면서는 피검사자의 평소 음주정도, 체질, 음주속도, 음주 후 신체활동의 정도 등의 다양한 요소들이 시간당 혈중 알코올의 감소치에 영향을 미칠 수 있는바, 형사재판에서 유죄의 인정은 법관으로 하여금 합리적인 의심을 할 여지가 없을 정도로 공소사실이 진실한 것이라는 확신을 가지게 할 수 있는 증명이 필요하므로, 위드마크 공식에 의하여 산출한 혈중 알코올농도가 법이 허용하는 혈중 알코올농도를 상당히 초과하는 것이 아니고 근소하게 초과하는 정도에 불과한 경우라면 위 공식에 의하여 산출된 수치에 따라 범죄의 구성요건 사실을 인정하면서는 더욱 신중하게 판단하여야 합니다.[3]

나. 이 사건의 경우

[피고인 김갑인에 대한 제2회 경찰 피의자신문조서의 진술기재와 주취운전자적발보고서, 수사보고(혈중알콜농도 산출보고)의 각 기재에 의하면] 피고인 김갑인은 2012. 9. 18. 21:00경부터 21:20경까지 혼자서 소주 3잔 정도 술을 마시고 차량을 운전하여 가다가 같은 날 21:30경 교통사고를 야기하였으며, 그로부터 1시간이 경과한

---

21. 선고 87도564 판결).

2) 대법원 1991. 12. 10. 선고 91도2642 판결, 대법원 2011. 2. 24. 선고 2010도13801 판결 참조.

3) 대법원 2005. 7. 14. 선고 2005도3298 판결.

같은 날 22:30경 음주측정한 결과 혈중 알코올농도가 0.045%로 측정되었습니다. 그리고 [서적사본의 기재에 의하면] 혈중 알코올 분해량은 피검사자의 체질, 음주한 술의 종류, 음주속도, 음주시 위장에 있는 음식의 정도 등에 따라 개인마다 차이가 있는데, 최종 음주 후 30분부터 90분 사이에 혈중 알코올농도가 최고치에 이른 후 시간당 약 0.008%~0.03%(평균 약 0.015%)씩 감소하는 것으로 알려져 있습니다.

경찰은 위드마크 공식에 따라 음주측정치인 0.045%에 피고인 김갑인에게 가장 유리한 시간당 감소치인 0.008%를 합산하여 위 피고인의 혈중 알코올농도를 0.053%로 추산하였으나, 아래와 같은 점에 비추어 볼 때 교통사고 당시 위 피고인의 혈중 알코올농도가 처벌기준치인 0.05% 이상이었다고 단정할 수 없습니다.

① 위드마크 공식에 따라 위 피고인의 혈중 알코올농도를 역추산하려면 위 피고인에 대한 음주측정 당시 혈중 알코올농도가 최고치에 이르러서 하강기에 있었다는 점이 전제되어 하나, 검사는 위 피고인의 혈중 알코올농도가 하강기에 있는지 여부를 확인하지 못한 상태에서 음주측정을 하였다고 진술하고 있습니다.

② 위드마크 공식에 의하여 산출한 혈중 알코올농도가 처벌기준치인 0.05%를 근소하게 초과하는 것에 그치고 있습니다.

③ 혈중 알코올농도의 시간당 감소치를 위 피고인에게 가장 유리하게 0.008%로 볼 때, 처벌기준치의 초과 정도인 0.003%는 약 22분 30초간의 감소치에 불과한바, 사건발생시각을 특정하는 과정에서 발생하는 오차가능성(수사기관에서 사건발생시각을 특정하면서 그 이상의 정확성을 기하기는 어렵다는 점에서 대략 10분 단위로 끊어서 특정하고 있음), 개인의 특성과 그 밖의 다양한 요소가 시간당 혈중 알코올의 감소치에 영향을 미칠 수 있어 위드마크 공식에 의한 역추산 방식에도 상당 정도의 불확실성이 내재할 수밖에 없습니다.[4]

다. 결 론

그렇다면 이 사건 공소사실은 범죄의 증명이 없는 경우에 해당하므로 형사소송법 제325조 후단에 의하여 무죄 판결을 선고하여 주시기 바랍니다.

---

4) 대법원 2005. 7. 28. 선고 2005도3904 판결 참조.

3. 특정범죄가중처벌등에관한법률위반(도주차량)의 점

가. 도주의 의미

특정범죄 가중처벌 등에 관한 법률(이하 '특가법') 제5조의3 제1항이 정하는 '피해자를 구호하는 등 도로교통법 제54조 제1항의 규정에 의한 조치를 취하지 아니하고 도주한 때'라 함은 사고 운전자가 사고로 인하여 피해자가 사상을 당한 사실을 인식하였음에도 불구하고 피해자를 구호하고 피해자에게 인적 사항을 제공하는 등 도로교통법 제54조 제1항에 규정된 의무를 이행하기 이전에 사고현장을 이탈하여 사고를 낸 자가 누구인지 확정될 수 없는 상태를 초래하는 경우를 말합니다. 그러나 사고의 경위와 내용, 피해자의 상해의 부위와 정도, 사고 운전자의 과실 정도, 사고 운전자와 피해자의 나이와 성별, 사고 후의 정황 등을 종합적으로 고려하여 사고 운전자가 실제로 위와 같은 도로교통법 제54조 제1항에 의한 조치를 취할 필요가 있었다고 인정되지 아니하는 경우에는 특가법 제5조의3 제1항 위반죄로 처벌할 수 없습니다.[5]

나. 구호조치를 취할 필요가 있었는지 여부

(피고인 김갑인에 대한 제2회 경찰 피의자신문조서의 진술기재와 고경자 작성의 진술서의 기재에 의하면) 사고로 인한 피해차량의 손괴 정도는 번호판이 약간 꺾이고 뒷범퍼에 흠집이 난 것에 불과하고, 피해자가 입은 상해는 2주간의 치료를 요하는 경추염좌로 그리 중하지 아니하였으며, 피해자는 사고처리를 위하여 직접 피해차량을 운전하여 편의점 앞 도로로 이동한 후 피고인과 합의금 문제로 약 40분간 실랑이를 벌인 사실을 인정할 수 있습니다. 이와 같은 사고의 경위와 내용, 피해자의 상해의 부위와 정도, 사고 후의 정황 등을 고려하면 사고운전자인 피고인 김갑인이 피해자를 구호하는 조치를 취할 필요가 있었다고 보기 어렵습니다. 따라서 위 피고인이 술을 마신 상태에서 피해자가 경찰에 전화하자 겁이 나서 차량을 타고 가버렸다고 하더라도 그러한 사정만으로 특가법(도주차량)죄가 성립한다

---

5) 대법원 2002. 1. 11. 선고 2001도2869 판결(사고 운전자가 교통사고를 낸 후 피해자가 목을 주무르고 있는 것을 보고도 별다른 조치 없이 차량을 사고 현장에 두고 다른 사람에게 사고 처리를 부탁하기 위하여 사고현장을 이탈하였으나 피해자가 2주간의 치료를 요하는 급성경추염좌의 상해를 입었을 뿐인 경우, 사고 운전자가 실제로 피해자를 구호하는 등의 조치를 취하여야 할 필요가 있었다고 보기 어렵다고 한 사례).

고 할 수 없습니다. 그렇다면 특가법위반(도주차량)의 점은 범죄의 증명이 없는 경우에 해당하므로 형사소송법 제325조 후단에 따라 무죄 판결을 선고하여 주시기 바랍니다.

다. 교통사고처리특례법위반(치상)의 점과 종합보험 가입

특가법 제5조의3 제1항 제2호, 형법 제268조 위반의 공소사실 중에는 '차의 운전자가 교통사고로 인하여 형법 제268조의 죄를 범한 경우'라는 교통사고처리 특례법 제3조 제1항 위반의 공소사실도 포함되어 있는 것으로 볼 수 있습니다. 또한 이 사건에서 피고인 김갑인은 교통사고로 피해자를 다치게 한 사실은 인정하고 있습니다. 따라서 법원은 피고인의 방어에 실질적으로 불이익을 초래할 염려는 없는 것으로 보아 교통사고처리 특례법 제3조 제2항 본문에 의하여 축소사실인 교통사고처리특례법위반(치상)의 사실을 인정할 수 있으나, 교통사고처리특례법위반(치상)의 점은 교통사고처리 특례법 제4조 제1항 본문에 의하여 종합보험에 가입된 경우에는 공소를 제기할 수 없는 사건입니다.

그런데 (자동차종합보험가입사실증명서의 기재에 의하면) 피고인 김갑인은 2012. 6. 5. 제네시스 차량(59투5099호)에 대하여 자동차종합보험(유효기간 1년)에 가입하였으므로, 교통사고처리특례법위반(치상)의 점은 공소제기의 절차가 법률의 규정에 위반하여 무효인 때에 해당하므로 형사소송법 제327조 제2호에 따라 공소를 기각하여 주시기 바랍니다.

II. 피고인 이을해에 대하여

1. 특정경제범죄가중처벌등에관한법률위반(사기)의 점

가. 피고인의 주장

피고인 이을해는 피고인 김갑인과 공모하여 돈을 편취한 사실이 전혀 없다고 공소사실을 부인하고 있습니다.[6]

---

6) 피고인 이을해의 공소사실에 부합하는 증거는 피고인 김갑인의 법정 진술, 증인 박병진, 안경위의 각 법정 진술, 검사 작성의 피고인 김갑인에 대한 피의자신문조서, 사법경찰관 작성의

나. 특정경제범죄가중처벌등에관한법률위반(사기)죄의 적용 가부

검사는 피고인들의 편취액을 5억 원으로 산정하여 특정경제범죄가중처벌등에관한법률위반(사기){이하 '특경법위반(사기)'}으로 기소하였습니다. 그러나 설령 피고인 이을해가 범행에 가담하였다고 하더라도, 피고인들이 편취한 이득액은 박병진으로부터 송금받은 5억 원에서 최정오에게 실제로 지급한 3억 원을 공제한 2억 원이므로, 이 사건 공소사실에는 특경법위반(사기)죄가 아니라 사기죄가 적용되어야 합니다.

다. 증거능력 없는 증거

1) 증인 안경위의 증언

증인 안경위는 피고인 이을해가 경찰에서 조사받으면서 피고인 김갑인과 공모하여 매매대금을 편취한 사실을 자백하였다고 증언하고 있습니다.[7] 임의동행은 피의자의 자발적인 의사에 의하여 수사관서 등에의 동행이 이루어졌음이 객관적인 사정에 의하여 명백하게 입증된 경우에 한하여, 그 적법성이 인정될 수 있는데,[8] (피고인 이을해에 대한 검찰 피의자신문조서의 진술기재에 의하면) 피고인 이을해는 2012. 10. 2. 10:00경 경찰관들로부터 동행을 요구받고 "사업상 중요한 이야기를 하고 있으니 끝내고 가겠다."며 그 요구를 거절하였으나, 경찰관들은 "지금 꼭 가야한다."고 하면서 경찰서로 데려갔으므로, 경찰관들은 피고인 이을해를 사실상 강제연행하였다고 보아야 합니다. (위 증거에 의하면) 그러한 상태에서 위 피고인이 혐의사실을 부인하자 경찰관은 위 피고인을 긴급체포하였으나, 이는 동행의 형식 아래 행해진 불법 체포에 기하여 사후적으로 취해진 것에 불과하므로, 그와 같은 긴급체포 또한 위법합니다.[9]

따라서 위법한 체포상태에서 이루어진 피고인 이을해의 자백은 임의성이 있다고 하더라도 위법하게 수집된 증거로서 증거능력이 없으므로, 위 피고인의 자

피고인 김갑인에 대한 제1회 피의자신문조서, 사법경찰관 작성의 피고인 이을해에 대한 제1회 피의자신문조서, 박병진, 최정오에 대한 경찰 진술조서 등이 있다.
7) 증인 안경위의 증언은 피고인의 진술을 내용으로 하는 제3자의 진술에 해당하여 형사소송법 제316조 제1항에 따라 피고인의 자백이 특히 신빙할 수 있는 상태 하에서 행하여졌음이 증명되면 증거능력이 인정될 여지가 있다.
8) 대법원 2006. 7. 6. 선고 2005도6810 판결.
9) 피의자를 우연히 발견한 경우 등과 같이 체포영장을 받을 시간적 여유가 없는 때(체포의 긴급성)에 해당한다고 볼 수 없으므로, 긴급체포 자체의 요건을 충족하지도 못하였다.

백을 내용으로 하는 증인 안경위의 증언 역시 증거능력이 없습니다.

2) 피고인 이을해에 대한 경찰 제1회 피의자신문조서

사법경찰관이 작성한 피고인 이을해에 대한 경찰 제1회 피의자신문조서는 피고인 이을해가 제1회 공판기일에서 내용을 부인하였으므로 형사소송법 제312조 제3항에 따라 증거능력이 없습니다.[10]

3) 피고인 김갑인에 대한 경찰 제1회 피의자신문조서

사법경찰관이 작성한 피고인 김갑인에 대한 제1회 피의자신문조서는 피고인 이을해가 제1회 공판기일에서 그 내용을 부인하는 취지로 증거에 부동의하였으므로 형사소송법 제312조 제3항에 따라 증거능력이 없습니다.

4) 박병진에 대한 경찰 진술조서 중 피고인 김갑인의 진술부분

박병진은 경찰에서 "김갑인은 이을해의 지시에 따라 매매가격을 부풀렸다고 시인하면서 이을해로부터는 수고비로 300만 원을 받았을 뿐 매매대금 차액 2억 원을 모두 이을해에게 현금으로 보내주었다고 말하였습니다."라고 진술하였습니다. 피고인 김갑인은 피고인 이을해에 대하여 당해 피고인이 아닌 타인이므로,[11] 위 진술부분은 피고인이 아닌 자(박병진)의 진술이 피고인 아닌 타인(피고인 김갑인)의 진술을 내용으로 하는 조서(전문진술이 기재된 조서)에 해당합니다. 피고인이 위 진술조서를 증거로 함에 동의하지 아니하므로 위 진술부분은 형사소송법 제312조 제4항에 의하여 증거능력이 인정될 수 있어야 할 뿐만 아니라 형사소송법 제316조 제2항에 따른 요건을 갖추어야 예외적으로 증거능력이 있습니다.[12] 그러나 원진술자인 피고인 김갑인이 법정에 출석하여 재판을 받고 있으므로 원진술자가 질병 등의 사유로 인하여 진술할 수 없는 때에 해당되지 아니하여 위 진술부분은 전문증거로서 증거능력이 없습니다.

라. 피고인 김갑인의 진술, 박병진의 전문진술의 신빙성

피고인 김갑인의 법정진술,[13] 검사가 작성한 피고인 김갑인에 대한 피의자

---

10) 앞서 본 바와 같이 위법한 체포상태에서 작성된 피의자신문조서이므로 위법수집증거로서 증거능력이 부정된다고 주장할 수도 있다.

11) 대법원 2011. 11. 24. 선고 2011도7173 판결, 대법원 2007. 2. 23. 선고 2004도8654 판결.

12) 대법원 2017. 7. 18. 선고 2015도12981, 2015전도218 판결 참조.

13) 공범인 공동피고인의 자백은 이에 대한 피고인의 반대신문권이 보장되어 있어 증인으로 신문한 경우와 다를 바 없으므로 독립한 증거능력이 있고, 이는 피고인들간에 이해관계가 상반된다고 하여도 마찬가지라 할 것이므로(대법원 2006. 5. 11. 선고 2006도1944 판결 참조), 피고

신문조서,14) 증인 박병진의 법정진술과 박병진에 대한 경찰 진술조서 중 박병진이 양신구로부터 들었다는 부분15)이 피고인 이을해의 공모 여부를 판단하는 핵심적인 증거가 될 것입니다.

피고인 김갑인의 진술의 주된 내용은 "피고인 이을해의 지시에 따라 박병진에게 거짓말하여 토지 매매대금으로 5억 원을 송금받았고, 그 중 실제 매매대금과의 차액인 2억 원을 사무소 직원인 양신구를 통하여 피고인 이을해에게 전달하였으며, 자신은 피고인 이을해로부터 수고비 명목으로 300만 원을 송금받았을 뿐이다."는 것이고, 증인 박병진이 양신구로부터 들었다는 내용은 "양신구가 피고인 김갑인의 지시에 따라 2012. 5. 30.경 2억 원을 가방에 넣어 승용차에 싣고 피고인 이을해의 집에 가서 위 피고인에게 직접 전달하였다."는 것인데, 위 각 진술은 다음과 같은 이유로 믿을 수 없습니다.

첫째, 증인 박병진은 법정에서 "피고인 이을해가 2012. 6. 1. 빌린 돈을 갚아야 하는데 돈이 없다고 하면서 본인에게 500만 원을 빌려달라고 하여 빌려 주었는데 그 돈을 아직 못 받고 있다."고 증언하였는데, 피고인 이을해가 2012. 5. 30. 양신구를 통하여 피고인 김갑인으로부터 2억 원을 받은 것이 사실이라면 피고인 이을해가 위와 같이 박병진에게 500만 원을 빌려달라고 할 이유가 없습니다. 따라서 피고인 김갑인이 양신구를 통하여 피고인 이을해에게 2억 원을 주었다는 진술은 거짓일 가능성이 높고, 피고인 김갑인이 2억 원을 1주일간 소액으로 분산하여 모두 5만 원권 현금으로 인출한 후 양신구를 통하여 전달하였다는 진술도 혼자서 또는 양신구와 함께 2억 원을 소비하여 놓고도 이를 감추기 위한 진술에 불과합니다.

둘째, 피고인들이 편취 범행을 공모하였다고 가정할 경우, 피고인 김갑인은 토지 매매를 중개하였을 뿐만 아니라 단독으로 사문서위조와 위조사문서행사의

인 김갑인의 법정진술은 증거능력이 있다. 이 때 피고인측의 반대신문이 실제로 충분히 행하여졌는지 여부는 따지지 않는데, 이 사건에서는 피고인 이을해의 변호인이 실제로 반대신문권을 행사하였으므로 증거능력이 있다는 점에 대하여 의문이 없다.

14) 피고인 이을해가 부동의하였으나 피고인 김갑인이 증거에 관한 의견진술에서 진정성립과 임의성을 인정하고 있으므로 피고인 이을해에 대하여 증거능력이 있다.

15) 증인 박병진의 법정진술 중 전문부분은 피고인 아닌 타인의 진술을 내용으로 하는 피고인 아닌 자의 진술로 형사소송법 제316조 제2항의 요건을, 박병진에 대한 경찰 진술조서 중 전문부분은 형사소송법 제312조 제4항뿐만 아니라 제316조 제2항의 요건을 각 충족하여야 증거능력이 인정된다. 양신구가 사망하였고, 박병진이 법정에서 증인으로 출석하여 위 경찰 진술조서의 진정성립을 인정하였으며, 양신구의 진술이 특히 신빙할 수 있는 상태하에서 행하여진 것으로 보이므로, 위 각 전문부분은 증거능력이 있다.

범행을 저지르는 등 편취 범행에서 주된 역할을 담당하였음에도 피고인 이을해로부터 수고비 300만 원만을 받고 피고인 이을해에게 편취금액 2억 원 전액을 송금하는 것은 경험칙에 반합니다. 또한 최정오는 경찰에서 "피고인 김갑인에게 매매대금이 5억 원으로 기재된 매매계약서의 작성 경위를 따져 물었더니, 위 피고인이 1,000만 원을 줄 테니 수사기관에 고소하지 말아달라고 부탁하였다."고 진술하고 있으므로, 피고인 김갑인이 피고인 이을해로부터 수고비로 300만 원만을 받고도 그보다 더 큰 금액을 제안하면서까지 고소하지 말 것을 부탁하는 것도 경험칙상 받아들이기 어렵습니다.

셋째, 피고인 김갑인은 사기와 사문서위조 등의 범행이 발각되자 자신의 죄책을 가볍게 하기 위하여 피고인 이을해에게 책임을 전가하는 진술을 할 가능성이 높고, 자신의 사무소 직원 양신구의 진술에도 영향력을 미칠 수 있는 지위에 있는 반면, 피고인 이을해에게서 고등학교 동창이자 절친한 친구인 박병진으로부터 토지 매매대금을 편취할 만한 동기를 찾기 어렵습니다.

마. 그 밖의 증거

증인 박병진의 법정진술, 박병진에 대한 경찰 진술조서의 기재 중 양신구로부터 들은 내용을 제외한 나머지 부분, 최정오에 대한 경찰 진술조서의 기재만으로는 이 사건 공소사실을 인정하기 부족하고, 달리 이를 인정할 만한 증거가 없습니다.

바. 결 론

그렇다면 특경법위반(사기)의 점은 범죄의 증명이 없는 경우에 해당하므로 형사소송법 제325조 후단에 의하여 무죄 판결을 선고하여 주시기 바랍니다.

2. 공갈의 점

가. 재산상 이익의 취득으로 인한 공갈죄의 성립 요건

재산상 이익의 취득으로 인한 공갈죄가 성립하려면 폭행 또는 협박과 같은 공갈행위로 인하여 피공갈자가 재산상 이익을 공여하는 처분행위가 있어야 합니다. 그러나 폭행의 상대방이 위와 같은 의미에서의 처분행위를 한 바 없고, 단지

행위자가 법적으로 의무 있는 재산상 이익의 공여를 면하기 위하여 상대방을 폭행하고 현장에서 도주함으로써 상대방이 행위자로부터 원래라면 얻을 수 있었던 재산상 이익의 실현에 장애가 발생한 것에 불과하다면, 그 행위자에게 공갈죄의 죄책을 물을 수 없습니다.16)

나. 처분행위 여부

피고인 이을해는 공소사실 기재와 같이 술과 음식을 주문하여 먹고 나서 음식 값의 지급을 면하기 위해서 피해자의 뺨을 4~5회 때렸으나, (사법경찰관 작성의 피고인 이을해에 대한 제2회 경찰 피의자신문조서의 진술기재, 강기술 작성의 진술서의 기재에 의하면) 피해자가 도망가는 위 피고인을 뒤따라가 위 피고인의 집이 어디인지 확인한 점 등에 비추어 볼 때 피해자가 위 피고인으로부터 폭행을 당하여 외포심을 일으켜 위 피고인이 음식값을 지급하지 아니하는 것을 묵인하는 등으로 그 이익을 공여하는 처분행위를 하였다고 할 수 없습니다.

그러므로 공갈의 점은 범죄를 구성하지 않는 경우에 해당하므로 형사소송법 제325조 전단에 의하여 무죄 판결을 선고하여 주시기 바랍니다.

다. 폭행죄와 처벌 불원의 의사표시

공갈의 공소사실 중에는 피고인 이을해가 피해자를 폭행하였다는 공소사실이 포함되어 있는 것으로 볼 수 있고, 위 피고인은 공소사실 기재와 같이 피해자를 폭행한 사실은 인정하고 있으므로, 법원은 피고인의 방어에 실질적으로 불이익을 초래할 염려는 없는 것으로 보아 축소사실인 폭행의 사실을 인정할 수 있으나, 폭행의 점은 형법 제260조 제3항, 제1항에 따라 피해자의 명시한 의사에 반하여 공소를 제기할 수 없는 사건입니다.

그런데 (강기술 작성의 진술서의 기재에 의하면) 피해자 강기술은 이 사건 공소제기 전인 2012. 9. 28. 피고인 이을해에 대하여 처벌을 원하지 아니하는 의사표시를 하였으므로, 폭행의 점은 공소제기의 절차가 법률의 규정에 위반하여 무효인 때에 해당하므로 형사소송법 제327조 제2호에 따라 공소를 기각하여 주시기 바랍니다.

---

16) 대법원 2012. 1. 27. 선고 2011도16044 판결.

제 3 회 변호사시험 예시 검토의견서, 변론요지서

I. 피고인 김갑동에 대한 검토의견서

1. 배임의 점

가. 피고인의 주장

피고인은 갑동주식회사가 자신의 소유이므로 서울 종로구 관철동 50-1 대 300㎡(이하 '관철동 대지')에 관한 근저당권 설정행위로 처벌받는 것은 부당하다는 취지로 주장하고 있습니다.

나. 배임죄의 성립 여부

횡령죄는 자기가 보관하는 타인의 재물을 영득하는 경우에 성립하나, 배임죄는 타인의 사무를 처리하는 자가 그 임무에 위배하여 재물 이외의 재산상 이익을 취득하는 경우에 성립합니다.

(피고인에 대한 검찰 피의자신문조서의 진술기재, 등기사항전부증명서의 기재에 의하면) 갑동주식회사는 2010. 4. 16. 갑동주식회사의 대표이사 겸 1인 주주인 피고인에게 관철동 대지를 명의신탁하였으므로, 피고인이 명의수탁자로 관철동 대지를 제3자에게 처분할 수 있었던 이상 관철동 대지를 보관하는 지위에 있었다고 볼 수 있습니다.[1] 따라서 피고인이 공소사실 기재와 같이 관철동 대지에 임의로 근저당권을 설정하고 박고소로부터 1억 5,000만 원을 차용하였다면 자기가 보관하는 타인의 재물을 영득한 경우에 해당하므로, 배임죄가 아니라 업무상 횡령죄가

---

[1] 횡령죄에서 '부동산을 보관하는 자'는 그 부동산을 제3자에게 유효하게 처분할 수 있는 권능의 유무를 기준으로 하여 결정하여야 할 것이고, 토지에 관하여 명의신탁에 의한 소유권이전등기를 경료 받은 사람은 그 토지를 제3자에게 유효하게 처분할 수 있는 권능을 갖게 되어 그 부동산을 보관하는 자의 지위에 있다(대법원 1989. 12. 8. 선고 89도1220 판결 참조).

성립합니다. 피고인이 위 회사의 1인 주주이지만 회사와 주주는 별개의 인격체로서 위 회사의 재산이 곧바로 피고인의 소유라고 볼 수 없으므로,[2] 업무상횡령죄로 의율하는 데 영향을 미칠 수 없습니다.

다. 불법영득의사의 존부

횡령죄에서 불법영득의사란 자기 또는 제3자의 이익을 위하여 타인의 재물을 보관하는 자가 위탁의 취지에 반하여 그 재물을 자기의 소유인 것 같이 처분하는 의사를 말하고, 보관자가 소유자의 이익을 위하여 이를 처분하는 경우에는 불법영득의사를 인정할 수 없습니다.[3]

{피고인에 대한 검찰 피의자신문조서(이을남 대질부분 포함)의 진술기재, 각 세금계산서의 각 기재에 의하면} 피고인은 위 회사가 원단 납품업체에게 제공한 어음의 부도를 막기 위해 박고소로부터 빌린 1억 5,000만 원을 사용하였으므로, 피고인에게 불법영득의사가 있었다고 보기 어렵고 달리 이를 인정할 증거가 없습니다.

라. 결 론

그렇다면 이 사건 공소사실은 범죄의 증명이 없는 때에 해당하므로 형사소송법 제325조 후단의 무죄 판결이 예상됩니다.

2. 특정경제범죄가중처벌등에관한법률위반(횡령)의 점

가. 특정경제범죄 가중처벌 등에 관한 법률의 적용 여부

특정경제범죄가중처벌등에관한법률(이하 '특경법')위반(횡령)의 점은 형법상 횡령 또는 업무상횡령죄를 범한 사람이 횡령행위로 인하여 취득한 재물 또는 재산상 이익의 가액(이하 '이득액')이 5억 원 이상인 경우에 가중처벌하고 있습니다. 검사는 피고인의 이득액이 서울 구로구 개봉동 353−4 대 500㎡(이하 '개봉동 대지')의 시가인 6억 원이라고 보아 특경법위반(횡령)죄를 적용하였습니다.

그런데 특경법 제3조의 적용을 전제로 하여 그 부동산의 가액을 산정하면서 그 부동산에 근저당권설정등기가 경료되어 있는 때에는 특별한 사정이 없는 한

---

2) 대법원 1999. 7. 9. 선고 99도1040 판결.
3) 대법원 1982. 3. 9. 선고 81도3009 판결 참조.

아무런 부담이 없는 상태에서의 그 부동산의 시가 상당액에서 근저당권의 채권최고액 범위 내에서의 피담보채권액을 뺀 실제의 교환가치를 그 부동산의 가액으로 보아야 합니다.[4]

(피고인에 대한 검찰 피의자신문조서의 진술기재, 등기사항전부증명서의 기재에 의하면) 피고인이 2010. 3. 15. 개봉동 대지에 관하여 주식회사 신한은행에게 설정한 근저당권의 채권최고액은 2억 원, 근저당권의 실제 피담보채권액은 1억 5,000만 원입니다.

따라서 피고인의 이득액은 4억 5,000만 원(6억 원 - 1억 5,000만 원)에 불과하여 특경법이 적용될 수 없습니다.

나. 횡령죄의 성립 여부

갑동주식회사 대표이사인 피고인이 공소사실 기재와 같이 위 회사 소유의 개봉동 대지를 제3자인 최등기에게 임의로 처분한 경우에는 피고인이 등기명의를 가지고 있는 등으로 개봉동 대지에 관한 보관자의 지위에 있었던 것이 아니라 타인의 사무를 처리하는 자인 위 회사의 대표이사로서 그 임무에 위배하여 개봉동 대지를 임의로 처분한 것이므로, 위 회사에 대하여 횡령죄가 아니라 업무상배임죄가 성립합니다.[5] 또한 피고인이 공소사실 기재와 같이 박고소에게 개봉동 대지를 매도하고 중도금까지 받은 상태에서 최등기에게 개봉동 대지를 이중으로 매도하고 소유권이전등기를 마쳤다면, 피고인은 박고소로부터 중도금을 받았을 때부터 박고소의 재산보전에 협력하여 재산적 이익을 보호, 관리할 신임관계가 형성되어 배임죄의 '타인의 사무를 처리하는 자'에 해당하므로,[6] 박고소에 대하여 배임죄가 성립합니다. 위 회사에 대한 업무상배임죄와 박고소에 대한 배임죄는 1개의 처분행위로 인하여 피해자가 다른 두 개의 죄가 성립하는 경우이므로 두 죄는 상상적 경합관계에 있습니다.

다. 결 론

피고인의 법정진술, 박고소에 대한 경찰 진술조서 등에 의하면 이 사건 공소

---

4) 대법원 2007. 4. 19. 선고 2005도7288 전원합의체 판결.
5) 문제에서 적합한 의율변경을 하라고 지시하였으므로 공소장변경 절차 없이 업무상배임죄를 인정할 수 있는지는 별도로 검토하지 아니하였다.
6) 대법원 2018. 5. 17. 선고 2017도4027 전원합의체 판결.

사실은 위 회사에 대한 업무상배임죄와 박고소에 대한 배임죄의 상상적 경합에 해당하여 유죄 판결의 대상입니다.

II. 피고인 이을남에 대한 변론요지서

1. 특경법위반(횡령)의 점

가. 피고인의 주장

피고인은 김갑동으로부터 2억 원을 받는 등으로 개봉동 대지를 이중으로 매도하는 데 공모한 적이 없다고 공소사실을 부인하고 있습니다.[7]

나. 증거능력 없는 증거

1) 김갑동에 대한 경찰 피의자신문조서

공범인 공동피고인인 김갑동에 대한 경찰 피의자신문조서는 피고인 이 내용을 부인하는 취지로 증거에 부동의하였으므로 형사소송법 제312조 제3항에 의하여 증거능력이 없습니다.

2) 박고소의 법정진술과 박고소에 대한 경찰 진술조서

박고소의 법정진술과 박고소에 대한 경찰 진술조서 중 "김갑동으로부터 이을남과 함께 이미 돈을 다 써버리고 없다는 말을 들었다."는 진술 부분은 전문진술 또는 전문진술을 기재한 조서에 해당합니다. 피고인이 위 진술조서를 증거로 함에 부동의한 이상 박고소의 법정진술은 형사소송법 제316조 제2항, 경찰 진술조서는 형사소송법 제312조 제4항과 제316조 제2항의 요건을 각각 갖추어야 증거능력을 인정할 수 있습니다. 김갑동은 공동피고인으로 형사소송법 제316조 제2항의 '피고인 아닌 타인'에 해당하기는 하나,[8] 원진술자인 김갑동이 법정에 출석하여 재판을 받고 있으므로 원진술자가 사망 등의 사유로 인하여 진술할 수 없는

---

7) 공소사실에 부합하는 증거로는 김갑동의 법정진술, 김갑동에 대한 검찰 피의자신문조서, 김갑동에 대한 경찰 피의자신문조서, 박고소의 법정진술, 박고소에 대한 경찰 진술조서, 나부인의 법정진술, 증명서가 있다.

8) 대법원 2011. 11. 24. 선고 2011도7173 판결, 대법원 2007. 2. 23. 선고 2004도8654 판결.

때에 해당하지 아니하여 박고소의 법정진술과 박고소에 대한 경찰 진술조서는 각 증거능력이 없습니다.

3) 증명서

피고인 아닌 자가 법원이나 수사기관 외에서 작성한 진술서나 그 진술을 기재한 서류로서 원진술자의 자필이거나 그 서명 또는 날인이 있는 것은 공판준비나 공판기일에서 원진술자의 진술에 의하여 그 성립의 진정함이 증명되면 증거능력이 인정됩니다(형사소송법 제313조 제1항).

(나부인의 법정진술에 의하면) 전총무가 교통사고로 다쳐 글을 쓰지 못하자 나부인은 남편인 전총무가 불러주는 대로 증명서의 본문과 성명을 직접 적었을 뿐 원진술자인 전총무가 자필로 작성하였다거나 그 서명 또는 날인을 하였다고 볼 만한 자료가 없습니다. 나아가 형사소송법 제313조 제1항에 의하여 증거능력을 부여할 수 없는 이상 원진술자인 전총무가 사망하였다고 하더라도 형사소송법 제314조가 적용될 수 없습니다. 따라서 피고인이 증거로 함에 동의하지 아니한 증명서는 증거능력이 없습니다.

다. 증명력 없는 증거

1) 김갑동의 진술을 내용으로 하는 증거

가) 김갑동의 진술 내용

김갑동은 검찰과 법정에서 "피고인과 공모하여, 이미 박고소에게 매도하여 중도금까지 받은 개봉동 대지를 최등기에게 4억 원에 매도하고 소유권이전등기까지 마친 후 피고인에게 2억 원을 교부하였다."는 취지로 진술하고 있습니다.

나) 김갑동의 진술의 신빙성 여부

김갑동의 진술은 다음과 같은 점에서 믿을 수 없습니다.

① 피고인은 김갑동을 협박하여 신용카드 1장을 빼앗은 사실을 인정하고 있는데, 피고인이 김갑동으로부터 2억 원을 받은 것이 사실이라면 피고인이 위와 같이 김갑동으로부터 신용카드 1장을 굳이 갈취한 이유가 없습니다.

② 김갑동은 경찰에서 최등기로부터 받은 4억 원 중 2억 원을 피고인에게 빌려주었다고 진술하다가[9] 검찰에서 피고인에게 2억 원을 나누어준 것이라고 진

---

9) 검사가 유죄의 자료로 제출한 사법경찰리 작성의 피고인에 대한 피의자신문조서는 피고인이 그 내용을 부인하는 이상 증거능력이 없으나, 그것이 임의로 작성된 것이 아니라고 의심할 만

술을 번복하여 진술의 일관성도 없습니다.

③ 김갑동이 갑동주식회사의 소유로 되어 있으나 1인 주주로 사실상 소유하는 것과 마찬가지인 개봉동 대지의 매도대금 4억 원 중 절반인 2억 원을 위 회사의 경리부장에 불과한 피고인에게 배분하였다고 하는 것은 경험칙에 반합니다.

④ 김갑동은 피고인을 신용카드 강취 등으로 고소하는 등 피고인에게 악감정을 가지고 있고, 자신의 죄책을 가볍게 하기 위하여 피고인에게 책임을 전가하는 진술을 할 가능성이 높습니다.

⑤ 오히려 나부인은 법정에서 "피고인은 월세 20만 원의 단칸방에서 혼자 어렵게 생활하는 등 생활이 나아지지 않고 있다."고 진술하여 피고인의 주장에 부합하는 진술을 하고 있습니다.

2) 박고소의 진술의 신빙성 여부

박고소는 법정과 경찰에서 "김갑동으로부터 이을남과 함께 이미 받은 돈을 다 써버렸다는 말을 듣고 피고인이 김갑동과 함께 계획적으로 범행을 하였다고 생각하여 두 사람 모두 고소하였다."고 진술하고 있습니다.

그러나 박고소의 진술은 뚜렷한 근거 없이 김갑동으로부터 전해들은 말에 기초한 추측에 불과하므로, 박고소의 진술도 쉽게 믿을 수 없습니다.

라. 그 밖의 증거

나부인의 법정진술만으로는 이 사건 공소사실을 인정하기 부족하고, 달리 이를 인정할 만한 증거가 없습니다.

마. 결 론

그렇다면 특경법위반(횡령)의 점은 범죄의 증명이 없는 경우에 해당하므로 형사소송법 제325조 후단의 무죄 판결을 선고하여 주시기 바랍니다.[10)]

2. 강도의 점

강도죄의 협박은 사회통념상 객관적으로 상대방의 반항을 억압하거나 항거

한 사정이 없는 한 피고인의 법정에서의 진술을 탄핵하기 위한 반대증거로 사용할 수 있다 (대법원 2005. 8. 19. 선고 2005도2617 판결).

10) 피고인 이을남한테도 특경법위반(횡령)죄를 적용할 수 없다고 주장할 수 있으나, 특경법위반 (횡령)의 점에 대하여 형사소송법 제325조 후단의 무죄 판결을 받음으로써 변론의 목적을 달성할 수 있으므로 굳이 위와 같은 주장을 하지 아니하였다.

불능케 할 정도의 것이라야 하나,11) 공갈죄의 협박은 사람의 의사결정의 자유를 제한하거나 의사실행의 자유를 방해할 정도로 겁을 먹게 할 만한 것으로 충분합니다.12) (피고인의 법정진술, 김갑동에 대한 검찰 피의자신문조서의 진술기재에 의하면) 피고인이 공소사실 기재와 같이 김갑동을 협박하였으나, 김갑동은 피고인의 요구를 거절하면 피고인이 동네 건달들을 회사에 데려와 소란을 피울까 봐 염려되고 개봉동 대지를 임의로 처분한 것이 발각되는 것이 두려워 신용카드 1장을 주었으므로, 피고인의 협박은 김갑동의 반항을 억압할 정도에 이르지 아니하였고 의사결정의 자유를 제한하거나 의사실행의 자유를 방해할 정도에 불과하였습니다.13) 따라서 피고인의 협박을 공갈죄의 협박으로 볼 수 있어도 강도죄의 협박으로 볼 수는 없습니다.

그런데 강도죄와 공갈죄는 그 죄질을 달리 하는 것으로서 강도죄의 공소사실을 공소장변경절차 없이 공갈죄로 처단할 수 없으므로,14) 강도의 점은 범죄의 증명이 없는 경우에 해당하므로 형사소송법 제325조 후단의 무죄 판결을 선고하여 주시기 바랍니다.15)

3. 절도(현금), 여신전문금융업법위반의 점

가. 절도의 점

---

11) 대법원 2004. 10. 28. 선고 2004도4437 판결.
12) 대법원 2003. 5. 13. 선고 2003도709 판결.
13) 대법원 2003. 5. 13. 선고 2003도709 판결 참조.
14) 대법원 1993. 4. 27. 선고 92도3156 판결.
15) 이와 달리 공소장변경의 절차 없이 강도의 공소사실을 공갈죄로 처단할 수 있다는 견해(대법원 1968. 9. 19. 선고 68도995 전원합의체 판결의 반대의견)에 입각한다면 다음과 같이 주장할 수 있다.
   "강도죄와 공갈죄의 협박은 질적 차이가 있는 것이 아니라 정도의 차이에 불과하고, 피고인은 피해자를 협박하여 신용카드 1장을 빼앗은 사실은 인정하고 있으므로, 법원은 피고인의 방어에 실질적으로 불이익을 초래할 염려는 없는 것으로 보아 공소장의 변경 없이 공갈의 점을 판단할 수 있습니다.
   (김갑동에 대한 검찰 피의자신문조서의 진술기재, 각 가족관계증명서의 기재에 의하면) 피해자인 김갑동은 피고인의 사촌으로 동거하지 않는 사실을 인정할 수 있으므로, 공갈의 점은 형법 제354조, 제350조 제1항, 제328조 제2항, 제1항에 의하여 피해자의 고소가 있어야 공소를 제기할 수 있는 상대적 친고죄입니다.
   따라서 피해자는 범인을 알게 된 날로부터 6개월 이내에 고소하여야 하는데(형사소송법 제230조 제1항), (김갑동이 작성한 고소장의 기재, 김갑동에 대한 검찰 피의자신문조서의 진술기재에 의하면) 김갑동은 피고인의 범행을 알게 된 2012. 5. 20.로부터 6개월이 지난 2013. 6. 3. 고소를 제기한 사실이 역수상 명백하므로, 김갑동의 고소는 부적법합니다.
   그렇다면 이 사건 공소사실은 공소제기의 절차가 법률의 규정에 위반하여 무효인 때에 해당하므로 형사소송법 제327조 제2호에 따라 공소기각판결이 선고되어야 합니다."

피고인이 갈취한 신용카드를 사용하여 현금자동지급기에서 예금을 인출한 경우에 예금 인출행위는 피해자의 하자 있는 승낙의 의사표시에 기하여 피고인의 단일하고 계속된 범의 아래에서 이루어진 일련의 행위이므로 공갈죄의 포괄일죄를 구성하고 별도로 절도죄를 구성하지 아니합니다.[16]

따라서 피고인이 공소사실 기재와 같이 피해자로부터 갈취한 신용카드로 현금자동지급기에서 피해자의 예금 100만 원을 인출하였다고 하더라도 100만 원에 대한 절도죄가 성립하지 않습니다.

나. 여신전문금융업법위반의 점

여신전문금융업법 제70조 제1항 소정의 부정사용이라 함은 위조 · 변조 또는 도난 · 분실된 신용카드를 진정한 카드로서 신용카드의 본래의 용법에 따라 사용하는 경우를 말하는 것이므로, 위 신용카드를 현금자동지급기에 넣고 비밀번호 등을 입력하여 피해자의 예금을 인출한 행위는 여신전문금융업법 제70조 제1항 소정의 부정사용의 개념에 포함될 수 없습니다.[17]

따라서 피고인이 갈취한 신용카드를 그 본래의 용법이 아니라 현금카드의 용법대로 사용하여 피해자의 예금 100만 원을 인출하였다고 하더라도 여신전문금융업법위반죄를 구성하지 않습니다.

다. 결 론

그렇다면 이 사건 각 공소사실은 범죄로 되지 아니하므로 형사소송법 제325조 전단에 의하여 각 무죄를 선고하여 주시기 바랍니다.

4. 점유이탈물횡령의 점

형법 제360조 제1항, 형사소송법 제249조 제1항 제5호에 의하여 점유이탈물횡령죄의 공소시효는 5년인바, 이 사건 공소는 범행일인 2008. 9.말로부터 5년이 경과한 2013. 10. 18.에 제기된 것이 역수상 명백합니다.

그렇다면 이 사건 공소사실은 공소시효가 완성되었으므로 형사소송법 제326조 제3호에 의하여 면소판결을 선고하여 주시기 바랍니다.

---

16) 대법원 2007. 5. 10. 선고 2007도1375 판결.
17) 대법원 2003. 11. 14. 선고 2003도3977 판결.

5. 절도(금목걸이)의 점

가. 압수된 금목걸이와 압수조서의 증거능력

검사 또는 사법경찰관은 체포영장에 의하여 피의자를 체포하는 경우에 필요한 때에는 영장 없이 압수, 수색을 할 수 있지만(형사소송법 제216조 제1항 제2호), 이 경우에도 압수할 수 있는 것은 당해 사건의 증거물이며, 별건의 증거를 발견한 때에는 임의제출을 구하거나 영장에 의하여 압수하여야 합니다. 그리고 압수한 물건을 계속 압수할 필요가 있는 경우에는 체포한 때부터 48시간 이내에 압수수색영장을 청구하여야 합니다(같은 법 제217조 제2항).

(압수조서의 기재에 의하면) 경찰관이 체포영장에 의하여 피고인을 체포하면서 금목걸이 1개(증 제3호)를 압수하였으나, 체포영장의 범죄사실은 신용카드 갈취와 디지털카메라에 대한 점유이탈물횡령의 점이어서 금목걸이 1개는 체포영장의 범죄사실과 아무런 관련성이 없을 뿐만 아니라 사후에 압수수색영장을 발부받았다는 점에 관한 아무런 소명이 없으므로, 금목걸이 1개는 영장주의에 위반하여 수집한 위법수집증거에 해당합니다. 또한 압수조서는 금목걸이를 압수하면서 작성된 2차적 증거에 해당하므로 피고인이 증거로 함에 동의하였다 하더라도 증거능력이 없습니다.

나. 보강증거 여부

피고인은 자백하고 있으나 자백을 보강할 증거가 없으므로, 피고인의 자백은 피고인에게 불이익한 유일의 증거에 해당하고 이를 유죄의 증거로 삼을 수 없습니다(형사소송법 제310조).

다. 결 론

그렇다면 이 사건 공소사실은 범죄의 증명이 없는 경우에 해당하여 형사소송법 제325조 후단의 무죄 판결을 선고하여야 합니다.

제 4 회 변호사시험 예시 변론요지서, 검토의견서

I. 피고인 김갑동에 대한 특정범죄가중처벌등에관한법률위반 (뇌물)의 점

1. 피고인의 주장

피고인은 이을남으로부터 돈을 받은 적이 없다고 공소사실을 부인하고 있습니다.[1]

2. 증거능력 없는 증거

가. 피고인에 대한 경찰 피의자신문조서

피고인에 대한 경찰 피의자신문조서는 피고인이 내용을 부인하므로 형사소송법 제312조 제3항에 따라 증거능력이 없습니다.

나. 이을남에 대한 제1회, 제2회 경찰 피의자신문조서

공범인 공동피고인인 이을남에 대한 제1회, 제2회 경찰 피의자신문조서는 피고인이 내용을 부인하는 취지로 증거에 부동의하였으므로 형사소송법 제312조 제3항에 따라 증거능력이 없습니다.

다. 조은숙 작성의 진술서

조은숙 작성의 진술서는 피고인이 증거로 함에 동의하지 아니하므로 형사소송법 제312조 제5항, 제4항 또는 제314조의 요건을 갖추어야 증거능력이 인정됩

---

[1] 공소사실에 부합하는 증거로는 이을남의 법정진술, 이을남에 대한 검찰 피의자신문조서, 이을남에 대한 각 경찰 피의자신문조서, 압수조서 및 압수목록(수첩), 수사보고(금융거래내역), 각 금융거래내역, 수첩 1개가 있다.

니다. 그런데 조은숙이 법정에 출석하지 아니한 이상 위 진술서는 성립의 진정이 인정되지 아니하므로 형사소송법 제312조 제5항, 제4항의 요건을 충족하지 못하였습니다. 그리고 (조은숙에 대한 소재수사 보고에 의하면) 조은숙은 2014. 10. 12. 재미교포인 딸 박순덕을 방문하기 위하여 미국 뉴욕으로 출국한 사실은 인정되지만 조은숙이 2달 정도 머물다가 귀국하겠다고 하였음에도 검사가 조은숙의 귀국 여부를 확인하여 증인신청 등을 한 바가 없으므로, 조은숙이 해외로 출국하였다는 점만으로는 조은숙의 법정 출석을 위한 가능하고도 상당한 수단을 다하더라도 조은숙을 법정에 출석하게 할 수 없는 사정이 있는 때라고 볼 수 없습니다.[2] 따라서 위 진술서는 형사소송법 제314조의 '외국거주, 소재불명 그 밖에 이에 준하는 사유로 인하여 진술할 수 없는 때'라는 요건을 충족하지 못하므로 증거능력이 없습니다.

라. 수첩, 압수조서 및 압수목록(수첩) 등

검사 또는 사법경찰관은 긴급체포된 자가 소유·소지 또는 보관하는 물건에 대하여 긴급히 압수할 필요가 있는 경우에는 체포한 때부터 24시간 이내에 한하여 영장 없이 압수·수색 또는 검증을 할 수 있으나, 압수한 물건을 계속 압수할 필요가 있는 경우에는 체포한 때부터 48시간 이내에 압수수색영장을 청구하여야 합니다(형사소송법 제217조 제1항, 제2항).

{압수조서 및 압수목록(수첩)의 기재에 의하면} 사법경찰관은 2014. 7. 30. 14:00 서울서초경찰서 수사과에서 뇌물공여 등 혐의로 이을남을 긴급체포하면서 2014. 8. 1. 13:00경 이을남이 을남건설 주식회사의 사무실에서 보관하고 있는 물건인 이을남 소유의 수첩 1개(증 제2호)를 영장 없이 압수하였으나, 압수한 시점이 이을남을 긴급체포한 때부터 24시간이 경과하였을 뿐만 아니라 검사 등이 사후에 압수수색영장을 청구하였음을 인정할 만한 아무런 자료가 없으므로, 수첩 1개는 영장주의에 위반하여 수집한 위법수집증거에 해당하여 피고인에 대하여도[3] 형사소송법 제308조의2에 따라 유죄 인정의 증거로 쓸 수 없습니다. 또한 압수조서 및 압수목록(수첩)은 수첩을 압수하면서 작성된 2차적 증거에 해당하고 영장주의 위

---

2) 대법원 2016. 2. 18. 선고 2015도17115 판결 참조.
3) 수사기관이 헌법과 형사소송법이 정한 절차에 따르지 아니하고 수집한 증거는 유죄 인정의 증거로 삼을 수 없는 것이 원칙이므로, 수사기관이 피고인 아닌 자를 상대로 적법한 절차에 따르지 아니하고 수집한 증거는 원칙적으로 피고인에 대한 유죄 인정의 증거로 삼을 수 없다 (대법원 2011. 6. 30. 선고 2009도6717 판결).

반과 증거 수집 사이의 인과관계가 단절 또는 희석될 만한 사정도 없으므로 피고인이 증거로 함에 동의하였다 하더라도 증거능력이 없습니다.

나아가 이을남에 대한 검사 작성의 피의자신문조서 중 검사가 이을남에게 수첩을 제시하면서 신문한 부분은 위법수집증거에 기초하여 획득한 증거에 해당하므로 역시 증거능력이 없습니다.[4]

3. 증명력 없는 증거

가. 이을남의 진술을 내용으로 하는 증거

1) 이을남의 진술 내용

이을남은 검찰과 법정에서 "피고인에게 요양병원 신축허가 절차를 신속히 처리해달라고 부탁하면서 2014. 5. 8. 19:00경 '란'커피숍에서 100만 원, 2014. 5. 9. 09:00 위 커피숍 앞에서 2,900만 원 합계 3,000만 원을 교부하였다."는 취지로 진술하고 있습니다.

2) 이을남의 진술의 신빙성 여부

이을남의 진술은 다음과 같은 점에서 믿을 수 없습니다.

① 이을남은 경찰에서 100만 원을 주었다고만 진술하고 2,900만 원의 교부에 관하여는 전혀 진술하지 않다가 검찰에 와서야 2,900만 원을 교부하였다고 진술하여 뇌물액수에 관한 진술에 일관성이 없습니다.

② 이을남은 검찰에서 피고인에게 100만 원을 교부한 사실을 수첩에 기재하였다고 진술하고 있는데, 그보다 훨씬 더 큰 금액인 2,900만 원을 피고인에게 교부하였으면서도 수첩에 기재하는 등으로 근거를 전혀 남기지 아니하였다는 것은 경험칙상 수긍할 수 없습니다.

③ 이을남은 피고인에게 주기 위해 2014. 5. 7. 자신의 계좌에서 3,000만 원을 미리 인출하였다고 진술하고 있는데, 이을남이 피고인에게 뇌물을 공여할 의도로 미리 인출한 것이라면 굳이 2번으로 나누어 100만 원, 2,900만 원을 교부할 이유가 없습니다.

④ 이을남은 검찰에서 "2014. 5. 9. 09:00경 위 커피숍 앞에서 출근하는 김갑

---

4) 피고인들의 제1심 법정진술의 경우에는 그 증거능력이 부정되어야 할 이 사건 녹음파일을 제시받거나 그 대화 내용을 전제로 한 신문에 답변한 내용이 일부 포함되어 있으므로, 그와 같은 진술과 이 사건 녹음파일 수집 과정에서의 절차적 위법과의 사이에는 여전히 직접적 인과관계가 있다고 볼 여지가 있다(대법원 2014. 1. 16. 선고 2013도7101 판결).

동을 기다렸다가 만나서 5만 원권 현금 2,900만 원을 쇼핑백에 넣어 전달하였다.”고 진술하고 있으나, 통상적으로 뇌물이 은밀하게 교부되는 점에 비추어 출근하는 피고인을 무작정 기다렸다가 현금 다발이 든 쇼핑백을 교부한다는 것은 뇌물공여의 방식으로 지극히 이례적이고, 더구나 이을남은 쇼핑백이 어떠한 종류인지 전혀 설명하지 못하고 있습니다.

⑤ 이을남의 진술을 뒷받침하는 객관적 물증이 없는 등 이을남의 검찰진술과 법정진술 이외에는 공소사실에 관한 증거가 전혀 없습니다.

⑥ 이을남은 피고인이 요양병원 신축 허가를 반려한 후 피고인의 사무실에서 피고인에게 욕설을 하는 소란행위를 한 점 등에 비추어 볼 때 피고인과 이해관계가 대립될 뿐만 아니라 악감정을 가지고 있어서 허위진술을 할 가능성이 농후합니다.

⑦ 이을남은 고향후배인 박고소를 속여서 차용금을 편취한 전력이 있을 뿐만 아니라 (이을남에 대한 조회회보서의 기재에 의하면) 이을남은 2014. 5. 9. 부산에 내려갔고 2014. 9. 5. 부산지방법원에서 도박죄로 벌금 100만 원의 처벌을 받은 점 등을 고려하면, 피고인이 인출한 돈 3,000만 원을 도박에 사용하였을 가능성도 높습니다.

⑧ 비록 이을남이 검찰과 법정에서 피고인에게 100만 원을 공여하였다고 진술하고 있기는 하나, 2,900만 원의 교부에 관한 진술의 신빙성이 위와 같이 현저히 떨어지므로 이을남의 진술의 신빙성은 전체적으로 상당히 허물어졌다고 보아야 하므로, 피고인의 100만 원 수수사실을 보강할 만한 다른 증거가 없고 이 부분 진술만을 신뢰할 수 있는 근거도 찾아볼 수 없는 이상,[5] 이을남의 진술만을 내세워 100만 원의 수수사실을 인정할 수도 없습니다.[6]

나. 부족증거 등

나머지 증거만으로는 이 사건 공소사실을 인정하기 부족하고, 달리 이를 인정할 만한 증거가 없습니다.

---

[5] 대법원 2009. 1. 15. 선고 2008도8137 판결 참조.

[6] 수첩의 증거능력이 위법수집증거가 아니라 전문증거로 부정되는 것이라면 수첩에 기재되어 있는 ‘2014. 5. 8. 100만 원, 란’이라는 기재에 대하여 ‘란’이 반드시 ‘란’ 커피숍이 아닌 음식점이나 술집 등 다른 가게를 의미할 수도 있다고 탄핵할 수 있을 것이다(조은숙 작성의 진술서 참조). 전문증거로 증거능력이 없는 증거라도 탄핵증거로 할 수 있기 때문이다(형사소송법 제318조의2 제1항 참조).

다. 결 론

그렇다면 특정범죄가중처벌등에관한법률위반(뇌물)의 점은 범죄의 증명이 없는 경우에 해당하므로 형사소송법 제325조 후단의 무죄 판결을 선고하여 주시기 바랍니다.

II. 사문서변조, 변조사문서행사, 사기의 점

1. 피고인의 주장에 관한 검토

가. 피고인의 주장

피고인은 박고소로부터 6억 원의 차용에 관한 위임을 받았기 때문에 박고소 명의의 차용증을 변조한 후 행사하여 돈을 편취한 사실이 없다고 주장하고 있습니다.

나. 6억 원 차용에 관한 위임 여부

1) 박고소 진술의 신빙성 여부

박고소는 피고인에게 3억 원의 한도에서 돈을 빌려달라고 부탁하면서 금액란이 공란인 차용증을 교부하였는데 피고인이 임의로 6억 원을 기재한 것이라고 일관하여 진술하고 있는 점, 차용증(사본)의 기재에 의하면 차용금액란 '6억 원'의 글씨체는 차용증의 나머지 부분의 글씨체와 확연히 구별되는 점, 박고소는 2009. 2. 2. 피고인으로부터 차용금 3억 원을 송금받았을 뿐이라고 진술하고 있는데, 박고소의 위 진술은 객관적인 증거인 금융거래내역(박고소 고소장 첨부)의 기재에 의하여 뒷받침되는 점[7] 등을 종합하면 박고소의 진술은 신빙성이 있습니다.

2) 피고인의 주장 자체의 객관적 상당성 여부

피고인은 경찰에서 "박고소가 차용증을 전부 작성하였고, 황금성으로부터 6

---

[7] 황금성의 경찰 진술조서 중 황금성이 박고소한테서 "이을남에게 최대 3억 원만 빌려달라고 하면서 차용 금액란을 비워둔 차용증을 만들어준 사실은 있지만, 6억 원짜리 차용증은 만든 사실이 없고 이을남으로부터 3억 원만 전달받았다."라고 들었다는 부분은 형사소송법 제316조 제2항의 전문진술로 원진술자인 박고소가 법정에서 증언하고 있는 이상 증거능력이 없다. 따라서 황금성에 대한 경찰 진술조서 중 위 전문진술을 박소고의 진술을 뒷받침하는 증거라고 주장하여서는 아니 된다.

억 원을 빌려서 같은 날 박고소에게 6억 원 전부를 전해주었다."라고 진술하다가 검찰에서는 "본인이 박고소 명의의 차용증 금액란을 채워넣었고 황금성으로부터 송금받은 5억 5,000만 원 전부를 박고소에게 송금하였다고 진술하다가 금융거래 내역(박고소 고소장 첨부)을 제시받고는 5억 5,000만 원 중 3억 원은 계좌로 송금하고 2억 5,000만 원은 현금으로 인출하여 박고소에게 주었다."라고 증거에 의하여 인정되는 사실관계에 맞추어 진술을 번복하는 등 진술의 일관성이 없는 점, 피고인의 검찰 진술과는 달리 피고인의 금융거래내역상 2억 5,000만 원을 현금으로 인출한 내역을 찾아볼 수 없는 점, 피고인이 5억 5,000만 원 전부를 박고소에게 전달하는 것이라면 송금하는 3억 원 이외에 굳이 현금으로 2억 5,000만 원을 인출할 이유가 없는 점 등에 비추어 볼 때 피고인의 주장(변명)은 납득하기 어렵습니다.

다. 결 론

결국 박고소의 신빙성 있는 진술과 금융거래내역(박고소 고소장 첨부)의 기재에 의하여 인정할 수 있는 객관적인 사실관계, 피고인의 주장 자체의 객관적 상당성 결여 등을 고려할 때, 6억 원의 차용에 관한 위임을 받았다는 것을 전제로 한 피고인의 주장은 받아들이기 어렵습니다.

2. 사문서변조와 변조사문서행사의 점에 관한 검토

차용을 위임받은 자가 차용금액에 관한 위임 범위를 초과하여 차용금액란이 공란으로 작성된 위임인 명의 차용증의 차용금액란을 임의로 기재(보충)하는 행위는 이미 진정하게 성립된 타인 명의의 문서를 이용하여 새로운 문서를 작성하는 것에 해당하므로 문서내용의 동일성을 해하지 않을 정도의 변경을 가하는 문서변조죄가 아니라 문서위조죄가 성립합니다.[8]

따라서 피고인이 공소사실과 같이 3억 원의 위임 범위를 초과하여 차용금액란이 공란으로 작성된 박고소 명의의 차용증에 6억 원을 임의로 기재한 후 황금성에게 그 차용증을 교부한 행위는 사문서위조와 위조사문서행사죄에 해당하니

---

8) 어음취득자로 하여금 후일 어음요건을 보충시키기 위하여 미완성으로 발행된 이른바, 백지어음에 대하여 취득자가 발행자와의 합의에 의하여 정해진 보충권의 한도를 넘어 보충을 한 경우에는 발행인의 서명날인 있는 기존의 약속어음 용지를 이용하여 새로운 약속어음을 발행하는 것에 해당하는 것이므로 위와 같은 보충권의 남용행위는 유가증권위조죄를 구성하는 것이다(대법원 1989. 12. 12. 선고 89도1264 판결).

다. 이는 사실관계의 변화 없이 법적 평가만을 달리하는 경우이므로, 법원은 피고인의 방어에 실질적으로 불이익을 초래할 염려는 없는 것으로 보아 공소장의 변경 없이 사문서위조와 위조사문서행사의 점을 인정할 수 있습니다.

3. 사기의 점에 관한 검토

가. 배임죄의 성립 여부

피고인을 박고소의 금전 차용에 관한 사무를 처리하는 자로 보아 배임죄가 성립하는지 문제됩니다. 피고인은 박고소로부터 3억 원의 범위 내에서 돈을 차용할 사무를 위탁받았으므로 타인의 사무를 처리하는 자로 볼 수 있으나, 박고소가 피고인으로부터 실제 차용금 6억 원 중 3억 원을 전달받은 점, 황금성이 박고소에게 민법 제126조의 표현대리책임을 묻기 어려운 점[9] 등에 비추어 보면, 박고소에게 재산상 손해가 발생하였다거나 재산상 실해 발생의 위험이 초래되었다고 볼 수 없으므로, 배임죄가 성립하지 않습니다.

나. 피해자 등에 관한 검토

사기죄의 본질은 기망행위에 의한 재물이나 재산상 이익의 취득에 있는 것이지 상대방에게 현실적으로 재산상 손해가 발생함을 요건으로 하는 것이 아니므로, 사기죄는 기망수단을 써서 상대방을 착오에 빠뜨리고 그로 인하여 피기망자로부터 재물을 교부받아 편취하였으면 바로 성립되는 것이고 피해자에게 민사상의 구제수단이 있다거나 재산상의 손해가 발생하지 않았다 하더라도 사기죄의 성립에는 아무런 영향이 없습니다.[10]

(박고소, 황금성의 각 법정진술, 박고소, 황금성에 대한 경찰 진술조서의 각 진술기재를 종합하면) 피고인은 6억 원의 차용에 관하여 박고소로부터 위임을 받은 것인양 황금성에게 위조된 차용증을 교부하는 방식으로 황금성을 기망하여 황금성으로부터 선이자를 공제한 5억 5,000만 원을 받았으므로, 피해자는 피고인의 기망행위에 의하여 5억 5,000만 원을 교부한 황금성이고, 재산상 손해액은 교부한 금원

---

9) 황금성은 차용금액란의 글씨체가 다른 점 등에 근거하여 돈을 빌려주기 이전에 박고소에게 피고인이 6억 원의 차용에 관한 위임을 받았는지 여부 등을 확인할 수 있었으므로, 피고인이 박고소를 대리하여 6억 원을 차용할 권한이 있다고 믿은 데에 과실이 있다.
10) 대법원 1987. 6. 23. 선고 87도1045 판결.

인 5억 5,000만 원이 되며, 피해자인 황금성이 박고소에 대하여 3억 원의 대여금
채권 등11)을 가지고 있더라도 그 액수를 달리 볼 수 없습니다.12)

다. 결 론

그렇다면 피고인이 사기 범행으로 인하여 취득한 재물의 가액이 5억 원 이상
이므로 검사는 재판부의 석명에 따라 사기의 점에 관하여 특정경제범죄가중처벌
등에관한법률위반(사기)의 점으로 공소장 변경허가를 신청할 수 있습니다.

III. 폭력행위등처벌에관한법률위반(집단·흉기등협박)의 점

1. 피고인의 주장

피고인은 박고소를 찾아가 협박한 사실은 인정하고 있지만, 피고인이 위험한
물건을 휴대하여 협박을 한 것인지 의문이 있습니다.

2. 위험한 물건의 휴대 여부

폭력행위 등 처벌에 관한 법률(이하 '폭처법') 제3조 제1항13)이 정한 '위험한
물건을 휴대하여 그 죄를 범한 자'란 범행현장에서 그 범행에 사용하려는 의도 아
래 위험한 물건을 소지하거나 몸에 지니는 경우를 가리키는 것이지 그 범행과 전
혀 무관하게 우연히 이를 소지하게 된 경우까지 포함하는 것은 아닙니다.14)

(피고인에 대한 검찰 피의자신문조서의 진술기재, 박고소의 법정진술, 박고소에 대한
경찰 진술조서의 진술기재를 종합하면) 피고인은 등산용 칼 등을 버리려고 배낭에 넣
어 가지고 나왔다가 배낭을 등에 멘 채로 박고소를 협박한 후 박고소의 집 앞에
다 등산용 칼이 든 배낭을 버린 사실을 인정할 수 있을 뿐, 박고소의 법정진술,

---

11) 피해자인 황금성은 무권대리인인 피고인에 대하여 민법 제135조 제1항의 손해배상책임을 추
   궁할 수 있을 것이다.
12) 재물편취를 내용으로 하는 사기죄에서는 기망으로 인한 재물교부가 있으면 그 자체로써 피해
   자의 재산침해가 되어 이로써 곧 사기죄가 성립하는 것이다(대법원 1995. 3. 24. 선고 95도
   203 판결).
13) 헌법재판소가 2015. 9. 24. 해당 조항에 대하여 위헌결정(2014헌바154 등)을 하였고, 이에 따
   라 위 조항이 2016. 1. 6. 삭제되어 이후에는 특수협박죄(형법 제284조)로 의율되고 있다.
14) 대법원 1992. 5. 12. 선고 92도381 판결, 대법원 2004. 6. 11. 선고 2004도2018 판결.

박고소에 대한 경찰 진술조서의 진술기재만으로는 피고인이 등산용 칼을 이 사건 범행에 사용할 의도로 소지하거나 이용하였다는 사실을 인정하기에 부족하고, 달리 이를 인정할 만한 증거가 없습니다.

따라서 폭처법위반(집단·흉기등협박)의 점은 범죄의 증명이 없는 경우에 해당하므로, 형사소송법 제325조 후단에 의한 무죄 판결을 선고하여야 할 사유가 있습니다.

3. 축소사실인 협박의 점

폭처법위반(집단·흉기등협박)의 공소사실에는 협박이 포함되어 있고, 피고인이 박고소를 협박한 사실을 인정하고 있어 피고인의 방어권 행사에 실질적 불이익을 초래할 염려가 없으므로, 법원은 피고인에 대하여 공소장의 변경 없이 협박의 점을 인정할 수 있습니다.

그런데 법원이 공소장을 변경하지 않고도 인정할 수 있는 사실(축소사실)에 대한 법정형을 기준으로 공소제기 당시 이미 공소시효가 완성된 경우에 공소장을 변경하지 않고도 인정할 수 있는 사실에 대한 법정형이 공소시효기간의 기준이 된다고 보아야 하므로 공소시효의 완성을 이유로 면소판결을 선고하여야 합니다.[15]

형법 제283조 제1항, 형사소송법 제249조 제1항 제5호에 의하여 협박죄의 공소시효는 5년인바, 이 사건 공소는 범행일인 2009. 2. 3.로부터 5년이 경과한 2014. 10. 17.에 제기된 것이 역수상 명백합니다.

그렇다면 협박의 점은 공소시효가 완성되었으므로 형사소송법 제326조 제3호에 의하여 면소 판결을 선고하여야 합니다.

IV. 명예훼손과 모욕의 점

1. 명예훼손의 점(주위적 공소사실)

가. 명예훼손죄의 사실의 적시

명예훼손죄가 성립하기 위하여는 사실의 적시가 있어야 하고 적시된 사실은

---

15) 대법원 2013. 7. 26. 선고 2013도6182, 2013전도123 판결.

이로써 특정인의 사회적 가치 내지 평가가 침해될 가능성이 있을 정도로 구체성을 띄어야 할 것인바, 단순히 모욕적인 추상적 판단을 표시한 것은 구체적인 사실의 적시가 아닙니다.16)

나. 이 사건의 경우

피고인이 주위적 공소사실 기재와 같이 피해자에게 "이 나쁜 새끼, 거짓말쟁이"라고 소리쳤다고 하더라도 이것은 사람의 사회적 평가를 저하시킬 만한 경멸적 감정을 표현한 것에 지나지 않으므로, 명예훼손죄에서 말하는 구체적 사실의 적시가 아닙니다.

다. 결 론

그렇다면 명예훼손의 점은 범죄로 되지 아니하므로 형사소송법 제325조 전단에 의하여 무죄 판결이 예상됩니다.

2. 모욕의 점(예비적 공소사실)

모욕죄는 친고죄로서 피해자의 고소가 있어야 죄를 논할 수 있고 비친고죄인 명예훼손죄로 기소되었다가 친고죄인 모욕죄가 예비적 공소사실로 추가되는 경우에도 기소 이후의 고소의 추완은 허용되지 아니합니다.17)

(김갑동 작성의 고소장의 기재 등에 의하면) 검사는 2014. 10. 17. 명예훼손죄로 기소하였다가 2014. 12. 18. 예비적 공소사실로 모욕죄를 추가하였고, 피해자인 김갑동은 같은 날 비로소 고소장을 제출하였으므로, 모욕의 점은 공소제기의 절차가 법률의 규정에 위반하여 무효인 때에 해당하므로 형사소송법 제327조 제2호에 따라 공소기각 판결을 하여야 합니다.

---

16) 대법원 1994. 10. 25. 선고 94도1770 판결.
17) 대법원 1982. 9. 14. 선고 82도1504 판결 참조.

제 5 회 변호사시험 예시 검토의견서, 변론요지서

I. 피고인 김갑동에 대한 검토의견서

1. 사문서위조, 위조사문서행사의 점

가. 사망자 명의의 문서위조와 문서위조죄의 성립 여부

문서가 일반인으로 하여금 당해 명의인의 권한 내에서 작성된 문서라고 믿게 할 수 있는 정도의 형식과 외관을 갖추고 있으면 문서위조죄가 성립하는 것이고, 위와 같은 요건을 구비한 이상 그 명의인이 문서의 작성일자 전에 이미 사망하였다고 하더라도 그러한 문서 역시 공공의 신용을 해할 위험성이 있으므로 문서위조죄가 성립합니다.[1]

나. 이 사건의 경우

피고인은 공소사실 기재와 같이 박병서가 2014. 3. 1. 사망하였음에도 박병서가 생전인 2014. 2. 25. 작성한 것인양 박병서의 사후에 그 명의의 매매계약서를 작성하였습니다. 위 매매계약서는 박병서가 생전에 작성한 문서라고 볼 만한 형식과 외관을 갖추고 있으므로, 사문서위조죄와 위조사문서행사죄가 각 성립합니다.

다. 결 론

그렇다면 피고인의 법정진술과 2014. 2. 25.자 부동산매매계약서 사본, 필적감정서의 각 기재 등을 종합하면 사문서위조, 위조사문서행사의 점은 유죄로 인정할 수 있습니다.

---

1) 대법원 2005. 2. 24. 선고 2002도18 전원합의체 판결.

2. 특정경제범죄가중처벌등에관한법률위반(사기)의 점

가. 사망한 자를 상대로 한 제소와 소송사기의 성부

소송사기에서 피기망자인 법원의 재판은 피해자의 처분행위에 갈음하는 내용과 효력이 있는 것이어야 하고 그렇지 아니한 경우에는 착오에 의한 재물의 교부행위가 있다고 할 수 없어서 사기죄는 성립되지 아니한다고 할 것이므로, 피고인의 제소가 사망한 자를 상대로 한 것이라면 그 판결은 그 내용에 따른 효력이 생기지 아니하여 상속인에게 그 효력이 미치지 아니하고 따라서 사기죄를 구성하지 아니합니다.[2]

나. 이 사건의 경우

피고인이 공소사실 기재와 같이 위조된 매매계약서를 제출하고 피고 박병서의 주소를 이을남의 주소로 거짓 기재하는 방법으로 법원을 기망하여 사망한 자인 박병서를 상대로 승소판결을 받았다고 하더라도, 위 판결의 내용에 따른 효력이 생기지 아니하여 상속인인 박갑수에게 그 효력이 미치지 아니하므로 사기죄가 성립하지 않습니다.

다. 결 론

그렇다면 특정경제범죄가중처벌등에관한법률위반(사기)의 점은 범죄로 되지 아니하므로 형사소송법 제325조 전단에 의하여 무죄 판결이 선고되어야 합니다.

3. 변호사법위반의 점

가. 약식명령의 확정과 상상적 경합

(약식명령등본의 기재에 의하면) 피고인은 2015. 10. 30. 서울남부지방법원에서 사기죄로 벌금 200만 원의 약식명령을 받아 2015. 12. 15. 위 약식명령이 확정되었는데, 확정된 약식명령의 범죄사실은 "피고인이 2013. 5. 7. 14:00경 서울 양천구 목동동로 135 목동빌라 302호에서 검사가 처리하는 사건에 관하여 청탁할 의사와 능력이 없음에도 청탁을 한다고 기망하여 이에 속은 피해자 왕근심으로부터

---

2) 대법원 1986. 10. 28. 선고 84도2386 판결.

청탁자금 명목으로 500만 원을 받아 이를 편취하였다."는 것입니다. 이러한 피고인의 행위는 약식명령이 확정된 사기죄와 이 사건 공소사실인 변호사법 제111조제1항 위반죄에 각 해당하고 위 두 죄는 형법 제40조에 정한 상상적 경합관계에 있으므로,3) 확정된 약식명령의 기판력은 이 사건 공소사실에 대하여 미칩니다.4)

나. 결 론

그렇다면 변호사법위반의 점은 확정판결이 있는 때에 해당하므로 형사소송법 제326조 제1호에 따라 면소 판결을 선고하여야 합니다.

4. 절도의 점

가. 명의신탁 자동차의 소유권 귀속관계

자동차에 대한 소유권의 득실변경은 등록을 함으로써 그 효력이 생기고 등록이 없는 한 대외적 관계에서는 물론 당사자의 대내적 관계에서도 소유권을 취득할 수 없는 것이 원칙이지만, 당사자 사이에 소유권을 등록명의자 아닌 자가 보유하기로 약정하였다는 등의 특별한 사정이 있는 경우에는 그 내부관계에서는 등록명의자 아닌 자가 소유권을 보유하게 됩니다.5)

나. 절도죄의 성립 여부

(피고인에 대한 제3회 경찰 피의자신문조서의 진술기재, 나부자 작성의 진술서, 자동차등록원부등본의 각 기재에 의하면) 피고인이 별거 중인 처인 나부자에게 피고인의 명의로 등록된 포르쉐 승용차를 증여하였고, 이후 나부자는 위 승용차를 전적으로 운행, 관리하였으나, 나아가 위 증거들만으로는 피고인과 나부자가 소유권이전등록을 마치지 아니한 채 등록명의자가 아닌 나부자가 위 승용차의 소유권을 보유하기로 약정하였다고 인정하기 부족하고, 달리 이를 인정할 증거가 없습니다.6)

---

3) 대법원 2007. 5. 10. 선고 2007도2372 판결.
4) 대법원 1991. 12. 10. 선고 91도2642 판결, 대법원 2011. 2. 24. 선고 2010도13801 판결.
5) 대법원 2013. 2. 28. 선고 2012도15303 판결{피고인과 피해자(사실혼 관계)가 별거하면서 재산분할 내지 위자료 명목으로 피해자가 이전에 피고인으로부터 선물로 받은 승용차를 소유하기로 약정한 사실이 인정된 사안이다}.
6) 피고인과 나부자 사이에 소유권을 나부자가 보유하기로 약정한 사실을 인정할 수 있다면, 피고인이 나부자 소유의 위 승용차를 운전하여 갔으므로 절도죄가 성립하고 형의 면제판결의 대상이 된다. 이 답안에서는 변호사의 입장에서 검토의견서를 작성하는 점, 재판장이 제2회

따라서 나부자는 대외적 관계에서는 물론 피고인과 나부자 사이의 대내적 관계에서도 위 승용차의 소유권을 취득하였다고 볼 수 없습니다.

따라서 절도의 점은 범죄의 증명이 없는 경우에 해당하므로 형사소송법 제325조 후단에 의하여 무죄 판결을 선고하여야 합니다.

다. 권리행사방해죄의 성립 여부

타인이 점유하는 자기의 물건을 취거하여 타인의 권리행사를 방해하는 경우에는 권리행사방해죄(형법 제323조)가 성립하는데, 절도와 권리행사방해 사이에 기본적인 사실관계는 동일하여 공소사실의 동일성이 인정되고 피고인이 위 승용차를 취거한 사실은 인정하고 있으므로, 법원은 피고인의 방어권 행사에 실질적으로 불이익을 초래할 염려는 없는 것으로 보아 공소장의 변경 없이 권리행사방해죄를 인정할 수 있습니다. 그러나 (가족관계증명서의 기재에 의하면) 피고인과 나부자는 부부이므로, 권리행사방해의 점에 대하여는 형법 제323조, 제328조 제1항에 의한 친족상도례가 적용되어 형의 면제 판결이 선고되어야 합니다.

5. 범인도피교사의 점

가. 범인도피죄에서 '죄를 범한 자'의 의미

범인도피죄에서 '벌금 이상의 형에 해당하는 죄를 범한 자'라고 하기 위해서는 벌금 이상의 형에 해당하는 죄의 구성요건에 해당하고 위법, 유책할 뿐만 아니라 처벌조건과 소송조건을 구비하였을 것을 요합니다. 따라서 친족상도례와 같은 인적 처벌조각사유에 의하여 소추나 처벌이 불가능한 때에는 죄를 범한 자라고 할 수 없습니다.

나. 이 사건의 경우

앞서 본 바와 같이 피고인이 처인 나부자를 상대로 범한 권리행사방해의 점은 친족상도례의 적용으로 형의 면제판결의 대상이므로 처벌조건을 구비하지 못하였습니다. 따라서 이을남이 처벌조건을 구비하지 못한 피고인을 도피하게 하였다고 하더라도, 피고인은 범인도피죄의 '죄를 범한 자'에 해당하지 않아 이을남의

공판기일에서 절도죄의 성립 여부에 관하여 검사에게 석명을 구한 점 등을 고려할 때 피고인에게 더 유리하게 절도죄의 성립을 부정하는 방향으로 검토하였다.

범인도피죄는 구성요건을 충족하지 못하고 이을남의 범인도피죄를 전제로 하는 피고인의 범인도피교사죄도 성립하지 않습니다.[7]

다. 결 론

그렇다면 범인도피교사의 점은 범죄로 되지 아니하므로 형사소송법 제325조 전단에 의하여 무죄 판결을 선고하여야 합니다.

II. 피고인 이을남에 대한 변론요지서

1. 사문서위조, 위조사문서행사, 공전자기록등불실기재, 불실기재공전자기록등 행사, 사기의 점

가. 피고인의 주장

피고인은 박병서 명의의 매매계약서가 위조된 줄 몰랐고, 김갑동이 박병서 소유의 과천시 중앙동 100 대 2,015㎡(이하 '이 사건 대지')를 실제로 매수한 것으로 믿고서 김갑동과 정고소를 도와준 것일 뿐이라며 공소사실을 부인하고 있습니다.[8]

나. 증거능력 없는 증거

1) 피고인에 대한 제1회 경찰 피의자신문조서

피고인에 대한 제1회 경찰 피의자신문조서는 피고인이 내용을 부인하므로 형사소송법 제312조 제3항에 따라 증거능력이 없습니다.

2) 김갑동에 대한 제2회, 제3회 경찰 피의자신문조서

---

7) 이을남의 범인도피죄가 구성요건을 충족하는 경우에 이을남은 피고인의 고종사촌 동생이어서 친족간의 특례(형법 제151조 제2항)가 적용되어 책임이 조각되거나 형의 면제판결을 받게 될 것이다. 피고인이 자신을 위하여 이을남으로 하여금 허위의 자수를 하게 하여 범인도피죄를 범하게 하는 행위는 방어권의 남용으로 범인도피교사죄에 해당하고, 이 경우 이을남이 형법 제151조 제2항에 의하여 처벌을 받지 아니하는 친족에 해당한다 하여 달리 볼 것은 아니다(대법원 2006. 12. 7. 선고 2005도3707 판결 참조).

8) 공소사실에 부합하는 증거로는 김갑동, 정고소의 각 법정진술, 김갑동에 대한 검찰 피의자신문조서, 김갑동에 대한 제2회, 제3회 경찰 피의자신문조서, 정고소, 박갑수에 대한 각 경찰 진술조서, 정고소 작성의 고소장, 등기사항전부증명서, 소장 사본, 각 부동산매매계약서 사본, 판결문, 판결확정증명 등이 있다.

공범인 공동피고인인 김갑동에 대한 제2회, 제3회 경찰 피의자신문조서는 피고인이 내용을 부인하는 취지로 증거에 각 부동의하였으므로 형사소송법 제312조 제3항에 따라 모두 증거능력이 없습니다.

3) 정고소의 법정진술과 정고소에 대한 경찰 진술조서 중 전문진술

정고소의 법정진술과 정고소에 대한 경찰 진술조서 중 "김갑동으로부터 매매대금 중 5,000만 원을 피고인에게 나누어 주었다는 말을 들었다."는 진술 부분은 전문진술 또는 전문진술을 기재한 조서에 해당합니다.[9] 따라서 법정진술은 형사소송법 제316조 제2항, 경찰 진술조서는 형사소송법 제312조 제4항과 제316조 제2항의 요건을 각각 갖추어야 증거능력을 인정할 수 있습니다. 김갑동은 공범인 공동피고인으로 형사소송법 제316조 제2항의 '피고인 아닌 타인'에 해당하기는 하나,[10] 원진술자인 김갑동이 법정에 출석하여 재판을 받고 있으므로 원진술자가 사망 등의 사유로 인하여 진술할 수 없는 때에 해당하지 아니하여 정고소의 법정진술과 정고소에 대한 경찰 진술조서 중 위 진술부분은 각 증거능력이 없습니다.

다. 증명력 없는 증거 – 김갑동, 한직원의 진술을 내용으로 하는 증거

1) 피고인의 범행 주도 여부

김갑동은 피고인이 박병서 소유의 이 사건 대지를 정고소에게 팔고 매매대금을 나눠 갖자고 하는 등 공동범행을 계획, 주도하였다고 진술하고 있습니다.

그런데 김갑동의 위 진술은 아래와 같은 이유로 믿을 수 없습니다.

첫째, 김갑동이 박병서 명의의 매매계약서의 위조, 망인인 박병서를 상대로 한 소송의 제기, 확정판결에 의한 소유권이전등기신청 등 일련의 행위를 주도한 반면, 피고인은 김갑동이 제기한 소송에서 소송서류 등을 송달받았을 뿐입니다. 따라서 김갑동의 위 진술은 피고인과 김갑동이 실제로 분담한 행위에 관한 객관적인 사실관계에 배치됩니다.

둘째, 김갑동은 이 사건 대지를 정고소에게 처분할 당시 본인의 상가 세입자들에게 2억 원의 임대보증금을 반환하여야 하는 상황이었고, 박병서에게 여러 건

---

9) 피고인이 일관되게 범행에 관여한 사실이 없다고 다툰 점, 이에 따라 정고소에 대한 경찰 진술조서, 정고소 작성의 고소장에 대하여 증거로 함에 부동의한 점 등에 비추어 볼 때 피고인이 정고소의 법정증언을 증거로 하는 데에 동의하였다고 볼 수 없다(대법원 2019. 11. 14. 선고 2019도11552 판결 참조).

10) 대법원 2011. 11. 24. 선고 2011도7173 판결, 대법원 2007. 2. 23. 선고 2004도8654 판결.

의 부동산 중개를 하는 과정에서 박병서의 재산관계와 가족관계를 잘 알고 있었을 뿐만 아니라 "자식 없고 재산 많은 고객인 박병서가 죽어서 그 재산이 욕심나던 차에 피고인과 이야기하게 되었다."[11]고 진술하는 등 범행을 계획하고 주도할 동기가 뚜렷하나, 피고인이 고향친구인 정고소를 상대로 범행을 주도할 이유가 전혀 없습니다.

셋째, 김갑동은 피고인에게 편취금액 4억 원 중 5,000만 원을 교부하였다고 주장하고 있는데, 설령 그러한 주장이 맞다고 하더라도 5,000만 원을 이을남이 공동범행을 주도한 대가로 보기에는 그 액수가 지나치게 적습니다.

넷째, 피고인은 2014. 9. 초순경 이후에 정고소를 만나서 토지수용보상금으로 4억 원 정도를 받았다는 이야기를 듣게 되었는데,[12] 김갑동은 그 이전인 2014. 5. 7. 박병서 명의의 매매계약서를 위조한 후 2014. 5. 8. 위조된 매매계약서를 첨부한 소장을 제출하였으므로, 피고인이 애초부터 정고소를 염두에 두고 사기 등 범행을 계획, 주도하였다는 김갑동의 진술은 객관적으로 인정되는 사실관계에 배치됩니다.

다섯째, 앞서 본 바와 같이 김갑동은 서울남부지방법원에서 사기죄로 벌금 200만 원의 약식명령이 확정되는 등 여러 범죄전력을 가지고 있습니다.

2) 5,000만 원의 교부 여부

김갑동은 "정고소로부터 매매대금 4억 원을 받아 공동범행의 대가로 1,000만 원을 피고인의 계좌로 송금하고 4,000만 원을 피고인에게 현금으로 교부하였다."는 취지로 진술하고 있습니다. 또한 한직원도 김갑동의 지시에 따라 김갑동의 계좌에서 피고인의 계좌로 1,000만 원을 송금하였고, "김갑동이 사무실로 찾아온 피고인에게 편지봉투 크기의 돈봉투 여러 개에 현금 4,000만 원을 나누어 담아 주었다."고 진술하고 있습니다.

그러나 김갑동, 한직원의 위 진술은 아래와 같은 이유로 각 믿을 수 없습니다.

첫째, 김갑동은 경찰에서 "매매대금을 받아 피고인이 요구하는 대로 5,000만 원을 건네주었다."고 진술하다가 검찰에서는 "매매대금을 받아 1,000만 원은 피고인 계좌로 송금하고, 4,000만 원은 현금으로 주었다."고 진술을 번복하여 5,000만 원 교부방식에 관한 진술의 일관성이 없을 뿐만 아니라 2015. 3. 2. 피고인에

---

11) 김갑동에 대한 검찰 피의자신문조서에 나타나 있다.
12) 정고소에 대한 경찰 진술조서에 나타나 있다.

게 허위 자수의 대가로 1,000만 원을 송금한 것을 기화로 송금내역에 맞추어 진술을 바꾸고 있습니다.

둘째, 김갑동이 공동범행의 대가로 피고인에게 5,000만 원을 교부하려고 하였다면 피고인에게 1,000만 원을 계좌로 송금하고 이후 4,000만 원을 현금으로 지급하는 방식으로 굳이 2번으로 나누어 교부할 이유가 없고, 편지봉투 크기의 돈봉투 여러 개에 나누어 담아 주었다는 현금 4,000만 원의 지급 방식도 굉장히 이례적이라서 사회통념상 수긍할 수 없습니다.

셋째, 김갑동이 피고인에게 1,000만 원을 계좌이체한 시점은 김갑동이 정고소로부터 잔금을 지급받은 2014. 9. 30.로부터 5개월이 지난 2015. 3. 2.이고, 또한 당시는 정고소가 2014. 10. 27. 김갑동과 피고인을 사기죄로 고소하여 한창 수사가 진행되던 상황이었으므로, 김갑동이 쉽게 발각될 우려가 있는 계좌이체의 방식으로 1,000만 원을 공동범행의 대가로 피고인에게 교부하였다고 보는 것은 경험칙에 어긋납니다. 오히려 증인 정고소의 일부 법정진술, 피고인에 대한 검찰 피의자신문조서의 진술기재, 통장사본의 기재에 따라 피고인의 주장대로 피고인의 범인도피행위의 대가,[13] 여자친구와 관련한 병원비로 1,000만 원을 김갑동으로부터 받은 것이라고 보는 것이 합리적입니다.

넷째, 김갑동은 매매대금 4억 원을 편취한 직후인 2014. 10. 2. 시가 1억 3,000만 원이 넘는 포르쉐 승용차를 구입하는 등 편취한 돈을 사용하였으나, 김갑동이 피고인에게 교부하였다고 주장하는 4,000만 원에 관하여는 계좌에 입금되거나 피고인이 사용한 흔적이 전혀 없고, 김갑동, 한직원의 각 진술 이외에는 이를 뒷받침할 만한 객관적인 증거가 전혀 없습니다.

다섯째, 김갑동은 자신의 죄책을 가볍게 하기 위하여 피고인에게 책임을 전가하는 진술을 할 가능성이 높고, 자신이 운영하는 갑동부동산의 중개보조원인 한직원의 진술에도 영향력을 미칠 수 있는 지위에 있습니다.

라. 부족증거

피고인의 일부 진술,[14] 정고소의 일부 법정진술, 정고소에 대한 경찰 진술조

---

13) 피고인은 허위 자수한 날인 2015. 3. 2. 김갑동으로부터 1,000만 원을 계좌로 송금받았다.

14) 피고인이 김갑동에게 주소를 알려줘서 자신의 집에서 소장 부본을 송달받고 판결문까지 송달받아 김갑동에게 전달한 사실을 인정하였다고 하여 공전자기록등불실기재, 불실기재공전자기록등행사의 점을 각 유죄로 인정할 수 있는 것은 아니다. 피고인의 진술대로 김갑동이 박병서

서 중 일부 진술기재, 박갑수에 대한 경찰 진술조서의 진술기재, 정고소 작성의
고소장, 등기사항전부증명서, 소장 사본, 각 부동산매매계약서 사본, 판결문, 판결
확정증명의 각 기재만으로는 피고인의 범행 가담사실을 인정하기 부족하고, 달리
이를 인정할 증거가 없습니다.[15]

마. 결 론

그렇다면 사문서위조, 위조사문서행사, 공전자기록등불실기재, 불실기재공전
자기록등행사, 사기의 점은 범죄의 증명이 없는 경우에 각 해당하므로 형사소송
법 제325조 후단에 의하여 모두 무죄 판결을 각 선고하여 주시기 바랍니다.

2. 범인도피의 점

앞서 본 바와 같이 김갑동은 권리행사방해의 점에 관하여 친족상도례의 적
용으로 형의 면제판결을 받게 됩니다. 따라서 피고인이 처벌조건을 구비하지 못
한 김갑동을 도피하게 하였다고 하더라도, 김갑동은 범인도피죄의 '죄를 범한 자'
에 해당하지 않아 피고인의 범인도피의 점은 구성요건 해당성이 없습니다.

또한 친족 또는 동거의 가족이 본인을 위하여 범인도피죄를 범한 때에는 처
벌하지 아니하는데(형법 제151조 제2항), (피고인에 대한 제1회 경찰 피의자신문조서, 김
갑동에 대한 제2회 경찰 피의자신문조서의 각 진술기재, 가족관계증명서의 기재에 의하면)
피고인은 김갑동의 고종사촌 동생인 사실을 인정할 수 있으므로, 친족인 피고인
이 김갑동을 위하여 허위로 자수하였다고 하더라도 책임이 조각되어 처벌되지 아
니합니다.[16]

그렇다면 범인도피의 점은 범죄로 되지 아니하므로 형사소송법 제325조 전
단에 의하여 무죄 판결을 선고하여 주시기 바랍니다.

로부터 이 사건 대지를 매수한 이상 김갑동의 소유권이전등기는 실체적 권리관계에 부합하는
등기에 해당하기 때문이다.
15) 나아가 공전자기록등불실기재, 불실기재공전자기록등행사의 점에 관하여는 "피고인은 김갑동
이 박병서로부터 이 사건 대지를 매수하였으나 박병서의 사망으로 소유권이전등기를 마치지
못한 것으로 믿고 김갑동에게 자신의 주소를 사용하도록 허락하여 주소지로 오는 소장 부본
과 판결문을 전달하는 대가로 김갑동으로부터 500만 원을 받았을 뿐입니다. 따라서 김갑동이
실체적 권리관계에 부합하는 등기를 마치기 위하여 소송을 제기하는 것으로 믿었던 피고인에
게는 공전자기록등불실기재, 불실기재공전자기록등행사의 범의가 없었습니다."라고 변론할 수
있다.
16) 범인도피죄에서 친족간의 특례조항(형법 제151조 제2항)이 인적 처벌조각사유에 해당하는 것
으로 보아 형의 면제판결을 주장할 수도 있다.

제 6 회 변호사시험 예시 검토의견서

I. 피고인 김갑동에 대하여

1. 특경법[1]위반(사기)의 점

가. 피고인의 주장

피고인 김갑동은 기망행위나 편취 범의가 없었다고 공소사실을 부인하고 있습니다.

나. 특경법의 적용 가부

특경법위반(사기)의 점은 형법 제347조의 사기죄를 범한 사람이 기망행위로 인하여 취득한 재물 또는 재산상 이익의 가액(이하 '이득액')이 5억 원 이상인 경우에 가중처벌하고 있습니다. 이 때 사기죄가 성립하기 위하여는 행위자의 기망행위와 피기망자의 착오의 결과로 피기망자가 처분행위를 한다는 것을 전제로 합니다.

검사는 피고인 김갑동의 이득액이 원금 4억 원에 이자 1억 원을 더한 5억 원이라고 보아 특경법위반(사기)죄를 적용하였으나, (피고인 김갑동에 대한 제1회 경찰 피의자신문조서, 정고소에 대한 경찰 진술조서의 각 진술기재에 의하면) 피고인 김갑동은 정고소와 사이에 나중에 원금 4억 원을 상환할 때 이자 1억 원을 합하여 5억 원을 변제하기로 약정하였을 뿐이므로, 정고소가 1억 원에 대하여 재산상 손해를 초래하는 처분행위를 한 바가 없습니다.

따라서 피고인 김갑동의 이득액은 4억 원에 불과하여 특경법위반(사기)죄가 적용되지 않습니다.

---

1) 문제에서 '특정경제범죄 가중처벌 등에 관한 법률'은 '특경법'으로 줄여서 기재할 수 있다고 안내하고 있으므로 곧바로 '특경법'이라고 기재한다. 이하 약칭한 다른 법명도 같다.

다. 편취 범의의 존부

1) 판단기준

차용금의 편취에 의한 사기죄의 성립 여부는 차용 당시를 기준으로 변제할 의사와 능력이 있었는지에 따라 판단하여야 하고, 이 때 사기죄의 주관적 구성요건인 편취의 범의의 존부는 피고인이 자백하지 아니하는 한 범행 전후의 피고인의 재력, 환경, 범행의 내용, 거래의 이행과정, 피해자와의 관계 등과 같은 객관적인 사정을 종합하여 판단하여야 합니다.[2]

2) 이 사건의 경우

(피고인 김갑동에 대한 검찰 피의자신문조서, 정고소에 대한 경찰 진술조서의 각 진술기재, 정고소 작성의 고소장, 동업계약서, 투자약정서 사본, 국민은행계좌내역의 각 기재에 의하여 인정할 수 있는) 다음과 같은 사정을 종합하면, 정고소로부터 4억 원을 차용할 당시 피고인 김갑동에게는 약정 기일에 차용금을 변제할 의사와 능력이 없었습니다.

① 피고인 김갑동은 차용 당시 별다른 재산이 없었습니다.

② 피고인 김갑동은 수사기관에서 변제계획에 관하여 막연히 한류 공연장(이하 '공연장') 사업이 정상적으로 운영되었다면 얼마든지 갚을 수 있었다고 진술하고 있는데, 이러한 진술은 공연장 사업의 정상적인 진행을 전제로 하고 있습니다. 그러나 피고인 김갑동과 박병서의 동업계약에서 박병서는 피고인 김갑동이 2014. 9. 30.까지 운영비 7억 원을 입금하는 것을 조건으로 공연장 시설 일체를 제공하기로 약정하였고, 피고인 이을남은 공연장 시설 완비를 선행조건으로 2014. 9. 30.까지 공연장 사업에 5억 원을 투자하기로 약정하였으므로, 공연장 시설 제공과 투자에 의한 운영비 조달이 상호 조건부 관계에 있었습니다. 따라서 피고인 김갑동의 차용 당시 공연장 사업은 정상적으로 진행될 수 없었던 상황이었습니다.

③ 피고인 김갑동이 제출한 국민은행계좌내역에 의하더라도 차용 당시부터 약정 변제기한까지 고철을 납품한 거래처에서 수금된 돈은 1억 원에 불과하였습니다.

④ 피고인 김갑동은 차용금 4억 원 중 3억 5,000만 원을 개인적으로, 나머지

---

2) 대법원 1996. 3. 26. 선고 95도3034 판결.

5,000만 원은 도박자금으로 각 사용하였고, 한류 공연장 사업에는 전혀 사용하지 아니하였습니다.

라. 결 론

특경법위반(사기)의 공소사실에는 사기가 포함되어 있고, 공동정범으로 기소된 피고인 이을남의 특경법위반(사기)의 점이 아래에서 보는 바와 같이 무죄가 되는 경우에 피고인 김갑동을 사기의 단독범으로 인정하더라도 피고인 김갑동의 방어권 행사에 실질적 불이익을 초래할 염려가 없으므로,3) 피고인 김갑동은 공소장의 변경 없이 사기죄로 유죄 판결을 받을 수 있습니다.

2. 정통망법위반의 점

가. 정보통신망을 이용한 불안감 조성행위가 정보통신망법 제74조 제1항 제3호 위반죄에 해당하기 위한 요건

정통망법 제74조 제1항 제3호, 제44조의7 제1항 제3호는 '정보통신망을 통하여 공포심이나 불안감을 유발하는 문언을 반복적으로 상대방에게 도달하게 한 자'를 처벌하고 있습니다. 위 정보통신망을 이용한 일련의 불안감 조성행위가 이에 해당한다고 하기 위해서는 각 행위 상호간에 일시·장소의 근접, 방법의 유사성, 기회의 동일, 범의의 계속 등 밀접한 관계가 있어 그 전체를 일련의 반복적인 행위로 평가할 수 있는 경우라야 하고, 그와 같이 평가될 수 없는 일회성 내지 비연속적인 단발성 행위가 수차 이루어진 것에 불과한 경우에는 위 법 위반죄로 처벌할 수 없습니다.4)

공소사실 기재와 같이 피고인 김갑동이 3일 동안 2번의 문자메시지를 발송한 것만으로는 일련의 반복적인 행위로 볼 수 없으므로, 이 사건 공소사실은 범죄로 되지 아니한 때에 해당하여 형사소송법 제325조 전단의 무죄 사유가 있습니다.

---

3) 법원은 공소사실의 동일성이 인정되는 범위 내에서 공소가 제기된 범죄사실에 포함된 보다 가벼운 범죄사실이 인정되는 경우에 심리의 경과에 비추어 피고인의 방어권 행사에 실질적 불이익을 초래할 염려가 없다고 인정되는 때에는 공소장이 변경되지 아니하였더라도 직권으로 공소장에 기재된 공소사실과 다른 공소사실을 인정할 수 있으나, 그렇지 아니한 경우에는 검사의 공소장변경 없이 공소장에 기재된 공소사실과 다른 공소사실을 인정할 수 없다(대법원 2014. 3. 27. 선고 2013도13567 판결).

4) 대법원 2009. 4. 23. 선고 2008도11595 판결.

나. 약식명령의 확정과 기판력

(약식명령등본의 기재에 의하면) 피고인 김갑동은 2016. 10. 30. 서울중앙지방법원에서 정통망법위반죄로 벌금 300만 원의 약식명령을 받아 2016. 12. 15. 위 약식명령이 확정되었는데, 확정된 약식명령의 범죄사실은 "피고인이 2015. 11. 15. 경부터 2015. 12. 30.까지 사이에 피해자 정고소가 차용금 상환을 독촉한다는 이유로 '너는 인간쓰레기이다. 두고 보자 이 벌레보다도 못한 인간아.'라는 내용의 문자메시지를 총 25회 발송하여 정보통신망을 통하여 불안감을 유발하는 글을 반복적으로 피해자에게 도달하게 하였다."는 것입니다. 이 사건 공소사실과 약식명령이 확정된 정통망법위반의 범죄사실은 단일한 범의에 의하여 일정 기간 계속하여 같은 피해자에 대하여 저질러진 것으로 모두 포괄일죄의 관계에 있습니다. 따라서 확정된 약식명령의 효력은 그 약식명령 발령 이전에 행하여진 이 사건 공소사실에 대하여도 미치므로,[5] 이 사건 공소사실은 확정판결이 있는 때에 해당하여 형사소송법 제326조 제1호에서 정한 면소 사유가 있습니다.

다. 결 론

그렇다면 이 사건 공소사실에 대하여는 무죄 사유와 면소 사유가 경합하나, 위 공소사실은 형식재판 우선의 원칙[6]에 따라 면소 판결의 대상입니다.

3. 무고의 점

가. 피고인의 주장

피고인은 차용증을 작성한 적이 없다며 공소사실을 부인하고 있습니다.

나. 공소시효 완성행위의 고소와 무고죄의 성부

객관적으로 고소사실에 대한 공소시효가 완성되었더라도 고소를 제기하면서 마치 공소시효가 완성되지 아니한 것처럼 고소한 경우에는 국가기관의 직무를 그

---

5) 대법원 2005. 9. 30. 선고 2005도4051 판결.
6) 하나의 공소사실에 대하여 면소나 공소기각 사유가 있는 때에는 면소판결을 선고하거나 공소기각의 판결 또는 결정을 하여야 하고, 실체에 관하여 심리하여 무죄판결을 선고할 수 없다. 따라서 단순일죄 또는 포괄일죄와 상상적 경합범을 구성하는 개별 범죄에 대하여 무죄 사유와 면소, 공소기각 사유가 경합하는 경우는 공소기각＞면소＞무죄의 순서로 결론을 내려야 하는데, 이를 형식재판우선의 원칙이라 한다.

르칠 염려가 있으므로 무고죄를 구성합니다.[7)]

피고인 김갑동이 신고한 범죄사실인 사문서위조죄, 위조사문서행사죄[8)]는 형법 제231조, 제234조와 형사소송법 제249조 제1항 제4호, 제250조에 의하면 그 공소시효의 기간이 7년임이 명백합니다. 차용증의 실제 작성일인 2008. 9. 10. 무렵을 기준으로 하면 사문서위조행위 등은 이미 공소시효가 완성되었으나, 피고인 김갑동은 공소시효가 완성되지 아니한 것처럼 차용증의 위조일을 2012. 9. 10.로 허위 기재하여 고소하였으므로, 객관적으로 공소시효가 완성되었다는 점은 무고죄의 성립에 영향을 미칠 수 없습니다.

다. 허위사실의 인식과 미필적 고의

무고죄의 범의는 반드시 확정적 고의임을 요하지 아니하고 미필적 고의로서도 족하다 할 것이므로 무고죄는 신고자가 진실하다는 확신 없는 사실을 신고함으로써 성립하고 그 신고사실이 허위라는 것을 확신함을 필요로 하지 않습니다.[9)]

피고인 김갑동은 검찰에서 "처인 나부인이 차용증을 작성해 주었을 가능성이 있다고 생각하였다."라고 진술하고 있는 점, 피고인 김갑동은 정고소에게 차용금을 변제하고 차용증을 회수하면서도 아무런 이의제기를 하지 아니한 점, 정고소가 피고인 김갑동과 금전거래를 하여 왔다고 하더라도 차용증도 작성하지 않은 채 위 피고인에게 1,000만 원을 빌려준다는 것은 사회통념에 반할 뿐만 아니라 정고소가 차용증을 위조할 특별한 이유가 없는 점, 피고인 김갑동은 2008. 10. 경[10)] 정고소로부터 차용증을 회수하고도 약 8년이 지난 2016. 8. 16.에야 정고소를 사문서위조죄 등으로 고소한 점 등에 비추어보면, 피고인 김갑동은 정고소가 차용증을 위조하지 않았음을 알았거나 적어도 미필적으로 인식하였습니다.

라. 결 론

그렇다면 이 사건 공소사실은 유죄 판결이 예상됩니다.

---

7) 대법원 1995. 12. 5. 선고 95도1908 판결.
8) 법정형은 각 5년 이하의 징역 또는 1천만원 이하의 벌금에 해당한다(형법 제231조, 제234조).
9) 대법원 2006. 5. 25. 선고 2005도4642 판결.
10) 차용일인 2008. 9. 10.경으로부터 1달이 지난 때로 볼 수 있다(김갑동에 대한 제1회 경찰 피의자신문조서의 진술기재).

4. 공무집행방해의 점

가. 협박의 대상

공무집행방해죄에서 협박은 해악을 고지하는 것인데 그 대상은 직무를 집행하는 공무원이어야 합니다. 따라서 공무원이 아닌 제3자에 대한 해악의 고지는 공무원이 제3자와 밀접한 관계에 있지 않는 한 공무원에 대한 협박으로 볼 수 없습니다.

피고인 김갑동은 경찰 조사과정에서 정고소에 대한 해악을 고지하였을 뿐이고, 정고소와 조사 경찰관인 김병휘가 밀접한 관계가 있다고 볼 만한 사정이 없으므로, 피고인 김갑동은 공무원인 조사 경찰관을 협박한 것으로 볼 수 없습니다.

나. 협박의 정도

공무집행방해죄에서 협박이라 함은 고지하는 해악의 내용이 그 경위, 행위 당시의 주위 상황, 행위자의 성향, 행위자와 상대방과의 친숙함의 정도, 지위 등의 상호관계 등 행위 당시의 여러 사정을 종합하여 객관적으로 상대방으로 하여금 공포심을 느끼게 하는 것이어야 합니다.[11]

피고인 김갑동이 정고소에 대한 해악 고지가 조사 경찰관의 직무집행을 방해할 가능성이 있다고 어느 정도 인식하였다고 하더라도, 피고인 김갑동이 조사 경찰관의 조사 순서에 불만을 품고 정고소에 대한 해악을 고지한 점, 조사 경찰관이 정고소와 밀접한 관계에 있다고 볼 수 없는 점 등을 종합하면 피고인 김갑동의 정고소에 대한 해악 고지는 조사경찰관이 공포심을 느낄 정도라고 볼 수 없습니다.

다. 결 론

그렇다면 이 사건 공소사실은 범죄의 증명이 없는 때에 해당하므로 형사소송법 제325조 후단의 무죄 판결이 예상됩니다.

---

11) 대법원 2011. 2. 10. 선고 2010도15986 판결.

5. 특가법위반(도주치상)의 점

가. 피고인의 주장

피고인 김갑동은 도주의사가 없었다고 공소사실을 부인하고 있습니다.

나. 도주의 의미

특가법 제5조의3 제1항 소정의 '피해자를 구호하는 등 도로교통법 제54조 제1항의 규정에 의한 조치를 취하지 아니하고 도주한 때'라 함은 사고 운전자가 사고로 인하여 피해자가 사상을 당한 사실을 인식하였음에도 불구하고 피해자를 구호하는 등 도로교통법 제54조 제1항에 규정된 조치를 이행하기 이전에 사고현장을 이탈하여 사고를 낸 자가 누구인지 확정될 수 없는 상태를 초래하는 경우를 말합니다.[12] 차의 운전으로 사람에게 상해를 입힌 경우 사고 운전자 등은 도로교통법 제54조 제1항에 따라 즉시 정차하여 사상자를 구호하고, 피해자에게 인적사항을 제공하여야 하는데, 이러한 조치는 반드시 사고 운전자 본인이 직접 할 필요는 없고, 자신의 지배하에 있는 자를 통하여 하거나, 현장을 이탈하기 전에 타인이 구호조치 등을 하여도 무방합니다.[13]

다. 도주에 해당하는지 여부

[피고인 김갑동에 대한 검찰 피의자신문조서, 피고인 김갑동에 대한 제2회 경찰 피의자신문조서의 각 진술기재와 교통사고보고(실황조사서)의 기재에 의하면] 피고인 김갑동은 경찰이 도착하기 전에 사고 현장을 이탈한 사실은 인정됩니다. 그러나 (위 인정증거에 의하면) 피고인 김갑동은 사고 직후 즉시 정차하였고, 동승자인 피고인 이을남이 112 신고를 하였으며, 곧이어 피고인 김갑동은 피해자를 부축해서 택시에 태워주면서 피고인 이을남에게 성모병원으로 데리고 가라고 하여 치료를 받게 한 사실, 나부인이 사고 현장에 나타나 남편인 피고인 김갑동의 인적사항을 출동 경찰관에게 진술한 사실, 피고인 김갑동은 사고 다음날 경찰에 출석하여 조사를 받은 사실이 인정됩니다. 따라서 피고인 김갑동이 피해자나 경찰관에게 자신의

---

12) 대법원 2002. 1. 11. 선고 2001도2869 판결 참조.
13) 대법원 2007. 10. 11. 선고 2007도1738 판결 참조.

인적사항을 직접 알리지 않고 사고 현장을 이탈하였다 하더라도, 이러한 사정만
으로 당시 피고인 김갑동에게 도주할 의사가 있었다고 단정하기 어렵습니다. 그
렇다면 특가법위반(도주치상)의 점은 범죄의 증명이 없는 경우에 해당하므로 형사
소송법 제325조 후단의 무죄 판결의 대상입니다.

라. 교통사고처리특례법위반죄의 성립 여부

특가법 제5조의3 제1항 제2호, 형법 제268조 위반의 공소사실 중에는 '차의
운전자가 교통사고로 인하여 형법 제268조의 죄를 범한 경우'라는 교통사고처리
특례법 제3조 제1항의 공소사실도 포함되어 있는 것으로 볼 수 있습니다. 또한
피고인 김갑동은 교통사고로 피해자를 다치게 한 사실은 인정하고 있어 법원은
피고인의 방어에 실질적으로 불이익을 초래할 염려는 없는 것으로 보아 공소장
변경 없이 교통사고처리 특례법 제3조 제2항 단서, 제1항에 의하여 교통사고처리
특례법위반의 사실을 인정할 수 있습니다.

[교통사고보고(실황조사서)의 기재에 의하면] 횡단보도에 황색실선의 중앙선이
바로 이어져 있는 사실이 인정되므로, 횡단보도에는 중앙선이 그어져 있지 않더
라도, 횡단보도를 통한 좌회전이 금지되고, 중앙선 침범이 사고 발생의 직접적인
원인이 되었다고 볼 수 있으므로,14) 피고인 김갑동의 교통사고는 중앙선 침범사
고에 해당하여 피고인 김갑동의 차량이 종합보험에 가입되어 있다 하더라도, 피
고인 김갑동에게는 교통사고처리특례법 제3조 제2항 제2호, 제1항 위반죄로 유죄
판결이 예상됩니다.

II. 피고인 이을남에 대하여

1. 특경법위반(사기)의 점

가. 피고인의 주장

피고인 이을남은 피고인 김갑동과 공모하거나 공모에 따른 실행행위에 가담

---

14) 횡단보도를 통해 반대차선으로 넘어가 일으킨 교통사고는 반대차선 보행자의 신뢰에 크게 어
긋나고 피해자 오생존이 반대차선 도로변에서 서성거린 행위 때문에 발생한 것이 아니다.

한 바가 전혀 없다고 공소사실을 부인하고 있습니다.[15]

나. 증거능력 없는 증거

1) 증인 나부인의 증언

증인 나부인은 법정에서 "남편(피고인 김갑동)한테 듣기로 이을남의 도움을 받아 정고소로부터 돈을 차용할 수 있었고 이을남이 그 대가로 수고비를 요구했다고 하였다."라고 진술하였습니다. 피고인 김갑동은 피고인 이을남의 공동피고인으로 '피고인 아닌 타인'에 해당하므로,[16] 이 증언은 피고인이 아닌 자(나부인)의 진술이 피고인 아닌 타인(피고인 김갑동)의 진술을 내용으로 하는 것입니다.[17] 따라서 원진술자가 사망, 질병, 외국거주, 소재불명 그 밖에 이에 준하는 사유로 인하여 진술할 수 없고, 그 진술이 특히 신빙할 수 있는 상태하에서 행하여졌음이 증명된 때에 한하여 이를 증거로 할 수 있습니다(형사소송법 제316조 제2항). 그러나 원진술자인 피고인 김갑동이 법정에 출석하여 재판을 받고 있으므로 원진술자가 질병 등의 사유로 인하여 진술할 수 없는 때에 해당되지 아니하여 증인 나부인의 증언은 전문증거로서 증거능력이 없습니다.

2) 피고인 김갑동에 대한 제1회 경찰 피의자신문조서

사법경찰관이 작성한 피고인 김갑동에 대한 제1회 피의자신문조서는 피고인 이을남이 제1회 공판기일에서 그 내용을 부인하는 취지로 증거에 부동의하였으므로 형사소송법 제312조 제3항에 의하여 증거능력이 없습니다.

3) 보이스펜의 진술 녹음

가) 위법수집증거 해당 여부

2인 간의 대화에서 그 중 한 사람이 그 대화를 녹음하는 경우에 상대방의 발언은 그 녹음자에 대한 관계에서 '타인 간의 대화'라고 할 수 없으므로, 이와 같은 녹음행위는 통신비밀보호법 제3조 제1항에 위배된다고 볼 수 없습니다.[18]

따라서 대화당사자 중 한 사람인 김직원의 녹음행위는 통신비밀보호법 제3

---

15) 피고인 이을남의 공소사실에 부합하는 증거는 증인 정고소, 나부인의 각 법정 진술, 검사 작성의 피고인 김갑동에 대한 피의자신문조서, 사법경찰관 작성의 피고인 김갑동에 대한 제1회 피의자신문조서, 정고소에 대한 경찰 진술조서, 고소장, 동업계약서, 보이스펜, 블랙박스 등이 있다.
16) 대법원 2011. 11. 24. 선고 2011도7173 판결, 대법원 2007. 2. 23. 선고 2004도8654 판결.
17) 피고인이 일관되게 범행에 관여한 사실이 없다고 다툰 점 등에 비추어 볼 때 피고인이 나부인의 법정증언을 증거로 하는 데에 동의하였다고 볼 수 없다(대법원 2019. 11. 14. 선고 2019도11552 판결 참조).
18) 대법원 2006. 10. 12. 선고 2006도4981 판결.

조 제1항에 위배되지 아니하므로, 보이스펜에서 피고인 이을남의 진술이 녹음된 부분은 위법수집증거에 해당하지 않습니다.

　　　나) 전문법칙상 증거능력 인정 여부

　　보이스펜에 녹음된 피고인의 진술 내용은 실질적으로 형사소송법 제311조, 제312조의 규정 이외에 피고인의 진술을 기재한 서류와 다름없어, 피고인이 보이스펜을 증거로 할 수 있음에 동의하지 않은 이상 보이스펜에 녹음된 피고인의 진술 내용을 증거로 사용하기 위해서는 형사소송법 제313조 제1항 단서에 따라 공판준비 또는 공판기일에서 작성자인 상대방의 진술에 의하여 보이스펜에 녹음된 피고인의 진술 내용이 피고인이 진술한 대로 녹음된 것임이 증명되고 나아가 그 진술이 특히 신빙할 수 있는 상태하에서 행하여진 것임이 인정되어야 합니다.[19]

　　그런데 피고인은 보이스펜을 증거로 함에 동의하지 아니하였고 보이스펜으로 녹음한 사람인 김직원이 법정에 불출석하여 보이스펜에 녹음된 피고인의 진술 내용에 관한 성립의 진정이 증명되지 않았으며, 김직원에 대한 송달이 불능되어 김직원이 출석하지 아니한 것만으로는 형사소송법 제314조에서 말하는 사망, 질병, 외국거주, 소재불명 그 밖에 이에 준하는 사유로 진술을 요하는 자가 진술할 수 없는 때에 해당하지 아니하므로, 보이스펜에 녹음된 피고인 이을남의 진술은 증거능력이 없습니다.

4) 블랙박스, 압수조서 및 압수목록(블랙박스)

　　범행 중 또는 범행 직후의 범죄 장소에서 긴급을 요하여 법원판사의 영장을 받을 수 없는 때에는 영장없이 압수, 수색 또는 검증을 할 수 있지만, 사후에 지체없이 영장을 받아야 합니다(형사소송법 제216조 제3항).

　　사법경찰관이 긴급을 요하여 교통사고 현장에서 사고를 일으킨 피고인 김갑동 소유의 차량에 부착된 블랙박스를 영장없이 압수하였으나, 사후에 압수, 수색 영장을 발부받지 아니하였으므로, 블랙박스는 영장주의에 위반하여 수집한 위법수집증거에 해당합니다. 이 경우 피고인 김갑동을 상대로 적법한 절차를 따르지 아니하고 수집한 증거인 블랙박스는 공범으로 기소된 피고인 이을남에 대한 유죄 인정의 증거로 사용할 수 없습니다.[20]

　　압수조서 및 압수목록(블랙박스)은 블랙박스를 압수하면서 작성된 2차적 증거

---

19) 대법원 2012. 9. 13. 선고 2012도7461 판결.
20) 대법원 2011. 6. 30. 선고 2009도6717 판결 참조.

에 해당하고 달리 영장주의 위반의 위법과 압수조서 및 압수목록(블랙박스) 작성
의 인과관계가 희석 또는 단절될 만한 특별한 사정이 없으므로, 피고인 이을남이
증거로 함에 동의하였다 하더라도 그 증거능력이 없습니다.

다. 증명력 없는 증거

1) 피고인 김갑동의 진술을 내용으로 하는 증거

가) 동업계약 조건에 관한 피고인 이을남의 인식 여부

피고인 김갑동은 검찰에서 "피고인 이을남에게 박병서와의 동업계약서도 보
여주면서 피고인 이을남이 투자를 하지 않으면 공연장 사업을 진행하기 어렵다고
투자를 권유하여 위 피고인으로부터 조건 없이 5억 원을 투자하겠다는 약속을 받
았다."라는 취지로 진술하고 있습니다.[21]

그러나 피고인 김갑동의 위 진술은 아래와 같은 이유로 믿을 수 없습니다.

첫째, 피고인 이을남이 피고인 김갑동과 박병서와의 동업계약서를 보고도 조
건 없이 5억 원을 투자하기로 약정하였다는 것은 사회통념에 반합니다. 피고인
이을남이 동업계약 조건을 인식하였다면 자신의 투자액인 5억 원에 더하여 2억
원이 더 조달되어야 피고인 김갑동이 박병서로부터 공연장 시설을 제공받을 수
있다는 것을 알 수 있었을 것이므로, 공연장 사업에 투자를 하지 않았을 것이기
때문입니다.

둘째, 피고인 김갑동은 수사기관에서 줄곧 피고인 이을남이 조건 없이 5억
원을 투자하기로 약정하였다고 진술하다가 법정에서 투자약정서가 제출되자 그
진술을 번복하고 있습니다. 실제로 피고인 김갑동의 위 진술은 투자약정서에 배
치됩니다.

셋째, 증인 정고소도 돈을 빌려줄 당시 피고인 김갑동이 피고인 이을남에게
는 동업계약서를 보여주지 않았다고 증언하고 있습니다.

나) 수고비의 요구 여부

피고인 김갑동은 검찰에서 "피고인 이을남이 수고비를 요구하고서도 투자를
하지 않았다."라고 진술하고 있습니다.

---

21) 피고인 이을남이 "피고인 김갑동이 2014. 9. 30.까지 운영비 7억 원을 조달하여야 박병서가
공연장 시설 일체를 제공한다."는 동업계약 조건을 잘 알면서도 '공연장 시설 완비'를 선행조
건으로 하여 5억 원의 투자약정을 하였다면, 결국 피고인 이을남은 공연장 사업 진행이 어렵
다는 사실을 인식하고도 정고소 앞에서 "공연장 사업에 5억 원을 투자하기로 하였다."고 말하
였다는 점에서 피고인 이을남의 동업계약 조건에 관한 인식은 공모의 정황사실이 될 수 있다.

(피고인 김갑동에 대한 검찰 피의자신문조서의 진술기재에 의하면) 피고인 이을남은 강원랜드에서 피고인 김갑동으로부터 도박자금으로 1,000만 원을 받았으나, 수고비(또는 도박자금)는 범행을 전제로 하지 않는 상황에서도 수수될 수 있으므로, 설령 피고인 이을남이 피고인 김갑동에게 수고비를 요구하여 받았다고 하더라도, 그러한 사정만으로 피고인 이을남이 피고인 김갑동과 사기 범행을 공모하였다고 보기 어렵습니다.

　　다) 범행수익 배분 여부

피고인 김갑동은 검찰에서 "피고인 이을남이 차용금의 일부임을 알면서 도박자금 1,000만 원을 받아 사용하였다."는 취지로 진술하고 있습니다.

그런데 피고인 김갑동은 검찰에서 피고인 이을남이 먼저 강원랜드에 가서 도박하자고 말했다고 진술하다가 법정에서는 그 진술을 번복하고 있으므로, 위 진술을 쉽게 믿을 수 없습니다. 설령 피고인 이을남이 도박자금 1,000만 원의 출처가 차용금이라는 사실을 알았다고 하더라도, 피고인 이을남이 피고인 김갑동과 사기 범행을 공모하였다는 점을 인정할 만한 다른 증거가 없는 이상 도박자금 1,000만 원의 수령을 범행수익의 분배로 볼 수 없습니다. 나아가 1,000만 원은 4억 원의 편취 범행에 대한 공모의 대가로 보기에는 액수가 지나치게 적습니다.

　　라) 신빙성 여부

위와 같은 여러 관점에서 볼 때, 피고인 김갑동의 진술을 내용으로 하는 증거는 신빙성이 없습니다.

2) 정고소의 진술을 내용으로 하는 증거

정고소의 진술의 주된 내용은 "피고인 김갑동이 돈을 빌릴 때 피고인 이을남은 옆에서 자신도 공연장 사업에 5억 원을 투자하기로 했다는 등 맞장구를 쳤고, 결정적으로 피고인 김갑동에게 빌려준 돈으로 함께 도박을 하였으므로, 피고인 김갑동과 공모하여 사기 범행을 한 것이 틀림없다."는 것입니다.

피고인 이을남은 실제로 공연장 사업에 투자하기로 약정하였으므로, 피고인 이을남의 투자에 관한 진술이 거짓이라고 볼 수 없을 뿐만 아니라,[22] 정고소의 진술은 뚜렷한 근거 없이 피고인들의 도박사실 등에 기초한 추측에 불과하므로, 정고소의 진술도 쉽게 믿을 수 없습니다.

---

22) 피고인 이을남이 정고소에게 투자약정의 조건을 고지하여야 할 의무가 있다고 볼 수 없으므로, 위 조건을 밝히지 아니한 것이 부작위에 의한 기망이 될 수 없다.

라. 그 밖의 증거

압수조서 및 압수목록(보이스펜), 피고인 이을남에 대한 조회회보서의 각 기재만으로는 이 사건 공소사실을 인정하기 부족하고, 달리 이를 인정할 증거가 없습니다.

마. 결 론

그렇다면 특경법위반(사기)의 점은 범죄의 증명이 없는 경우에 해당하므로 형사소송법 제325조 후단의 무죄 판결이 예상됩니다.

2. 부정수표단속법위반의 점

가. 수표금액 500만 원의 가계수표에 관하여

1) 적법한 지급제시 여부

부수법 제2조 제2항은 수표를 발행한 자가 그 수표발행 후에 거래정지 처분 등으로 인하여 제시기일에 지급되지 아니하게 한 때를 범죄구성요건으로 하고 있는 것이므로 같은 조항의 범죄가 성립되기 위하여는 그 수표가 적법한 제시기간 내에 제시되어야만 합니다. 그리고 국내에서 발행하고 지급할 수표는 10일 내에 지급을 받기 위한 제시를 하여야 하고(수표법 제29조 제1항), 지급제시기간에는 그 첫날을 산입하지 않습니다(같은 법 제61조).

수표소지인인 정고소는 발행일인 2016. 9. 3.부터 10일 내인 2016. 9. 13. 수표금액 500만 원의 가계수표를 지급 제시하였으므로, 이는 적법한 지급제시라고 할 것입니다.

2) 변제공탁금의 수령

이 사건 공소사실은 부수법 제2조 제2항, 제1항에 해당하는 죄인데, 부수법 제2조 제4항에 의하면 수표를 발행하거나 작성한 자가 그 수표를 회수하거나, 회수하지 못하였을 경우라도 수표소지인의 명시한 의사에 반하여는 공소를 제기할 수 없다고 규정하고 있습니다.

(증인 정고소의 법정 진술에 의하면) 수표소지인인 정고소는 피고인 이을남이 변제공탁한 위 가계수표의 액면금액인 500만 원을 수령하였으나, 이것은 부수법 제2조 제4항에서 공소제기를 할 수 없는 사유로 규정하고 있는 수표를 발행하거나

작성한 자가 수표를 회수한 경우, 수표소지인의 명시한 의사에 반하는 경우 중 어느 것에도 해당된다고 볼 수 없습니다.[23]

3) 결 론

그렇다면 이 사건 공소사실은 유죄 판결의 대상입니다.

나. 수표금액 300만 원의 가계수표에 관하여

앞서 본 바와 같이 이 사건 공소사실은 부수법 제2조 제4항에 의하여 수표소지인의 명시한 의사에 반하여는 공소를 제기할 수 없는 반의사불벌죄에 해당하고, 수표소지인의 처벌을 희망하지 아니하는 의사표시는 제1심판결 선고 이전까지 이루어져야 하는데,[24] 수표소지인인 피고인 김갑동은 제2회 공판기일에서 피고인 이을남에 대하여 처벌을 희망하지 아니하는 의사표시를 하였습니다.

그렇다면 이 사건 공소사실은 피해자의 명시한 의사에 반하여 공소를 제기할 수 없는 사건에 대하여 처벌을 희망하지 아니하는 의사표시가 있는 때에 해당하므로, 형사소송법 제327조 제6호[25]에 의한 공소기각 사유가 있습니다.

---

23) 대법원 1994. 10. 21. 선고 94도789 판결.
24) 대법원 1995. 2. 3. 선고 94도3122 판결.
25) 공소기각의 경우 형사소송법 제327조 또는 제328조 각 호에 규정된 공소기각 사유 중 어느 조문에 해당하는지 반드시 특정하여 기재한다.

제 7 회 변호사시험 예시 검토의견서, 변론요지서

I. 피고인 김갑동에 대한 검토의견서

1. 모욕의 점

가. 피고인의 주장

피고인은 이을남을 모욕한 적이 없다고 공소사실을 부인하고 있습니다.[1]

나. 고소기간의 준수 여부

모욕죄는 친고죄이므로(형법 제312조 제1항, 제311조) 범인을 알게 된 날로부터 6개월 이내에 고소하여야 합니다(형사소송법 제230조 제1항).

(이을남이 작성한 고소장의 기재에 의하면) 고소인인 이을남은 2017. 7. 16. 피고인의 범행을 알게 되었고, 그때로부터 6개월 이내인 2017. 9. 18. 고소를 제기하였으므로, 고소기간을 준수하였습니다.

다. 증거능력 없는 증거

1) 이을남의 법정진술

공범이 아닌 공동피고인은 피고인에 대한 관계에서는 증인의 지위에 있음에 불과하므로 그 공동피고인이 공판기일에서 선서 없이 피고인으로서 한 진술을 피고인에 대한 공소사실을 인정하는 증거로 쓸 수 없습니다.[2] 이을남은 피고인신문에서 김갑서로부터 피고인이 공소사실과 같이 말하였다는 것을 전해 들었다고 진술하고 있으므로,[3] 이을남의 법정진술은 증거능력이 없습니다.

---

1) 모욕의 공소사실에 부합하는 증거는 이을남의 법정 진술, 이을남, 김갑서에 대한 각 경찰 진술조서, 이을남 작성의 고소장, SD카드, 녹취서 등이 있다.
2) 대법원 1979. 3. 27. 선고 78도1031 판결.

2) 이을남 작성의 고소장, 이을남에 대한 경찰 진술조서

공범이 아닌 공동피고인의 경찰진술은 제3자의 진술과 다를 바 없으므로, 공동피고인이 피고인의 지위에서 진정성립 또는 내용을 인정하더라도 당해 피고인이 증거로 함에 동의하지 않는 한 공동피고인을 증인으로 신문하여 진정성립이 증명된 경우에 한하여 증거능력이 있습니다.

피고인은 고소장과 경찰 진술조서(이하 '고소장 등')에 대하여 증거로 함에 동의하지 않았는데, 이을남은 피고인의 지위에서 고소장 등의 진정성립을 인정하였을 뿐 형사소송법 제312조 제4항에 따라 증인으로서 고소장 등의 진정성립을 인정한 것이 아니고 영상녹화물 기타 객관적 방법에 의한 증명도 없으므로, 고소장 등은 증거능력이 없습니다.[4]

3) 김갑서에 대한 경찰 진술조서

피고인은 김갑서에 대한 경찰 진술조서에 부동의하였는데, 피고인의 사촌형인 김갑서가 법정에서 형사소송법 제148조에 따른 증언거부권을 행사하여 형사소송법 제312조 제4항의 진정성립이 증명되지 아니하였고, 나아가 증언거부권의 행사로 인한 증언거부는 형사소송법 제314조의 '그 밖에 이에 준하는 사유로 인하여 진술할 수 없는 때'에 해당하지 아니하므로, 김갑서에 대한 경찰 진술조서는 증거능력이 없습니다.

4) SD카드에 저장된 진술녹음과 녹취서

가) 위법수집증거 해당 여부

2인 간의 대화에서 그 중 한 사람이 그 대화를 녹음하는 경우에 상대방의 발언은 그 녹음자에 대한 관계에서 '타인 간의 대화'라고 할 수 없으므로, 이와 같은 녹음행위는 통신비밀보호법 제3조 제1항에 위배된다고 볼 수 없습니다.[5]

따라서 대화당사자 중 한 사람인 김갑서의 녹음행위는 통신비밀보호법 제3조 제1항에 위배되지 아니하므로, SD카드에서 피고인의 진술이 녹음된 부분은

---

3) 이 진술은 피고인 아닌 자(이을남)의 진술이 피고인 아닌 타인(김갑서)의 진술을 그 내용으로 하는 전문진술이므로, 형사소송법 제316조 제2항에 따라 증거능력 인정 여부를 검토할 수 있다. 그러나 전문법칙의 적용에 앞서 증인의 지위에 있는 이을남이 선서 없이 피고인으로 진술한 것이어서 그 자체로 증거능력이 없으므로, 형사소송법 제316조 제2항에 따른 증거능력 인정 여부를 굳이 검토할 필요가 없다.

4) 이을남에 대한 경찰 진술조서는 전문진술을 기재한 조서로 제312조 제4항에 의하여 그 증거능력이 인정될 수 있는 경우에 해당하여야 할 뿐만 아니라 제316조 제2항의 요건을 충족한 때에만 예외적으로 증거능력이 인정된다(대법원 2006. 4. 14. 선고 2005도9561 판결 참조).

5) 대법원 2006. 10. 12. 선고 2006도4981 판결.

위법수집증거에 해당하지 않습니다.

나) 전문법칙상 증거능력 인정 여부

SD카드에 녹음된 피고인의 진술 내용은 실질적으로 형사소송법 제311조, 제312조의 규정 이외에 피고인의 진술을 기재한 서류와 다름없어, 피고인이 SD카드를 증거로 할 수 있음에 동의하지 않은 이상 SD카드에 녹음된 피고인의 진술 내용을 증거로 사용하기 위해서는 형사소송법 제313조 제1항 단서에 따라 공판준비 또는 공판기일에서 작성자인 상대방의 진술에 의하여 SD카드에 녹음된 피고인의 진술 내용이 피고인이 진술한 대로 녹음된 것임이 증명되고 나아가 그 진술이 특히 신빙할 수 있는 상태하에서 행하여진 것임이 인정되어야 합니다.[6]

피고인은 SD카드에 대하여 증거로 함에 동의하지 아니하였는데, SD카드로 녹음한 사람인 김갑서가 법정에서 형사소송법 제148조에 따른 증언거부권을 행사하여 SD카드에 녹음된 피고인의 진술 내용에 관한 성립의 진정이 증명되지 아니하였으므로, SD카드에 녹음된 피고인의 진술과 그 진술을 기재한 서류인 녹취서는 각 증거능력이 없습니다.

라. 결 론

그 밖에 이 사건 공소사실을 인정할 증거가 없으므로, 모욕의 점은 범죄의 증명이 없는 때에 해당하여 형사소송법 제325조 후단의 무죄 판결이 예상됩니다.

2. 절도교사의 점

가. 피고인의 주장

피고인은 절도를 교사한 적이 없고, 설령 교사를 했더라도 절취 전에 문자메시지를 보내어 범행을 만류하였다고 주장하고 있습니다.

나. 절도교사 여부

1) 증거능력이 없는 증거

이을남에 대한 제3회 경찰 피의자신문조서 중 절도교사에 관한 부분은 피고

---

6) 대법원 2012. 9. 13. 선고 2012도7461 판결 참조.

인이 제1회 공판기일에서 그 내용을 부인하는 취지로 증거에 부동의하였으므로 형사소송법 제312조 제3항에 따라 증거능력이 없습니다.[7]

2) 이을남, 서중기의 진술의 신빙성 여부

가) 이을남, 서중기의 각 진술 내용

이을남은 "서중기와 함께 있는 자리에서 피고인이 '폭행 사건 합의금이 필요하다. 이동수가 부자라고 하지 않았느냐, 돈을 훔쳐와서 내 돈을 갚아라.'고 절도를 교사하고, '한잔하고 자신감을 가져라.'고 말하면서 서중기에게 5만 원을 주고 술을 사오라고 하여 술을 함께 마셨다."고 진술하고 있습니다. 그리고 술 마시는 자리에 함께 있었던 서중기는 "술을 마시기 전에 피고인이 '폭행 사건의 합의금 때문에 돈이 필요하다. 이을남 친척인 이동수가 부자다.'라는 말을 한 후에 피고인이 한잔 하자며 5만 원을 주면서 술 등을 사오라고 하여 술을 함께 마셨다."고 진술하고 있습니다.

나) 이을남의 진술의 신빙성 여부

이을남의 진술은 다음과 같은 점에서 신빙성이 있습니다.

① 이을남은 검찰과 법정에서 피고인이 술을 마시기 전에 절도를 교사하고 결의를 다지는 차원에서 술을 함께 마셨다고 일관되게 진술하고 있습니다.

② 이을남은 피고인의 진술과는 달리 "피고인이 서중기에게 5만 원을 주면서 술 등을 사오라고 시켰다."고 진술하고 있는 점 등에서 이을남의 진술은 중립적인 위치에 있는 서중기의 진술에 부합합니다.

③ 이을남은 2017. 6. 20. 피고인의 교사 직후에 이동수에게 전화하였고, 피고인이 그 다음날 이을남에게 전화하였다고 진술하고 있는데, 통신사실확인자료의 기재에 의하면, 이을남이 2017. 6. 20. 21:10경 이동수에게 전화한 사실, 피고인이 2017. 6. 21. 10:00경 이을남에게 전화한 사실이 각 인정되므로, 이을남의 위 진술은 객관적인 사실에 부합합니다.

④ (문자메시지 캡처 사진 2장의 영상에 의하면) 피고인이 범행 직전에 이을남에게 "지난 번 한 말은 잊어라. 니가 돈을 다 마련하지 않더라도, 내가 분담할 돈을 마련할 수 있을 것 같다."는 내용이 기재된 문자메시지를 보내었고, 여기서 "지난

---

7) 검사가 작성한 피고인(김갑동)에 대한 피의자신문조서 중 절도교사에 관한 부분도 피고인이 부동의하였으나, 이을남(공범인 공동피고인)이 증거결정에 관한 의견진술 과정에서 진정성립과 임의성을 인정하였고, 피고인이 이을남에 대한 반대신문의 기회를 부여받았으므로 위 절도교사에 관한 부분은 형사소송법 제312조 제4항에 따라 증거능력이 있다.

번 한 말은 잊어라."는 말은 교사행위가 있었음을 암시한다는 점에서 문자메시지는 이을남의 진술의 신빙성을 강하게 뒷받침합니다.

　　다) 서중기의 진술의 신빙성 여부

　서중기의 진술은 다음과 같은 점에서 신빙성이 있습니다.

　　① 서중기는 경찰과 법정에서 피고인이 술을 마시기 전에 폭행사건 합의금 때문에 돈이 필요한데 이을남의 친척인 이동수가 부자라는 말을 하였다고 일관되게 진술하고 있습니다.

　　② 서중기는 피고인, 이을남과 친구로 중립적, 객관적인 위치에 있는 사람입니다.

　3) 소결론

　이와 같이 이을남, 서중기의 진술에 신빙성이 있으므로 피고인이 절도를 교사한 사실을 인정할 수 있습니다.

다. 공범관계 이탈 여부

　　교사범이 그 공범관계로부터 이탈하기 위해서는 피교사자가 범죄의 실행행위에 나아가기 전에 교사범에 의하여 형성된 피교사자의 범죄 실행의 결의를 해소하는 것이 필요하고, 이때 교사범이 피교사자에게 교사행위를 철회한다는 의사를 표시하고 이에 피교사자도 그 의사에 따르기로 하거나 또는 교사범이 명시적으로 교사행위를 철회함과 아울러 피교사자의 범죄 실행을 방지하기 위한 진지한 노력을 다하여 당초 피교사자가 범죄를 결의하게 된 사정을 제거하는 등 제반 사정에 비추어 객관적, 실질적으로 보아 교사범에게 교사의 고의가 계속 존재한다고 보기 어렵고 당초의 교사행위에 의하여 형성된 피교사자의 범죄 실행의 결의가 더 이상 유지되지 않는 것으로 평가할 수 있다면, 설사 그 후 피교사자가 범죄를 저지르더라도 이는 당초의 교사행위에 의한 것이 아니라 새로운 범죄 실행의 결의에 따른 것이므로 교사자는 형법 제31조 제2항에 의한 죄책을 부담함은 별론으로 하고 형법 제31조 제1항에 의한 교사범으로서의 죄책을 부담하지는 않습니다.8)

　　앞서 본 바와 같이 피고인이 범행 직전에 절도 범행을 만류하는 문자메시지를 보냈으나, (문자메시지 캡처 사진 2장의 영상에 의하면) 이후 이을남이 피고인에게

---

8) 대법원 2012. 11. 15. 선고 2012도7407 판결.

"이제 와서? 하라는 거야 뭐야, 이미 결심했다."는 문자메시지를 보내 이를 거절함으로써 피고인의 교사에 따른 범죄 실행의 결의를 그대로 유지하였으며, 그 결의에 따라 실제로 피해자의 물건을 절취하였으므로, 피고인의 교사행위와 이을남의 절도행위 사이에는 상당인과관계가 있고, 피고인이 공범관계에서 이탈한 것으로 볼 수 없습니다.

라. 결 론

그렇다면 이 사건 공소사실은 유죄판결이 예상됩니다.

3. 장물취득의 점

장물죄는 본범이 불법하게 영득한 재물의 처분에 관여하는 범죄이므로 자기의 범죄에 의하여 영득한 물건에 대하여는 성립되지 아니하나, 정범과는 달리 교사범은 스스로 범행을 실행한 자가 아니므로 장물죄의 주체가 될 수 있습니다.[9]

피고인은 공소사실을 인정하고 있고, 보강증거로 피해자에 대한 경찰 진술조서가 있으므로, 상물취득의 점은 유죄판결의 대상입니다.

4. 여신전문금융업법위반, 사기의 점

가. 약식명령의 확정

(약식명령등본의 기재에 의하면) 피고인은 2017. 10. 20. 서울중앙지방법원에서 사기 등으로 벌금 200만 원의 약식명령을 받아 2017. 11. 10. 위 약식명령이 확정되었는데, 확정된 약식명령의 범죄사실은 "피고인이 2017. 6. 28. 21:00경 서울 강남구 강남대로에 있는 피해자 임재영 운영의 갈대주점에서, 술값을 지불할 의사나 능력이 없었음에도 불구하고 이동수가 도난당한 BC카드를 소지하고 있음을 기화로 이를 정당하게 사용할 수 있는 것처럼 가장하고, 이에 속은 피해자로부터 술과 안주 합계 20만 원 상당을 제공받은 후 BC카드로 결제하여 도난당한 신용카드를 사용하고, 동액 상당의 재산상이득을 취득하여 이를 편취하였다."는 것입니다.

---

9) 대법원 1986. 9. 9. 선고 86도1273 판결 참조.

나. 죄수관계

도난당한 신용카드를 사용한 경우 신용카드의 부정사용행위는 새로운 법익의 침해로 보아야 하고 법익침해가 절도범행보다 큰 것이 대부분이므로 위와 같은 부정사용행위가 절도범행의 불가벌적 사후행위가 되는 것은 아니고 여신전문금융업법 제70조 제1항 제3호의 신용카드부정사용죄에 해당합니다. 이 때 피고인이 도난당한 신용카드로 가맹점에서 사용하겠다는 단일한 범의를 가지고 그 범의가 계속된 가운데 동종의 범행인 신용카드 부정사용행위를 동일한 방법으로 반복한 경우에 신용카드의 각 부정사용의 피해법익은 모두 위 신용카드를 사용한 거래의 안전과 이에 대한 공중의 신뢰인 것으로 동일하므로, 피고인이 여러 차례 BC카드를 부정사용한 행위는 포괄하여 일죄에 해당합니다. 그러나 신용카드를 부정사용하여 술과 안주를 편취한 행위는 사기죄의 구성요건에 각 해당하고 피해자가 다르므로 약식명령의 사기 범행과 사기의 공소사실은 실체적 경합관계에 해당합니다. 한편, 신용카드부정사용으로 인한 여신전문금융업법위반죄와 사기죄는 그 보호법익이나 행위의 태양이 전혀 달라 실체적 경합관계에 있습니다.[10)

다. 기판력이 미치는지 여부

확정된 약식명령의 효력은 포괄일죄의 관계에 있는 여신전문금융업법위반의 점에 대하여 미치므로, 여신전문금융업법위반의 점은 확정판결이 있는 때에 해당하여 형사소송법 제326조 제1호에서 정한 면소 사유가 있습니다. 그러나 확정된 약식명령의 기판력은 실체적 경합관계에 있는 사기의 점에는 미치지 아니하고, 피고인이 범행을 자백하고 있고 보강증거로 한성민 작성의 진술서가 있으므로 사기의 점은 유죄판결의 대상입니다.

---

10) 대법원 1996. 7. 12. 선고 96도1181 판결.

II. 피고인 이을남에 대한 변론요지서

1. 준특수강도의 점

가. 피고인의 주장

피고인은 커터칼을 휘두른 적이 없고 택배 포장물을 개봉하는 등 업무에 필요하여 가지고 다녔을 뿐이라고 주장하고 있습니다.[11]

나. 흉기 휴대 여부

1) 현행범인 체포의 적법성

형사소송법 제211조가 현행범인으로 규정한 '범죄의 실행의 즉후인 자'라고 함은, 범죄의 실행행위를 종료한 직후의 범인이라는 것이 체포하는 자의 입장에서 볼 때 명백한 경우를 일컫는 것으로서, '범죄의 실행행위를 종료한 직후'라고 함은, 범죄행위를 실행하여 끝마친 순간 또는 이에 아주 접착된 시간적 단계를 의미하는 것으로 해석되므로, 시간적으로나 장소적으로 보아 체포를 당하는 자가 방금 범죄를 실행한 범인이라는 점에 관한 죄증이 명백히 존재하는 것으로 인정되는 경우에만 현행범인으로 볼 수 있습니다.[12]

{이을남에 대한 제1회 경찰 피의자신문조서, 나행복에 대한 경찰 진술조서의 각 진술기재와 수사보고(현행범인 체포 경위)의 기재에 의하면} 경찰관들은 강도 범행일시인 2017. 6. 8. 23:50경부터 40분이 지난 2017. 6. 9. 00:30경 그 사이 숨어 있다가 나타난 피고인을 범행장소(서울 강남구 도곡로8길 행복슈퍼마켓)가 아닌 택시승강장(서울 강남구 도곡로12길 1)에서 현행범인으로 체포하였으나, 시간적으로나 장소적으로 보아 피고인이 방금 범죄를 실행한 범인이라는 점에 관한 죄증이 명백하다고 볼 수 없으므로, 피고인에 대한 현행범인 체포는 위법합니다.

2) 압수된 커터 칼(증 제1호)과 압수조서 및 압수목록의 증거능력

검사 또는 사법경찰관은 현행범인 체포현장에서 피의자를 체포하는 경우에 필요한 때에는 영장 없이 압수, 수색 또는 검증을 할 수 있지만, 압수한 물건을

---

11) 위 공소사실에 부합하는 증거는 나행복에 대한 경찰 진술조서, 압수된 커터 칼 1개(증 제1호), 압수조서 및 압수목록(커터 칼, 던힐 담배) 등이 있다.
12) 대법원 1991. 9. 24. 선고 91도1314 판결.

계속 압수할 필요가 있는 경우에는 체포한 때부터 48시간 이내에 압수수색영장을
청구하여야 합니다(형사소송법 제216조 제1항 제2호, 제217조 제2항).

{수사보고(현행범인 체포 경위)의 기재에 의하면} 경찰관이 피고인을 현행범인으
로 체포하면서 커터 칼 1개 등을 압수하였으나 앞서 본 바와 같이 현행범인 체포
가 위법할 뿐만 아니라 사후에 압수수색영장을 발부받지 아니하였으므로, 커터
칼 1개는 영장주의에 위반하여 수집한 위법수집증거에 해당합니다. 또한 압수조
서 및 압수목록(커터 칼, 던힐담배)은 커터 칼 1개 등을 압수하면서 작성된 2차적
증거에 해당하는데, 위법한 현행범인 체포와 커터 칼 1개 등의 수집 사이의 인과
관계가 단절 또는 희석되었다고 볼 사정이 없는 이상 피고인이 증거로 함에 동의
하였다 하더라도 그 증거능력이 없습니다.

3) 피해자(나행복)의 진술을 내용으로 하는 증거

피해자는 경찰에서는 "피고인이 주머니에서 날카로운 칼 같은 것을 꺼내더
니 저를 향해서 휘둘렀다."는 취지로 진술하였으나, 법정에서는 "당시 뭔가 휘두
른 것 같은데 그것이 칼이었는지는 모르겠고, 지금 생각해 보니 칼 같은 것은 못
본 것 같다."는 취지로 진술을 번복하여 진술의 일관성이 없으므로 흉기 휴대에
관한 피해자의 진술은 선뜻 믿을 수 없습니다.

4) 결 론

압수된 커터 칼 1개(증 제1호)의 현존만으로는 흉기 휴대사실을 인정하기 부
족하고, 달리 흉기 휴대의 점을 인정할 만한 증거가 없는 이상 준특수강도의 공
소사실 중 흉기 휴대 부분은 범죄의 증명이 없는 경우에 해당하므로 형사소송법
제325조 후단의 무죄 판결을 선고하여 주시기 바랍니다.[13)

2. 폭처법위반(공동폭행)의 점

가. 피고인의 주장

피고인은 주점 화장실에서는 피해자를 폭행하였으나, 주점 룸에서는 피해자
를 폭행한 적이 없고 말렸을 뿐이라고 주장하고 있습니다.[14)

---

13) 다만, 준특수강도의 공소사실에는 준강도가 포함되어 있고, 피고인이 준강도 범행을 한 사실
을 인정하고 있어 피고인의 방어권 행사에 실질적인 불이익을 초래할 염려가 없으므로, 법원
은 피고인에 대하여 공소장의 변경 없이 준강도죄로 유죄판결을 할 수 있다.
14) 공소사실에 부합하는 증거는 장동근의 법정 진술, 장동근, 강동환, 주진모에 대한 각 경찰 진
술조서, 김갑동에 대한 제1회 경찰 피의자신문조서 등이 있다.

나. 증거능력이 없는 증거

1) 김갑동에 대한 제1회 경찰 피의자신문조서

공범인 공동피고인인 김갑동에 대한 제1회 경찰 피의자신문조서는 피고인이 제1회 공판기일에서 그 내용을 부인하는 취지로 증거에 부동의하였으므로 형사소송법 제312조 제3항에 따라 증거능력이 없습니다.

2) 피해자(장동근)의 일부 증언

피해자는 법정에서 "김갑동이 합의를 위해 증인을 찾아왔을 때 '이을남이 주점 룸에서 피고인과 함께 저의 멱살을 잡고, 뺨도 때렸다.'고 말했다."고 진술하였는데, 김갑동은 피고인의 공동피고인으로 '피고인 아닌 타인'에 해당하므로,[15] 이 증언은 피고인이 아닌 자(피해자)의 진술이 피고인 아닌 타인(김갑동)의 진술을 내용으로 하는 것입니다.[16] 따라서 원진술자가 사망, 질병, 외국거주, 소재불명 그 밖에 이에 준하는 사유로 인하여 진술할 수 없고, 그 진술이 특히 신빙할 수 있는 상태하에서 행하여졌음이 증명된 때에 한하여 이를 증거로 할 수 있습니다(형사소송법 제316조 제2항). 그러나 원진술자인 김갑동이 공동피고인으로 함께 재판을 받고 있으므로 원진술자가 질병 등의 사유로 인하여 진술할 수 없는 때에 해당되지 아니하여 피해자의 위 진술은 증거능력이 없습니다.

다. 피해자(장동근)의 그 밖의 진술(증명력 없는 증거)

피해자는 피고인이 주점 룸에서 김갑동의 폭행에 가담하였고, 김갑동은 주점 화장실에서 피고인의 폭행에 가담하였다는 취지로 진술하고 있으나, 위 진술은 아래와 같은 이유로 믿을 수 없습니다.

첫째, 피해자는 ① 피고인이 룸에 온 시점에 관하여 경찰에서는 피고인과 김갑동이 함께 들어온 것으로 진술하였으나 법정에서는 김갑동이 먼저 들어왔고 잠시 후에 피고인이 들어왔다고 진술하고 있고, ② 피고인이 주점 룸에서 어떻게 폭행하였는지에 관하여도 경찰에서는 피고인이 멱살을 잡고 뺨을 수회 때렸다고 진술하다가 법정에서는 욕설을 하면서 손으로 몸을 뒤로 밀쳤다고 진술하였으며,

---

15) 대법원 2011. 11. 24. 선고 2011도7173 판결, 대법원 2007. 2. 23. 선고 2004도8654 판결.
16) 피고인이 일관되게 주점 룸에서는 피해자를 폭행한 적이 없다고 다툰 점, 이에 따라 피해자에 대한 경찰 진술조서에 대하여 증거로 함에 부동의한 점 등에 비추어 볼 때 피고인이 피해자의 법정증언을 증거로 하는 데에 동의하였다고 볼 수 없다(대법원 2019. 11. 14. 선고 2019도11552 판결 참조).

③ 김갑동이 주점 화장실에서 한 행동에 관하여도 경찰에서는 피고인이 피해자를 폭행할 때 김갑동도 옆에서 욕설을 하였다고 진술하였으나, 법정에서는 김갑동이 욕설을 하였는지 기억이 나지 않는다고 진술하여 폭행의 방법, 김갑동의 욕설 여부 등에 관하여 진술의 일관성이 없습니다.

둘째, 주점 주인인 주진모는 경찰에서 "김갑동이 룸에서 주먹으로 피해자의 가슴을 수회 때리고 있었고, 잠시 후 피고인도 룸에 들어와 피해자의 몸을 붙들며 만류하자, 피해자가 피고인의 멱살을 잡았고 피고인이 그 손을 떼어내며 뿌리쳤다."진술하고 있습니다. 피해자의 진술은 피고인이 주점 룸에 들어온 시점, 폭행 여부에 관하여 중립적, 객관적 위치에 있는 주진모의 위 진술과 일치하지 않습니다.

셋째, 피해자의 친구인 강동환은 경찰에서 "김갑동이 룸으로 찾아와 피해자를 주먹으로 때렸고, 잠시 후 피고인이 룸으로 찾아왔고, 그때 다시 김갑동과 피해자가 욕을 하며 싸우려는데, 피고인이 피해자의 몸을 잡았다."고 진술하고 있습니다. 강동환의 위 진술은 피고인이 주점 룸에 들어온 시점, 폭행 여부에 관하여 우호적 관계에 있는 피해자의 진술과 일치하지 않고, 오히려 피고인의 주장과 일치합니다.

라. 공동폭행의 성립 여부

1) 폭처법 제2조 제2항의 '2인 이상이 공동하여'의 의미

폭력행위 등 처벌에 관한 법률 제2조 제2항의 '2인 이상이 공동하여 폭행의 죄를 범한 때'라고 함은 그 여러 사람 간에 공범관계가 존재하는 것을 요건으로 하는 것이고, 또 여러 사람이 동일 장소에서 동일 기회에 상호 다른 자의 범행을 인식하고 이를 이용하여 범행을 한 경우임을 요합니다.[17]

2) 사안의 경우

(주진모에 대한 경찰 진술조서의 진술기재에 의하면) 피해자가 주점 룸에서 피고인의 멱살을 잡았을 때 피고인이 그 손을 떼어내며 뿌리친 사실은 인정되지만, 이는 소극적인 저항에 불과하여 폭행으로 볼 수 없으므로, 피고인은 주점 룸에서 김갑동의 폭행을 만류한 것에 불과하여 피고인이 김갑동의 폭행에 가담하였다고 인정하기 어렵습니다.

---

17) 대법원 1991. 1. 29. 선고 90도2153 판결.

또한 피고인이 주점 화장실에서 피해자를 폭행하였지만, 당시 김갑동은 지켜보고만 있었을 뿐 피해자를 폭행하거나 욕을 하는 등으로 피고인의 폭행에 가담하였다고 인정하기 어렵습니다.

따라서 (주진모, 강동환에 대한 경찰 진술조서의 각 진술기재에 의하면) 김갑동이 주점 룸에서 피해자를 폭행하고 상당한 시간이 경과한 후 피고인이 주점 화장실에서 피해자를 폭행한 사실만이 인정되므로, 피고인의 폭행과 김갑동의 폭행은 다른 시각과 장소에서 벌어진 별개의 폭행행위로 '동일 장소에서 동일 기회에 상호 다른 자의 범행을 인식하고 이를 이용하여 폭행한 경우'라고 볼 수 없습니다.

3) 소결론

강동환, 주진모에 대한 각 경찰 진술조서의 각 진술기재만으로는 피고인이 김갑동과 공동하여 피해자를 폭행하였다는 점을 인정하기 부족하고 달리 이를 인정할 만한 증거가 없으므로, 폭처법위반(공동폭행)의 점 중 공동폭행 부분은 범죄의 증명이 없으므로 형사소송법 제325조 후단의 무죄 판결을 선고하여 주시기 바랍니다.

마. 축소사실의 인정 여부

폭처법위반(공동폭행)의 공소사실에는 폭행이 포함되어 있고, 피고인이 주점 화장실에서 피해자를 폭행한 사실을 인정하고 있어 피고인의 방어권 행사에 실질적 불이익을 초래할 염려가 없으므로, 피고인에 대하여 공소장의 변경 없이 폭행의 공소사실을 인정할 수 있습니다.

그러나 폭행죄는 형법 제260조 제3항에 의하여 피해자의 명시한 의사에 반하여 공소를 제기할 수 없는데, (증인 장동근의 법정 진술에 의하면) 피해자는 제2회 공판기일에서 피고인의 처벌을 원하지 않는다는 의사표시를 하였으므로, 폭행의 점은 피해자의 명시한 의사에 반하여 죄를 논할 수 없는 사건에 대하여 처벌을 희망하지 아니하는 의사표시가 있는 때에 해당하므로 형사소송법 제327조 제6호에 따라 공소기각 판결을 선고하여 주시기 바랍니다.

3. 야간주거침입절도의 점

야간주거침입절도의 점은 형법 제344조, 제330조, 제328조 제2항, 제1항에 의하여 피해자의 고소가 있어야 공소를 제기할 수 있는 상대적 친고죄이고, (가족관계증명서, 각 주민등록등본의 각 기재에 의하면) 피해자는 피고인의 동거하지 않는 사촌인 사실을 인정할 수 있습니다.

그런데 검사는 피해자의 고소 없이 공소를 제기하였으므로, 야간주거침입절도의 점은 공소제기의 절차가 법률의 규정에 위반하여 무효인 때에 해당하므로 형사소송법 제327조 제2호에 따라 공소기각 판결을 선고하여 주시기 바랍니다.

제 8 회 변호사시험 예시 검토의견서와 보석허가청구서

I. 피고인 김갑동에 대한 검토의견서

1. 사기의 점

채무자는 채권자로부터 채권의 양도통지를 받지 않은 이상 채무금은 원래의 채권자에게 반환할 의무가 있는 것이므로, 채권양도 통지 전에는 채무자가 채권자에게 채무금을 반환하면 유효한 변제가 되는 것입니다. 따라서 채권자가 채권의 양도사실을 밝히지 아니하고 직접 양도한 채권액을 수령하였다 하여 기망수단을 써서 채무자를 착오에 빠뜨려 그 채권액을 편취한 것이라 할 수 없습니다.[1]

따라서 피고인이 공소사실 기재와 같이 박수련에게 임대차보증금반환채권을 양도한 후 채무자 윤동민에게 양도통지를 하지 않은 채 채권양도 사실을 윤동민에게 알리지 않고 임대차보증금을 수령했다 하더라도 기망이라 할 수 없습니다.

그렇다면 사기의 점은 범죄로 되지 아니한 경우에 해당하므로 형사소송법 제325조 전단 무죄 판결이 예상됩니다.

2. 횡령의 점

가. 피고인의 주장

피고인은 반환받은 임대차보증금이 피해자 박수련의 소유가 아니고 당시 피해자의 승낙을 받아서 위 보증금을 사용하였다고 주장하고 있습니다.

나. 피고인이 반환받은 임대차보증금이 피고인의 소유인지 여부

양도인이 채권양도 통지를 하기 전에 채무자로부터 채권을 추심하여 금전을

---

[1] 대법원 1984. 5. 9. 선고 83도2270 판결.

수령한 경우, 아직 대항요건을 갖추지 아니한 이상 채무자가 양도인에 대하여 한 변제는 유효하고, 그 결과 양수인에게 귀속되었던 채권은 소멸하지만, 이는 이미 채권을 양도하여 그 채권에 관한 한 아무런 권한도 가지지 아니하는 양도인이 양수인에게 귀속된 채권에 대한 변제로서 수령한 것이므로, 채권양도의 당연한 귀결로서 그 금전을 자신에게 귀속시키기 위하여 수령할 수는 없는 것이고, 오로지 양수인에게 전달해 주기 위하여서만 수령할 수 있을 뿐이어서, 양도인이 수령한 금전은 양도인과 양수인 사이에서 양수인의 소유에 속하고, 여기에다가 양도인이 양수인을 위하여 채권보전에 관한 사무를 처리하는 지위에 있다는 것을 고려하면, 양도인은 이를 양수인을 위하여 보관하는 관계에 있다고 보아야 할 것입니다.[2]

따라서 피고인이 반환받은 임대차보증금은 피고인과 피해자 사이에서는 피해자의 소유이고, 채권양도인인 피고인은 위 보증금을 채권양수인인 피해자를 위하여 보관하고 있을 뿐이므로, 피고인의 위 주장은 받아들이기 어렵습니다.

다. 피고인이 피해자의 승낙을 받고 임대차보증금을 사용하였는지 여부

피해자는 피고인에게 임대차보증금의 사용을 승낙한 적이 없고 돈을 빌려줄 이유도 없었다고 법정에서 진술하고 있는 점, 피고인은 경찰에서 위 보증금을 돌려받은 날인 2018. 3. 15. 피해자에게 전화를 하여 허락을 받았다고 진술하고 있으나, 통신사실 확인자료의 기재에 의하면 피고인과 피해자는 2018. 3. 1. 이후 3. 20.까지 서로 전화한 사실이 없음을 알 수 있으므로 피고인의 위 진술을 믿기 어려운 점 등에 비추어 볼 때, 피해자로부터 위 보증금의 사용에 관한 승낙을 받았다는 피고인의 주장은 받아들이기 어렵습니다.

라. 결 론

박수련의 법정진술, 박수련 작성의 고소장, 임대차 계약서사본, 채권양도 계약서사본의 각 기재를 종합하면 횡령의 점을 유죄로 인정할 수 있습니다.

---

2) 대법원 1999. 4. 15. 선고 97도666 전원합의체 판결.

3. 특가법위반(보복협박등)의 점

가. 특가법위반(보복협박등)죄의 성립 여부

특가법위반(보복협박등)죄는 자기 또는 타인의 형사사건의 수사 또는 재판과 관련하여 자료제출에 대한 보복의 목적으로 협박한 경우에 성립합니다(특가법 제5조의9 제1항).

(고소장의 기재에 의하면) 피해자 박수련은 피고인을 상대로 손해배상을 청구하는 소(민사소송)를 제기하였으므로 피고인이 자료제출에 대한 보복의 목적으로 피해자를 협박하였다고 하더라도 특가법 제5조의9 제1항 위반죄가 성립하지 않습니다.

따라서 특가법위반(보복협박등)의 점은 범죄로 되지 아니한 경우에 해당하므로 형사소송법 제325조 전단 무죄의 사유가 있습니다.

나. 협박죄와 처벌불원의 의사표시

특가법위반(보복협박등)의 공소사실 중에는 피고인이 피해자를 협박하였다는 공소사실이 포함되어 있는 것으로 볼 수 있고, 피고인은 공소사실 기재와 같이 피해자를 협박한 사실은 인정하고 있으므로, 법원은 피고인의 방어에 실질적으로 불이익을 초래할 염려는 없는 것으로 보아 축소사실인 협박의 사실을 인정할 수 있으나, 협박의 점은 형법 제283조 제3항, 제1항에 따라 피해자의 명시한 의사에 반하여 공소를 제기할 수 없는 사건입니다.

그런데 피해자 박수련은 제2회 공판기일인 2018. 12. 27. 피고인에 대하여 처벌을 원하지 아니하는 의사표시를 하였으므로, 협박의 점은 피해자의 명시한 의사에 반하여 죄를 논할 수 없는 사건에 대하여 처벌을 희망하지 아니하는 의사표시가 있는 때에 해당하므로 형사소송법 제327조 제6호에 의한 공소기각 판결이 예상됩니다.

4. 상습존속폭행의 점

가. 폭행의 상습성의 판단과 죄수관계

폭행죄의 상습성은 폭행 범행을 반복하여 저지르는 습벽을 말하는 것으로서,

동종 전과의 유무와 그 사건 범행의 횟수, 기간, 동기 및 수단과 방법 등을 종합
적으로 고려하여 상습성 유무를 결정하여야 하고, 단순폭행, 존속폭행의 범행이
동일한 폭행 습벽의 발현에 의한 것으로 인정되는 경우, 그 중 법정형이 더 중한
상습존속폭행죄에 나머지 행위를 포괄하여 하나의 죄만이 성립한다고 봄이 타당
합니다.3)

(약식명령등본, 피고인 김갑동에 대한 조회회보서의 각 기재에 의하면) 피고인은
2018. 10. 23. 서울중앙지방법원에서 "상습으로, 2018. 9. 15. 피고인의 집에서 사
촌동생인 피해자 김순진이 피고인에게 훈계한다는 이유로 화가 나 오른 손바닥으
로 피해자의 왼쪽 뺨을 1회 때리고 발로 넘어진 피해자의 몸을 수회 걷어차 폭행
하였다."는 범죄사실로 벌금 300만 원의 약식명령을 받아 2018. 11. 19. 약식명령
이 확정되었고4) 그 밖에도 3회에 걸친 동종 전과가 있는 점, 1년 6개월 사이에
4차례의 폭행범행을 저지른 점, 확정된 약식명령의 범행수단과 방법이 이 사건
공소사실과 거의 동일한 점 등에 비추어 볼 때 피고인의 이 사건 공소사실과 약
식명령이 확정된 범죄사실은 모두 피고인의 폭행 습벽이 발현되어 저질러진 것이
므로, 이 사건 공소사실과 약식명령이 확정된 범죄사실은 상습존속폭행죄의 포괄
일죄의 관계에 있습니다.5)

나. 상습범과 기판력이 미치는 범위

상습범으로서 포괄적 일죄의 관계에 있는 여러 개의 범죄사실 중 일부에 대
하여 약식명령이 확정된 경우에, 그 확정된 약식명령의 발령일 전에 저질러진 나
머지 범죄에 대하여 새로이 공소가 제기되었다면 그 새로운 공소는 확정된 약식
명령이 있었던 사건과 동일한 사건에 대하여 다시 제기된 데 해당합니다.6) 다만,
이때 확정된 약식명령에서 당해 피고인이 상습범으로 기소되어 처단되었을 것을

---

3) 대법원 2018. 4. 24. 선고 2017도10956 판결.
4) 약식명령은 정식재판의 청구기간이 경과하거나 그 청구의 취하 또는 청구기각의 결정이 확정
   한 때에는 확정판결과 동일한 효력이 있다(형사소송법 제457조).
5) 상습존속폭행죄로 처벌되는 경우에는 형법 제260조 제3항이 적용되지 않으므로, 피해자의 명
   시한 의사에 반하여도 공소를 제기할 수 있다(위 2017도10956 판결). 따라서 피해자 최미자가
   2019. 1. 4. 처벌불원의 의사표시를 하였다고 하여도 이 사건 공소사실에 대하여 공소기각 판
   결을 할 수 없다.
6) 포괄일죄의 관계에 있는 범행 일부에 관하여 약식명령이 확정된 경우, 약식명령의 발령시를
   기준으로 하여 그 전의 범행에 대하여는 면소의 판결을 하여야 하고, 그 이후의 범행에 대하
   여서만 일개의 범죄로 처벌하여야 한다(대법원 1994. 8. 9. 선고 94도1318 판결).

필요로 합니다.[7] 앞서 본 바와 같이 피고인에 대한 상습폭행의 약식명령이 확정되었고, 이 사건 공소사실은 확정된 약식명령의 발령일 이전의 범행이므로, 이 사건 공소사실에 대하여 확정된 약식명령의 기판력(일사부재리 효력)이 미친다고 보아야 합니다.

그렇다면 이 사건 공소사실은 확정판결이 있는 때에 해당하므로 형사소송법 제326조 제1호에 따라 면소 판결이 선고될 것입니다.

다. 공소장변경허가 여부

상습범에서 공소제기의 효력은 공소가 제기된 범죄사실과 동일성이 인정되는 범죄사실의 전체에 미치는 것이므로 상습범의 범죄사실에 대한 공판심리 중에 그 범죄사실과 동일한 습벽의 발현에 의한 것으로 인정되는 범죄사실이 추가로 발견된 경우에는 검사는 공소장변경절차에 의하여 그 범죄사실을 공소사실로 추가할 수 있다고 할 것이나, 공소제기된 범죄사실과 추가로 발견된 범죄사실 사이에 그것들과 동일한 습벽에 의하여 저질러진 또 다른 범죄사실에 대한 유죄의 확정판결이 있는 경우에는 전후 범죄사실의 일죄성은 그에 의하여 분단되어 공소제기된 범죄사실과 판결이 확정된 범죄사실만이 포괄하여 하나의 상습범을 구성하고, 추가로 발견된 확정판결 후의 범죄사실은 그것과 경합범 관계에 있는 별개의 상습범이 되므로, 검사는 공소장변경절차에 의하여 이를 공소사실로 추가할 수는 없고 어디까지나 별개의 독립된 범죄로 공소를 제기하여야 합니다.[8]

이 사건 공소사실과 추가로 발견된 2018. 10. 25.자 상습존속폭행 사이에 이와 동일한 습벽에 의하여 저질러진 상습폭행에 대한 약식명령이 확정되었으므로,

---

7) 상습범으로서 포괄적 일죄의 관계에 있는 여러 개의 범죄사실 중 일부에 대하여 유죄판결이 확정된 경우에, 그 확정판결의 사실심판결 선고 전에 저질러진 나머지 범죄에 대하여 새로이 공소가 제기되었다면 그 새로운 공소는 확정판결이 있었던 사건과 동일한 사건에 대하여 다시 제기된 데 해당하므로 이에 대하여는 판결로써 면소의 선고를 하여야 하는 것인바(형사소송법 제326조 제1호), 다만 이러한 법리가 적용되기 위해서는 전의 확정판결에서 당해 피고인이 상습범으로 기소되어 처단되었을 것을 필요로 하는 것이고, 상습범 아닌 기본 구성요건의 범죄로 처단되는 데 그친 경우에는, 가사 뒤에 기소된 사건에서 비로소 드러났거나 새로 저질러진 범죄사실과 전의 판결에서 이미 유죄로 확정된 범죄사실 등을 종합하여 비로소 그 모두가 상습범으로서의 포괄적 일죄에 해당하는 것으로 판단된다 하더라도 뒤늦게 앞서의 확정판결을 상습범의 일부에 대한 확정판결이라고 보아 그 기판력이 그 사실심판결 선고 전의 나머지 범죄에 미친다고 보아서는 아니 된다(대법원 2004. 9. 16. 선고 2001도3206 전원합의체 판결).
8) 대법원 2000. 3. 10. 선고 99도2744 판결.

2018. 10. 25.자 상습존속폭행은 상습존속폭행의 포괄일죄(이 사건 공소사실과 확정된 약식명령의 범죄사실)와 경합범 관계에 있는 별개의 상습범이 됩니다. 따라서 검사의 공소장변경허가신청은 불허될 것으로 예상됩니다.

II. 피고인 이을남에 대한 보석허가청구서

1. 보석사유의 존재

성폭법위반(특수준강간)죄(성폭법 제4조 제3항, 제1항, 형법 제299조)와 아청법위반(특수준강간)죄(아청법 제7조 제4항, 제1항, 형법 제299조)는 각 법정형이 무기징역 또는 5년 이상의 징역에 해당하는 죄이므로 피고인이 형사소송법 제95조 제1호에 정한 필요적 보석의 예외 사유인 사형, 무기 또는 장기 10년이 넘는 죄를 범한 경우에 해당하기는 합니다.

그러나 다음과 같은 점을 고려한다면 피고인에게는 보석을 허가할 만한 상당한 이유가 있습니다(임의적 보석사유).

첫째, 수사와 공판 단계에서 필요한 조사가 충분히 이루어져 죄증을 인멸하거나 인멸할 염려가 없습니다.

둘째, 피고인은 전과가 없는 초범으로 주소지에서 부모와 함께 거주하면서 팔성전자 주식회사에서 3년간 성실히 근무하고 있으므로, 도망하거나 도망할 염려가 없습니다.

셋째, 피고인은 피해자 나병녀를 위해 300만 원이라는 상당한 금액을 공탁하였고, 달리 피고인이 피해자, 당해 사건의 재판에 필요한 사실을 알고 있다고 인정되는 자 또는 그 친족의 생명, 신체나 재산에 해를 가하거나 가할 염려가 없습니다.

2. 공소사실에 대한 변론

가. 아청법위반(특수준강간)의 점

아청법 제2조 제1호에 의하면 아청법의 적용대상인 아동, 청소년이란 19세 미만의 자를 말하는데, 다만 19세에 도달하는 연도의 1월 1일을 맞이한 자는 제

외됩니다.[9]

피해자 나병녀는 1999. 12. 31.생으로 이 사건 범행 당시인 2018. 10. 8.에는 이미 19세에 도달하는 연도인 2018. 1. 1.을 맞이한 자에 해당하여 아청법 적용대상인 아동, 청소년이 아닙니다.

그렇다면 아청법위반(특수준강간)의 점은 범죄로 되지 아니한 경우에 해당하므로 형사소송법 제325조 전단의 무죄라고 할 것입니다.

나. 성폭법위반(특수준강간)의 점

1) 피고인의 주장

피고인은 나병녀를 간음한 사실이 없다고 주장하고 있습니다.[10]

2) 증거능력 없는 증거

가) 피고인에 대한 제1회 경찰 피의자신문조서

피고인에 대한 제1회 경찰 피의자신문조서는 피고인이 내용을 부인하므로 형사소송법 제312조 제3항에 따라 증거능력이 없습니다.

나) 김갑동에 대한 제1회 경찰 피의자신문조서

피고인은 공범으로 기소된 김갑동에 대한 제1회 경찰 피의자신문조서에 대하여 내용을 부인하는 취지로 증거에 부동의하였으므로 김갑동이 내용을 인정하고 그 성립의 진정을 인정하였다고 하더라도 위 경찰 피의자신문조서는 형사소송법 제312조 제3항에 따라 증거능력이 없습니다.[11]

다) 증인 강지연의 법정진술 중 나병녀의 진술부분

증인 강지연의 법정진술 중 "나병녀로부터 '피고인들한테 성폭행을 당했다.'"

---

9) 대법원 2017. 5. 11. 선고 2016도7480 판결.

10) 이 사건 공소사실에 부합하는 증거로는 증인 나병녀, 강지연의 각 법정진술, 피고인들에 대한 검찰 피의자신문조서(대질), 피고인에 대한 제1회 경찰 피의자신문조서, 김갑동에 대한 제1회 경찰 피의자신문조서, 나병녀, 강지연에 대한 각 경찰 진술조서, 수사보고(참고인 홍중재 진술 청취), 문자메시지사진이 있다.

11) 형사소송법 제312조 제3항은 검사 이외의 수사기관이 작성한 당해 피고인에 대한 피의자신문조서를 유죄의 증거로 하는 경우뿐만 아니라 검사 이외의 수사기관이 작성한 당해 피고인과 공범관계에 있는 다른 피고인이나 피의자에 대한 피의자신문조서를 당해 피고인에 대한 유죄의 증거로 채택할 경우에도 적용된다. 따라서 당해 피고인과 공범관계가 있는 다른 피의자에 대하여 검사 이외의 수사기관이 작성한 피의자신문조서는, 그 피의자의 법정진술에 의하여 그 성립의 진정이 인정되는 등 형사소송법 제312조 제4항의 요건을 갖춘 경우라고 하더라도 당해 피고인이 공판기일에서 그 조서의 내용을 부인한 이상 이를 유죄 인정의 증거로 사용할 수 없다(대법원 2009. 7. 9. 선고 2009도2865 판결).

는 말을 들었다."는 부분은 피고인이 아닌 자(강지연)의 진술이 피고인 아닌 타인 (나병녀)의 진술을 내용으로 하는 것입니다.[12] 따라서 원진술자가 사망, 질병, 외국거주, 소재불명 그 밖에 이에 준하는 사유로 인하여 진술할 수 없고, 그 진술이 특히 신빙할 수 있는 상태하에서 행하여졌음이 증명된 때에 한하여 이를 증거로 할 수 있습니다(형사소송법 제316조 제2항). 그러나 원진술자인 나병녀가 법정에 출석하여 증언하고 있으므로 원진술자가 질병 등의 사유로 인하여 진술할 수 없는 때에 해당되지 아니하여 나병녀의 진술을 내용으로 하는 강지연의 법정진술은 증거능력이 없습니다.

　　라) 강지연에 대한 경찰 진술조서 중 나병녀의 진술부분

　　강지연에 대한 경찰 진술조서 중 "나병녀로부터 '피의자들이 모텔로 데리고 가서 자고 있는 사이에 강간을 했다."는 말을 들었다."는 부분은 전문진술을 기재한 조서에 해당합니다. 피고인이 위 진술조서를 증거로 함에 부동의한 이상 위 진술부분은 형사소송법 제316조 제2항과 제312조 제4항의 요건을 함께 충족하여야 증거능력이 있습니다.[13] 그러나 원진술자인 나병녀가 법정에 출석하여 증언하고 있으므로 형사소송법 제316조 제2항에서 정한 원진술자의 진술불능이라는 요건을 충족하지 못하여 위 진술부분은 증거능력이 없습니다.

　　마) 나병녀의 법정진술

　　증인 나병녀의 법정진술 중 "홍중재가 저한테 '피고인으로부터 김갑동이 충동질하는 바람에 김갑동과 함께 사고를 쳤다는 말을 들었다.'고 말했다."는 부분은 요증사실을 체험한 자의 진술을 들은 자의 공판준비 또는 공판기일 외에서의 진술을 그 내용으로 하는 이른바 재전문진술이라고 할 것입니다. 그런데 재전문진술에 대하여는 형사소송법상 달리 그 증거능력을 인정하는 규정을 두고 있지 아니하고 있으므로,[14] 피고인이 증거로 하는 데 동의하지 아니한[15] 나병녀의 위 진술부분은 형사소송법 제310조의2의 규정에 의하여 이를 증거로 할 수 없습니다.

---

12) 피고인이 일관되게 간음한 사실이 없다고 다툰 점, 이에 따라 강지연에 대한 경찰 진술조서에 대하여 증거로 함에 부동의한 점 등에 비추어 볼 때 피고인이 강지연의 법정증언을 증거로 하는 데에 동의하였다고 볼 수 없다(대법원 2019. 11. 14. 선고 2019도11552 판결 참조).
13) 대법원 2001. 7. 27. 선고 2001도2891 판결.
14) 대법원 2000. 3. 10. 선고 2000도159 판결.
15) 피고인은 범행을 부인하면서 나병녀에 대한 경찰 진술조서를 증거로 함에 동의하지 않고 있으므로 나병녀의 법정진술 중 위 진술부분에 대하여도 동의하지 않는 것으로 보아야 할 것이다.

바) 수사보고(참고인 홍중재 진술청취)

수사보고(참고인 홍중재 진술청취)는 검찰주사보가 참고인 홍중재와의 전화통화 내용을 기재한 서류로서 형사소송법 제313조 제1항 본문에 정한 '피고인 아닌 자의 진술을 기재한 서류'인 전문증거에 해당합니다. 그런데 피고인이 증거로 함에 동의하지 아니하였고 그 진술자의 서명 또는 날인이 없을 뿐만 아니라 공판준비기일이나 공판기일에서 원진술자인 홍중재의 진술에 의해 성립의 진정함이 증명되지도 않았으므로 수사보고(참고인 홍중재 진술청취)는 증거능력이 없습니다.[16]

3) 신빙성 없는 증거

가) 나병녀의 진술을 내용으로 하는 증거

나병녀는 "김갑동뿐만 아니라 피고인한테도 성폭행을 당하였다."고 진술하고 있으나, 나병녀의 진술은 다음과 같은 이유로 믿을 수 없습니다.

첫째, 나병녀는 경찰조사에서 범행 이후 이을남한테 어떻게 이럴 수 있느냐고 따지니 피고인이 미안하다고 말하였다는 취지로 진술하였으나, 법정에서는 피고인이 특별히 무슨 말을 한 것은 아니고 그냥 고개만 숙이고 있었다고 진술을 번복하고 있습니다.

둘째, 나병녀는 경찰조사에서 자고 일어나니 피고인의 옷에 자신의 립스틱이 묻어있어서 피고인도 성폭행한 것이 분명하다고 생각하여 피고인한테 따졌다는 취지로 진술하였으나, 증인 강지연은 술자리를 마치고 나와 나병녀가 피고인 쪽으로 쓰러질 뻔하면서 피고인의 옷에 립스틱이 묻은 것이라고 법정에서 진술하였으므로, 피고인의 옷에 나병녀의 립스틱이 묻어 있는 것이 피고인의 성폭행사실을 뒷받침하는 객관적 근거가 될 수 없습니다.

셋째, 나병녀는 경찰에서는 만취한 상태라 범행 당시의 상황이 정확하게 기억나지 않는다고 진술하였으나, 법정에서는 그날 일을 계속 생각하다 보니 남자 두 명이 몸 위에 올라타 성폭행한 것 같은 기억이 난다고 진술하여 기억이 시일의 경과에 따라 명료해지고 있습니다.

나) 김갑동의 진술을 내용으로 하는 증거

김갑동은 "피고인도 나병녀를 성폭행하였다."고 진술하고 있으나, 김갑동의 진술은 다음과 같은 이유로 믿을 수 없습니다.

첫째, 김갑동은 경찰에서 자신이 성관계를 하고 거실로 나온 후 대기하던 피

---

16) 대법원 2010. 10. 14. 선고 2010도5610, 2010전도31 판결 참조.

고인이 바로 들어가 성관계를 하였다고 진술하였으나, 검찰에서는 자신이 성폭행을 하고 방에서 나와 피고인과 함께 축구경기를 시청하던 중 피고인이 샤워하러 방으로 들어갔다고 진술을 번복하고 있습니다. 또한 김갑동은 검찰에서 피고인이 30~40분 샤워를 하러 갔을 때 간음을 한 것으로 본다고 진술하였으나, 법정에서는 피고인이 축구경기를 전반전까지 보고 휴식 시간 15분 동안 샤워를 하고 나와서 후반전 시작부터 축구경기를 함께 보았다고 진술을 바꾸고 있습니다. 이와 같이 김갑동의 진술은 피고인의 성폭행 경위 등에 관해서 일관성이 없습니다.

둘째, 김갑동은 법정에서 피고인과 함께 성폭행 범행을 모의한 적이 없고, 사건 발생 이후에 피고인으로부터 나병녀를 간음하였다는 말을 들은 적이 없다고 진술하고 있으며, 경찰에서는 피고인이 간음하는 장면을 본 적이 없다고 진술하고 있는 점 등에 비추어 볼 때, 김갑동의 진술은 별다른 근거 없이 피고인의 성폭행사실을 추측하는 것에 불과합니다.

셋째, 김갑동은 나병녀를 간음한 이후에 피고인이 그러한 사정을 알면서나병녀를 간음하였다는 취지로 수사기관에서 진술하고 있으나, 김갑동이 모텔에서 피고인에게 술을 더 사오라고 시킨 후 피고인이 술을 사러 나간 사이에 김갑동이 나병녀를 간음하였을 가능성도 있으므로 피고인이 김갑동의 간음사실을 알았다고 단정할 수 없습니다.

4) 부족증거 등

나병녀, 강지연의 각 나머지 진술과 문자메시지사진만으로는 공소사실을 인정하기 부족하고, 달리 이를 인정할 만한 증거가 없습니다.

5) 결 론

그렇다면 성폭법위반(준특수강간)의 점은 범죄의 증명이 없는 경우에 해당하므로 형사소송법 제325조 후단의 무죄라고 할 것입니다.

다. 출판물에 의한 명예훼손의 점

1) 형법 제309조 제1항의 '기타 출판물'에 해당하기 위한 요건

형법이 출판물 등에 의한 명예훼손죄를 일반 명예훼손죄보다 중벌하는 이유는 사실적시의 방법으로서의 출판물 등의 이용이 그 성질상 다수인이 견문할 수 있는 높은 전파성과 신뢰성 및 장기간의 보존가능성 등 피해자에 대한 법익침해의 정도가 더욱 크다는 데 있는 점에 비추어 보면, 형법 제309조 제1항 소정의

'기타 출판물'에 해당한다고 하기 위하여는 그것이 등록·출판된 제본인쇄물이나 제작물은 아니라고 할지라도 적어도 그와 같은 정도의 효용과 기능을 가지고 사실상 출판물로 유통·통용될 수 있는 외관을 가진 인쇄물로 볼 수 있어야 합니다.[17]

피고인이 작성하여 부착한 게시물은 컴퓨터로 작성하여 출력한 A4 용지 1쪽의 인쇄물로서 그 외관이나 형식 및 그 작성경위 등에 비추어 볼 때, 그것이 등록된 간행물과 동일한 정도의 높은 전파성, 신뢰성, 보존가능성 등을 가지고 사실상 유통·통용될 수 있는 출판물이라고 보기 어렵습니다.

따라서 출판물에 의한 명예훼손의 점은 범죄로 되지 아니한 경우에 해당하므로 형사소송법 제325조 전단 무죄의 사유가 있습니다.

2) 축소사실의 인정과 정상변론

출판물에 의한 명예훼손의 공소사실 중에는 피고인이 허위사실로 피해자 나병녀의 명예를 훼손하였다는 공소사실이 포함되어 있는 것으로 볼 수 있고, 피고인은 공소사실 기재와 같이 허위사실을 기재한 게시물을 게시판 10곳에 부착한 사실은 인정하고 있으므로, 피고인의 방어에 실질적으로 불이익을 초래할 염려는 없는 것으로 보아 축소사실인 허위사실 적시 명예훼손죄(형법 제307조 제2항)가 인정될 수 있습니다.

하지만 이러한 경우에도 피고인이 성폭행범으로 몰린 상황에서 우발적으로 범행을 저지른 점, 부착된 게시물은 당일 바로 떼어 내어 게시기간이 짧은 점, 피고인이 2019. 1. 3. 피해자를 위하여 300만 원을 공탁한 점 등을 감안하여 선처하여 주시기 바랍니다.

---

17) 대법원 2000. 2. 11. 선고 99도3048 판결.

제 9 회 변호사시험 예시 검토의견서, 변론요지서

I. 피고인 김갑동에 대한 검토의견서

1. 정통망법위반(명예훼손)의 점

정통망법위반(명예훼손)의 점은 정통망법 제70조 제3항, 제2항에 따라 피해자가 구체적으로 밝힌 의사에 반하여 공소를 제기할 수 없는 사건입니다.

그런데 피해자 나부녀는 공소제기 후인 2019. 12. 26. 김갑동과 합의를 하여 피고인에 대한 처벌을 희망하는 의사표시를 철회하였으므로, 정통망법위반(명예훼손)의 점은 피해자의 명시한 의사에 반하여 죄를 논할 수 없는 사건에 대하여 처벌을 희망하는 의사표시가 철회되었을 때에 해당하므로 형사소송법 제327조 제6호에 의한 공소기각 판결이 예상됩니다.

2. 사자명예훼손의 점

가. 고소의 요건 구비 여부

사자명예훼손죄는 친고죄입니다(형법 제312조 제1항, 제308조). 친고죄에서의 고소는 수사기관에 대하여 범죄사실을 신고하고 범인의 처벌을 구하는 의사표시로서 서면뿐만 아니라 구술로도 할 수 있는바, 구술에 의한 고소를 받은 검사 또는 사법경찰관이 작성하는 조서는 독립한 조서일 필요는 없으므로, 고소권자가 수사기관으로부터 피해자 또는 참고인으로서 신문받으면서 범인의 처벌을 요구하는 의사표시가 포함되어 있는 진술을 하고 그 의사표시가 조서에 기재되면, 적법한 고소에 해당합니다.[1]

피해자 나부녀는 2019. 11. 6. 수사기관에서 피해자로 조사받으면서 피고인이 죽은 남편인 채무왕의 명예를 훼손한 사실 등을 진술함과 아울러 피고인의 처

---

[1] 대법원 2009. 7. 9. 선고 2009도3860 판결.

벌을 요구하는 의사표시를 하였고 그 의사표시가 당시 작성된 진술조서에 기재되었으므로, 이 사건 공소사실에 관하여 적법한 고소가 있었습니다.

나. 고소의 취소 여부

피해자 나부녀가 공소제기 후인 2019. 12. 26. "김갑동과 합의를 하여 어떠한 민·형사상 책임을 묻지 않겠다."는 합의서를 제출한 것은 피해자가 고소를 취소한 것으로 볼 수 있습니다.[2]

그렇다면 사자명예훼손의 점은 고소가 있어야 죄를 논할 사건에 대하여 고소의 취소가 있은 때에 해당하므로 형사소송법 제327조 제5호에 의한 공소기각판결이 예상됩니다.

3. 상습절도의 점

가. 2017. 11. 19.자 상습절도의 점

1) 상습범과 포괄일죄

(판결등본, 피고인 김갑동에 대한 조회회보서의 각 기재에 의하면) 피고인은 2017. 11. 20. 서울중앙지방법원에서 "상습으로 2017. 8. 12. 15:00경 서울 강남구 도곡동 401에 있는 롯데백화점 강남점 4층 피해자 남성복이 운영하는 남성의류 매장에서 시가 10만 원 상당의 청바지 1개를 집어가 절취하였다."라는 범죄사실로 징역 1년, 집행유예 2년의 유죄 판결을 받아 2017. 11. 28. 위 판결이 확정되었고 그 밖에도 2회에 걸친 동종 전과가 있는 점, 확정된 판결의 범행수단과 방법이 이 부분 공소사실과 거의 동일한 점 등에 비추어 볼 때 피고인의 이 부분 공소사실과 판결이 확정된 범죄사실은 모두 피고인의 절도 습벽이 발현되어 저질러진 것이므로, 이 부분 공소사실과 판결이 확정된 범죄사실은 실체법상 포괄일죄의 관계에 있습니다.

2) 상습범과 기판력이 미치는 범위

이 사건 공소사실은 판결이 확정된 범죄사실과 포괄일죄의 관계에 있으므로 기판력(일사부재리 효력)의 객관적 범위에 속하며, 확정판결의 선고일 이전의 범행이므로 기판력이 미치는 시적 범위에도 들어옵니다.

---

2) 대법원 1981. 11. 10. 선고 81도1171 판결 참조.

이와 같이 상습범으로서 포괄적 일죄의 관계에 있는 여러 개의 범죄사실 중 일부에 대하여 판결이 확정된 경우에, 그 확정된 판결의 선고 전에 저질러진 나머지 범죄에 대하여 새로이 공소가 제기되었다면 그 새로운 공소는 확정된 판결이 있었던 사건과 동일한 사건에 대하여 다시 제기된 데 해당합니다. 다만, 이때 확정된 판결에서 당해 피고인이 상습범으로 기소되어 처단되었을 것을 필요로 하는데,3) 앞서 본 바와 같이 피고인에 대한 상습절도의 판결이 확정되었으므로, 피고인에 대하여 위와 같이 확정된 판결의 기판력(일사부재리 효력)이 미친다고 보아야 합니다.

3) 결 론

그렇다면 이 부분 공소사실은 확정판결이 있는 때에 해당하므로 형사소송법 제326조 제1호에 따른 면소 판결의 대상입니다.

나. 2017. 12. 24.자 상습절도의 점

1) 피고인의 주장

피고인은 캠코더에 얼굴이 찍혀서 캠코더를 없애버릴 생각으로 가지고 나와 바로 부숴버렸다고 주장하고 있습니다.

2) 절도죄의 불법영득의사

절도죄의 성립에 필요한 불법영득의 의사란 타인의 물건을 그 권리자를 배제하고 자기의 소유물과 같이 그 경제적 용법에 따라 이용 · 처분하고자 하는 의사를 말하는 것으로서, 단순히 타인의 점유만을 침해하였다고 하여 그로써 곧 절도죄가 성립하는 것은 아닙니다.4)

(피고인의 법정 진술, 피고인에 대한 경찰 피의자신문조서와 고향미에 대한 경찰 진술

---

3) 상습범으로서 포괄적 일죄의 관계에 있는 여러 개의 범죄사실 중 일부에 대하여 유죄판결이 확정된 경우에, 그 확정판결의 사실심판결 선고 전에 저질러진 나머지 범죄에 대하여 새로이 공소가 제기되었다면 그 새로운 공소는 확정판결이 있었던 사건과 동일한 사건에 대하여 다시 제기된 데 해당하므로 이에 대하여는 판결로써 면소의 선고를 하여야 하는 것인바(형사소송법 제326조 제1호), 다만 이러한 법리가 적용되기 위해서는 전의 확정판결에서 당해 피고인이 상습범으로 기소되어 처단되었을 것을 필요로 하는 것이고, 상습범 아닌 기본 구성요건의 범죄로 처단되는 데 그친 경우에는, 가사 뒤에 기소된 사건에서 비로소 드러났거나 새로 저질러진 범죄사실과 전의 판결에서 이미 유죄로 확정된 범죄사실 등을 종합하여 비로소 그 모두가 상습범으로서의 포괄적 일죄에 해당하는 것으로 판단된다 하더라도 뒤늦게 앞서의 확정판결을 상습범의 일부에 대한 확정판결이라고 보아 그 기판력이 그 사실심판결 선고 전의 나머지 범죄에 미친다고 보아서는 아니 된다(대법원 2004. 9. 16. 선고 2001도3206 전원합의체 판결).
4) 대법원 2014. 2. 21. 선고 2013도14139 판결.

조서의 각 진술기재에 의하면) 피고인은 2017. 12. 24. 엄마손 식당에서 캠코더 1대를 집어드는 순간 얼굴이 찍혔다는 생각에 캠코더를 없애버리려고 들고 나와 부순 다음에 식당 인근 쓰레기통에 버린 사실을 인정할 수 있으므로, 피고인에게는 캠코더를 자기의 소유물과 같이 그 경제적 용법에 따라서 이용하고 처분할 의사가 없었습니다. 달리 피고인에게 불법영득의사가 있었다고 인정할 아무런 증거가 없습니다.

그렇다면 신용카드에 대한 절도는 성립하지만, 캠코더에 대한 절도의 점은 범죄의 증명이 없는 때에 해당하므로 형사소송법 제325조 후단의 무죄 판결이 예상됩니다.

다. 2019. 10. 31. 10:00경 상습절도의 점

1) 피고인의 주장

피고인은 신용카드와 예금통장을 사용한 후 제자리에 갖다 놓은 사정을 참작해 달라고 주장하고 있습니다.

2) 신용카드와 불법영득의사

신용카드를 사용하여 현금서비스로 현금을 인출하였다 하더라도 신용카드 자체가 가지는 경제적 가치가 인출된 현금만큼 소모되었다고 할 수 없으므로, 이를 일시 사용하고 곧 반환한 경우에는 불법영득의 의사가 없습니다.[5]

(피고인에 대한 경찰 피의자신문조서, 김부친에 대한 경찰 진술조서의 각 진술기재에 의하면) 피고인은 2019. 10. 31. 김부친의 신용카드 1장을 몰래 가지고 나와 현금서비스로 100만 원을 인출한 후 위 신용카드를 제자리에 가져다 놓은 사실을 인정할 수 있으므로, 피고인에게는 신용카드에 대한 불법영득의사가 있다고 볼 수 없습니다.

달리 이 부분 공소사실을 인정할 증거가 없으므로 신용카드에 대한 절도의 점은 범죄의 증명이 없는 때에 해당하므로 형사소송법 제325조 후단의 무죄 판결이 선고될 것입니다.

3) 예금통장과 불법영득의사

예금통장은 예금채권을 표창하는 유가증권이 아니고 그 자체에 예금액 상당의 경제적 가치가 화체되어 있는 것도 아니지만, 이를 소지함으로써 예금채권의

---

5) 대법원 1999. 7. 9. 선고 99도857 판결.

행사자격을 증명할 수 있는 자격증권으로서 예금계약사실 뿐 아니라 예금액에 대한 증명기능이 있고 이러한 증명기능은 예금통장 자체가 가지는 경제적 가치라고 보아야 하므로, 예금통장을 사용하여 예금을 인출하게 되면 그 인출된 예금액에 대하여는 예금통장 자체의 예금액 증명기능이 상실되고 이에 따라 그 상실된 기능에 상응한 경제적 가치도 소모됩니다. 그렇다면 타인의 예금통장을 무단사용하여 예금을 인출한 후 바로 예금통장을 반환하였다 하더라도 그 사용으로 인한 위와 같은 경제적 가치의 소모가 무시할 수 있을 정도로 경미한 경우가 아닌 이상, 예금통장 자체가 가지는 예금액 증명기능의 경제적 가치에 대한 불법영득의 의사를 인정할 수 있으므로 절도죄가 성립합니다.[6]

따라서 피고인이 김부친의 예금통장을 사용하여 500만 원을 인출한 후 바로 예금통장을 제자리에 갖다 놓았다 하더라도 그 소모된 가치에 대한 불법영득의 의사가 인정됩니다. 다만, (김갑동 가족관계증명서의 기재에 의하면) 피고인은 김부친의 아들이므로, 예금통장 절취의 점에 대하여는 형법 제323조, 제328조 제1항에 의한 친족상도례가 적용되어 형의 면제 판결이 선고될 것입니다.

라. 2019. 10. 31. 12:00경 상습절도의 점

피고인이 아버지인 김부친 소유의 예금통장과 신용카드를 각 절취하여 이를 현금자동지급기에 넣고 필요한 정보를 입력하여 예금 500만 원을 인출하고 현금서비스로 100만 원을 인출한 경우에 절도죄가 성립하고 그 범행으로 인한 피해자는 인출된 예금 상당액 등의 채무를 이중으로 지급해야 할 위험에 처하게 되는 신한은행이고, 거래 약관의 면책 조항이나 채권의 준점유자에 대한 법리 적용 등에 의하여 위와 같은 범행으로 인한 피해가 최종적으로는 예금 명의인인 김부친에게 전가될 수 있다고 하더라도 달리 볼 수 없으므로, 위와 같은 경우에는 친족상도례를 적용할 수 없습니다.[7]

따라서 이 부분 공소사실은 유죄 판결이 예상됩니다.

마. 결 론

그렇다면 2017. 12. 24.자 상습절도의 점 중 신용카드에 관한 부분, 2019.

---

6) 대법원 2010. 5. 27. 선고 2009도9008 판결.
7) 대법원 2007. 3. 15. 선고 2006도2704 판결.

10. 31. 10:00경 상습절도의 점 중 예금통장에 관한 부분(형 면제 판결) 및 2019. 10. 31. 12:00경 상습절도의 점은 포괄하여 확정판결 후의 일죄로 유죄판결이 예상됩니다.

4. 건조물침입의 점

형법 제330조에 규정된 야간주거침입절도죄 및 형법 제331조 제1항에 규정된 특수절도(야간손괴침입절도)죄를 제외하고 일반적으로 주거침입은 절도죄의 구성요건이 아니므로 절도범인이 범행수단으로 주거침입을 한 경우에 주거침입행위는 절도죄에 흡수되지 아니하고 별개로 주거침입죄를 구성하여 절도죄와는 실체적 경합의 관계에 서는 것이 원칙입니다. 또 형법 제332조는 상습으로 단순절도(형법 제329조), 야간주거침입절도(형법 제330조)와 특수절도(형법 제331조) 및 자동차 등 불법사용(형법 제331조의2)의 죄를 범한 자는 그 죄에 정한 각 형의 2분의 1을 가중하여 처벌하도록 규정하고 있으므로, 위 규정은 주거침입을 구성요건으로 하지 않는 상습단순절도와 주거침입을 구성요건으로 하고 있는 상습야간주거침입절도 또는 상습특수절도(야간손괴침입절도)에 대한 취급을 달리하여, 주거침입을 구성요건으로 하고 있는 상습야간주거침입절도 또는 상습특수절도(야간손괴침입절도)를 더 무거운 법정형을 기준으로 가중처벌하고 있습니다. 따라서 상습으로 단순절도를 범한 범인이 상습적인 절도범행의 수단으로 주간(낮)에 주거침입을 한 경우에 주간 주거침입행위의 위법성에 대한 평가가 형법 제332조, 제329조의 구성요건적 평가에 포함되어 있다고 볼 수 없습니다. 그러므로 형법 제332조에 규정된 상습절도죄를 범한 범인이 범행의 수단으로 주간에 주거침입을 한 경우 주간 주거침입행위는 상습절도죄와 별개로 주거침입죄를 구성합니다.[8]

상습으로 재물을 절취한 피고인이 주간에 피해자 나이기가 관리하는 건조물에 침입하였으므로 건조물침입죄가 성립하고, 건조물침입죄는 상습절도와는 형법 제37조 후단의 실체적 경합관계에 있으므로 건조물침입죄에는 피고인에 대한 상습절도 확정판결의 기판력이 미치지 않습니다.

그렇다면 이 사건 공소사실은 유죄입니다.

---

8) 대법원 2015. 10. 15. 선고 2015도8169 판결.

5. 여신전문금융업법위반의 점

신용카드를 현금인출기에 주입하고 비밀번호를 조작하여 현금서비스를 제공받는 일련의 행위도 신용카드의 본래 용도에 따라 사용하는 것으로 보아야 하고,[9] 도난당한 신용카드를 사용한 경우 신용카드의 부정사용행위는 새로운 법익의 침해이고 법익침해가 절도범행보다 큰 것이 대부분이므로 위와 같은 부정사용행위는 절도범행의 불가벌적 사후행위가 되는 것이 아니라 여신전문금융업법 제70조 제1항 제3호의 신용카드부정사용죄에 해당합니다.[10]

앞서 본 바와 같이 피고인은 절취한 신용카드를 사용하여 현금서비스로 100만 원을 인출한 이상 곧바로 신용카드를 제자리에 가져다 놓았다고 하더라도 여신전문금융업법위반죄가 성립하므로, 이 사건 공소사실은 유죄입니다.

6. 사기의 점

사기죄가 성립하려면 피기망자의 처분행위로 인하여 직접 재산상 손해가 발생하여야 하고, 행위자가 피기망자의 처분행위 없이 별도의 행위에 의하여 재물을 취거한 때에는 절도죄가 성립합니다.

(피고인에 대한 경찰 피의자신문조서, 주전자에 대한 경찰 진술조서의 각 진술기재에 의하면) 피고인이 피해자 주전자가 운영하는 매장에서 마치 태블릿을 구입할 것처럼 가장하여 직원으로부터 태블릿 1대를 건네받은 다음 직원이 다른 손님을 응대하는 사이에 위 태블릿을 들고 간 사실을 인정할 수 있으므로, 위 태블릿은 피고인이 도주하기 전까지는 아직 피해자의 점유 하에 있었고 피고인이 도주하여 위 태블릿을 취거한 것이지 피해자가 위 태블릿을 교부하는 처분행위가 있었던 것이 아닙니다.[11] 따라서 피고인에게는 사기죄의 죄책을 물을 수 없습니다.

달리 피해자의 처분행위를 인정할 증거가 없는 이상 사기의 점은 범죄의 증명이 없는 때에 해당하므로 형사소송법 제325조 후단의 무죄 판결이 선고될 것입니다.

---

9) 대법원 1995. 7. 28. 선고 95도997 판결.
10) 대법원 1996. 7. 12. 선고 96도1181 판결.
11) 대법원 1994. 8. 12. 선고 94도1487 판결 참조.

II. 피고인 이을남에 대한 변론요지서

1. 정통망법위반(명예훼손)의 점

가. 피고인의 주장

피고인은 김갑동과 공모하거나 범행에 관여한 적이 없다고 주장하고 있습니다.[12]

나. 증거능력 없는 증거

1) 김갑동에 대한 경찰 피의자신문조서

김갑동에 대한 경찰 피의자신문조서 중 정통망법위반(명예훼손)에 관한 부분은 피고인이 제1회 공판기일에서 그 내용을 부인하는 취지로 증거에 부동의하였으므로 김갑동이 법정에서 그 성립의 진정을 인정하였다고 하더라도 형사소송법 제312조 제3항에 따라 증거능력이 없습니다.[13]

2) 이메일 출력물 등

가) 긴급체포와 압수·수색

검사 또는 사법경찰관은 긴급체포된 자가 소유·소지 또는 보관하는 물건에 대하여 긴급히 압수할 필요가 있는 경우에는 체포한 때부터 24시간 이내에 한하여 영장 없이 압수·수색 또는 검증을 할 수 있으나, 압수한 물건을 계속 압수할 필요가 있는 경우에는 체포한 때부터 48시간 이내에 압수수색영장을 청구하여야 합니다(형사소송법 제217조 제1항, 제2항). 또한 압수수색의 대상은 긴급체포의 사유가 된 범죄사실 수사에 필요한 최소한의 범위 내에서 당해 범죄사실과 관련된 증거물에 한정되어야 합니다.[14]

---

12) 정통망법위반(명예훼손)의 점은 피해자가 구체적으로 밝힌 의사에 반하여 공소를 제기할 수 없는 죄인데(정통망법 제70조 제3항, 제2항), 형사소송법 제233조의 고소불가분의 원칙은 친고죄에 대하여만 적용되고 반의사불벌죄에는 적용되지 아니하므로(대법원 1994. 4. 26. 선고 93도1689 판결 참조), 피해자 나부녀의 처벌희망 의사표시 철회에도 불구하고 피고인에 대하여 공소기각 판결을 할 수는 없다.

13) 검사가 작성한 김갑동에 대한 피의자신문조서 중 정통망법위반(명예훼손)에 관한 부분도 피고인이 부동의하였으나, 김갑동(공범인 공동피고인)이 증거결정에 관한 의견진술 과정에서 진정성립과 임의성을 인정하였고, 피고인이 김갑동에 대한 반대신문의 기회를 부여받았으므로 위 부분은 형사소송법 제312조 제4항에 따라 증거능력이 있다.

14) 대법원 2008. 7. 10. 선고 2008도2245 판결.

나) 이메일 출력물의 증거능력

{압수조서 및 압수목록(이메일 출력물)의 기재에 의하면} 사법경찰관은 2019. 11. 12. 13:00 전자금융거래법위반 등 혐의로 피고인을 긴급체포하면서 2019. 11. 13. 15:00경 피고인이 주거지에서 보관하고 있는 물건인 이메일 출력물(증 제5호)을 영장 없이 압수하였으나, 이메일 출력물은 전자금융거래법위반 등 혐의와 관련성 이 전혀 없을 뿐만 아니라 압수한 시점이 이을남을 긴급체포한 때부터 24시간이 경과하여 긴급체포에 수반하는 영장 없는 압수(같은 법 제217조 제1항)의 요건을 흠 결한 이상 사후에 압수수색영장이 발부되었다고 하더라도, 이메일 출력물은 영장 주의에 위반하여 수집한 위법수집증거에 해당하여 형사소송법 제308조의2에 따 라 유죄 인정의 증거로 쓸 수 없습니다. 또한 압수조서 및 압수목록(이메일 출력 물)은 이메일 출력물을 압수하면서 작성된 2차적 증거에 해당하므로 피고인이 증 거로 함에 동의하였다 하더라도 증거능력이 없습니다. 나아가 피고인에 대한 검 찰 피의자신문조서 중 검사가 피고인에게 이메일 출력물을 제시하면서 신문한 부 분도 위법수집증거에 기초하여 획득한 증거에 해당하므로 역시 증거능력이 없습 니다.15)

3) 증인 고동창의 법정진술 중 김갑동의 진술부분

증인 고동창의 법정진술 중 "김갑동으로부터 '피고인이 나부녀를 망신주는 글을 올리자.'는 제안을 들었다."는 부분은 피고인이 아닌 자(고동창)의 진술이 피 고인 아닌 타인(김갑동)의 진술을 내용으로 하는 것이므로, 원진술자가 사망, 질 병, 외국거주, 소재불명 그 밖에 이에 준하는 사유로 인하여 진술할 수 없고, 그 진술이 특히 신빙할 수 있는 상태하에서 행하여졌음이 증명된 때에 한하여 이를 증거로 할 수 있습니다(형사소송법 제316조 제2항).16) 그러나 원진술자인 김갑동이 법정에 출석하여 재판을 받고 있으므로 원진술자가 질병 등의 사유로 인하여 진 술할 수 없는 때에 해당되지 아니하여 김갑동의 진술을 내용으로 하는 고동창의 법정진술은 증거능력이 없습니다.

---

15) 피고인들의 제1심 법정진술의 경우에는 그 증거능력이 부정되어야 할 이 사건 녹음파일을 제 시받거나 그 대화 내용을 전제로 한 신문에 답변한 내용이 일부 포함되어 있으므로, 그와 같 은 진술과 이 사건 녹음파일 수집 과정에서의 절차적 위법과의 사이에는 여전히 직접적 인과 관계가 있다고 볼 여지가 있다(대법원 2014. 1. 16. 선고 2013도7101 판결).

16) 피고인이 일관되게 범행에 관여한 사실이 없다고 다툰 점, 이에 따라 고동창에 대한 경찰 진 술조서 중 이 사건 공소사실 부분에 대하여 증거로 함에 부동의한 점 등에 비추어 볼 때 피 고인이 고동창의 법정증언을 증거로 하는 데에 동의하였다고 볼 수 없다(대법원 2019. 11. 14. 선고 2019도11552 판결 참조).

4) 고동창에 대한 경찰 진술조서 중 김갑동의 진술부분

고동창에 대한 경찰 진술조서 중 "김갑동으로부터 '부녀회 익명게시판에 올린 글은 피고인과 함께 쓴 것이다."라는 말을 들었다."는 부분은 전문진술을 기재한 조서에 해당합니다. 피고인이 위 진술조서를 증거로 함에 동의하지 아니한 이상 위 진술부분은 형사소송법 제316조 제2항과 제312조 제4항의 요건을 함께 충족하여야 증거능력이 있습니다.[17] 그러나 원진술자인 김갑동이 법정에 출석하여 재판을 받고 있으므로 형사소송법 제316조 제2항에서 정한 원진술자의 진술불능이라는 요건을 충족하지 못하여 위 진술부분은 증거능력이 없습니다.

다. 증명력 없는 증거

김갑동은 검찰에서 "피고인과 함께 있는 자리에서 화가 나서 부녀회 게시판에 글이라고 쓰자고 제안하니 피고인이 동의하여 피고인과 글 내용을 상의하여 작성 · 게시하였다."라고 진술하다가 법정에서는 "부녀회 게시판에 글을 쓸 당시 혼자 있었고, 피고인은 나중에 왔다."고 진술을 번복하고 있습니다. 또한 김갑동은 법정에서 "그 전에 언젠가 피고인에게 그런 글을 쓰겠다고 말했을 때 피고인이 고개를 끄덕끄덕 하기에 피고인이 글을 올리는 데 동의한 것으로 생각했다."고 진술하고 있으나, 그 진술은 뚜렷한 근거 없는 추측에 불과합니다.

따라서 김갑동의 법정진술과 검찰진술은 쉽게 믿을 수 없습니다.

라. 부족증거

나머지 증거만으로는 이 사건 공소사실을 인정하기 부족하고, 달리 이를 인정할 만한 증거가 없습니다.

마. 결 론

그렇다면 정통망법위반(명예훼손)의 점은 범죄의 증명이 없는 경우에 해당하므로 형사소송법 제325조 후단의 무죄 판결을 선고하여 주시기 바랍니다.

2. 사자명예훼손의 점

---

17) 대법원 2001. 7. 27. 선고 2001도2891 판결.

사죄명예훼손죄는 친고죄입니다(형법 제312조 제1항, 제308조). 친고죄에서 공범 중 그 1인에 대한 고소의 취소는 다른 공범자에 대하여도 효력이 있습니다(형사소송법 제233조).

나부녀는 공소제기 후인 2019. 12. 26. "김갑동과 합의를 하여 어떠한 민·형사상 책임을 묻지 않겠다."라는 합의서를 제출하여 김갑동에 대한 고소를 취소하였고, 김갑동에 대한 고소의 취소는 공범인 피고인에 대하여도 효력이 있습니다.

그렇다면 사자명예훼손의 점은 고소가 있어야 죄를 논할 사건에 대하여 고소의 취소가 있은 때에 해당하여 형사소송법 제327조 제5호에 의한 공소기각 판결을 선고하여 주시기 바랍니다.

3. 장물취득의 점

가. 2017. 12. 24.자 장물취득의 점

1) 피고인의 주장

피고인은 신용카드를 사용하고 김갑동한테 돌려줄 의사였던 점을 참작하여 달라고 주장하고 있습니다.

2) 장물취득죄와 취득의 의미

장물취득죄에서 '취득'이라고 함은 점유를 이전받음으로써 그 장물에 대하여 사실상의 처분권을 획득하는 것을 의미하는 것이므로, 단순히 본범을 위하여 장물을 일시 사용하거나 그와 같이 사용할 목적으로 장물을 건네받은 것만으로는 장물을 취득한 것으로 볼 수 없습니다.[18]

(김갑동에 대한 경찰 피의자신문조서의 진술기재에 의하면) 피고인은 김갑동으로부터 그가 절취한 신용카드 1장으로 전동킥보드를 사달라는 부탁과 함께 위 신용카드를 받았으나 이를 분실한 사실을 인정할 수 있고, 달리 피고인이 위 신용카드에 대한 사실상의 처분권을 획득한 점을 인정할 아무런 증거가 없습니다.

3) 결론

그렇다면 이 사건 공소사실은 범죄의 증명이 없는 경우에 해당하므로 형사소송법 제325조 후단의 무죄 판결을 선고하여 주시기 바랍니다.

---

18) 대법원 2003. 5. 13. 선고 2003도1366 판결.

나. 2019. 10. 31.자 장물취득의 점

1) 피고인의 주장

김갑동이 아버지의 허락을 받고 인출하여 200만 원을 준 것으로 알고 있었으므로 장물인 정을 알지 못하였다고 주장하고 있습니다.

2) 증거능력 없는 증거

가) 피고인에 대한 경찰 피의자신문조서

피고인에 대한 경찰 피의자신문조서는 피고인이 내용을 부인하므로 형사소송법 제312조 제3항에 따라 증거능력이 없습니다.

나) 김갑동의 법정진술

공범이 아닌 공동피고인인 김갑동은 피고인에 대한 관계에서는 증인의 지위에 있음에 불과하므로 그 공동피고인인 김갑동이 공판기일에서 선서 없이 피고인신문에서 한 진술을 피고인에 대한 공소사실을 인정하는 증거로 쓸 수 없습니다.[19]

다) 김갑동에 대한 검찰 피의자신문조서와 경찰 피의자신문조서

공범이 아닌 공동피고인의 검찰진술과 경찰진술은 제3자의 진술과 다를 바 없으므로, 공동피고인이 피고인의 지위에서 진정성립 또는 내용을 인정하더라도 당해 피고인이 증거로 함에 동의하지 않는 한 공동피고인을 증인으로 신문하여 진정성립이 증명된 경우에 한하여 증거능력이 있습니다.

피고인은 공범 아닌 공동피고인인 김갑동에 대한 검찰 피의자신문조서와 경찰 피의자신문조서 중 이 사건 공소사실에 관한 부분에 대하여 증거로 함에 동의하지 않았는데, 김갑동은 피고인의 지위에서 위 각 피의자신문조서의 진정성립을 인정하였을 뿐 형사소송법 제312조 제4항에 따라 증인으로 진정성립을 인정한 것이 아니고 영상녹화물 기타 객관적 방법에 의한 증명도 없으므로, 김갑동에 대한 위 각 피의자신문조서는 증거능력이 없습니다.

3) 부족증거

나머지 증거만으로는 이 사건 공소사실을 인정하기 부족하고 달리 이를 인정할 증거가 없습니다.

4) 결 론

그렇다면 이 사건 공소사실은 범죄의 증명이 없는 경우에 해당하므로 형사

---

19) 대법원 1979. 3. 27. 선고 78도1031 판결 참조.

소송법 제325조 후단의 무죄 판결을 선고하여야 합니다.

4. 사기방조의 점

가. 피고인의 주장

피고인은 양도한 체크카드 등이 보이스피싱 사기 범행에 사용될 줄은 전혀 몰랐다고 주장하면서 공소사실을 부인하고 있습니다.

나. 증거능력이 없는 증거

1) 피고인에 대한 경찰 피의자신문조서

피고인에 대한 경찰 피의자신문조서는 피고인이 내용을 부인하므로 형사소송법 제312조 제3항에 따라 증거능력이 없습니다.

2) 피고인에 대한 제2회 검찰 피의자신문조서

피고인에 대한 제2회 검찰 피의자신문 당시 변호인은 피고인의 옆에 앉아 조력하겠다고 검사에게 요청하였음에도 검사는 조사실의 장소적 제약 등과 같은 특별한 사정이 없음에도 변호인을 피고인의 뒤에 앉게 하고 신문을 진행하였습니다.

피의자신문에 참여한 변호인이 피의자 옆에 앉는다고 하여 피의자 뒤에 앉는 경우보다 수사를 방해할 가능성이 높아진다거나 수사기밀을 유출할 가능성이 높아진다고 볼 수 없으며, 변호인의 후방 착석으로 위축된 피의자가 변호인에게 적극적으로 조언과 상담을 요청할 것을 기대하기 어렵고, 변호인이 피의자의 뒤에 앉게 되면 피의자의 상태를 즉각적으로 파악하거나 수사기관이 피의자에게 제시한 서류 등의 내용을 정확하게 파악하기 어려우므로, 검사의 후방착석 요구행위는 변호인의 피의자 신문참여권을 과도하게 제한합니다.[20]

따라서 검사 작성의 피고인에 대한 제2회 피의자신문조서는 변호인의 조력권을 침해한 것으로서 적법한 절차에 따르지 아니하고 수집한 증거에 해당하여 유죄 인정의 증거로 쓸 수 없습니다.

다. 부족증거

압수조서 및 압수목록(현금 400만 원, 체크카드)의 기재만으로는 사기의 방조사

---

20) 헌법재판소 2017. 11. 30.자 2016헌마503 결정.

실을 인정하기 부족하고, 달리 이를 인정할 증거가 없습니다.

라. 결 론

그렇다면 사기방조의 점은 범죄의 증명이 없는 경우에 해당하므로 형사소송법 제325조 후단의 무죄 판결을 선고하여 주시기 바랍니다.

5. 횡령의 점

계좌명의인이 개설한 예금계좌가 전기통신금융사기 범행에 이용되어 그 계좌에 피해자가 사기피해금을 송금·이체한 경우 계좌명의인의 인출행위는 전기통신금융사기의 범인에 대한 관계에서는 횡령죄가 되지 않습니다. 왜냐하면 예금계좌에 연결된 접근매체를 교부받은 전기통신금융사기의 범인은 계좌명의인의 예금반환청구권을 사실상 행사할 수 있게 된 것일뿐 예금 자체를 취득한 것이 아니고, 계좌명의인과 전기통신금융사기의 범인 사이의 관계는 횡령죄로 보호할 만한 가치가 있는 위탁관계가 존재하지 않기 때문입니다.[21]

따라서 피고인이 자신의 계좌에 입금된 400만 원을 인출하였다고 하더라도, 이러한 행위는 피해자 성명불상자인 전기통신금융사기의 범인을 위하여 보관하던 재물을 횡령한 것으로 볼 수 없으므로, 이 사건 공소사실은 범죄로 되지 아니하여 형사소송법 제325조 전단에 의하여 무죄 판결이 선고되어야 합니다.

---

21) 대법원 2018. 7. 19. 선고 2017도17494 전원합의체 판결.

■ 쟁점 색인 ■

■ 판례 색인 ■

저자 약력

- 서울대학교 사회과학대학 외교학과 졸업
- 서울대학교 법학대학원 법학박사
- 사법시험 42회(사법연수원 32기)
- 서울중앙지방법원, 서울행정법원을 비롯한 각급 법원 판사
- 사법연수원 교수(한양대학교, 한국외국어대학교, 강원대학교, 건국대학교 출강)
- 제6회 변호사시험 출제위원
- 한양대학교 법학전문대학원 교수(現)

형사법 기록강의

초판발행	2021년 3월 25일
지은이	장승혁
펴낸이	안종만 · 안상준
편 집	김상인
기획/마케팅	조성호
표지디자인	박현정
제 작	고철민 · 조영환
펴낸곳	㈜ **박영사**
	서울특별시 금천구 가산디지털2로 53, 210호(가산동, 한라시그마밸리)
	등록 1959. 3. 11. 제300-1959-1호(倫)
전 화	02)733-6771
f a x	02)736-4818
e-mail	pys@pybook.co.kr
homepage	www.pybook.co.kr
ISBN	979-11-303-3873-6 93360

copyright©장승혁, 2021, Printed in Korea

정 가   29,000원